경찰조직관리론

송병호 · 박상진 · 한상철
공저

청목출판사

머리말

이 책은 경찰조직을 중심으로 변화하는 조직현상을 기술하고자 하였다. 하지만 경찰조직만을 설명하는 조직이론이나 관리이론을 찾을 수 없어, 경찰조직을 포함한 전반적인 조직관리이론을 기술하였다. 하지만 일반 조직관리이론과의 차이점은 경찰조직을 중심으로 기술하였다는 점과 조직이 처한 환경을 중심으로 그 변화에 초점을 두고 기술하였다는 점이다.

현대조직관리가 얼마나 중요한가 하는 것은 오늘날 모든 사람들은 조직 속에서 살고 있다는 사실에서 우선 찾을 수 있다. 한편 모든 사람들이 적응하여 살아가야 하는 이 조직이 끊임없이 변화한다는 사실이다. 조직관리에 대해 시대별, 지역별 조직관리이론의 탄생과 그 변화에 대해 학습하는 이유도 현재의 조직에의 적응은 물론 미래의 적응력을 키울 수 있도록 대비하는 측면이 강하다고 할 수 있다.

이 책은 총 14장으로 되어 있다. 제1장은 경찰조직의 개관으로 조직의 기본개념, 구성요소, 체계성 및 환경요인 등에 대해, 제2장은 경찰임무로 경찰철학과 관리모델별 경찰임무와 기능을, 제3장은 리더십과 동기부여로 우선 리더십과 동기부여에 관한 다양한 이론들을 살펴보고, 리더의 조건과 덕목, 동기부여의 효과 등을 기술하였다.

제4장은 권위, 권력 및 갈등으로 권위와 권력의 개념차이, 권위 및 권력의 유형과 특성, 권력의 구원, 조직의 갈등원인과 그 해소방법 등을, 제5장은 의사결정으로 의사결정의 절차, 의사결정의 왜곡, 의사결정이 특히 중요한 분야 등을 기술하였고, 제6장은 조직화로 공식조직과 비공식조직, 조직편성의 원리, 조직의사소통 네트워크 및 효과적인 조직이 되기 위한 조건 등에 대하여, 제7장은 경찰조직으로 현대한국경찰의 조직과 각 조직별 사무분장에 대해, 제8장은 조직병리로 조직의 발전과정, 조직의 병리적인 징후, 그리고 조직을 무능화시키는 문제점들을 막을 수 있는 수단 등에 대해 기술하였다.

제9장은 참모기능으로 조직의 성과를 담보할 최선의 인사시스템의 중요성에 대한 강조와 인사과정, 직무분석 및 인사교육 등, 제10장은 노사관계로 한국경찰노조의 인정여부와는 관계없이 조직에서 직면할 수밖에 없는 관리자층과 일선근무자층의 갈등의 발생원인 및 해결방안 등에 대해 기술하였고, 제11장은 정책결정과 윤리로 정책결정의 중요성, 정책결정의 과정 및 수정과정, 잘못 결정된 정책들의 윤리적 문제 등을 중심으로 기술하였다.

제12장은 훈련과 교육으로 교육훈련의 필요성, 교육훈련의 모델들, 교육훈련의 주제들, 훈련 기법들(Training Techniques)로 현장실습(on-the-job training), 프로그램학습(programmed learning), 순환보직(job rotation), 강의, 가상훈련, 역할연기, 독학(self-instruction), 그리고 세미나 등에 대해서 기술하였고, 제13장은 조직통제로 통제망통제의 요소, 통제의 기능, 조직 효과성의 평가, 평가하기 위한 지침들, 평가에 내재한 오류 등을 중심으로 기술하였으며, 제14장은 경찰조직의 미래로 조직의 미래설계의 중요성, 미래설계의 요소, 과학기술의 발전과 경찰작용에 대한 수요증대, 미래 사회의 혼란증대에 따른 경찰의 대비, 경찰행정의 다양성, 경찰조직관리의 변화의 필요성 등을 중심으로 기술하였다.

이 책을 저술하면서 처음 의도한 바와는 다른 방향으로 전개되는 부분과 아직 저자의 역량이 완성판을 내놓기엔 많이 부족한 부분을 실감하였다. 특히 미국경찰에 대한 이론 및 실태는 한국경찰에 접목시키기 어려운 부분이 없지 않다. 하지만 이러한 비판을 감수하고서라도 미래 한국경찰의 모습을 예상하여 기술한 부분도 없지 않음을 지적한다. 관련분야 많은 전문가들의 많은 양해와 충고를 기대합니다.

끝으로 이 책을 위해 공동 집필해 주신 대불대학교 박상진 교수와 광운대학교 대학원 한상철 박사에게 고마움을 전하며, 졸고를 기꺼이 출간해 주신 청목출판사 유성열 사장님께 진심으로 감사의 인사를 전합니다.

2011년 2월

안서골 연구실에서

대표저자 송병호 씀

차 례

머리말/3

제 1 장 경찰조직의 개관 —— 11

제 1 절 경찰행정의 근본인 '조직' ……12

Ⅰ. 조직이란 무엇인가 ……12

Ⅱ. 경칠조직의 개념 ……13

Ⅲ. 경찰행정조직과 유사개념 ……16

제 2 절 경찰행정가의 기능 및 책임 ……19

Ⅰ. 경찰행정가의 기능 ……19

Ⅱ. 행정책임 ……21

제 3 절 법집행행정 ……22

Ⅰ. 법집행행정의 원리 ……22

Ⅱ. 법집행관의 자질 ……24

Ⅲ. 법치가 흔들리는 이유 ……26

제 4 절 경찰조직연구의 기본과제 ……28

Ⅰ. 경찰조직의 탄생과 변천 ……28

Ⅱ. 기본과제 ……29

제 5 절 경찰관리의 의미 ……31

제 2 장 경찰의 임무 —— 33

제 1 절 경찰임무의 정의 ……34

제 2 절 경찰활동의 철학 ……36

Ⅰ. 전통적 경찰활동 ……37

Ⅱ. 문세시향경찰활동 ……41

Ⅲ. 지역사회경찰활동 ……42

제 3 절 경찰의 기능 ……45

Ⅰ. 질서유지 ……52
Ⅱ. 법집행 ……68
Ⅲ. 긴급서비스 제공 ……71
Ⅳ. 범죄예방 ……72
제 4 절 경찰활동의 목표 ……72

제 3 장 리더십과 동기부여 —— 75
제 1 절 리더십 ……76
Ⅰ. 자질이론 ……77
Ⅱ. 리더십의 유형 ……78
Ⅲ. 상황적 리더십 ……81
Ⅳ. 규범모델 ……82
Ⅴ. 리드의 기법 ……85
제 2 절 동기부여 ……91
Ⅰ. 전통적인 접근방법 ……92
Ⅱ. 인간관계론적 접근방법 ……92
Ⅲ. 욕구계층이론 ……94
Ⅳ. 성숙-미성숙이론 ……95
Ⅴ. 동기-위생이론 ……95
Ⅵ. 욕구 학습이론 ……97
Ⅶ. X이론-Y이론 ……98
Ⅷ. 목표설정이론 ……100
Ⅸ. 기대이론 ……101
Ⅹ. 강화이론 ……102
Ⅺ. 동기부여와 직업만족 ……103

제 4 장 권위, 권력 및 갈등 —— 105
제 1 절 권 위 ……106
Ⅰ. 권위의 정의 ……106
Ⅱ. 수용의 범위 ……108
Ⅲ. 위임 ……109
Ⅳ. 권위관계 ……112

Ⅴ. 권위와 책임 ……115
제 2 절 권력 ……115
Ⅰ. 권력의 근원 ……116
Ⅱ. 권력의 획득 ……124
Ⅲ. 하부권력 ……128
Ⅳ. 권력 사용의 비용 ……129
제 3 절 갈등관리 ……131
Ⅰ. 갈등의 중요성 ……132
Ⅱ. 갈등관리 ……134
Ⅲ. 조직 갈등의 현실 ……141

제 5 장 의사결정 —— 145
제 1 절 의사결정의 의의 ……145
제 2 절 의사결정 절차 ……148
Ⅰ. 문제인식 ……149
Ⅱ. 대안의 발전 ……152
Ⅲ. 합리성 ……153
Ⅳ. 대안의 분석 ……155
Ⅴ. 행동과정의 선택 ……156
Ⅵ. 발견적인 과정 ……157
제 3 절 기획 ……161
Ⅰ. 기획의 부정, 긍정 ……162
Ⅱ. 기획과정 ……163
제 4 절 예산 ……168
Ⅰ. 품목예산 ……169
Ⅱ. 성과주의 예산 ……170
Ⅲ. 계획예산 ……170
Ⅳ. 영기준예산 ……171

제 6 장 조 직 화 —— 173
제 1 절 공식 조직 ……173

제 2 절 조직편성의 원리 ······ 178

Ⅰ. 조직의 원리 ······ 179

Ⅱ. 비공식조직 ······ 186

Ⅲ. 효과적인 조직 ······ 192

제 7 장 경찰조직 —— 201

Ⅰ. 도입 ······ 201

Ⅱ. 운용 ······ 202

Ⅲ. 서비스 ······ 219

Ⅳ. 행정 서비스 ······ 220

Ⅴ. 기술 서비스 ······ 227

제 8 장 조직 병리 —— 239

제 1 절 조직의 전개과정 ······ 239

Ⅰ. 조직의 생활주기 ······ 240

Ⅱ. 관료의 병리 현상 ······ 242

Ⅲ. 조직의 정치적 운동 ······ 249

제 2 절 관료 병리의 원인 ······ 258

Ⅰ. 규칙화 ······ 258

Ⅱ. 집권화 ······ 259

Ⅲ. 정치적인 환경 ······ 261

제 3 절 병든 조직 치유하기 ······ 266

제 9 장 참모기능 —— 271

제 1 절 참모의 배경 ······ 271

Ⅰ. 직무분석 ······ 272

Ⅱ. 신체조건 ······ 272

Ⅲ. 교육 ······ 280

제 2 절 경찰공무원의 모집과 선발 ······ 281

Ⅰ. 긍정적인 행동 ······ 282

Ⅱ. 여성과 소수인종의 모집 ······ 282

Ⅲ. 선발 ……………………………………………………………283
제 3 절 시보기간과 기타인사제도 ……………………………289
Ⅰ. 시보기간 ………………………………………………………289
Ⅱ. 인사풀제도의 실현 ……………………………………………291
Ⅲ. 실질적 자질의 확인 …………………………………………292

제10장 노사관계 ——— 295
제 1 절 경찰노조의 전개 ……………………………………296
Ⅰ. 보스톤 경찰 파업 ……………………………………………296
Ⅱ. 현재의 경찰노조 ………………………………………………299
Ⅲ. 조합 형성 과정 ………………………………………………300
Ⅳ 경찰노조에 대한 찬반 양론 …………………………………301
제 2 절 단체 교섭 ……………………………………………303
Ⅰ. 교섭권 획득 ……………………………………………………304
Ⅱ. 협약 ……………………………………………………………306
Ⅲ. 갈등 해결 ………………………………………………………307
Ⅳ. 협약 관리 ………………………………………………………308
제 3 절 교섭분야 ………………………………………………308
Ⅰ. 보수 및 급부금 …………………………………………………308
Ⅱ. 승진 및 업무 ……………………………………………………310
Ⅲ. 징계절차 …………………………………………………………311
Ⅳ. 관리 특권 ………………………………………………………312
제 4 절 고정 절차 ……………………………………………313
Ⅰ. 고정 제기 ………………………………………………………313
Ⅱ. 고정 조정 ………………………………………………………314
Ⅲ. 고정 결과 ………………………………………………………314

제11장 정책결정과 윤리 ——— 317
제 1 절 정책결정 ………………………………………………318
Ⅰ. 정책 ……………………………………………………………318
Ⅱ. 정책결정 …………………………………………………………318

Ⅲ. 윤리 ……………………………………………………………………322
Ⅳ. 법집행을 위한 윤리적 표준 ……………………………………………330

제12장 훈련과 교육 ———— 335

제 1 절 훈련과 교육 ……………………………………………………335
Ⅰ. 훈련의 필요성 ……………………………………………………339
Ⅱ. 현재의 훈련 모델들 ………………………………………………346
Ⅲ. 훈련의 주제들 ……………………………………………………348
Ⅳ. 훈련 기법들 ………………………………………………………357
Ⅴ. 훈련계획 …………………………………………………………361
제 2 절 교육 ……………………………………………………………362

제13장 조직 통제 ———— 371

제 1 절 조직통제 ………………………………………………………372
Ⅰ. 통제 ………………………………………………………………372
Ⅱ. 효과성 평가 ………………………………………………………375
Ⅲ. 스트레스 …………………………………………………………390
Ⅳ. 시민인식조사 ……………………………………………………394

제14장 경찰조직의 미래 ———— 407

제 1 절 우리는 어디로 향하고 있는가? ………………………………407
Ⅰ. 미국의 내일 ………………………………………………………408
Ⅱ. 범죄경향 …………………………………………………………410
Ⅲ. 기술과 범죄 ………………………………………………………412
Ⅳ. 사회적 혼란 ………………………………………………………414
제 2 절 미래의 경찰 ……………………………………………………418
Ⅰ. 경찰행정의 다양성 ………………………………………………419
Ⅱ. 이윤추구적 경찰활동 ……………………………………………429

◈ 참고문헌 ………………………………………………………………433
◇ 찾아보기 ………………………………………………………………441

제 1 장

경찰조직의 개관

학습목표

경찰행정의 기본설계는 조직이라는 기본단위의 분석에서 출발한다. 경찰을 조직차원에서 이해함으로써 집단으로서의 특성과 배경을 발견할 수 있다. 또한 체계적인 관점을 통해 전체적인 상호작용관계를 이해하게 된다. 여기에 경찰의 역사성, 사회성, 정치성과 관련하여 경찰조직의 공정성, 효과성 및 민주성 등을 파악할 수도 있다. 뿐만 아니라 이러한 맥락들이 경찰학을 학습하는 우리에게 경찰관의 역할설정에 있어 중요한 요인들이 무엇인지를 알게 할 것이다. 정리하면 이 장은 아래와 같은 목적이 있다.

첫째, 조직의 기본개념과 구성요소는 무엇인가?
둘째, 조직의 체계성과 이의 경찰조직에의 적용은 어떻게 이루어지는가?
셋째, 경찰조직의 환경요인은 어떤 것이 있으며 어떤 영향을 미치는가?

제 1 절 경찰행정의 근본인 '조직'

경찰조직에 대한 학습에서 가장 핵심적인 분야는 경찰행정이 어떻게 설계되고 있으며, 그 성격과 이를 둘러싼 배경, 설계된 조직체는 무슨 역할을 하는가?일 것이다.

Ⅰ. 조직이란 무엇인가

경찰행정조직을 정의하기 이전에 일반 조직의 개념을 먼저 정의해 보자.

현대사회를 '조직의 사회(organizational society)'라고 부른다. 인간은 태어나면서부터 조직의 구성원이 되며, 하루도 조직으로부터 벗어나서는 생활하지 못한다. 이러한 현대의 조직사회는 인간에게 독특한 퍼스낼리티를 요구하고 있고 조직과 인간의 협조적인 관계를 요구한다(유종해, 1997).

조직이라는 단어의 개념을 조금 더 명확하게 정의하여 보면, 이는 과정과 구조라는 양 개념을 동시에 포함하고 있다. 과정이라는 견지에서 보면, '조직한다'는 것은 혼돈된 상황에 질서를 부여함을 의미한다. 즉 '조직한다'는 것은 구성원의 행위를 예측할 수 있도록 만드는 과정이고, 이러한 과정의 경과는 구조적인 특면에서의 '조직'을 의미한다.

조직은 의식적인 집단목적을 달성하기 위하여 이루어진 구조적 배열(structural arrangement)이며 관리(management)의 도구이다. 따라서 조직은 각 시대의 모든 사회적 목적을 달성하기 위한 수단이었으며, 이는 이러한 사회적 목적의 변동에 따라 변모하여 왔다.

이와 같이 조직에 관한 개념은 이 말이 사용되는 상황에 따라 다양하게 정의되고 있으며, 이에 관한 여러 학자들의 견해를 살펴보면 다음과 같다.

피프너(J. Pfiffner)와 셔우드(F. Sherwood)는 조직이란 많은 사람으로 이루어지는 것으로서 대면적 접촉(face-to-face contact)이 곤란하고, 많은 의무를 수행하며, 모든 구성원이 업무를 통해 상호연관되어 있으며, 서로의 합의된 목적을 달성하기 위하여 노력하는 존재라고 말하고 있다(유종해, 1997).

블라우(P. Blau)와 스코트(Scott)는 조직이란 특정한 목표를 추구하며, 이를 위해 치밀한 구조를 갖춘 사회적 단위(social unit)라고 정의한다.

한편 사회학자인 에치오니(A. Etzioni)도 이와 유사하게 조직이란 일정한 환경하에 특정한 목표를 추구하며, 이를 위하여 구성된 일정한 구조를 가진 사회적 단위(social unit)라고 규정하고 있다. 따라서 가족·종족·윤리적 집단 등은 엄밀한 의미에서 조직의 개념에서 제외된다.

이러한 뜻을 가진 조직의 특색으로는, 첫째로, 조직에는 분업(division of laber)·권력·의사소통·책임성 등의 개념이 존재한다. 둘째로, 조직에는 한 개 이상의 권력의 중심부(power center)가 있어 구성원의 행위를 통제한다. 셋째로, 직업의 대체가 가능하다는 점을 들 수 있다.

Ⅱ. 경찰조직의 개념

흔히 경찰공무원을 법집행가라 한다. 법집행가라는 의미에는 국민의 생명/신체/재산의 자유에 중대한 영향을 미친다는 의미를 지닌다. 또한 국가의 법집행기관으로서 국가의 이미지를 형성하는 데 주요한 기능을 한다.

경찰조직이 국민의 기본권을 제한할 수 있는 원리는 무엇일까? 이에 대한 설명만으로도 논문 여러 편이 나오겠지만, 개인보호를 위해, 즉 자위권(自衛權) 확보를 위해 원시사회에서부터 자연 발생한 조직이 국가탄생 이후 국가기관으로 발전한 것으로 볼 수 있다. 국가탄생의 이유 또한 여러 견해가 있을 수 있지만 최소한 국민보호가 근본이라 할 수 있다. 다양한 이해관계를 가진 다양한 구성원들이 한 국가의 국민으로 통합되어 그 국법을 지키면서 살아갈 것을 합의하였다면 최소한 그렇지 못한 상태(소위 자연상태)보다는 인간에게 유리할 것으로 보았을 것이다. 인간이 사회적 동물이라는 것은 자연발생적이라기보다는 사회성을 발휘할 때 자연을 극복한다든지 생명을 연장하는데 유리했기 때문에 사회적 동물이 되었다고 볼 수도 있는 것이다.

인간의 필요에 의해 만든 국가 및 그 기관에 국민의 기본권보장을 위한 권한을 위임하고 권한행사에 필요한 입법과 불법행위에 대한 책임을 부과하도록 한 것이다. 경찰조직을 첨병으로 하는 법집행기관들은 국민의 기본권 보장을 비롯한 국가의 유지·존속을 위한 최소한의 규범인 법규범을 보호할 권한을 위임받았다고 할 수 있다. 법규범을 어기는 국민에 대해서 그 생명/신체/재산의 자유를 제한 내지 박탈할 수 있는 권한 또한 이러한 원리에서 나온다고 할 수 있다.

다음으로 경찰조직의 활동은 국가의 이미지를 결정하는데 결정적인 역할을 한다. 경찰조직이 국가기관의 전부는 아니지만, 국민은 경찰관과의 접촉이나 경찰정책의 변화 등에 따라 국가의 이미지를 형성하게 된다.

일반적으로 경찰조직을 생각할 때 뻔쩍이는 불빛, 사이렌소리, 경찰모와 배지들이 떠오른다. 하지만 더 중요한 것은 치안유지활동일 것이다. 온 몸의 정맥같이 지역사회 곳곳에 퍼져 있어 주민의 요구에 부응하는 활동을 하는 조직이 그것이다. 이러한 특성을 보다 자세히 설명하면 다음과 같다(이상안, 1999: 10-12).

경찰조직은 제공하는 서비스의 광범성과 지역사회와 주민들의 기대성 때문에 '복잡한 조직성(complex organizations)'을 띤다.-1일 24시간 연중무휴의 서비스로 상징되는 무수한 서비스를 요청받고 있다.

둘째, 경찰조직은 법위반자의 체포, 교통통제, 질서유지, 범죄예방, 미아/실종자구출, 기타 시민에 대한 봉사제공 등의 책무를 지며, 이러한 책무를 수행하기 위해 경찰부서를 조정하고 관리하는 원리를 가진다.

국가경찰의 임무(경찰법 제3조)

국가경찰은 국민의 생명·신체 및 재산의 보호와 범죄의 예방·진압 및 수사, 치안정보의 수집, 교통의 단속 기타 공공의 안녕과 질서유지를 그 임무로 한다.

경찰관직무집행법 제2조 (직무의 범위) 경찰관은 다음 각 호의 직무를 행한다.

1. 범죄의 예방·진압 및 수사
2. 경비·요인경호 및 대간첩작전수행
3. 치안정보의 수집·작성 및 배포
4. 교통의 단속과 위해의 방지
5. 기타 공공의 안녕과 질서유지

셋째, 경찰조직은 사회적 실체로서의 특성을 지닌다. 즉 경찰부서는 사람과 조직으로 구성된 사회적 단위라는 점이다. 모든 조직에는 사람이 직무 및 활동을 수행하도록 책임 지워져 있다. 조직은 정해진 목표를 달성하기 위해서 만들어진 것이므로 조직 내의 구성원은 목표지향적으로 변한다. 이 때 조직은 직무의 수행, 직무수행을 위한 직원의 지원·촉진·활성화, 직무감독 등을 위한 조직구성과 계획수행 및 집행에 들어간다.

경찰조직의 기본직무를 직접 수행함으로써 경찰목표달성에 기여하는 집행·감독 직원을 계선조직(line personnel)이라 부르고 이를 지원·촉진·활성화를 통해 돕는 직원을 막료조직(staff personnel)이라 부른다.

Ⅲ. 경찰행정조직과 유사개념

경찰행정조직의 개념을 보다 분명히 하기 위해서는 조직과 유사하게 사용되면서 논자마다 뜻을 달리하는 몇 가지 유사개념에 주의를 기울여야 한다.

1. 관료제(bureaucracy)

관료제라는 용어는 조직과 동의어로 사용되는 경우가 흔히 있으나, 다음과 같은 점에서 구별된다. 즉 관료제에는 부정적인 의미가 내포되어 있다는 것이다. 이른바 관료제의 병리(bureaupathology)나 관료주의를 지칭하기 위해서 관료제라는 용어가 사용되는 경우가 많다는 것이다. 뿐만 아니라 관료제는 베버(M. Weber)가 지적한 원리에 의거한 사회단위를 의미한다고 보는 점에서 조직과 차이가 있다고 주장하는 사람들도 있다.

2. 공식조직(formal organization)

공식적 조직이란 조직의 한 측면을 말하는 것이지 조직 전체를 지칭하는 개념은 아니다. 공식적 조직이란 체계 내에 있는 구성요소들의 활동과 구성요소들간의 상호관계를 의식적으로 설계하고, 실제로 운영한 결과 활동이 계획에서 벗어나 의외로 변해 갈 때에는 이를 수정하고 통제하는 그런 조직체를 의미한다. 오늘날의 조직이론은 공식적 관계는 물론 비공식적 관계를 이해하지 않고는 설명될 수가 없으며, 양자의 상호관계에도 깊은 관심을 표명한다.

3. 제도(institution) 또는 기관(agency)

제도라는 용어는 교회 · 학교 · 법원 등과 같이 특정한 종류의 조직을 지칭한다. 한편 에스만(M. Esman) 같은 사람은 제도라는 말을 공식적 조직과 동의어로 사용하기도 한다. 그러나 조직과 비교하는 의미에서 뜻을 보다 한정한다면, 사익보다는 공익적 성격이 강한 조직을 의미한다고 보겠으며, 이런 의미에서 이를 기관이라고도 부른다.

4. 집단(group)

집단이란 대면적인 관계를 갖고 상호작용을 하는 인간의 집합체를 의미하며, 전형적인 예로 공식적 조직 내에 흔히 존재하는 소집단(small group)을 들 수 있다.

5. 체계(system)

체계란 상호의존관계를 가지는 구성요소로 이루어진 집합체를 말하며, 가장 이상적인 체계는 유기체이다. 오늘날 조직을 개방체계로 보는 입장에서 볼 때, 조직과 체계는 거의 같은 개념으로 파악될 수 있다.

6. 기구(mechanism)

이는 여러 사람이 모여 하나의 조직을 형성하고 이를 통해 사회적 일을 수행할 때, 임우의 종류・성격에 따라 분담・편성한 하나의 단위를 가리키는 것으로 기관(organ)과 동의어로 쓰이는 것이 일반적이다. 대표적인 예로서는 국제연합(UN) 산하의 기구(WHO)들을 들 수 있다.

7. 당국 또는 청(authorities)

당국이란 정부의 중요한 자리를 차지하는 기관을 지칭하는 것으로, 이것이 특히 정부조직법상 하나의 외국(外局)을 의미할 경우 이를 청이라 한다

8. 공사(公社 또는 公司)(government corporation)

한국도로공사와 같은 공사도 조직의 유사개념으로 볼 수 있다

위의 유사개념들은 경찰행정조직과 어느 정도 공통분모를 가지지만 다른 특성이 있음을 알 수 있다. 위에서 경찰조직의 개념을 정리하면서 언급한 바와 같이 경찰조직도 조직이기 때문에 아래와 같은 세 가지

요소로 이루어진다.

첫째, 조직이란 인간형태의 근본적 특성에 근거를 두고 있다. 즉 인간이란 언제나 두 사람 이상이 상호관계를 맺어야만 생존이 가능하기 때문에 여기에서 조직이 발생한다. 따라서 조직이라는 것은 인간의 사회생활을 떠나서는 생각할 수 없는 개념인 것이다.

둘째, 이와 같이 인간이 조직의 구성원으로 존재하기 때문에 그들은 명시적이거나 묵시적으로 합의된 조직의 공동목표를 달성하려고 노력하게 된다.

셋째, 조직은 조직구성원들간의 목표를 달성하려는 노력과 협동이 없이는 성립될 수가 없다. 따라서 조직은 어떤 특정한 목표를 달성하기 위한 수단적인 성격을 갖고 있으며, 가급적이면 그 목표를 합리적으로 이루고자 노력한다는 것이다.

경찰조직행정의 개념 및 그 유사개념을 정리하면서 Holden의 경찰조직행정3원소에 대한 개념도 눈여겨 볼만하다. 그는 경찰조직행정3원소를 행정, 관리 및 감독이라 한다(Holden, 1997: 2-4).

〈표 1-1〉 경찰조직행정의 3원소

개념	의의	조직인
행정	관리와 감독 모두를 포괄하며 정책을 통해 조직의 방향을 설정/ 조직전체지향적임	최고관리자
관리	조직내 다양한 단위들의 일상적인 운영과 밀접/ 단위조직 지향적임	중간관리자
감독	대인지향적인 성격을 나타내며 훈육 및 평가 등의 업무를 수행함	일선감독자

위의 〈표 1-1〉에서 보는 바와 같이 행정은 조직의 핵심요소로서 조직임무수행과 임무수행을 위한 조직구성원의 내부관계조율이다. 다음으로 관리는 하위부서차원의 목표치 설정과 이를 달성하기 위한 참모들의 지원을 포함한 구성원들의 활용을 의미한다. 감독이란 조직구성원 개별적 차원에서 규범준수 및 업무성과 등을 기초한 징계 및 평가를 의미한다. 경찰행정의 최고수준의 조직인을 행정가라 할 수 있고, 중간

수준의 조직인을 관리자 즉 중간관리자라 할 수 있으며, 일선의 감독자를 감독자 혹은 현장감독자라 할 수 있다.

제2절 경찰행정가의 기능 및 책임

Ⅰ. 경찰행정가의 기능

경찰행정가의 기능은 기획, 조직, 인사, 지휘, 통제 등 5가지로 분류할 수 있다. 리더십, 예산, 조정 등의 기능을 언급하기도 하지만 이러한 기능들은 위의 5가지 기능에 포함시킬 수 있다.

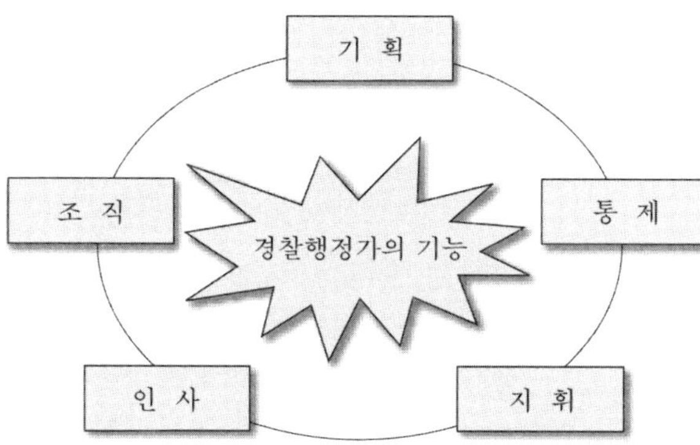

1. 기획

기획이란 미래를 준비하는 과정이다. 기획은 관련 자료의 수집, 통계적 추정 및 최고 정책회의 등에 의해 도출된다. 또한 보통은 장기적인 결정이지만, 조직이 위기에 봉착하면 순간적인 경우도 있다. 기획의 기능에는 조직의 관리자들에게 업무수행에서 요구되는 수많은 하부기능들을 포함한다. 하부기능 중 최우선적인 기능에는 예산기능이 있다.

또 다른 기획의 하부기능에는 조직의 임무, 즉 조직존재의 근거를 설정하는 것이다. 조직의 임무를 설정하는 것으로부터 조직의 목표, 조직

구조, 인사, 교육 등이 표출된다.

2. 조직

경찰행정가의 두 번째 기능이 조직화이다. 조직화의 과정은 조직목표를 달성할 수 있도록 요구되는 인사와 구조를 결정하는 것을 의미한다. 조직명령체계의 주요 인사를 교체함으로써 조직의 변화를 가져올 수 있다. 문제는 잘못 조직화된 조직은 유능한 인사의 효율성을 막기는 쉽지만, 좋은 조직체계를 가지고 있다고 부적절한 조직인사에 도움을 줄 수 있는 것은 아니다. 다시 말해서 효율적인 경찰행정가가 되기 위해서는 조직의 원리에 대한 이해가 필요하지만, 조직의 원리에만 의존하다가 비효율적인 결과를 낳을 수 있다.

3. 인사

경찰행정가의 세 번째 주요 기능은 인사이다. 직원의 모집과 교육은 조직의 효과성을 결정하는 주요한 변수이다. 훌륭한 직원인 업무수행도 잘한다. 반대로 무능한 직원을 극복하는 것은 행정적인 유능함이 아니다.

4. 지휘

경찰행정가의 네 번째 주요 기능은 지휘다. 조직을 지휘한다는 것은 연극이나 영화의 감독과 유사하다. 지휘가(경찰행정가)는 무엇을 성취해야 하는지를 알고 누구에게 맡길 것인지를 결정할 책임이 있다. 조직이 생산할 최종 상품의 질은 지휘자와 실제 수행자와의 갭이 얼마나 좁은가에 달려 있다. 지휘가의 기능을 충족시키기 위해서는 경찰행정가는 리더십, 동기부여 그리고 조직의 역량과 한계에 대해 명확하게 이해해야 한다. 뿐만 아니라 조직의 존재이유에 대한 깊은 이해와 조직과 관련된 사람들에 대한 의소소통능력들이 불가피한 요소들이다.

5. 통제

경찰행정가의 다섯 번째 주요기능은 통제이다. 통제는 조직구성원들을 조직 목표를 달성을 위한 방향으로 이끄는 일련의 절차를 말한다.

이러한 절차는 조직구성원의 선발에서부터 시작된다. 통제의 하부기능으로 교육훈련은 조직구성원들이 조직목표와 임무, 정책 및 절차 등을 숙지하도록 이끄는 과정이다. 통제의 수단으로는 다양한 질적 통제와 인사평가체제 등을 포함한 내부감시체제가 있다.

Ⅱ. 행정책임

조직의 목표를 실현할 최종적인 책임은 조직의 최고책임자에게 있다. 이 책임은 위임하거나 포기할 수가 없는 것이다. 조직에서 중요한 위치에 있는 경찰행정가는 그 자리가 책임이 막중한 자리에 있는 것이다. 경찰행정가는 그 자리의 책임에 내한 이해가 선행되어야 한다. 최고책임자는 조직 내의 다양하면서 심지어 갈등적인 집단으로부터 충성을 이끌어 내어야 하는 책임을 가진다고 할 수 있다. 행정조직의 고위층으로 승진할수록 책임도 커진다.

부서지휘관은 부서구성원에 대한 책임이 있다. 지휘관들이 이러한 책임을 잘 수행하는지를 판단할 수 있는 요소로는 조직구성원들이 안정감, 승진과정, 임금, 후생복지, 그리고 전반적인 조직분위기 등이 있다. 예컨대, 승진절차나 과정이 공정해야 하며 조직성과 달성을 위한 잠재력이 승진에 결정적인 요소가 되어야 한다. 또한 무능한 일선감독자로부터 조직구성원을 보호하는 것도 중요한 지휘관의 책임이다.

기타 경찰행정가의 책임은 무수히 많다.

경찰행정가는 일반사회 특히 정부에 대한 책임이 있다. 모든 조직들은 성문입법이나 법률의 근거를 가지고 있다. 부서의 책임자는 조직구성원들이 이들 법규범을 준수하도록 이끌 책임이 있다. 조직의 목표달성을 위해 동원되는 각종 전략이나 전술 또한 법률유보의 원칙에 따라 법규범을 침해하여서는 안 된다.

경찰행정가들은 행정부서와 사회를 위한 무한 봉사자들이다. 경찰행정가들이 이 같은 사실을 알고 실천한다면 행정부서는 물론 우리 사회가 바람직한 방향으로 나아갈 수 있을 것이다.

제 3 절 법집행행정

Ⅰ. 법집행행정의 원리

경찰행정은 대표적인 법집행행정의 하나다. 법집행행정은 인간사회의 유지존속의 대표적인 행태인 질서를 유지시키는 기능을 한다. 이상안(2004)은 질서의 범주에는 법이나 원칙, 정의, 시장, 제도, 윤리도덕, 관습, 조리, 기본권 등이 하위개념으로 쓰인다고 한다. 그러면서 그는 질서를 자연질서와 사회질서로 구분하고 있다. 자연질서는 우주질서, 계절변화질서, 생로병사질서, 환경자원질서 등이 있다고 한다. 또한 사회질서는 자생질서와 인위질서로 구분하고 사회언어문법, 도덕률, 시장질서 등을 자생질서로, 국가, 법질서, 학교, 교회, 회사 등의 질서를 인위질서로 분류하였다(이상안, 2004: 40-43). 또한 그는 법집행의 공급원리와 수요원리를 언급하였다. 법집행공급의 기본원리로 인간이 자유롭고 편안하게 살기 위한 '자유보호'와 국가안보와 사회질서유지를 위한 '법적, 제도적 장치의 마련'이라는 측면을 지적하고 있다. 또한 법집행은 공공재의 특성을 지적하고 있다. 즉 치안공공재는 시장경제의 원리라면 존재할 수 없을 것이라고 한다. 하지만 인간생활의 기본적인 욕구인 안전에 관한 생존욕구의 충족을 위해 존재하게 된다. 법집행의 수요원리는 국민이 지불한 가격(세금)에 상응한 정부의 법집행 서비스를 구매요구하는 국민의 소비태도와 행위를 말한다고 한다. 그런데, 공행정기관은 본질적으로 비효율성을 특성으로 한다고 한다. 민간기업에 비해 공행정기관은 심각한 비효율에 직면하고 있다는 것이다. 비효율성을 초래하는 원인은 많이 지적된다. Peter Drucker(1974: 142)에 의하면 행정부처들은 그 크기에 따라 대접을 받는다고 한다. 즉 부서의 직원이나 예산의 크기에 따라 종사하는 공무원이나 경찰행정가들이 더 큰 행정부서에 근무하는 것으로 간주한다는 것이다. 하지만 사실은 예산의 크기가 행징서비스의 질을 의미하는 것은 아니다. 흔히 행정부서의 당해회계년도의 예산을 다 소비하지 못한다면 차기에 지급받는 예산은 줄어든다. 이러는 것이 효율성 확보를 위한 장려책이다. 하지만 많은 경찰행정가들은 예산을 감축할 자신의 능력들을 많은 예산을 낭비할 방법을 찾는데 쓴다.

행정이 비효율성을 초래하는 또 다른 원인은 직무 자체의 특성에서 찾을 수 있다.

공공서비스라는 것은 공장의 생산품과 같이 측정이 용이하지 않나. 공공서비스는 행정기관이 예상하지 못하는 사이에 고객의 요구에 의해 이루어지는 경우가 많다. 뿐만 아니라 서비스의 질을 평가하기는 더욱 어렵다. 시민의 요구에 부응하여 서비스를 제공하는 것이 중요하지만 그 가치를 측정하기는 곤란한 것이다.

경찰과 같은 법집행기관들은 현장에서 직면하는 많은 난제들로 고생한다. 법집행기관들은 너무나 많은 과부하로 그들이 무엇을 해야 할지 결정하기 어려운 경우도 발생한다. 조직의 효과성을 결정하기 위해서는 그 조직이 무엇인가를 할 수 있도록 해야 가능할 것이다. 범죄수사, 교통단속 같은 기능들은 비교적 명확하지만, 가사분쟁, 노동분쟁 등에 관여하는 기능들은 본실이 모호하여 업무정의와 평가가 쉽지 않다. 즉 업무의 목표나 내용이 명확하게 될 때까지는 그것을 달성하였는가 혹은 달성할 능력이 있는가는 숙세로 남겨두어야 한다는 것이다.

다음으로 법집행이란 입법배경을 비롯한 입법과정을 반영하거나 범죄의 주된 원인을 통제하는 것이 아니다. 사람들은 종종 경찰이 통제할 수 없는 사회환경적 원인에서 발생하는 문제들을 해결하지 못했다고 비난한다. 법집행이 이러한 분야에서 효율적이지 못했다는 것은 놀라울 일이 아니다. 법규범의 흠결이 있다면 정치가나 우리사회 모두의 문제이지 법집행관의 문제로 취급할 수 없기 때문이다.

Ⅱ. 법집행관의 자질

경찰교육훈련이란 직무수행에 필요한 지식과 기술을 습득시키고 가치관과 태도를 발전적으로 변화시키고자 하는 국가기관의 제반 노력을 말한다. 따라서 경찰교육훈련은 경찰관이 경찰조직의 목적달성에 민주적이며 능률적으로 기여할 수 있도록 타고난 능력을 계발하는 기능이라고 할 수 있다. 이러한 법집행관의 자질에 따라 경찰조직의 성패가 좌우되는 것은 당연하다. 경찰교육훈련은 개인의 일반적인 잠재능력을 종합적으로 개발해 나가는 것을 뜻하는 교육(education)과 직무수행에 필요한 기술과 능력을 보충하는 의미의 훈련(training)이 합쳐진 말이다. 그러나 오늘날에는 훈련의 성격을 넓게 인식하고 용어 또한 교육과 훈련을 병기하여 교육훈련(education and training)으로 표현하는 것이 일반적이다. 국내에서 교육훈련이란 용어를 사용하기 시작한 것은 1961년 이후의 일이며 그 이전에는 훈련이란 용어만을 사용하였다. 현대의 교육훈련은 경찰관의 일반능력을 계발하고 직무수행에 필요한 지식과 기술을 연마하며 태도의 발전적 변화를 촉진하는 활동을 뜻한다.

그런데 경찰조직에 있어 바람직한 자질을 갖춘 법집행관확보문제는 교육훈련에만 국한되는 문제는 아니다. 얼마나 우수한 자질(입직성적만이 아닌 일례로 상황적응잠재력으로 대변되는 능력)의 인재들이 입직하느냐가 중요하다. 따라서 모집 및 선발과정에 대한 정밀한 검토가 요구된다고 하겠다.

또한 승진과정과 위에서 언급한 교육훈련과정 등에서 조직구성원들의 자질함양에 박차를 가해야 할 것이다.

경찰관의 능력은 경찰관 자신이 맡은 업무를 수행하는 과정에서 자연스럽게 배양될 수도 있다. 하지만 업무수행을 통해 배울 수 있는 지식에는 한계가 있고 습득 속도도 느리기 때문에 경찰관들이 필요로 하는 지식 · 기술 · 태도를 인위적이고 능동적으로 함양시킬 필요가 있으며, 여기에 교육훈련의 필요성이 존재하게 되는 것이다. 즉 경찰관의 교육훈련은 고도산업사회 속에서 급변하는 행정수요와 국가발전이라는 시대적 요청에 부응하여 경찰관들의 발전적 태도와 가치관을 함양시키고 새로운 지식과 기술의 습득기회를 제공하는 등 인사행정의 능력발전 차원에서 중심적 기능을 수행하고 있다.

그러므로 경찰교육훈련의 필요성은 경찰관의 현재의 직무수행능력이 그 직책에 상응하는 자격요건에 미달할 때 나타나며, 특히 신규채용자 교육훈련은 다음과 같은 이유로 그 중요성이 크다고 하겠다(Sullivan, 1977: 238-239).

첫째, 경찰관의 직무는 양적으로 많을 뿐만 아니라 질적으로도 매우 다양하다. 예를 들면 경무과의 경찰관은 평상시에는 일반행정직 공무원과 비슷한 업무를 처리하나 긴급한 상황이 발생할 경우 경비업무 · 교통정리 · 조서작성 등 질적 성격이 전혀 다른 업무도 동시에 수행하지 않으면 안 된다. 이들 업무는 해당 분야에 대한 전문적인 지식과 경험이 요구되며 이러한 지식을 단기간에 전수 · 습득하기는 불가능하다.

둘째, 경찰관의 직무는 실력을 행사해야 할 경우가 많아 근무여건상 강력한 체력과 육체적 기술을 요한다. 따라서 경찰관이 직무수행에 필요한 사격 · 무도 · 수영 등 여러 가지 기능을 갖추려면 상당한 기간의 특수훈련이 필요하다.

셋째, 경찰직무의 수행과정에는 강제성이라는 요소가 상존하고, 직무수행 결과는 국민생활과 밀접하게 연관되기 때문에 국민과의 우호적인 관계를 수립 · 유지하기가 매우 어렵다. 이처럼 대민관계와 경찰업무는 상호 밀접한 관계에 있으므로 경찰관이 국민에게 좋은 이미지를 주기 위해서는 높은 수준의 교양과 인품을 교육시킬 필요가 있다.

뿐만 아니라 조직의 중간관리자급 등으로 외부입직되는 인사제도의 문제점이 지적된다. 현재 경찰조직에서는 수많은 입직희망자들이 있어 문제점이 덜할 수 있지만, 중관관리자급으로의 입직이 허용되면 잠재적인 경찰관리자의 인력 풀이 감소하고, 조직의 상층부로 승진을 희망하는 수많은 하위직급의 사기를 축소시킬 가능성이 있다. 즉 이들의 창의성과 혁신성을 시들게 하여 조직이 정체 내지 퇴보할 가능성이 있다고 할 수 있다.

Ⅲ. 법치가 흔들리는 이유

1. 신뢰상실

이상안(2004)에 의하면 신뢰는 사람들이 협력하는 능력이 구체화된 시민공동체나 시민간의 연결망이라 보고 이를 사회자본의 범주에 포함시킨다. 신뢰는 개인과 개인, 집단사이를 든든하게 해주는 결속체이면서 부패와 냉소 그리고 비효율을 제거하는 최소한의 윤리질서규범이라고 한다. 경찰조직에서도 이러한 신뢰가 상실되면서 발생하는 각종 현상들이 헤아릴 수 없이 많을 것이다. 우선 국민들이 경찰조직을 신뢰하지 못하는 상황이라면, 법집행의 어려움이 심각할 수 있다. 또한 조직 내부적으로 조직구성원 상호간에 불신은 업무비효율성을 낳을 수밖에 없을 것이다.

2. 권한독점과 부패함수

이상안(2004: 92)은 부패는 권한의 독점이 커지고 자유재량의 영역이 확대될수록 그리고 책임이 낮을수록 증가한다고 한다. 경찰행정은 재량을 원칙으로 하지만 재량권이 축소되고 경찰개입이 강제되는 경우도 적지 않다. 물론 실제 경찰행정의 일선에서 모든 업무활동을 법치화할 수 없는 부분도 있을 수 있다. 하지만 흔들리는 법치를 막고, 경찰조직에서 권한 남용 등 부정부패를 없앨 수 있는 대책으로는 독점을 경쟁으로 체제화하고, 재량을 최대한 기속하며 책임을 강화해 가야 할 것임은 분명해 보인다.

3. 법과 원칙의 일관성 및 엄격성의 결여

이상안(2004: 96)은 법집행이 아름답게 이루어지지 못하기 때문에 법치가 흔들린다고 한다. 그는 아름답게 집행되는 법으로 "법이란 인간존중의 가치 하에서 정부의 개입과 간섭이 평균적으로 적고, 시민의 자본과 창의적 사고가 독창적으로 이루어지며, 국민에 대한 법집행가의 태도와 자세가 봉사정신에 입각해 있으면서 국민이 원하는 것을 찾아나서는 자세를 가질 때" 아름답다고 하였다. 즉 '인간존중', '작은개입', '일을 찾아나서는 봉사와 사랑의 원칙' 등을 기본패러다임으로 일관성을 지니고 엄격성을 지니고 나아갈 때 법치는 흔들리지 않는다는 것이다.

4. 법집행서비스의 공급과 수요와의 괴리

국가의 법집행정책은 기본적으로 국민의 치안수요에 맞춤형 서비스의 제공이 원칙이다. 하지만 국가를 구성하는 국민의 의사는 하나로 보기가 어려울 경우가 대부분이다. 사회집단과 단체의 이익표출과 집단행동방식이 국가가 허용하는 범위를 벗어날 경우가 많아 온 것이 우리의 현실이었다. 정당한 사회적 요구의 통로가 막혀 있던 소위 '독재주의체제'하에서는 정당한 국민의 참여장치가 차단되어 민주화운동으로 여겨진 집회시위가 봇물처럼 쏟아져 나온 것은 당연한 현상이다. 하지만 민주주의적 통로가 구비된 오늘날에 과격한 불법집회시위는 어떻게 이해해야 할 것인가. 이해집단간의 갈등으로 기능적 권위와 법적 권위의 존중 풍토가 약화된 점, 국가의 정책대응능력의 부족, 자율적 질서유지 능력의 약화, 집단 및 문화적 통제력의 약화 등을 지적할 수 있다

이러한 문제점들은 우리 경찰조직에 직면한 문제점이다. 사회공공의 안녕과 질서유지를 근본임무로 하는 경찰조직에서 사회구성원의 갈등 및 갈등대응책의 현실은 경찰조직에 시사하는 점이 매우 클 것이기 때문이다

5. 정치에 압박당하는 법치

이상안(2004: 107)은 "왜 법치가 흔들리는가"의 질문에 대한 환경적

요인은 정치가 법치를 질식상태로 압박하기 때문이라고 한다. 이는 정치가 인치를 함으로써 법치주의를 혼란에 빠뜨리기 때문이라는 것이다. 정치는 법을 산출하는 역할을 하고 집행하는 기능은 정부를 중심으로 해야 함에도 정치는 산출 이후 집행과정에도 깊숙이 개입하려고 한다.

경찰법 제4조엔 경찰은 국민전체에 대한 봉사자로서 공정중립을 지킬 것을 규정하고 있다. 또한 국가공무원법 제65조에서는 경찰은 특정 정당 기타 정치단체의 이익이나 이념을 위해 활동해서는 아니되며, 오로지 주권자인 전체국민과 국가의 이익을 위해서 활동할 것을, 그리고 동법68조에서는 공무원의 신분을 법률로써 보장하도록 규정하고 있다. 이는 경찰공무원의 정치적 중립성을 규정한 것이지만 반대로 어떠한 정치적 세력에 의해서 좌우될 수 없는 정치적 독립성을 내포하고 있다고 하겠다.

결국 법치가 아닌 기타 힘에 의한 밀어붙이기식으로 경찰조직을 법집행을 흔드는 어떤 세력이 존재하는 한 국민의 안정적인 생활을 담보할 수 없다고 하겠다.

제 4 절 경찰조직연구의 기본과제

Ⅰ. 경찰조직의 탄생과 변천

조직의 탄생은 조직목표의 존재에서 찾을 수 있다. 경찰조직의 탄생도 마찬가질 것이다. 따라서 개인의 신체와 재산의 보호, 가정을 포함한 집단의 안전 확보라는 목적을 위한 경찰활동은 원시사회에서도 존재했을 것임을 짐작케 한다. 다만 경찰이 시민적 경찰로서 조직화되고 유급화된 것은 1829년 영국의 수도경찰법제정에서 비롯되었다고 한다(이상안, 1999: 279). 이 때 경찰조직은 능률적인 업무수행을 위해 군대식 조직으로 만들어져야 하고, 안전하고 잘 훈련된 요원이 있어야 하며, 정부의 통제하에 있어야 하고, 시간대별 지역별로 배치되어 활동해야 하고, 문서에 의한 기록보존을 의무화할 것 등을 요구받았다. 이러한 근대식 경찰조직의 탄생도 당시의 국가사회의 요구를 반영한 결과임은 부언이 필요치 않다. 하지만 이러한 원리의 경찰조직은 몰인간성 내지 형식주의의 폐단 등에 따른 비판을 받았고, 미국에서도 경찰직업이 직업공무원이 아닌 정당의 선택에 따라 좌우되는 엽관주의의 폐단이 20세기 초까지 계속되었다.

그 후 실적주의, 직업공무원제의 보장 등 제도적 개선노 성직, 지식, 기술, 봉사 등 경찰조직에게 요구되는 국가사회적 기능에 대한 수요를 충족시킬 필요성으로 이루어진 것이다.

Ⅱ. 기본과제

1. 경찰업무의 복잡성에 대한 대응

민주사회가 실현된 현대사회에서 경찰업무는 복잡한 어려운 문제들을 내포한다. 민주주의의 현 사회가 사회구성원들의 합의에 의해 존재하지만, 경찰력 특히 권력적 작용은 이러한 합의가 깨질 때 발동된다. 현대복지국가의 상징인 비권력적 서비스 행정 하에서도 경찰작용은 침익적 제한적 기능도 제공한다.

하지만 이러한 작용의 목표가 분명하다는 점노 잊지 말아야 한다. 현대사회에서 경찰조직에 의한 봉사나 서비스의 제공은 국민의 자유에 대한 제한이나 침해가 전혀 없는 영역으로 경찰조직의 역량에 뒷받침되는 한 많을수록 국민에겐 유리할 것이다. 반대로 국민의 자유를 제한하거나 침해하는 권력적 작용은 형벌집행의 기능과 범죄반지로부터 선량한 일반인의 보호기능이라는 목적 하에 이루어진다. 물론 이 작용은 엄격한 법률유보의 원칙하에 행해지는 것이다.

이러한 원칙이 존재한다고 해도 경찰행정에 있어 민주성과 합법성을 강조하느냐, 능률성과 생산성을 강조하느냐에 따라 현실적으로 이루어지는 경찰작용에 있어 차이가 있을 수 있음도 부인할 수 없다.

또한 현재 우리나라는 국가경찰제도를 실시하고 있어 크게 문제되지는 않지만, 자치체경찰제도하의 치안공공재의 배분상의 공정문제도 지적될 수 있다. 어떤 지역에서 생활하든지 안전한 삶의 담보는 모든 국민들의 기본적인 수요이다. 하지만 현실적으로 사회공공의 안녕과 질서유지의 수준은 차이가 있음을 지적하지 않을 수 없다.

2. 경찰조직을 단순조합이 아닌 유기체로 보고 운영

위와 같은 현실에서 경찰행정은 소위 과학적 관리방법인 능률위주의 가치추구에서 벗어나야 한다. 즉 경찰조직에 투입되는 외부요인의 변화를 탐지하고 분석하여 피드백할 수 있는 동태적 유기체적 조직체제로 탈바꿈하여야 한다.

외부의 수요에 대응한 공급을 담당할 경찰조직자체가 우선 내부적으로 이러한 수요에 맞춤 대응할 수 있는 하위체제를 갖추는 것이 급선무다.

하위체제의 첫째는 조직구성원에 관한 것으로 구성원 개인, 집단, 구성원을 이끌 리더의 리더십(leadership), 팔로워십(followership) 등이 중요한 요소이다. 둘째는 계층화, 전문화 등을 통한 조직의 구조적 측면, 그리고 셋째로 커뮤니케이션, 정책결정, 절차, 규칙 등을 통한 조직의 기능적 측면이 주요한 하위체계라 할 수 있다.

이러한 하위체계를 통해 경찰조직에 부여된 각종 요구에 대해서 조직 내부적으로 상호작용하고 설계하고 대처하도록 조직을 운영해야 할 것이다.

제5절 경찰관리의 의미

경찰관리란 경찰구성원들로 하여금 경찰의 직무를 성공적으로 수행해 가는 과정을 말한다. 경찰의 임무와 역할을 목표로 설정하고 목표달성을 위해 지휘하고 그 성과를 분석 평가하여 최종목표달성을 위해 피드백하는 일련의 과정이라 할 수 있다.

즉 경찰조직의 목표설정에서 결과평가까지의 전과정을 관리기능이라 한다. 이 과정을 구체적으로 보면 조직의 정책이나 방침을 효과적으로 달성하기 위하여 조직을 구성하고 있는 제요소인 인력, 설비, 시설, 예산 등을 확보하고, 조직화하고, 이것을 효율적으로 사용해서 기대되는 효과가 실현되도록 동기부여하고 지시하며, 활동을 활발하게 추진하여 그 결과를 확인하고 평가하는 일련의 작용이라 한다(이상안, 1999: 327).

O. W. Wilson은 경찰관리란 관리자가 조직을 훌륭히 유지, 성장시켜가는 것과 경찰업무성과를 높여가는 것, 그리고 경찰관 개개인의 능력을 향상시키는 것 세 측면을 중점으로 해서 경찰조직전반을 운영, 통제하는 것이라고 하였다.

경찰조직은 경찰법과 경찰관직무집행법에서 경찰을 조직화하고 분장사무를 규정하고 있다. 즉 경무, 생활안전, 수사, 정보, 보안, 경비, 교통, 외사 등의 소관업무를 분담하여 각각 부문별로 활동하도록 하고 있다. 이들 각 부문활동이 원활하게 운영되어야 경찰조직전체의 목적이 달성될 수 있다는 점은 부언할 필요가 없다.

그런데 이러한 관리기능은 조직을 둘러싼 환경의 변화에 급변할수록 소기의 목적을 달성하기 힘들다. 환경변화에 대한 조직의 적응, 생존, 발전을 위해서는 관리기술의 혁신이 요구된다. 소위 하이테크놀로지를 대변하는 과학기술의 발달은 수사, 통신, 교통 등의 경찰현장에서 조직의 성과를 담보할 것이며, 변화하는 조직상황에 적응할 수 있는 관리기법을 활용하는 것도 한 방편이라고 하겠다.

연습문제

1. 경찰조직의 기본개념과 구성요소에 대해 설명하시오.
2. 경찰조직행정의 3원소는 무엇인가요.
3. 법집행행정에서 법치가 흔들이는 이유에 대해 논의하시오.
4. 경찰조직연구의 기본과제

제 2 장

경찰의 임무

학습목표

어떤 조직이든시 그 조직이 존재하기 위해서는 조직이 완수하고자 하는 목표가 존재하며, 이러한 목표를 이루기 위한 활동들이 수반된다. 조직목표를 달성하고자 하는 활동을 조직의 임무라 할 수 있다. 즉 조직임무가 없거나 완수하였다면 조직의 존재의미가 없게 된다고 할 수 있다.

그런데 이러한 조직의 목표와 임무들은 국가사회에서 부여받는다. 즉 국가사회의 요청에 따라 그 임무의 변화가 가능하다는 점이다. 경찰조직의 경우 사회공공의 안녕과 질서유지임무를 부여받고 있다는 것이 일반적인 견해다. 하지만 시대와 장소를 달리할 때, 동일한 임무는 아님을 알 수 있다. 또한 조직이나 관리의 철학에 따라 그 임무가 변화하여 왔다.

이 장에서는

첫째, 조직 및 관리 철학에 따라 즉 경찰철학의 모델에 따라 경찰임무의 차이점을 확인한다.

둘째, 경찰철학의 모델을 확인한다(전통적 모델/문제지향모델/지역사회모델 등).

셋째, 구체적인 경찰기능에 대해서 살펴본다.

제 1 절 경찰임무의 정의

모든 경찰기관은 직무규정(mission statement)을 필요로 한다. 경찰 직무규정은 경찰기관의 목적을 기술한 일련의 문서로써 경찰기관의 업무방향을 확인시키며 목표수립의 범위를 확립케 한다.

이러한 직무규정은 쉽게 만들어지지 않으며 폭넓은 경찰책임영역을 포함한다. 여기서는 경찰임무를 결정하는데 있어 반드시 고려되어야 할 이러한 요소들을 살펴보고자 한다.

형사사법행정에 있어 경찰은 시민들이 긴급 상황에 대처할 수 있도록 마련된 몇 안 되는 공공기관 중 하나이다. 경찰은 우선 높은 가시성을 갖도록 설계되었다. 경찰 배지나 제복은 시민들이 경찰관을 인식하는데 걸리는 시간을 줄이고, 긴급 상황을 통제해 줄 것이라는 기대를 낳게 한다. 또한 경찰관의 높은 가시성이 일반 국민에게 안정감을 주기도 한다. 이 주장의 핵심은 마크가 새겨진 경찰순찰차와 정복경찰관들이 도움이 필요한 사람들을 돕기 위해 항상 충분히 근거리에 있다고 믿게 해준다는 것이다. 더욱이 경찰관의 높은 가시성이 잠재적 범죄자에게 두려움을 주어 범죄행위를 억제하는 측면이 지적되고 있다.

반면, 높은 가시성의 부정적인 측면도 나타날 수 있다. 소수경찰관의 행동이 경찰 전체로 비춰지기도 한다. 경찰관의 생활은 항상 감시와 감독 하에 놓여 있어 어항 속에 갇힌 것과 유사하며, 늘 시민의 주시대상이 되기 쉬운 것이다. 이는 시민들이 경찰을 한 사람의 개인으로 보기보다는 경찰권위의 상징으로 보기 때문이다.

경찰관의 높은 가시성이 범죄예방에 유용한지는 논쟁 중에 있다. 심지어 경찰의 가시성이 긴급상황에서 신속한 대응력을 갖는다고 예상하지만 증거는 없는 실정이다. 경찰제복, 배지, 그리고 총 등은 많은 상황에서 유용하며, 어느 정도의 가시성의 효과를 인정할 수 있다. 하지만 경찰복장에 대한 논쟁은 이제 의미 없게 되었다는 의견도 있다. 독일의 정보경찰이 과거 두려움과 혐오스러움을 상징하는 게슈타포(Gestapo)의 복장을 착용하지 않은 경찰의 좋은 예이다. 그러나 대부분의 서구 민주국가는 경찰제복을 착용하도록 하고 있다. 이들 국가들은 제복을 착용한 경찰개개인의 자질과 업무수행능력의 결과 국민으로부터 존경받는 경찰상을 정착시키고 있다.

이 장은 경찰업무에 대해 논의하고자 한다. 좋은 경찰서비스를 전달하기 위해 경찰행정가는 먼저 무슨 서비스가 제공되어야 하는지를 인식해야 한다. 일반적으로 과거 경찰인사관리는 (1) 경찰임무 인식의 부재 (2) 부적절한 교육 (3) 적절치 못한 정책들로 시민을 실망시켰다. 조직을 이끄는 관리자들은 반드시 그들이 관리하는 업무를 알아야 한다. 이러한 이해로부터 참모구성과 교육의 필요성들이 나열될 수 있다. 마지막으로 조직이 설정한 목표로 나아가도록 지도하기 위해 정책과 절차들을 공식화해야 한다. 경찰임무에 대해 잘못 인식하게 되면, 부서 내 참모구성과 구성원에 대한 훈련 부재를 초래하게 되고, 정책설계와 절차는 물론 종국적으로 조직실패의 결과를 가져올 것이다.

조직의 목적이 무엇인지 모를 때, 어떻게 조직목적을 달성하기 위한 계획을 수립할 수 있을까? 확실히 모든 기능, 정책 그리고 절차들은 조직목표에 달려 있기 때문에, 이러한 목표는 전체 조직임무에 부합하는 방향으로 고안되어야 한다. 많은 경찰기관들은 이러한 단순진리를 알지 못한 결과 경찰서비스의 전달이 지속적이지 못하고 중단된다.

그런데 직무규정이 있고 없는 것을 선석으로 경찰관리자에게 책임지울 수 없는 경우가 많다. 그만큼 경찰조직이 처한 현실이 새롭고 다양한 상황들에 놓이는 경우가 많다는 것이다.

새롭게 등장하는 많은 경찰임무들은 전통적인 경찰기능에서는 예측하지 못했고 예상할 수도 없는 것들이었다. 이 같은 경우 경찰관리자는 무엇이 경찰의 책임이고 그렇지 않은지에 대한 명확한 판단을 수립하지 못한다. 그들은 새로운 임무를 부여받아 왔고, 종종 예산과 경찰력을 확대하는 것을 정당화하기 위해 추가된 임무를 수행해야 하였다.

우리사회는 종종 경찰에게 새로운 책임을 부여하면서 동시에 경찰과 이 책임을 공유하는 것을 잊어버렸다.

우리사회에서 경찰에게 부여할 임무를 논의하기 위해서는 임무수행의 주체인 경찰, 객체이자 수요자인 시민 그리고 매스컴 등 다양한 이해관계자들의 동원되어야 한다. 대한민국경찰의 경우는 중앙집권적 경찰시스템으로 단일된 경찰체계를 가져, 경찰법내지 경찰관직무집행법 등 경찰관련법에 의해 통일적으로 경찰작용이 이루어진다. 반면 영미경찰법계에서는 각 경찰기관마다 임무 및 운영상 동일된 체계를 찾기 어렵다. 이들 경찰조직들은 각국 및 각 지방의 사정에 따라 다양한 요구를 가지고 있고, 경찰기관마다 자원 및 능력에 있어 차이가 있다.

경찰이 무엇을 수행해야 하는지를 이해하기 위해서는 먼저 왜 임무가 공식화되어야 하는지를 알아야 한다. 미국경찰도 20세기 초기가 되어서야 공식화된 형태를 보였으며, 그 이전에는 경찰기능이 군대나 군민연합체에 의해 수행되었다. 도시화에 따라 증가한 범죄에 대처하기 위해 조직적인 대응이 필요하였고, 이는 보다 구조적이고 조직적인 경찰기관의 탄생을 이끌었다.

경찰조직의 발달과 더불어 경찰철학도 발전되어 왔으며, 경찰조직의 임무와 책임은 시대상황과 관점을 변화시켜 왔다.

제 2 절 경찰활동의 철학

경찰이 어떻게 경찰기능을 인식하는가는 경찰관리자의 경찰활동 철학과 밀접한 관련이 있다. 각 경찰관리자마다 전통, 교육과 경험에 기초한 철학을 가지고 있다. 이 철학은 경찰조직 효과성에 막대한 영향을 미칠 수 있다. 단지 최근에서야 우리는 조직철학 자체에 대한 관심을 가지기 시작했다. 이 철학은 조직 내 경찰작용에 광범위한 영향을 미친다. 대한민국 경찰만의 철학이 있을 수 있지만, 경찰행정학의 후발주자로서 학문적으로 고유한 철학영역을 찾기는 쉽지 않다. 따라서 미국경찰철학의 변화과정을 중심으로 경찰철학을 살펴보고자 한다.

미국경찰활동은 전반적으로 3가지의 상이한 경찰철학모델이 생성되었다. 경찰관리자와 조직에 의해 채택된 경찰모델을 이해하는 것은 경찰조직과 그 작용을 이해한다고 말할 수 있을 것이다.

우리가 경찰을 소재로 한 TV프로그램을 본다면, 모든 경찰들이 상당히 비슷한 역할을 한다고 느낄 것이다. 경찰기관의 크기에 다른 차이를 제외하고, 경찰은 매우 유사하다고 여기지만 현실속의 경찰은 상당히 차이가 있다. 또한 다른 공공기관과 마찬지로 경찰도 시대에 따라 변화하고 있다. 경찰철학이란 용어는 경찰기관의 핵심적인 부분에 있어 그 전의 기관과는 차이가 나는 점을 강조한다. 사실 철학은 조직구조, 상하관계, 조직우선순위 등 경찰조직에 있어 많은 중요한 것들을 결정하게 되는 것이다.

Ⅰ. 전통적 경찰활동

미국경찰은 지난 1세기에 걸쳐 점차적으로 발전하였다. 다른 나라의 경우와 마찬가지로 사회경제적 요인들이 경찰조직의 구조와 절차의 변화를 유도하였다. 1960년대 이전 몇몇 뛰어난 경찰지도자에 의해 많은 경찰개혁이 시도되었지만, 일반시민은 경찰개혁에 대해 이해하지 못했다. TV와 언론이 당시 경찰의 실태와 문제점을 알리기 시작하였다. 당시 베트남전 참전반대운동과 시민의 권리찾기운동 등과 더불어, 경찰에 대한 불만도 그 연장선상에서 도마에 올랐다. 밤마다 시민들이 TV를 통해 경찰의 잔혹하고 비인내적인 면을 보았고, 이에 변화를 요구했다.

미국경찰은 이미 엽관주의 및 정실주의의 폐단을 극복하는 차원에서 실적주의에 의한 직업공무원제 등 보다 향상된 기준과 절차를 마련하였고, 경찰전문화를 위한 움직임을 시작했다.

대법원판결과 언론보도는 이러한 변화에 속도를 배가시켰다. 경찰이 무소불위의 권한으로 국가통제 밖이라는 분위기에 따라 엄격한 권한과 책임을 규정해야 한다는 생각들이 일반화되었다. 이는 남북전쟁 이후의 미국경찰조직의 개혁적 변화의 흐름과도 같은 것이다. 당시 미국경찰은 준 군대식 구조에, 엄격한 관료주의로 효율성과 통제를 강조했다. 경찰 인사선발기준과 교육훈련의 개선을 위해 노력했고, 문서주의의 폐단을 극복하고자 문서전달의 신속화를 도모하였다. 또한 현대적 경찰장비의 구비와 수사기술의 향상을 조직의 우선순위로 두었고, 경찰 스스로를 범죄파수꾼으로 여기기 시작했다. 이러한 개혁적인 흐름은 경찰조직에 있어 가장 소중한 가치도 이러한 새로운 흐름에 부합하는 쪽으로 이동했다.

1. 효율성과 징계

전통적 경찰활동모델을 전문화모델이라 하는데, 이 모델의 가장 큰 장점은 조직을 효율적으로 통제, 관리할 수 있다는 점이다. 일선거리의 경찰은 자율과 재량을 가지고서 활동한다. 각 경찰마다 그 날의 업무방향에 따라 수많은 사람의 운명을 결정한다. 그런데, 종종 시민들은 경찰조치가 적법 또는 불법, 도덕적 또는 비도덕적, 윤리적 또는 비윤리적, 올바른 또는 잘못된 것 등에 대해 판단할 방법을 가지고 있지 않다고 느낀다. 사실상 전통적 경찰활동모델하의 경찰관은 조직에서 부여한 자신의 임무를 가장 효율적인 방법으로 수행하였고 그러한 결과를 기꺼이 만들어 냈는데도 말이다.

시민들이 경찰에 대해 느끼는 이러한 통제장치의 부재라는 인식을 전환하기 위해서는 우선 통제장치를 마련하는 것이 요구되었다. 지속적인 경찰교육훈련과 업무수행의 범위 및 한계를 규정함으로써 하나의 기계부품처럼 경찰조직구성원을 관리, 감독하게 한 것이다. 이러한 전문화모델에서는 경찰활동의 정책, 절차, 그리고 개인책임의 일치를 강조하며, 또한 교육훈련이 우선순위에 두어진다. 표준화된 교과과정이 만들어지고, 교육지침이 시달되게 된다. 이러한 관리체계는 직원선발, 교육훈련 및 기술개발 등에 있어 미래경찰을 위해 큰 족적을 남겼다.

2. 지역사회와의 단절

경찰조직관리의 철학이 전문화모델로의 이동함에 따라 발생하는 가장 큰 결점은 경찰과 지역사회와의 고립이었다.

미국의 초창기 경찰은 학력이 낮고 훈련받지 않았으며 당파와 결합되어 있는 등 심각한 문제가 있었다. 그러나 이런 문제들이 전적으로 부정적이지만은 않았다. 당시 경찰은 시민과 밀접하면서 좋은 관계를 맺고 있었다. 경찰과 시민 모두 거의 자동차가 없었고, 직업과 거주지를 자주 바꾸지도 않았다. 이런 이유로 시민과 경찰은 오랜 기간 관계를 맺어 왔고, 서로를 잘 알았다. 부패와 정치적 편견에도 불구하고 많은 경찰은 시민들로부터 존경과 호의를 받았다. 정치가들도 이러한 관계를 조장했고, 경찰당국은 그들과 친분있는 자를 고용했다. 경찰권위주의에 대한 시민의 불신에도 불구하고, 시민들은 거리의 경찰을 이전부터 아는 자들이었다. 즉 초창기 미국의 경찰활동은 경찰 관리론적 측면에서 비판받았음에도 상당히 효과적이었다.

하지만 전문화모델의 도입과 동시에 여러 변화가 있었다. 경찰들은 순찰차 때문에 친숙한 도보순찰을 포기했다. 극소수의 경찰만이 순찰차로 더 넓은 지역을 담당했고, 더 많은 신고에 대처했다. 효율성이 중요한 것으로 보여졌고, 친밀성은 부패의 일부분으로 간주되었다.

전문화모델이 효율적이라는 측면은 서비스 제공의 형태에서도 변화를 가져왔다. 경찰은 신고의 유용성에 관계없이, 모든 신고에 대처하도록 했다(Goldstein, 1990). 그리고 효율성은 신속하게 신고에 응하는 것을 의미했다.

효과적으로 신고에 대처하도록 의도되었지만, 항상 사건이 되는 것은 아니었다. 요구가 증가할수록 처리절차의 신속도 요구되어졌다. 경찰은 스스로 우선순위를 정해 임했고 우선순위에서 밀린 업무들은 가치가 낮은 것으로 가정했다. 신고대처와 문서작성, 그리고 거리순찰에 대한 표준을 정하게 되었다.

대부분의 전문화된 경찰기관이 신고에 효과적으로 대처할 능력들이 있었기 때문에, 신고도 계속 증가했다. 그래서 전문화모델은 스스로 우선순위에 의해 발목을 잡혔고, 신속함에 질리게 되었다. 경찰은 모든 사소한 신고에 대응함으로써 매우 지치게 되었으며, 문제해결을 위한 능력을 잃어버렸다.

경찰은 매일 동일한 문제에 직면하고 같은 사람을 체포하며 유사한 분쟁을 중재하고 있다는 것을 인식했다. 이런 문제의 원인에 대한 생각이나 지속적인 해결책을 모색하는 것을 심각하게 고려하지 않게 되었다. 현재지향적인 가치시스템이 확실히 스며들었던 것이다.

전문화모델의 가장 큰 단점은 경찰과 시민의 관계를 왜곡하는 점이다. 정치체계 하에서 경찰은 문제해결사이다. 정치조직은 투표자들의 문제를 해결함으로써 권력을 누릴 수 있다. 경찰은 범죄중재자나 사회문제전문가만큼 범죄에 대한 해결능력을 갖지 못했다. 단지 경찰은 이웃이라는 관점에서 문제를 해결하는 것으로 업무처리를 예상하고 있었다.

이 새로운 경찰철학 즉 전문화모델은 경찰을 문제해결사가 아니라 법집행가라는 시각이었다. 법집행이란 용어는 경찰 스스로 경찰업무라고 믿는 것과 그렇지 않은 것을 선택하는 수준으로 되었다. 경찰은 사전범죄예방을 포기했고, 항상 사건발생 후 대응하게 되었다. 즉 시민은 방관자로 간주되었다. 경찰은 범죄를 자신들의 고유영역으로 보았을 뿐만 아니라 목격자 또는 피해자가 아닌 시민의 범죄대응행위를 원치 않는 침입으로 간주하였다. 법집행은 전문가인 경찰에게 부여된 고유한 것으로 여겼다.

그러므로 시간이 갈수록 경찰과 시민의 관계는 점차 멀어져 갔다. 1970년 후반에서 80년대 초반까지 이 거리는 가장 크게 벌어지게 되었다. 결국 경찰과 시민이 함께하기 위해서는 뭔가가 필요했다(Holden, 2002: 24-25).

Ⅱ. 문제지향경찰활동

문제지향경찰활동(Problem Oriented Policing)은 1979년 골든스타인(Herman Goldstein)에 의해 소개되었다. 골든스타인은 전문화경찰모델의 심각한 고유의 문제를 인식한 초기 연구자중 하나이다. 그는 경찰전문화 모델은 경찰과 지역사회를 멀어지게 한다고 지적하였다. 그는 경찰의 우선순위를 경찰스스로 결정할 것이 아니라 대신 지역사회문제에 기초를 두고 우선순위가 정해져야 하며, 이런 지역사회문제점에 대응하도록 설정되어야 한다고 주장하였다. 따라서 경찰관리자, 거리경찰, 그리고 지역사회대표는 지역사회 문제인식과 해결책 및 우선순위 설정에 있어 공동으로 참여할 것을 요구하였다.

문제지향경찰활동의 재미있는 부분은 특정문제를 해결하기 위해 특별 부서를 설치하거나 전부처가 관여하도록 배치하기도 한다는 점이다. 이러한 관리방식은 분업의 원리에 의한 경찰 전문화모델과는 상반되는 원리이다. 따라서 문제지향경찰활동에서는 경찰전문화의 원리가 일시적 제한되거나 지속적으로 배제될 수 있음을 시사하는 것이다.

1. 문제의 정의

문제지향경찰활동에서 가장 중요한 것은 지역사회문제를 어떻게 인식하느냐 하는 것이다. 문제를 인식하는 가장 재빠른 방법은 경찰신고를 분석하는 것이다. 전통적으로, 경찰은 신고원인에 대해 단견으로 서두른 조치를 취한다. 심지어, 상점절도범이 왜 훔치는지, 부부가 날마다 싸우는 이유가 무엇인지에 대해 좀처럼 궁금해 하지 않는다. 유사한 사건을 범주화하고, 원인을 분석함으로써 이러한 문제의 해결책을 발견할 수도 있는데 말이다(Goldstein, 1990: 33).

이러한 문제지향경찰활동을 채택하는 것은 오늘날 경찰업무절차에 있어 2가지 변화를 요구한다. 첫째, 경찰이 당사자, 지역, 행위의 유사성과 같은 것들과 사건관련성을 인식하는 것을 요구한다. 둘째, 경찰은 사건의 원인이 되는 요소들의 관점에서 사고하기 시작할 것을 요구한다. 경찰은 이러한 범죄행동을 이끄는 요소들과 조건들에 대해 정통해야 한다.

Ⅲ. 지역사회경찰활동

지역사회경찰활동(Community-Oriented Policing)에 대한 많은 기초연구들은 미시간주립대학(NSU)에 있는 국가이웃도보순찰센터(NFPC)에서 수행하였다. Robert Trojanowicz의 책임 하에 있던 이 조직의 주요 연구들을 통해서 지역사회경찰활동의 개념의 기초가 세워졌다. 지역사회경찰활동은 특별한 전술이 아니라 범죄와 무질서, 그리고 범죄의 두려움을 감소시키기 위해 고안된 범죄예방 및 분권적인 접근의 철학을 말한다(Holden, 2002: 29).

지역사회경찰활동은 지역사회구성원이 위의 3가지 중요한 목적을 달성하고자 지역에 대한 정보제공, 경찰과의 합동활동으로 신뢰를 고취시키기 위해 장기간에 걸쳐 동일한 공동체의 구성원으로서 참여할 것을 강조한다. 또한 지역사회경찰활동은 다양한 전술과 도보순찰을 채택하고, 경찰을 지역사회에 안착시키며, 지역사회구성원을 경찰정책 및 우선순위 수립을 돕기 위해 경찰의 눈과 귀가 되도록 정보 교환할 것을 장려한다.

지역사회는 지역구성원과 경찰 및 다른 공공기관들로 구성되어 있다. 지역사회의 문제는 이들 집단에 의해 인식될 뿐만 아니라 일정부분 이 문제들에 대해 역할과 책임을 분담하며 문제해결을 위한 우선순위결정에도 관계한다. 지역사회경찰활동을 위해서는 경찰조직의 모든 수준에서 이런 활동들이 수행되어야 한다.

지역사회활동을 위해 경찰조직에 있어 가장 중요한 것은 분권화다. 지역사회와 관련된 주요 결정들은 경찰 최고관리자가 아니라 일선경찰과 시민의 수준에서 이루어진다.

모든 지역사회문제가 경찰문제는 아니다. 사회에 어떠한 문제가 발생하였다면, 적어도 이런 문제를 인식하고 주장하거나 해결할 수 있는 기관이 어딘지에 대한 인식이 필요하다. 많은 경우 경찰에게 본연의 경찰업무가 아닌 것이 부과되어 온다.

1. 사전적 경찰활동

문제지향경찰활동과 지역사회경찰활동은 몇 가지 측면에서 전통적 모델과 다르다. 우선 경찰은 사회문제를 인식하거나 범죄발생을 제어하기 위해 사전예방적 전략을 채택하는 점에서 전통적 모델과 차이가 있다. 사건이 일어나길 앉아서 기다리기보다 사전에 필요한 조치를 취하는 것으로 범죄에 대한 사후대응이 아니라 사전예방이었다.

사선석 경찰활동(proactive policing)은 새로운 것은 아니다. 초기의 서구경찰은 범죄예방에 강한 신뢰를 지녔고, 따라서 경찰조직도 이에 맞추었다. 프랑스도 16세기에 강한 정보프로그램을 발전시켰으며, 영국은 19세기 런던 대도시경찰의 출현과 함께 다양한 범죄예방프로그램에 실행하였다.

그러나, 미국에서 사전적 경찰활동은 최근의 현상으로 1970년대 범죄예방부서가 만들어진 것이 최초라고 한다(Holden, 2002: 31).

이 경찰 철학은 경찰을 범죄예방전문가로 만들자는 것이다. 범죄예방활동은 범죄수사의 일부분 또는 순찰경찰의 기본임무의 하나로 경찰에 부여되었다.

미국경찰은 그들의 오랜 관행으로 특별부서를 설치하고 범죄예방기능을 담당하는 전문가를 두었다. 범죄예방프로그램이 성공을 거둔 경우도 있었지만, 조직철학으로 내면화하기까지는 많은 한계점에 부딪치는 경우가 많다. 하지만 문제지향경찰활동과 지역사회경찰활동은 범죄예방에 있어 생각 이상으로 잘 진행되고 있다고 한다(Holden, 2002: 31-2). 경찰은 지역사회의 잠재적 문제를 해결하는데 용기를 얻고 있다. 범죄예방은 지속되고 있고, 이 기능은 경찰조직의 매우 중요한 역할로써 보여지고 있다.

다음 〈표 2-1〉은 3가지 경찰관리모델을 요약한 것이다. 그러나 완전한 문제지향경찰활동이나 지역사회경찰활동만은 하는 경찰조직은 거의 없다. 어느 정도 전통적 경찰활동의 영향이 남아 있으며, 대부분 문제지향경찰활동이나 지역사회경찰활동의 철학과 사상이 혼재되어 있다.

〈표 2-1〉 경찰활동모델 비교

방법과 원리	전통적경찰활동	문제지향경찰활동	지역사회경찰활동
지휘구조	관료적	공식적, 덜 엄격	지역분산적
원리	처벌적	처벌적, 교정적	처벌적, 교정적
의사결정	하향식	하향식, 상호작용	상향식
조직 강조사항	법집행	사회문제	지역과 상호작용
전술	범죄대응	범죄예방, 범죄대응	범죄예방, 범죄대응
교육	형법, 자기방어, 무기사용 강조	전통적 교육내용과 사회문제 인식, 의사소통 수단 강조	인간의 다양성과 의사소통기술 강조, 전통적 교육내용은 덜 중시
참모	군모델; 지적능력 보다 신체적 능력	교육과 훈련기술 강조	교육과 훈련기술 중시 신체적 능력 덜 강조
평가	양적평가; 생산적 강조 과정 강조	양적, 질적평가 혼합 과정, 산출에 중점	질적평가 과정보다 결과 강조
규율	상세한 규율, 정책, 절차를 방대하게 나열	정책은 일반화 규율과 절차를 간소화	광범위한 정책지침 제한규정과 절차의 최소화
언론관계	대립적; 정보통제와 비밀을 강조	협의적; 매스컴과 함께 문제와 해결책을 인식	공개적; 매스컴을 지역사회의 일원으로 간주
정치	비정치적; 정치와 거리	정치무관심; 정부지도자와 함께 문제와 해결을 인식	정치적; 모든 영역에서 경차로가 지역사회지도자가 함께 참여

오늘날 실제로 미국 경찰조직은 위의 세 모델이 혼재되어 있다. 경찰관리자는 각 모델을 취사선택하는 데 있어 자유롭고, 경찰관리자 개인과 조직의 철학에 의해 결정되어 왔고, 앞으로 계속될 것이다. 어떤 모

델을 적용하든지 잘못된 것은 아니다. 이런 혼합모델은 각 기관마다 자신들의 환경에 맞춤 모델을 개발하여 업무성과를 높일 수 있지만, 관리자 개인 취향에 조직을 맞추도록 남용할 가능성도 있다는 점이다.

제 3 절 경찰의 기능

경찰철학과는 별개로 모든 경찰기관은 기본적인 몇 가지의 서비스를 제공한다. 미국경찰의 경우 대개 주와 연방기관은 더 전문적인 서비스를 제공하는 데 반해, 지역경찰은 질서유지, 법집행, 긴급서비스제공 및 범죄예방의 기능을 제공한다.

경찰철학은 구조화되어 있는 서비스의 우선순위와 정책, 그리고 어떻게 서비스가 전달되는가를 결정한다.

경찰기능은 위의 지역경찰기능에서 언급한 바와 같이 질서유지, 법집행, 긴급서비스와 범죄예방 등 4가지의 광범위한 범주로 구분될 수 있다. 또한 경찰은 경찰기능으로 간주되지 않는 다양한 서비스를 제공하기도 한다. 경찰이 매일 24시간 경찰기능으로 간주되지 않는 서비스를 제공하기 때문에, 시민들은 인식할 수 있는 거의 모든 문제에 대해 서비스를 요구한다. 이런 이유로 경찰은 종종 서비스종합센터로 활동한다. 만약 경찰이 해결할 수 없는 문제인 경우, 적절히 문제를 해결할 수 있는 민간업체나 기관을 연결시켜 준다.

〈표 2-2〉 경찰기능

경찰기능	내 용
질서유지	경찰입장에서의 공공선을 제공: 원활한 교통흐름 지원, 국민의 헌법상 권리 보장, 요구호자 지원, 지역사회문제 인식, 개인문쟁 해결
법집행	법규위반자를 제재하여 국민의 안전 확보: 범법행위 수사, 재판전 용의자 송치
긴급서비스	신체적 위험에 처한 사람에 대한 신속대응
범죄예방	범죄예방프로그램, 순찰 및 특별법집행 기술을 통한 범법행위 억제

이러한 일반적인 경찰기능을 설명하기 전에 한국경찰의 기본적인 임무를 살펴보자.

〈한국경찰의 기본적 임무〉

1. 서설

(1) 경찰의 임무는 행정조직법상의 경찰기관을 전제로 한 것이다. 그러나 우리나라는 작용법인 경찰관직무집행법에 조직법적인 임무규정이 포함되어 있는 특색이 있다.

(2) 국민의 생명·신체·재산의 보호, 범죄의 예방 등은 공공의 안녕의 일요소를 이루는 것으로, 궁극적으로는 공공의 안녕과 질서에 대한 위험의 방지가 경찰의 기본적 임무라고 할 수 있다.

(3) 경찰은 공공의 안녕과 질서유지라는 소극적 목적을 위하여 발동되는 작용이며, 적극적으로 공공복리를 위해서는 활동할 수 없다.

(4) 어떠한 법익에 대한 손해가 발생한 경우에는 경찰위반의 상태가 되고, 그것이 형법이나 행정법규에 위배되는 범죄구성요건을 충족시키는 경우에는 경찰수사의 대상이 된다.

(5) 오늘날 경찰에게는 질서유지, 범죄의 수사와 같은 전통적인 법집행적 임무뿐만 아니라, 적극적인 서비스 지향적 활동을 통해 국민에게 봉사하는 역할의 중요성이 강조되고 있다. 오늘날 경찰의 3가지 기본임무로는 공공의 안녕과 질서에 대한 위험의 방지, 범죄의 수사, 대국민 서비스활동이 논의되고 있다.

2. 공공의 안녕과 질서에 대한 위험의 방지

(1) 공공의 안녕

• 공공의 안녕이란 '법질서의 불가침성, 국가의 존립과 기능성, 개인의 권리와 법익의 불가침성'을 의미한다(허경미, 2003: 10).

• 공공의 안녕은 국가 등 집단과 관련되어 있음은 물론 개인과도 관련되어 있는 이중적 개념이므로 경찰은 임무수행에 있어 양자를 균형있게 고려해야 한다.

① 법질서의 불가침성

• 법질서의 불가침성은 공공의 안녕의 제1요소이다. 법질서는 공법(公法)질서와 사법(私法)질서로 나누어 논의될 수 있다.

㉠ 공법질서의 침해

• 공법규범에 대한 위반은 보통 공공의 안녕에 대한 위험으로 취급된다.

• 형법이나 행정법령 등으로 구성되는 공법규범들이 침해되었거나 침해될 우려가 있는 경우에는 그 규범에 의하여 보호되는 법익이 개인적 법익이든 공공적 법익이든 불문하고 경찰권 발동의 대상이 된다.

• 법익의 침해 또는 위해(危害)의 상태가 객관적으로 존재하면 족하고, 고의 등 주관적 구성요건, 유책성, 구체적 가벌성 등은 요하지 않는다.

㉡ 사법질서의 침해

사법질서의 침해는 원칙적으로 민사법원에 의하여 보호된다. 다만 보충성의 원칙에 의해 사법(私法)상 권리의 법적 보호가 적시에 이루어지지 않고 경찰의 원조 없이는 법을 실현시키는 것이 무효화되거나 사실상 어려워질 경우에만 경찰이 개입할 수 있다.

〈참고〉

□보충성의 원칙

경찰의 국민생활관계에 대한 간섭 또는 개입은 다른 조치가 효과를 발휘하지 못하거나 다른 조치를 기다릴 시간적 여유가 없을 경우에 최소한도에서 발동되어야 한다.

㉢ 경찰개입청구권

오늘날 복지국가적 행정을 요구하고 있는 시대적 요청에 따라 법질서의 구성부분으로서 보호되고 있는 생명, 건강, 자유, 명예, 재산 등의 개인의 법익보호를 위하여 경찰이 활동을 할 권한 또는 의무가 있는가 하는 문제와 관련하여 경찰재량의 0으로의 수축과 반사적 이익의 보호이익화가 논의되면서, 각 개인에게 경찰의 개입을 청구할 수 있는 경찰개입청구권을 인정하기에 이르렀다(허경미, 2003: 134-137).

〈참고〉

〈경찰재량의 0으로의 수축과 반사적 이익의 보호법익화〉

• 경찰재량의 0으로의 수축

- 의의 : 경찰권행사의 편의주의 원칙상 경찰관청이 현존하는 위험에 대하여 개

입하지 않더라도 반드시 위법한 것은 아니나, 학설과 판례는 예외적인 상황하에서는 오직 하나의 결정(조치)만이 의무에 합당한 재량권행사로 인정된다고 보고 있는바, 이것은 경찰재량의 0으로의 수축이라 한다.

- 효과 : 재량권이 0으로 수축되는 경우 당해 재량행위는 내용적으로는 기속행위가 되고, 부작위에 대해서는 의무이행심판 및 부작위위법확인소송, 그리고 그로 인하여 손해가 발생한 경우에는 손해배상 소송을 제기하여 구제받을 수 있다.

ex) 이와 같은 대표적 판례가 김신조 일당 무장공비 사건이다.

- **전통적 반사적이익론** : 행정관청의 규제권한의 행사를 오직 공익목적만을 위한 것으로 보고, 혹 이로 인해 어떠한 사인이 특정한 이익을 향유하더라도 그것은 반사적 이익에 불과하여 법률상의 권리라고 할 수 없으므로, 가령 경찰관청이 권한의 행사를 게을리하여 그 결과 관계자가 손해를 입더라도 행정소송상 원고적격이 인정되지 아니하고, 국가배상법상 보호의 대상으로 되지 아니하였다.
- **반사적 이익의 보호법익화** : 종래에는 반사적 이익으로 보았던 것도 관계법규가 공익과 동시에 개인적 이익도 보호하는 것으로 해석함으로써, 당해 이익에 법적으로 보호되는 이익 또는 공권으로서의 성격이 인정되는 경우가 점차 증가하고 있다. 국가배상법의 경우에도 규제권한의 불행사를 직무의무에 위반한 위법으로 구성하여 배상의 범위를 확대하고 있는 것이다.
- 정개입청구권의 법리는 1960. 8. 18. **독일 연방행정재판소의 띠톱판결(Bandsgeurteil, BVerwGE 11, 95)에서 정립**되었다. 이 사안은, 주거지역에 설치된 석탄제조업체에서 사용하는 띠톱에서 배출되는 먼지와 소음 등으로 피해를 받고 있던 인근주민이 행정청에게 건축경찰상의 금지처분을 발할 것을 청구하자, 행정청은 이 업소의 조업은 건축관계법규에 위반되지 않는 것이라 하여 기각하였고, 이에 인근주민들이 기각처분에 대한 취소소송을 제기한 것이다.

베를린 고등법원은, 원고에게는 건축법규에 기한 특정처분을 청구할 수 있는 권리가 없다 보고 원고의 청구를 기각하였다. 그러나 연방재판소는, 경찰법상의 일반수권조항의 해석에 있어, 첫째 인근주민의 무하자재량행사청구권을 인정하고, 둘째 재량권의 0으로의 수축이론에 의거하여 원고의 청구를 인용하였다.

이 판례는, 첫째 경찰법규의 목적은 **공익의 보호** 뿐만 아니라 국민 개개인의 **사익도 보호**하려는 것이다, 둘째 **경찰개입 여부는 원칙적으로 재량이지만**, 일정한 상황하에서는 **재량권이 영으로 수축**되고, 이 때 개인은 경찰당국에 대해 당해 조치를 취할 것을 청구할 수 있는 권리를 가진다고 판시하였다는 점에서 종래 판례에 대한 획기적인 전환점을 이룬 것으로 평가되고 있다.

② 국가의 존립과 기능성

- 국가의 존립을 유지하고 국가기관 및 국가시설의 존속과 기능을 보장하는 것도 공공의 안녕의 본질적 요소이다. 군(軍)이 대적(對敵)개념에 입각하여 적국과의 관계에서 국가의 존립을 보호할 국방의무가 있는

데 비하여 경찰은 사회공공과 관련하여 국가의 존립과 기능을 보호할 의무가 있다.

• 국가의 존립에 대한 침해는 형법이 내란죄나 외환죄로 처벌한다. 경찰은 이러한 침해를 방지키 위해 내란 · 외환의 죄에 이르기 전인 범죄의 예비음모 단계에 관심을 가져 형법적 가벌성의 범위내에 이르지 아니하였을지라도 국민의 자유와 권리를 침해하지 않는 범위내에서 수사나 정보, 보안, 외사활동을 할 수 있다.

• 경찰은 국회 · 정부 · 법원 · 자치단체 등 국가기관의 정상적인 기능발휘를 보호하여야 한다. 행정관청의 활동에 대한 중대한 방해는 형법의 범죄구성요건을 충족시킨다.

• 그러나 경찰은 방지되어야 할 위험의 범주를 지나치게 확대해서는 안 된다. 지나치면 오히려 시민과의 충돌이 나타날 수 있으며, 경찰활동에 대한 시민의 저항을 불러일으킬 수 있다. 따라서 폭력성과 명예훼손 행위 없이 표출되는 국가조직에 대한 모든 종류의 비판은 언론의 자유, 예술의 자유 및 집회의 자유에 관한 헌법적 보호의 대상이 되고 있어 경찰이 개입할 문제가 아니다.

③ 개인의 권리와 법익의 불가침성

• 공공의 안녕과 관련하여 경찰은 인간의 존엄성, 명예, 생명, 건강, 자유와 같은 개인적 법익뿐만 아니라 사유재산적 가치 또는 무형의 권리도 보호하여야 한다.

• 다만 사법(私法)적인 법익에 대한 보호는 1차적으로 민사법원에 의하여 행하여져야 할 것이기 때문에 개인은 효과적인 보호의 시기를 놓쳐 권리가 무효화될 우려가 있을 때에만 경찰에 원조를 요청할 수 있으며, 이 경우에도 경찰의 원조는 잠정적 보호에 국한되어야 하고 최종적인 규제는 법원이 하여야 한다(보충성원칙).

• 경찰은 개인 법익에 대한 침해가 동시에 형법이나 행정법 등의 공법규범을 위반하는지 여부를 확인해 보아야 한다.

(2) 공공의 질서

• 공공질서란 원만한 공동체생활을 위하여 불가결한 전제조건이 되는 각 개개인의 행동에 대한 법규범 이외의 불문의 사회규범의 총체를 의미한다.

• 공공질서의 개념은 절대적 · 고정적인 것이 아니며, 시대의 지배적인

윤리와 가치관이 변함에 따라 변화하는 상대적·유동적 개념이다.

• 오늘날 거의 모든 생활영역에 대해 법적 규범화가 이루어지고 있기 때문에 공공질서 개념의 사용분야는 점차 축소되고 있다.

• 또한 법치주의·민주주의의 원칙에서 보아 법규범이 아닌 사회규범에 의하여 요구되는 것을 경찰권력에 의하여 강요할 수 없으므로 통치권의 집행을 위한 개입의 근거로 될 수 있는 이 개념은 엄격한 합헌성 요구를 받는다(김남진, 2002: 134).

(3) 위험의 방지

① 위험과 손해의 개념

• 경찰상 위험이란 '현재의 상황을 그대로 방치하면 가까운 장래에 공공의 안녕이나 질서에 손해가 나타날 수 있는 가능성이 충분히 존재하는 상태'로서 경찰상 보호법익에 대한 침해가능성을 말하며, 이러한 위험이 현실화된 때를 위해 또는 경찰위반의 상태라고 한다(허경미, 2003: 11).

• 경찰법상 손해란 '보호받는 개인 및 공동의 법익에 관한 정상적 상태의 객관적 감소'를 뜻하며 보호법익의 현저한 침해행위가 있어야만 한다. 따라서 단순한 성가심, 불편함 등은 경찰법상의 손해의 개념에 해당되지 아니하며 경찰개입의 대상이 아니다. 그러나 그 성가심의 빈도나 기간이 일정 수준에 도달하여 평균적 인간의 판단으로 볼 때 손해나 더 나아가서는 위험의 한계를 넘었다고 생각될 때 경찰개입의 여지가 생긴다.

② 위험의 분류

㉠ 구체적 위험과 추상적 위험(☞ 이 두 가지의 위험에 대하여 경찰개입 가능)

구체적 위험	개개의 경우에 있어 손해발생의 가능성이 충분히 실제로 존재하는 상태를 말한다.
추상적 위험	구체적 위험이 가설적·상상적으로 예상되는 상태를 말한다.

㉡ 주관적 위험과 객관적 위험

경찰의 위험에 대한 인식·판단은 일정 사실을 기초로 향후 발생·전개될 사건에 관한 주관적 추정이다. 그러나 그러한 판단의 기초는 객관적으로 정당화될 수 있어야 하며, 객관적으로 정당화되지 못하는 사실인식에 기초한 위험판단과 그에 따른 경찰개입은 의무위반이 되어 위법에 따른 책임이 부과된다.

㉢ 경찰의 위험판단

외관적 위험	경찰이 의무에 합당한 상황판단을 했음에도 불구하고 결과적으로는 위험을 잘못 긍정하는 경우를 말한다(예: 심야에 순찰 중인 경찰관이 '사람살려'라는 비명소리를 듣고 남의 집 출입문을 부수고 들어갔는데, 실제로는 귀가 어두운 노인이 TV형 사극을 크게 틀어놓아 그 소리가 밖으로까지 들렸던 경우).
위험혐의	경찰의 의무에 합당한 상황판단에 의할 때 위험의 가능성은 있으나 위험의 존재여부가 불확실한 경우를 말한다. 이 경우 경찰의 개입은 위험의 존재여부가 명백해질 때까지는 예비적 조치에만 한정되어야 한다.
오상위험 (추정성 위험)	이성적이고 객관적으로 판단할 때 위험의 외관도 위험혐의도 정당화되지 않음에도 불구하고 경찰이 위험의 존재를 잘못 긍정한 경우를 말한다. 이러한 경우 경찰의 개입은 의무에 어긋나는 것이 되어 손해배상의 문제가 발생한다(허경미, 2003: 11-12 참조).

③ 경찰개입의 요건

• 위험 또는 위해의 발생, 법익침해를 사전에 예방하고 사후에 진압하는 것이 경찰의 임무이다. 따라서 위험의 존재는 경찰개입의 최소요건으로 위험이전 단계에서 사전배려차원의 개입은 허용되지 않으며, 구체적 또는 추상적 위험이 존재할 때 개입이 가능하다.

• 그러나 위험이 보호법익에 대해 필수적으로 존재하여야 하는 것은 아니다. 예를 들어 차가 다니지 않는 야간에 보행자가 빨간 불에 차도를 건너는 경우 구체적 위험은 존재하지 않더라도 경찰책임자가 되어 경찰의 단속대상이 된다. 이는 도로교통법위반행위로서 법질서의 불가침성의 침해, 그리고 공공의 안녕의 보호법익인 도로교통을 침해하기 때문이다.

• 경찰책임자(경찰상의 위험 또는 위해를 야기한 자)가 누구인지는 불문한다. 따라서 인간의 행위 외에도 동물, 전염병, 자연재해와 같이 경찰상 위험·위해에 직접적 원인을 야기시킨 경찰책임자가 없는 경우에도 경찰은 위험을 예방 또는 제거하여야 한다.

• 경찰은 일반적인 위험방지, 즉 범죄의 예방분야나 장래의 위험방지를 위한 준비행위(예: 순찰, 교통감시)를 목적으로 활동할 수 있다(김남진, 2002: 134).

3. 범죄의 수사

• 범죄의 수사란 범죄의 혐의 유무를 명백히 하여 공소의 제기와 유

지 여부를 결정하기 위하여 범인을 발견, 확보하고 증거를 수집, 보전하는 수사기관의 활동이라 할 수 있다(김충남, 2004: 3).

• 따라서 범죄의 수사는 사법경찰작용으로서 수사경찰의 주된 임무이며, 이와 관련하여 경찰법과 경찰관직무집행법은 각각 범죄의 수사를 경찰의 임무로 규정하고 있다. 또한 수사에 관한 일반법적 성질을 가지는 형사소송법은 검사의 지휘를 받는 한도 내에서 경찰에 수사권을 수권하고 있다(형소법 제196조).

• 형사소송법 제196조는 "~수사를 하여야 한다"고 법정주의의 원칙을 천명하고 있으므로 경찰은 편의주의에 따라 수사의 여부를 결정할 재량이 없으며 범죄행위가 있으면 친고죄 등 특별히 법정된 경우를 제외하고는 원칙적으로 수사를 하여야 할 의무가 발생한다. 이러한 점이 행정경찰과의 차이점이다.

4. 서비스의 제공

• 21세기적 복지행정이 강하게 요구되면서 오늘날의 경찰은 소극적 위험방지를 위한 명령·강제나 범인체포, 수사 등의 법집행 임무뿐만 아니라 적극적 서비스활동을 통해 국민에 봉사하는 급부행정적 역할이 요구되고 있다(이황우, 2002: 9).

• 서비스 활동의 예로는 교통정보 또는 지리정보의 제공, 인명구조와 같은 각종 보호의 제공, 어린이 교통안전 교육, 순찰활동을 통한 범죄의 예방활동 등을 들 수 있다.

• 또한 경찰의 규제적 권한행사는 공익의 보호뿐만 아니라 국민 개개인의 사익보호와도 연결되어 있으므로 위험방지활동이나 범죄수사활동을 넓은 의미의 서비스제공임무와 별개의 것이 아닌 궁극적으로 서비스를 위한 위험방지 및 수사로 파악하여야 한다.

Ⅰ. 질서유지

질서유지 기능은 경찰이 대부분의 시간을 투입하는 업무영역이다. 역사적으로 질서유지 기능이 가지고 있는 문제점은 이러한 의무를 충분히 수행할 수 있도록 경찰에게 법적권한이 부족하다는 것이다. 문제지향경찰활동의 사전적(proactive) 성격에도 불구하고, 법체계는 사건발생 후 대응하도록 하는 반응적(reactive) 성격이 강하다. 질서유지기능은 많은 경우 범죄나 반사회적 행동 등을 예방하도록 요구되어 사전적이라고 할 수 있다. 그 결과, 공공질서유지라는 이름하에 경찰이 취하는 조치들이 미처 법에 규정되어 있지 않거나 포괄적으로 규정되어 있는 경우가 많다.

법집행문제는 신속한 해결을 요구한다. 하지만 현행 법체계에서 적절한 방법으로 행동할 것을 준비하거나 구조화되어 있지 않다는 경우가 있다. 이러한 문제에 대처하기 위해 경찰권 발동을 위해 입법화를 추진하는 등 변화를 시도하지만, 경찰이 다루어야 할 많은 문제들이 새롭게 나타나 종종 법규의 미비가 발생한다. 과거에도 이러한 문제해결을 위해 노력했지만, 경찰관은 종종 스스로 법적 어려움에 봉착되어 있는 자신들을 발견한다.

윌슨(J. Q. Willson)과 켈링(G. L. Kelling)은 경찰이 법집행보다는 질서유지에 더 효과적이라는 주장을 한다. 이들은 범죄를 수용하려는 시민의 의식과 실제 범죄행위 사이에 강한 관련성이 있는 것을 발견했다. 저자들은 사람들을 에워싸고 있는 상황에 따른 심리적 반응에 주목하였다. 예를 들어, 늦은 밤 텅빈 지하철을 탔다면 지하철 내의 상황들에 따라 승객이 느끼는 안전감이 다를 수 있다는 것이다. 만약, 지하철이 너덥고 손상되어 있거나 낙서로 도배되어 있다면 승객은 안전에 대해 불안감을 느낄 것이다. 더 심할 경우 어느 누구도 승객이나 지하철이 보호되고 있나고 느낄 수 없는 경우도 있을 것이다. 반대로, 지하철이 청결하고 잘 보존되어 있다면 승객들 모두 보호받을 수 있을 것이라고 생각할 수 있는 것이다.

윌슨과 켈링은 대부분의 여성들이 도시의 거리를 걸으면서, 강도나 강간에 대해 걱정하면서 걷지는 않는다는 사실을 지적한다. 이러한 두려움이 존재할 수는 있지만 추상적이며 대부분의 사람들은 이러한 범죄는 단지 다른 사람에게서 발생할 것이라고 생각한다. 그러나, 만약 젊은 남자 한 무리가 그녀 주위를 어슬렁거리거나, 술주정뱅이가 그녀 앞에 드러눕거나, 부랑자가 그녀에게 돈을 구걸한다면, 그녀는 두려움에 빠질 것이다. 즉, 이러한 위협은 추상적인 것이 아니라 직접적인 불안이 되는 것이다. 살인자와 강간범에 대한 추상적인 두려움보다는 부랑자, 주정뱅이, 매춘부, 시비가 붙은 집단과 화난 젊은 남자들에 대한 실질적인 두려움이 도시에서 더 큰 영향을 미친다(Holden, 2002: 32-3).

우리는 질서유지라는 단어를 단순한 것으로 사용하지만, 사실 이 용어와 관련된 경찰기능은 매우 많다. 질서유지 기능은 헌법상의 권리보호, 갈등해소, 원활한 교통소통, 요구호자 지원, 문제인식, 그리고 안전이미지 유지 등 다양한 역할들로 구성되어 있다(Goldstein, 1977: 35).

1. 법질서보호

많은 사람들이 알다시피 미국헌법은 과도한 정부로부터 국민을 보호하기 위해 고안되어 있다. 이것은 경찰권의 남용으로부터 보호받는 것도 포함된다. 법원은 경찰권 남용을 막기 위해 많은 시간과 노력을 하여 왔다. 재판에서 유무죄는 다음 두 가지 요소가 입증될 때 가능하다. (1) 경찰이 제시한 범죄사실이 적법 절차를 따라 수집된 것인지 (2) 범죄사실이 피고인의 유죄를 지지하는지를 결정해야 한다. 만약 판사가 위의 2가지에 대해 부정적인 것을 발견한다면, 피고인은 석방된다.

이러한 재판절차가 궁극적으로 어떤 사회를 위해서 옳고, 그러해야 하는지에 대한 명확한 증거들은 없는 실정이다. 다만 대부분의 경찰측 관리자들은 배타적인 법원의 입장이 본의 아니게 경찰발전을 저해한다고 믿고 있다.

법원은 헌법유지의 책임이 있으므로 형사사법기관에 있어 일차적인 통제도구라는 것은 불변의 원리라 할 수 있다. 그런데 현실적으로 경찰이 헌법원리가 준수되느냐 그렇지 못하냐에 가장 큰 영향을 미친다는 점은 쉽게 간과한다.

만약 경찰이 시민과의 일 대 일 접촉에서 이런 헌법원리들을 무시하고 더 나아가 재판에서 위증한다면, 개인이나 법원이 할 수 있는 것은 거의 없다. 헌법은 경찰에 의해 유지된다는 믿음이 강할수록, 헌법상의 권리가 더 존중받는다는 것이다. 만약 경찰이 헌법이 경찰효율성을 저해한다고 믿는다면, 헌법은 무시될 가능성이 훨씬 높다.

물론, 법집행과정에서만 헌법상 보장된 개인의 권리들이 침해당하는 것은 아니다. 타인으로부터 보호받아야 하는 경우도 있다. 타인으로부터 개인의 권리나 자유가 침해된다면, 경찰은 이러한 권리를 보호하는 데 있어 우선적인 책임을 가진다.

2. 교통질서의 유지

우리는 초고속화 교통시대에 살고 있다. 우리들이 인식하고 있는 것 이상으로, 우리들은 교통흐름의 통제 및 감독 등에 있어 경찰에 의존하고 있다. 교통통제만을 위해 설치된 부서는 드물지만, 경찰의 주요업무임은 틀림없다.

도로에서 일어나는 교통상의 모든 위험과 장해를 방지·제거하여 안전하고 원활한 교통을 확보하고자 「도로교통법」을 제정하여 시행하고 있다. 법률은 한편으로는 보행자와 차마(車馬)에 대하여 신호기·안전표지·교통경찰(전투경찰순경, 행정자치부령에 정한 경찰공무원을 보조하는 사람[1] 포함)의 신호나 지시에 따를 의무를 부과하고, 다른 한편으로는 지방자치단체장·도로관리청·보행자 및 차마의 작위(의무사항)와 부작위(금지사항)를 규정하여 그 위반행위를 단속하도록 짜여져 있다.

지방자치단체장의 작위의무로 신호기의 설치 및 관리(제3조)를 규정하고 도로관리청의 작위의무로 신호기 등의 설치관리(제55조) 및 도로의 점용허가 등에 관한 협의(제65조)를 규정하고 있다.

1) "행정자치부령이 정하는 경찰공무원을 보조하는 사람"이란 무사고 운전자 또는 유공운전자의 표시장을 받은 사람으로서 경찰청장이 정하는 바에 따라 교통안전봉사활동에 종사하는 모범운전자, 군사훈련 및 작전에 동원되는 부대의 이동을 유도하는 헌병을 일컫는다(「도로교통법시행규칙」 제7조의2).

반면에 지방경찰청장 및 경찰서장에 대하여는 안전하고 원활한 교통을 확보하는 데 필요한 각종의 조치, 설치 및 처분을 행할 수 있는 권한을 다양하게 부여하고 있다. 운전자가 교통사고로 인하여 「형법」 제268조(업무상과실 · 중과실치사상)의 죄를 범한 때에는 「교통사고처리특례법」의 규정에 따라 사건을 처리한다. 그러나 교통사고를 낸 운전자가 현장에서 도주한 경우는 「특정범죄 가중처벌 등에 관한 법률」[2)]을 적용하고, 「교통사고처리특례법」 제3조제2항 각호에 해당하는 행위(금지 혹은 의무 위반 10가지)로 사고를 낸 경우는 「도로교통법」을 적용한다.

1) 통행의 금지 · 제한조치

지방경찰청장, 경찰서장, 그리고 경찰공무원이 교통안전과 교통소통을 위하여 취하는 조치는 매우 적극적이다. 지방경찰청장은 도로에서의 위험을 방지하고 교통의 안전과 원활한 소통을 확보하기 위하여 필요하다고 인정될 경우 구간을 정하여 보행자나 차마의 통행을 금지하거나 제한할 수 있다. 경찰서장은 도로에서의 위험을 방지하고 교통의 안전과 원활한 소통을 확보하기 위하여 필요하다고 인정하는 경우 보행자나 차마의 통행을 우선 금지하거나 제한한 후 그 도로관리자와 협의하여 금지 또는 제한의 대상과 구간 및 기간을 정하여 도로의 통행을 금지하거나 제한할 수 있다.

지방경찰청장이나 경찰서장이 아닌 일반 경찰공무원도 도로의 파손, 화재의 발생 그 밖의 사정으로 도로에서의 위험방지를 위하여 긴급한 필요가 있다고 인정하는 때에는 누구나 필요한 한도 안에서 보행자나 차마의 통행을 일시 금지하거나 제한할 수 있다. 또한 경찰공무원은 보행자나 차마의 통행이 밀려서 교통상의 혼잡이 뚜렷하게 염려되는 때에는 그 혼잡을 덜기 위하여 필요한 조치를 할 수 있다.

---

2) 「특정범죄 가중처벌 등에 관한 법률」 제5조의3은 교통사고를 내어 「형법」 제268조(업무상과실 · 중과실치사상)의 죄를 범한 운전자가 피해자를 구호하는 등 「도로교통법」 제50조제1항의 규정에 의한 조치를 취하지 아니하고 도주한 때에는 최저 징역 1년에서 최고 사형까지 가중처벌하도록 규정하고 있다.

지방경찰청장은 도로에서의 위험을 방지하고 교통의 안전과 원활한 소통을 확보하기 위하여 필요하다고 인정하는 때에는 구역 또는 구간을 지정하여 차량의 주행속도를 제한할 수 있다. 지방경찰청장은 도로에서의 위험을 방지하고 교통의 안전과 원활한 소통을 확보하기 위하여 특히 필요하다고 인정하는 때에는 도로의 구간을 지정하여 차마의 횡단이나 유턴 또는 후진을 금지할 수 있다.

2) 보호를 위한 조치

경찰공무원은 교통이 빈번한 도로에서 놀고 있는 어린이, 보호자 없이 도로를 보행하는 유아 또는 흰색지팡이를 가지고 다니지 아니하는 앞을 보지 못하는 사람을 발견한 때에는 그 어린이 · 유아 또는 앞을 보지 못하는 사람의 안전을 위한 적절한 조치를 하여야 한다.

지방경찰청장은 도로에서의 위험을 방지하고 교통의 안전과 원활한 소통을 확보하기 위하여 필요하다고 인정하는 때에는 차의 운전자에 대하여 승차인원이나 적재중량 또는 적재용량을 제한할 수 있다. 교통사고의 신고를 받은 경찰공무원은 부상자의 구호 그 밖에 교통위험 방지상 필요하다고 인정하는 때에는 그 신고를 한 운전자 등에 대하여 경찰공무원이 현장에 도착할 때까지 현장에서 대기할 것을 명할 수 있다.

경찰공무원은 현장에서 교통사고를 낸 차의 운전자 등에 대하여 부상자 구호와 교통안전상 필요한 지시를 명할 수 있다. 경찰공무원은 도로의 파손이나 교통사고의 발생 그 밖의 사정으로 고속도로 또는 자동차전용도로에서 교통이 위험 · 혼잡하거나 또는 그러할 염려가 있는 때에는 이의 방지와 교통의 안전 및 원활한 소통을 확보하기 위하여 필요한 한도 안에서 진행 중인 자동차의 통행을 일시 금지 또는 제한하거나 그 자동차의 운전자에게 필요한 조치를 명할 수 있다.

3) 위험운전자 단속조치

경찰공무원은 정비불량차에 해당된다고 인정되는 차가 운전되고 있는 때에는 우선 그 차를 정지시키고 그 운전자에 대하여 그 차의 등록

증 또는 운전면허증의 제시를 요구하고 그 차의 장치를 점검할 수 있다. 차의 장치를 점검함에 있어서 정비불량사항이 발견된 때에는 정비불량상태의 경중에 따라 그 차의 운전자로 하여금 응급조치를 하게 한 후에 운전을 하게 하거나 도로 또는 교통상황을 참작하여 구간과 통행로 및 위험방지를 위한 필요한 조건을 정한 뒤에 운전을 계속하게 할 수 있다.

다만, 정비상태가 매우 불량하여 위험발생의 염려가 있는 때에는 그 차의 등록증을 보관하고 운전의 일시정지를 명할 수 있다. 지방경찰청장은 필요한 정비기간을 정하여 그 차의 사용을 정지시킬 수 있다. 다만, 그 기간은 10일을 초과할 수 없다.

자동차 등의 운전자가 「도로교통법」 제40조(무면허운전 등의 금지), 동법 제41조(주취 중 운전금지), 동법 제42조(과로한 때 등의 운전금지)의 규정을 위반하여 자동차 등을 운전하고 있다고 인정하는 때에는 그 차를 일시 정지시키고 그 운전자에게 운전면허증의 제시를 요구할 수 있다. 제41조 및 제42조의 규정을 위반하여 자동차 등을 운전하는 사람에 대하여는 정상적으로 운전할 수 있는 상태에 이르기까지 운전의 금지를 명하고 그 밖의 필요한 조치를 할 수 있다.

교통안전과 위험방지를 위하여 필요하다고 인정하거나 술에 취한 상태에서 자동차 등을 운전하였다고 인정할 만한 상당한 이유가 있는 때에는 운전자가 술에 취하였는지의 여부를 측정할 수 있으며 운전자는 이러한 측정에 응하여야 한다. 술에 취하였는지의 여부를 측정한 결과에 불복하는 운전자에 대하여는 그 운전자의 동의를 얻어 혈액채취 등의 방법으로 다시 측정할 수 있다.

「도로교통법시행령」 제31조는 운전이 금지되는 술에 취한 상태의 기준을 혈중알코올농도 0.05% 이상으로 규정하고 있다. 음주운전으로 3번 이상 적발되면 마지막 적발될 때의 혈중알코올농도에 관계없이 운전자는 '삼진아웃제'가 적용되어 면허가 취소된다.

4) 보도 · 차로 설치

지방경찰청장은 도로를 횡단하는 보행자의 안전을 위하여 행정자치부령이 정하는 기준에 의하여 횡단보도를 설치할 수 있다. 지방경찰청장은 차마의 교통을 원활하게 하기 위하여 필요한 때에는 도로에 행정자치부령이 정하는 차로를 설치할 수 있다. 이 경우 시간대에 따라 양방향의 통행량이 현저하게 다른 도로에는 교통량이 많은 쪽으로 차로의 수가 확대될 수 있도록 신호기에 의하여 차로의 진행방향을 지시하는 가변차로를 설치할 수 있다.

차마는 차로가 설치되어 있는 도로에서는 「도로교통법」 또는 동법에 의한 명령에 특별한 규정이 있는 경우가 아니면 그 차로에 따라 통행하여야 한다. 지방경찰청장이 통행방법을 따로 지정한 때에는 그 지정한 바에 따라 통행하여야 한다.

지방경찰청장 또는 경찰서장은 보행자의 통행을 보호하기 위하여 특히 필요한 때에는 도로에 보행자전용도로를 설치할 수 있다. 차마는 보행자전용도로를 통행하여서는 아니된다. 다만, 지방경찰청장 또는 경찰서장은 특히 필요하다고 인정하는 때에는 보행자전용도로에 차마의 통행을 허용할 수 있다. 경찰청장은 고속도로의 원활한 소통을 위하여 특히 필요한 때에는 고속도로에 전용차로를 설치할 수 있다.

5) 작업의 통제

고속도로의 관리자가 고속도로에서의 위험을 방지하고 교통의 안전과 원활한 소통을 확보하기 위하여 신호기 및 안전표지를 설치하고자 할 때에는 경찰청장과 협의하여야 한다. 경찰청장은 고속도로의 관리자에게 신호기 및 안전표지의 관리에 관하여 필요한 사항을 지시할 수 있다. 도로관리청 그 밖의 공사시행청의 명령에 따라 도로를 파거나 뚫는 등 공사를 하고자 하는 사람은 3일 이전에 그 일시 · 구간 · 공사기간 · 시행방법 그 밖의 필요한 사항을 경찰서장에게 신고하여야 한다.

다만, 산사태 · 수도관파열 등 긴급한 시공이 필요한 경우에는 그에 알맞는 안전조치를 하고 공사를 시작한 후에 지체없이 신고하여야 한다. 공사시행자는 공사기간중 차마의 통행을 유도하거나 지시 등을 할 필요가 있는 때에는 관할경찰서장의 지시에 따라 신호기 또는 안전표지를 설치하여야 한다.

도로관리청이 「도로교통법」 제65조 제1항 각호의 1에 해당하는 행위를 하고자 하는 때에는 그 도로관리청이 건설교통부장관인 경우에는 경찰청장의 의견을, 도로관리청이 특별시장 · 광역시장 · 도지사 또는 시장이나 군수인 경우에는 관할경찰서장의 의견을 들어야 한다.[3] 도로관리청은 보도점용허가 후 즉시 그 내용을 경찰청장 또는 관할경찰서장에게 통보하여야 한다. 통보를 받은 경찰청장 또는 관할경찰서장은 교통의 안전과 원활한 소통을 확보하기 위하여 필요하다고 인정하는 때에는 도로관리청장에게 필요한 조치를 요구할 수 있다.

6) 주 · 정차의 통제

「도로교통법」 제28조 내지 제30조의 규정을 위반하여 정차하거나 주차하고 있는 차가 교통에 위험하거나 방해될 염려가 있는 때에는 그 차의 운전자 또는 관리책임이 있는 사람에 대하여 정차나 주차방법의 변경 또는 그곳으로부터의 이동을 명할 수 있다. 차의 운전자 또는 관리책임이 있는 사람이 현장에 없는 때에는 도로에서의 위험을 방지하고 교통의 안전과 원활한 소통을 확보하기 위하여 필요한 한도 안에서 그 차의 주차방법을 스스로 변경하거나 변경에 필요한 조치를 할 수 있으며, 부득이한 경우에는 지정하는 곳으로 이동하게 할 수 있다.

주차위반차를 관할경찰서 또는 경찰서장이나 시장 등이 지정하는 곳으로 이동시킨 경우에는 선량한 관리자의 주의로써 보관하여야 하며 그 사실을 차의 사용자(소유자 또는 그 소유자로부터 차의 관리에 관한 위탁을 받은 사람을 말한다) 또는 운전자에 신속히 알리는 등 반환

3) 「도로교통법」 제65조 제1항 각호는 1. 도로법 제40조의 규정에 의하여 도로의 점용허가를 하고자 하는 때. 다만, 보도의 일부에 대한 점용허가로서 행정자치부령이 정하는 경우에는 그러하지 아니하다. 2. 도로법 제53조 또는 제54조의 규정에 의하여 통행을 금지시키거나 제한하고자 하는 때 등이다.

에 필요한 조치를 하여야 한다.

「도로교통법」 제31조의 규정에 의하여 견인하도록 한 차의 견인·보관 및 반환업무의 전부 또는 일부를 필요한 인력·시설·장비 등 자격요건을 갖춘 법인·단체 또는 개인으로 하여금 대행하게 할 수 있다. 차의 견인·보관 및 반환업무를 대행하게 하는 경우에는 당해 업무의 수행에 관하여 필요한 조치와 교육을 명할 수 있다. 차의 견인·보관 및 반환업무를 대행하는 법인 등의 담당임원 및 직원은 「형법」 제129조 내지 제132조의 적용에 있어서 이를 공무원으로 본다.

7) 시정명령 등

「도로교통법」 제66조 제1항 각호에 의해 신호기·안전표지 그 밖의 이와 비슷한 공작물을 함부로 설치한 사람, 물건을 방치한 사람, 공작물 등을 설치하거나 공사 등을 한 사람 등에 대하여는 그 위반행위를 시정하도록 하거나 그 위반행위로 인하여 생긴 교통장해를 제거할 것을 명할 수 있다. 위의 경우에 해당한 사람의 성명·주소를 알지 못하여 조치를 명할 수 없는 때에는 스스로 그 조치를 할 수 있다.

길가의 지상공작물이나 그 밖의 시설 또는 물건이 교통에 위험을 일으키게 하거나 교통에 뚜렷이 방해될 염려가 있는 때에는 그 공작물 등의 소유자나 점유자 또는 관리자에게 그것을 제거하도록 하거나 그 밖의 교통안전에 필요한 조치를 명할 수 있다. 그 공작물 등의 소유자나 점유자 또는 관리자의 성명·주소를 알지 못하여 조치를 명할 수 없는 때에는 경찰서장이 스스로 그 조치를 할 수 있다.

8) 운전면허 관리

자동차 등을 운전하고자 하는 사람은 지방경찰청장의 운전면허를 받아야 한다. 경찰이 발급하는 운전면허는 제1종 운전면허(대형, 보통, 소형, 특수), 제2종 운전면허(보통, 소형, 원동기장치자전거), 연습면허(제1종 보통연습, 제2종 보통연습) 등 세 종류로 구분된다. 지방경찰청장은 운전면허를 받을 사람의 신체상태 또는 운전능력에 따라 행정자치부령이 정하는 바에 의하여 운전할 수 있는 자동차 등의 구조를 한정하는 등 운전면허에 필요한 조건을 붙일 수 있다.

「도로교통법」 제74조 및 제74조의 2의 규정에 의하여 적성검사를 받은 사람의 신체상태 그 밖의 운전능력에 따라 조건을 새로이 붙이거나 바꿀 수 있다. 동법 제70조(운전면허의 결격사유) 제1항 각호에 해당하는 사람에 대하여는 운전면허를 발급하지 아니한다.

자동차운전학원을 설립·운영하고자 하는 자는 「도로교통법」 제70조의 4의 규정에 의한 시설 및 설비 등을 갖추어 대통령령이 정하는 바에 따라 지방경찰청장에게 등록하여야 한다. 등록한 사항 중 대통령령이 정하는 사항을 변경하고자 하는 경우에도 또한 같다. 지방경찰청장은 「도로교통법」 제70조의 2의 규정에 의한 학원의 등록에 있어 소정의 기간 내에 동법 제70조의 4의 규정에 의한 시설 및 설비 등을 갖출 것을 조건으로 하여 학원의 등록을 받을 수 있다. 자동차운전학원 등록을 한 자가 정당한 사유없이 그 기간 내에 시설 및 설비 등을 갖추지 아니한 때에는 그 등록을 취소한다.

자동차운전학원 또는 자동차운전전문학원(도로교통법 제71조의 2에 의거 지방경찰청장이 지정)을 설립·운영하는 자가 당해 학원을 폐원하거나 1월 이상의 기간동안 휴원하는 경우에는 휴원 또는 폐원일부터 7일 이내에 지방경찰청장에게 이를 신고하여야 한다. 지방경찰청장은 학원 또는 자동차운전전문학원을 설립·운영하는 자, 학원 또는 자동차운전전문학원의 강사 및 「도로교통법」 제71조의 4의 규정에 의한 기능검정원에 대하여 그 자질을 향상시키기 위하여 필요한 경우에는 연수를 실시할 수 있다.

지방경찰청장은 학원 또는 자동차운전전문학원의 건전한 발전을 위하여 적절한 지도·감독을 하여야 한다. 필요하다고 인정하는 때에는 학원 또는 자동차운전전문학원을 설립·운영하는 자 또는 학감에 대하여 시설·설비, 교육 등에 관한 사항 또는 각종 통계자료를 보고하게 하거나 관계공무원으로 하여금 당해 시설에 출입하여 그 시설·설비,

장부 기타 서류를 검사하게 할 수 있으며, 시설·설비의 개선 기타 필요한 명령을 할 수 있다. 학원 또는 자동차운전전문학원에 출입·검사를 하는 관계공무원은 그 권한을 나타내는 증표를 지니고 관계자의 요구가 있을 때에는 이를 내보여야 한다.

지방경찰청장은 자동차운전에 관한 교육수준을 높이고 운전자의 자질 향상을 도모하기 위하여 「도로교통법」 제70조의2의 규정에 의하여 등록된 학원으로서 소정의 기준에 적합한 학원을 자동차운전전문학원으로 지정할 수 있다. 지정받은 전문학원이 중요사항을 변경하고자 하는 때에는 그 소재지를 관할하는 지방경찰청장의 승인을 얻어야 한다.

지방경찰청장은 운전면허(연습운전면허를 제외한다)를 받은 사람이 「도로교통법」 제78조 제1항 각호의 1에 해당하는 때에는 운전면허를 취소하거나 1년의 범위 안에서 그 운전면허의 효력을 정지시킬 수 있다. 다만 제1호 내지 제3호, 제5호 내지 제7호, 제10호 내지 제12호에 해당하는 때에는 그 운전면허를 취소한다.

지방경찰청장은 연습운전면허를 교부받은 사람이 운전 중 고의 또는 과실로 교통사고를 일으키거나 이 법 또는 이 법에 의한 명령에 위반한 때에는 그 면허를 취소한다. 다만 본인에게 귀책사유가 없는 경우에는 예외로 간주한다. 지방경찰청장이 운전면허를 취소하거나 정지한 때 또는 연습운전면허를 취소한 때에는 그 운전면허 또는 연습운전면허를 받은 사람에게 그 사실을 통지한다. 소재불명으로 통지를 할 수 없는 때에는 그 면허증에 기재된 주소지를 관할하는 경찰관서에 10일간 공고함으로써 통지에 갈음할 수 있다.

「도로교통법」 제80조(국제운전면허증에 의한 자동차 등의 운전)의 규정에 의하여 국제운전면허증을 가지고 국내에서 자동차 등을 운전하는 사람이 법 제81조 제1항 각호의 1에 해당하는 때에는 1년을 넘지 아니하는 범위 내에서 그 국제운전면허증에 의한 자동차 등의 운전을 금지할 수 있다.[4] 자동차 등의 운전이 금지된 사람은 지체없이 그 국

4) 「도로교통법」 제81조 제1항 각호는 1. 제74조의2 제1항의 규정에 의한 적성검

제운전면허증을 금지한 지방경찰청장에게 제출하여야 한다. 금지기간이 만료된 경우 또는 금지처분을 받은 사람이 그 금지기간 중에 출국하는 경우에 그 사람의 반환청구가 있는 때에는 그 보관중인 국제운전면허증을 돌려준다.

3. 분쟁해결

경찰에게 가정분쟁(domestic dispute)은 가장 위험하고 싫은 업무로 여겨진다고 한다(Holden, 2002: 34). 그리고 이러한 사적인 갈등들은 범죄 등 사건사고의 위험을 내포하고 있다. 수많은 경찰의 공상 및 순직이 이러한 위험상황에서 발생한다. 이러한 분쟁의 상황이 발생하면 다른 사회기관보다 경찰에 대한 개입의 요구가 커진다. 경찰이 안고 있는 문제는 이러한 분쟁을 효과적으로 다루기 위한 실질적 법적 권한이 부족하거나 흠결된 경우가 발생한다는 점이다. 대부분의 분쟁은 배우자나 동거인 사이의 사적문제에서 유발되는 경우가 많다. 경찰이 이웃이나 제3자의 분쟁상황에 직면하게 되면 대개 경찰활동의 준칙이나 경찰에서 수행해온 방식대로 처리한다. 그런데 이러한 분쟁의 경우 대개 해결방안에 관한 법적근거가 부족하기 때문에, 경찰은 종종 자신의 재량권한을 행사하게 된다.

명령에 따르지 않는 자들을 제압하기 위해 경찰은 기본적으로 무기를 사용할 수 있지만, 분쟁상황의 당사자들은 경찰권 행사를 무시한다. 실제로 경찰권 행사를 무시하는 상황이 발생할 때, 경찰은 분쟁해결을 위한 어떤 수단도 가지고 있지 않다는 것을 느낀다.

사소한 개인적 갈등 상황의 해결은 경찰의 임무가 아니라 사적자치에 맡겨야 한다는 시각도 있다. 민간봉사조직에서는 일주일 내내 그리고 24시간 이러한 사적 분쟁에 대응해야 하지만, 경찰조직은 아니며,

---

사를 받지 아니하였거나 그 적성검사에 불합격된 때, 2. 운전 중 고의 또는 과실로 교통사고를 일으킨 때, 3. 대한민국 국적을 가진 사람이 제78조 제1항의 규정에 의하여 운전면허가 취소되거나 그 효력이 정지된 후 제70조 제2항 각 호에 규정된 기간이 지나지 아니한 때, 4. 자동차 등의 운전에 관하여 이 법 또는 이 법에 의한 명령이나 처분을 위반한 때 등이다.

또한 이러한 분쟁에 대해 근본적인 원인분석에 따른 해결방안을 제시할 준비가 되어 있지 않다는 견해이다. 즉 이러한 분쟁에는 교육훈련을 받은 민간봉사조직의 사회사업가가 더 효과적일 수 있다고 주장한다.

이러한 주장에는 타당한 점이 없지 않지만, 우리는 왜 경찰이 이러한 분쟁에 개입해줄 것을 요청받는지 이해할 필요가 있다. 그 이유는 다음과 같은 두 가지 이유 때문인 것 같다. (1) 경찰의 유용성 즉 경찰이 개입하면 민간조직에서 개입하는 경우보다 효율적으로 사건을 마무리하기 때문이다. (2) 서비스 비용이 없다는 점이다. 또한 분쟁당사자들이 처한 상황과 관련한 다른 이유도 있을 수 있다. 첫째, 분쟁당사자 스스로는 어떠한 문제도 가지고 있지 않다고 생각한다. 민간전문가의 요청을 받아들이는 것은 문제를 가지고 있다는 것을 시인하는 것으로 여긴다. 둘째, 경찰은 단지 요청할 때 오지만, 민간전문가는 이후 진행과정을 모니터하기 위해 다시 찾아온다는 점이다. 경찰은 상황에 대해 어떠한 판단을 하거나 미래의 준수사항에 대해 요구하지도 않는다. 그들은 요청받으면 현장에 출동하여 분쟁당사자간 가해 상황을 제어하고 바로 떠난다.

문제는 특별한 관심이나 치료를 요하지 않는 일시적인 분쟁에 따른 사고는 부지불식간에 발생한다는 점이다. 그리고 분쟁당사자는 경찰이 와서 서로를 보호한 후, 바로 떠나기를 원하지 그들 삶 속에 끼어드는 것을 원치 않는다. 가정불화에 대한 개입에 있어 경찰보다 민간전문가가 더 적격이라는 어떤 증거도 없다. 결국 경찰력이 가정불화 등 개인간의 분쟁상황에 개입할 가능성은 다른 어떤 기관보다 높을 것이라는 것이다.

경찰이 어떤 대응을 할 것인가는 경찰철학에 달려 있다. 전통적 경찰모델은 장기간 해결에 초점을 두지 않았다. 문제지향모델이라면 갈등의 원인분석과 해결이라는 측면에서 장기간 갈등해결방안에도 주의를 가진다.

4. 요보호자보호

시민들은 경찰이 스스로 보살필 수 없는 자들에 대해 서비스를 제공할 것을 기대한다. 경찰은 정신병원이나 사회복지기관과 유사한 형태로 이런 서비스를 제공하지는 않는다. 대신, 서비스를 요구하는 노인, 폭력가정의 아동, 심한 알코올중독자, 혼자서 스스로를 추스르지 못하는 신체 및 정신지체자들에 대해서는 도울 책임이 있다고 여긴다. 마약이나 알코올중독자의 경우 경찰은 체포할 수 있다. 이들에 대한 체포가 문제해결에 도움이 되지 않는다고 주장하지만, 중독자를 사회로부터 격리하는 첫 번째 이유는 중독자 스스로 자신을 돌볼 수 없다는 점이다. 우리나라는 이러한 중독자에게 우선 형벌을 부과하고 치료감호소를 두고 치료를 제공하며, 미국의 많은 주에서도 중독자에게 치료를 제공하기 위해 약물치료센터를 두고 있다.

또한 한국경찰의 경우 일선 지구대경찰관들에게 가장 부담이 되는 업무로 주취자보호가 지적되고 있다.

경찰은 공공서비스의 중요한 자원으로 되고 있다. 대부분의 시민은 경찰이 문제를 해결하거나 도움이 필요한 자를 시설에 수용할 수 있다고 믿고 있다. 경찰임무는 유용하고 필수적 것으로 여긴다는 의미이다.

반대로 경찰조직도 국민의 여론이나 반응에 크게 의존하고 있다. 시민들이 어떤 상황에서 경찰을 부를 수 있다고 느낄 때 경찰은 존경받고 인정받고 있음을 반증하는 것이다. 국민이 더 이상 경찰에게 구호를 요청하는데 자유롭지 않을 때, 경찰조직은 심각한 문제 하에 있다고 보면 된다.

5. 문제인식

경찰 임무는 다양한 형식을 취하고 있다. 경찰은 관할구역을 규칙적으로 순찰하는 유일한 공공기관으로, 어떤 지역이 우범지역으로 떠오를 때에 이 지역과 관련된 잠재적 문제를 포착하고자 노력한다. 다른 많은 정부기관들도 주어진 업무분야에서 문제점이 발생한다. 수도관이 파손되고, 교량이 무너지거나, 가로등이 수명이 다하고, 공원의 기구들이 파손되거나 위험하게 되는 경우가 발생하는 것이다. 그런데 이러한 모든 문제들은 지리적 구획에 책임을 지고 있는 경찰에 의해 발견된다. 경찰은 시민들과 밀접하게 접촉되어 이러한 다양한 업무영역들에서 제 기능이 이루어지는지를 확인하는 위치에 있다. 그렇기 때문에 경찰에게 지역사회에서 발생한 문제들의 주관부서에 인계하는 등 적절한 조치를 취하도록 하는 책임을 지우고 있다. 경찰조직이 이러한 역할을 해줌에 따라 국가사회적으로 시간, 예산 등 낭비나 부상과 민사소송을 통한 자원손실 등을 줄일 수 있다.

사람의 경우도 마찬가지다. 경찰은 거리나 특정 우범지역 등 범죄를 공모하나 위험한 사건/사고가 발생할 가능성에 관한 정보를 끊임없이 수집한다. 이 정보는 또한 법집행기관이나 담당자에 보내진다. 정보는 효율적인 법집행에 있어 매우 중요하다. 경찰의 주요임무 중 하나는 정보를 수집하고 적절히 담당자에게 전달하는 것이다. 결국 경찰의 정보활동에 의해 지역주민들이 범죄로부터 안전한 삶을 영위할 수 있는 것이다.

6. 안전의식의 증대

경찰지도자는 범죄예방과 공공안전도를 높이기 위해 무작위 순찰을 이용하려고 시도하고 있다. 어떤 경찰은 무작위 순찰이 범죄예방에 효과적이며, 경찰마크가 새겨진 차량순찰이 여전히 시민에게 더 안전감을 준다고 주장한다. 이러한 가정은 도전받고 있다. 시민이 이웃에서 경찰차량을 발견한 경우 자신의 주변에 나쁜 일이 발생했다고 느끼기 때문에, 실제로는 더 걱정하게 될지도 모른다. 물론, 이러한 인식이 모든 시민에게 적용되진 않는다. 우범지역 거주민은 경찰이 충분히 보이지 않는다고 불평하기도 한다(Radelet, 1980: 219). 높은 가시성을 보이는 순찰이 지역주민들의 안전의식에 어떠한 영향을 미치는지에 대한 명확한 연구결과는 없는 실정이다.

다만 일반적으로 경찰활동이 주민들의 안전의식에 영향을 미치는 것만은 사실이기 때문에 범죄에 대한 두려움을 감소시키기 위한 다방면의 경찰활동이 필요하다고 생각된다.

Ⅱ. 법집행

경찰 개인에게 있어서는 법집행임무(law enforcement mission)가 가장 인기 있다고 여겨진다. 서비스 요청에 대응하는 질서유지임무와 반대로, 경찰은 법집행임무를 자신들의 진정한 본연의 임무라고 말한다(Holden, 2002: 36).

위에서 법집행행정에 대해 설명하였지만 여기서는 경찰의 법집행에 국한하여 설명한다.

법집행은 법집행기관인 경찰관으로 하여금 법집행의 대상자들에게 법규를 따르도록 강제하는 절차이며 공식적인 법적제재를 그 수단으로 한다. 사실 경찰관들은 법집행 업무수행을 위해 가장 철저히 교육받고 또한 이 임무에 가장 익숙하다.

범죄로 인한 재산손실, 고통, 공포와 범죄위험으로부터 시민을 보호하기 위한 사회의 끊임없는 노력과정에서 경찰은 최일선에 놓여 있다. 경찰은 범죄상황에 직접적으로 대응하고 시민은 경찰에게 안전을 기대한다. 시민들이 거리를 자유롭게 산책하고 거주지가 각종 위해로부터 안전한 것은 사실상 경찰 활동의 결과다.

엄정한 법집행이 가능하기 위해서는 많은 요건들이 충족되어야 하지만, 무엇보다도 법집행관인 경찰관이 임무수행을 보는 시각에 많이 좌우된다(Broderick, 1977: 11). 모든 법은 신성하기 때문에 문서화되어 집행되어야 한다고 생각하는 법집행관이 있을 수 있지만, 비현실적이다. 모든 법이 항상 집행될 수 없다. 법규가 규율해야 할 대상은 너무 방대하며 특정상황에 적용된 법규가 상황에 적합하지 않는 경우도 종종 있다.

법은 경찰처분과정에서 사용되는 많은 도구 중 하나다. 법이 많은 경우 경찰업무수행을 위한 적절한 도구이지만, 그렇지 않은 경우도 많다. 법 이외 다른 접근이 긴급한 문제해결에 더 적합할 수 있는 것이다. 예를 들어, 분쟁당사자를 긴급체포할 수 있지만 일시적으로 분리하여 설득하는 것이 더 좋은 결과를 낳을 수도 있다.

대부분의 국가들은 경찰에게 법규에 위반하지 않는 한 어떠한 상황에 어떠한 집행결정을 하든지 허용하는 법원칙을 가지고 있다(이를 소위 '경찰재량의 원칙'이라 한다).

그러나, 이러한 법집행의 원칙이 경찰관에게 요구호자에 대한 지원 또는 시민의 안전과 보안의 제공으로부터 면제시켜 주는 것은 아니다. 즉 경찰재량의 원칙이 일정한 경우에는 '0' 혹은 '1'로 축소되어 없어지게 된다는 것이다(경찰재량권 '0' 혹은 '1'로의 수축원리라 함). 이 경우에는 사건당사자는 경찰에게 개입을 청구할 수 있다(이를 경찰개입청구권이라 함).

대중매체는 법집행기능에 대한 이해를 더 복잡하게 만든다. 많은 경찰영화와 드라마가 예외적인 법집행기능에 초점을 맞춘다. 이것은 경찰이 모든 것을 할 수 있다는 인식을 시민에게 심어주는 경향이 있다. 사실 경찰은 범죄가 발생하거나 범법자에 대한 신고가 들어오면 범죄해결을 시도하는 것이 일반적이다.

그런데 형사사법과정에서 시민의 참여가 있게 되면서부터 법집행의 효율성이 높아지게 되었다. 시민들이 범죄발생이후의 신고 등을 통한 협력은 물론이고 사전단계의 협력에 의해서도 형사사법기구에 미치는 영향은 매우 크다. 하지만 경찰이 시민의 존경을 받지 못한다면 이러한 효과는 거둘 수 없을 것이다.

1. 범죄수사

모든 경찰기능 중에서, 아마 범죄수사가 소설가와 영화작가의 구미를 가장 자극한다. 유명한 탐정에 대한 이미지는 자신만의 강력한 비법으로 연역적이고 귀납적 추리를 통해 범죄자를 파헤쳐 가는 것이다. 그러나 상상과 현실은 많이 다르다. 범죄수사는 법집행기능의 중요한 부분으로, 수사의 초점은 증거물과 목격자의 진술을 수집하는 것이다. 강력한 상상적 추리를 통해 해결되는 사건은 거의 없고, 대부분 목격자가 진술할 때 해결된다.

범죄수사에서 활용되는 과학적 도구들은 범죄현장 인근의 용의자를 파악하는데 유용하다. 그러나 단지 과학적 기술의 적용만으로 사건을 해결하는 경우는 드물다. 효과적인 범죄수사는 항상 정보수집과 가려진 목격자의 진술의 결과이다. 범죄수사의 진실을 알기 위해서는 범죄수사 과정을 이해할 것을 요구한다. 좋은 지도자와 마찬가지로 좋은 수사관은 사람을 좋아하고 이해한다.

용의자를 인식하지 못하는 한 수사관은 사건을 해결할 수 없다. 용의자가 확인되었을 경우 수사관은 법원에서 유죄를 이끌어내기 위해 필수적인 증거를 수집하고 정리한다. 수사는 국가의 형벌권 실현을 위한 즉 용의자의 유죄를 확정지을 증거를 찾아내어 제공하는 보조적 기능이라고 할 수 있다.

2. 재산(도품)회수

법집행기능에는 범죄결과 재산피해자가 발생한 경우 재산(도품)회수에 대한 책임이 있다. 재산(도품)회수는 수사과정에서 회복된 재산이 증거가 될 수 있기 때문에 법집행과는 밀접한 관계가 있다. 과거의 경찰들은 이 의무를 수행하는데 있어 다소 태만했었다. 용의자의 체포와 기소는 경찰임무에서 최우선을 두었지만, 재산의 회수의무는 차 순위에 둔 것이 사실이다. 경찰인사평가시스템이 범인의 체포는 높은 경찰생산성을 보이는 지표로 삼았지만, 분실된 물품을 찾거나 재산을 회수하는 건수들은 크게 장려하지도 않았고 인센티브가 적었다. 즉 경찰이 재산을 회수하더라도 얻는 게 별로 없기 때문에, 이 목적을 수행하는데 주의를 많이 기울이지 않는다.

경찰에 의해 회수된 대부분의 재산은 기소에 사용될 수 있다. 이런 이유로 경찰은 밀매품을 더 찾으려 하였다. 재산회수 임무를 수행하는 데 있어 경찰기관 간 정보교환이 거의 없기 때문에 어려움이 많다. 컴퓨터산업과 통신의 급속한 발전은 가까운 시일에 이러한 문제는 해결될 것이다. 그리고 경찰조직차원에서 재산회수의 경우도 그 업무의 중요성을 인정하는 조치들이 단행되어야 할 것이다.

Ⅲ. 긴급서비스 제공

정복순찰을 유지하는 가장 큰 이유는 긴급서비스를 전달하는 데 있다. 지역별로 경찰을 배치하는 것은 서비스 요구에 필요한 대응시간을 줄여주기 때문이다. 지나간 사건에 대한 수사나 일상적인 서류작업의 경우는 긴급성과는 관련이 적다. 그러나, 응급사건은 짧은 대응시간을 요구한다. 30초가 사건피해자의 삶과 죽음을 좌우하기도 한다. 소방차량과 앰블런스가 응급사태에 대해 신속하게 대응하기 위해 어떤 지역을 순찰한다는 것은 생각하기 어려우므로 우리는 이 기능을 경찰이 수행해야 할 것으로 짐작한다.

그런데, 경찰이 이러한 긴급서비스를 효과적으로 제공하려면, 이러한 서비스 전달기술을 반드시 익혀야만 할 것이다.

미국경찰에 있어 긴급서비스는 질서유지업무 다음의 중요성을 가진다고 한다(Holden, 2002: 38). 경찰이 긴급요청을 받았을 때엔 개인이나 집단에 큰 위험과 관련된 상황들인 경우가 대부분이다. 그리고 지역사회는 도움이 필요한 사람들에 대해 도울 것을 경찰에게 요구한다. 결국, 법집행에 대한 요구는 긴급서비스의 제공 다음으로 중요도가 밀린다. 지역사회는 잘 교육받은 응급구호팀을 요구한다.

Ⅳ. 범죄예방

범죄예방은 경찰이 최초로 만들어진 이후부터 쭉 경찰기능으로 인식되어 왔다. 그러나 최근까지 범죄예방 기술에 대한 발전은 크지 않았다. 일반사람들은 1960년 이전까지 어떤 특별한 훈련이 마련되어 있지 않았음에도 경찰을 범죄예방 전문가로 가정하고 있었다. 또한 경찰지도자는 과거의 정선 순찰방식에서 무작위 순찰방식으로 전환하여 지역사회의 어디든지, 그리고 언제든지 지속적으로 경찰이 나타날 수 있다는 것을 범죄자들에게 인식시킴으로써 범죄를 억제시켰다고 생각하였다.

하지만, 무작위 순찰방식에 대한 범죄예방효과에 대한 여러 연구에서 범죄예방효과를 부정하는 결과들이 발표되었다. 그 후 대부분의 국가들은 무작위 순찰방식에서 발생하는 요행에 의존하기보다는 컴퓨터화된 범죄분석을 이용하면서 순찰하는 새로운 접근법을 시도하고 있다. 또한, 경찰범죄예방 부서들을 중심으로 시민들과 협력하여 지역사회의 치안을 확보할 수 있는 협력방범시스템을 갖추어 가고 있다.

제 4 절 경찰활동의 목표

직무규정(mission statements)은 경찰조직의 목적에 대해 서술하면서, 왜 조직이 존재하는가를 설명한다. 그러나, 목표규정(value statements)은 새로운 개념으로 조직이 도달하고자 하는 이상을 제공한다. 예를 들어, 휴스턴 경찰국은 아래처럼 목표규정을 공식화하고 있다.

1. 휴스턴 경찰국은 지역공동체의 삶의 질에 영향을 미치는 모든 활동에 지역사회와 함께한다.
2. 휴스턴 경찰국은 경찰전략들이 반드시 민주주의 가치를 고양하고

보호할 것이다.

3. 휴스턴 경찰국은 시민들의 장점을 강화하는 방향으로 서비스 전달을 체계화할 것이다.
4. 휴스턴 경찰국은 시민이 이웃의 삶의 질에 긍정적인 방향으로 영향을 미치도록 힘을 보탤 것이다.
5. 휴스턴 경찰국은 직원들이 직무만족과 직무효율성을 높이도록 인사배치를 할 것이다(Wasserman and Moore, 1988: 4).

이러한 목표규정들은 다양한 형태를 띠고 있다. 경찰활동은 그 조직의 가치지향성을 반영한다. 어떤 조직의 지배적인 가치규범은 종종 하위문화로 되어 있다. 경찰조직과 시민에게 중요한 이러한 목표의식에 의한 가치관을 정립하는 것은 쉬운 일이 아니다. 많은 경찰지도자는 조직내의 잘못된 가치체계를 올바른 것으로 대체하려 한다. 이러한 조직목표와 가치는 현재 경찰이 하고 있는 업무를 초월하며, 향후 이루어야 할 목표와 관련되어 있다.

연습문제

1. 조직의 탄생과 역할 및 그 변화에 대해 설명하시오.
2. 전통적 경찰활동모델의 장단점에 대해서 설명하시오.
3. 경찰행정의 비효율에 직면한 경찰서에서 경찰서장의 역할은 무엇이 있을 수 있나.
4. 전통적 경찰활동모델, 문제지향경찰활동모델 및 지역사회경찰활동모델을 비교 검토하시오.
5. 경찰조직의 관리를 어렵게 만드는 법집행의 특성에 대해서 논의하시오.
6. 경찰의 기능을 설명하고 본인이 가장 중시하는 경찰기능과 이유를 설명하시오.

제 3 장

리더십과 동기부여

학습목표

조직이 어디에서부터 와서 어디로 가는지 그 원동력은 리더십과 동기부여라는 두 가지 개념에 의해 결정된다. 이는 다시 말해서 리더십이 조직의 목표와 목적을 설정해 주며, 동기부여는 조직이 이루고자하는 바를 설정해 준다. 이러한 두 개념은 많은 실험과 조사를 통해 입증되어 왔다. 리더십과 동기부여가 어떻게 형성되고 왜 작용하는지에 대한 이론들은 많은 저서들과 논문들에서 열거되고 있다. 그러나 설득력 있는 수많은 이론들에도 불구하고, 여전히 리더십과 동기부여에 관한 논의들은 많은 행정이론가들에게 숙제로 남아 있는 것 또한 사실이다.

이 장에서는

첫째, 이러한 개념 즉 리더십과 동기부여에 관한 다양한 이론들을 살펴본다.

둘째, 리더가 되기 위해 갖추어야 할 조건과 덕목들에 대해서 논의한다.

셋째, 동기부여가 되지 못한 직원들은 왜 업무수행 능력이 떨어지는지에 대해서도 살펴본다.

제1절 리더십

어떠한 조직을 리드하는 능력은 행정이론가들에 의해 제시된 조직경영 기술 중에 중요한 한 요소이다. 다른 사람들이 실패한 업무에서도 어떤 사람들은 왜 위대한 리더가 되는지를 밝혀내기 위해서 많은 연구가들이 복잡한 결과와 다년간의 조사를 통해서 원인규명을 시도해 왔다. 조직경쟁력을 이야기할 때, 리더십이 성공적인 조직에서 중요한 요소이지만 실패한 조직에서는 부족한 요소라는 사실을 우리는 잘 알고 있다.

리더십은 한마디로 규정하기 어려운 개념이다. 이는 조직을 리드하는 능력과 누구에 의해 리드되는지에 대한 연관성의 부족으로 인해 더욱 그렇다. 만약 우리가 논의하는 어떤 조직에서 한사람만의 리더가 그 조직의 운영 권한을 가지고 있다면, 이러한 논의는 아주 간단할 것이다. 그러나 그러한 경우는 결코 없다. 과거에는 심지어 위대한 권력자로 군림하는 사람만이 조직을 이끌 능력이 있다고 믿어 왔기까지 했다. 아돌프 히틀러나 조셉 스탈린과 같은 독재자들은 그러한 권력의 정점으로 신봉되었지만, 그들이 가지고 있었던 리더십의 실체는 방법이나 목적, 그리고 그러한 권력의 파생물로 얻게 되는 결과에 대한 의구심을 자아내게 했다.

리더십 능력을 이루는 다양한 요소들에 대해서는 논쟁거리가 많다. 리더십은 어떠한 조직에서 그 구성원이 리더를 따르고자 하는 자발적인 참여의지를 기초로 한다. 아무리 많은 권한과 권력을 가졌다 하더라도, 조직 내에서 따르고자 하는 사람이 없을 경우 결코 그 사람은 진정한 리더가 될 수 없다. 동시에 리더는 그러한 권한이나 권력이 부족한 경우라 할지라도 따르는 사람이 있을 경우에는 리더십이 있는 리더로서 인정될 수 있다. 그러므로 리더십은 어떠한 개인에게 내재되어 있는 것이지, 조직에 의해 통제되거나 와해되는 것이 아니다. 그동안 진정한 리더의 실체를 가리고자 하는 시도가 있었음에도 불구하고, 불행히도 리더십은 그 실체를 규명하기 어려울 뿐만 아니라 그 척도를 계산해 내기도 매우 어렵다. 다만 궁극적인 성적을 위해 리더가 갖추어야 할 능력에 대한 행정이론가들이 주장하는 몇몇 덕목들만이 제시될 뿐이다.

앞으로의 본문에서 우리는 리더십에 대한 다양한 개념, 일반적인 특성(자질)이론, 리더십 스타일, 상황적 접근방법, 규범모델 등에 관하여 논의할 것이다.

Ⅰ. 자질이론(Trait Theory)

1950년대까지 매우 주목받았던 자질이론은 좋은 리더가 가져야 할 일종의 자질을 그 내용의 기초로 했다. 이 이론에서 리더십이란 능력은 그 개인의 어린 시절부터 형성되어온 인성이나 인격(Personality)에 의해 발전된다는 가정에서 출발한다. 자질이론을 발전시킨 연구자들은 리더가 두 가지 과정을 통해서 리더로 입증된다고 주장했다. 그 첫 번째는 리더가 가지고 있는 자질과 능력에 의해 리더가 아닌 사람과의 비교된다. 두 번째로는 그러한 리더로서의 자질을 가진 사람이 조직을 운영하는데 있어서 자리매김하는 과정을 통해서 입증된다.

Joe Kelly에 의해 제창된 자질이론은 말 그대로 리더십을 구성하는 개인의 자질과 능력을 밝히는 데 목적이 있는 이론이다(Jerdee and Nash, 1960: 147-163). 이러한 자질들로는 지능, 창의력, 외향성(적극성), 유머감각, 열정, 공정성, 동정심, 자신감 등을 꼽을 수 있다.

〈자질이론〉

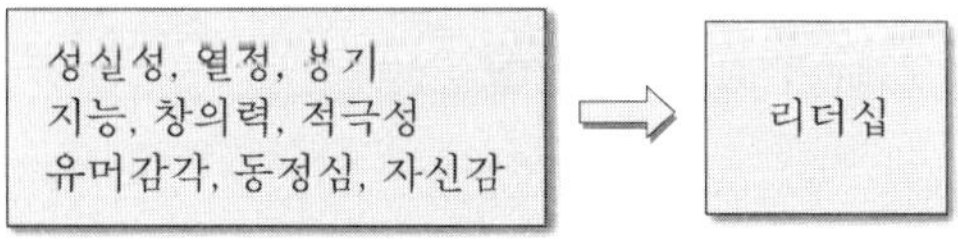

성공적인 리더가 되기 위한 요건으로 지능, 학력, 권한, 독립심, 사고력, 위험분석능력, 대인관계, 업무추진력 등의 덕목들이 강조되기도 한다. 하지만 자질이론은 과거 30년 동안 많은 지지자들을 잃어 왔다. 그 이유는 이러한 리더십은 교육될 수 없고 선천적인 자질에 의해서만 발전가능하다는 기본가정이 공격을 받았기 때문이다. 만약 자질이론의 주장이 사실이라면, 리더십이 교육훈련을 통하여 계발될 수 있는 실험결과는 이 가정을 반증하게 된다.

또한 이러한 자질이론의 가장 중요한 취약점은 리더십 연구의 접근방법에 있어서 새로운 시도들에 의해 끊임없이 도전을 받을 수 있다는 데 있다. 자질이론은 이후 다음 세대의 연구가들에 의해 리더십의 주요 덕목들을 규명하는 다양한 목적에 의해 실시되어, 리더십 능력의 실체를 규명하는 것 자체가 이론의 취약점을 입증하는 데 이용되었다.

리더가 반드시 지적으로 뛰어나야 하는가? 조직이나 사회에서 리더인 사람들이 모두 지적으로 뛰어났는가를 비교해 보면, 이러한 주장은 설득력을 잃게 된다. 심지어는 승진에 있어서 IQ테스트를 통한 평가가 이루어졌던 것마저 사라지고 있는 상황에서 이러한 자질이론에 대한 반론은 끊임없이 제기되었다. 이와 마찬가지로 지능과 함께 리더의 덕목으로 언급되었던 유머감각이나, 열정, 공정성, 동정심 등도 단순히 한두 개만의 개체로는 리더십과 직접적인 연관성을 생각하기에는 다소 어려움이 있다. 또한 이러한 리더십의 주요 덕목들을 측정하는 일 또한 매우 어려운 일이었기 때문에, 이와 같은 요소들을 측정하는 것 자체가 자질이론의 실증적인 입증을 어렵게 하는 요인이 되었다.

Ⅱ. 리더십의 유형(Leadership Styles)

1950년대 Edwin A. Fleishman은 오하이오 주립대에서 리더십에 관한 연구를 시작했다. 리더십의 실체를 개인의 자질이 아닌 리더의 행동에 초점을 맞춘 이 연구는 리더십의 기본적인 원칙이 어떻게 구성되고 교육될 수 있는지에 대한 의문에서 시작하였다. 우선, 리더십은 측정될 수 있는 8가지 행동유형에 의해서 규명되는데, 궁극적으로는 이러한 8가지 요소들이 구조설정(Initiating Structure)과 조직구성원을 위한 배려(Consideration)에 의해 범위가 결정된다.

구조설정은 조직의 목표를 이루기 위해서 관리감독을 통해 조직의 역량을 집중하는 것이다. 이에 반하여 조직구성원을 위한 배려는 부하직원의 아이디어와 각 개인이 느끼는 친근감 등을 기초로 개방적인 관리감독을 하는 것을 말한다. 다양성과 생산성의 관계가 명백하게 규명할 수 있는 것은 아님에도 불구하고, 조직구성원에 대한 높은 배려와 창의력의 장려는 그렇지 못한 배려와 구조설정에 비하여 작업 만족도와 생산성에서 우월함을 보였다(Sales, 1969: 636-642).

〈리더십의 유형〉

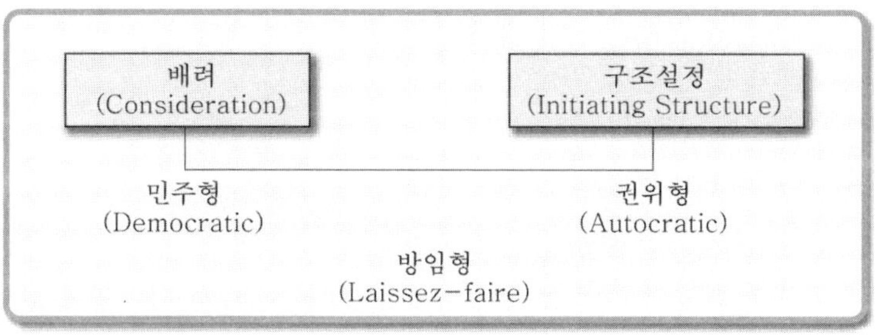

이후에 이러한 연구결과를 바탕으로 생산성이 구조설정의 증가에 의해 결정된다는 사실을 입증했다. 이는 직업만족도와 생산성간의 연관관계를 신봉하는 학자들과 경영학적 이론을 바탕으로 인간관계론을 지지했던 학자들에 의해 반론의 여지를 남기게 된다. 아무튼 이로서 작업만족도는 생산성을 증가시킨다는 주장이 성공적으로 이론화되었고, 이들의 연구는 작업생산성 증가를 위한 권위적인 관리감독을 간접적으로 지지하게 되었다(Morse and Reimer, 1959: 120-129).

이러한 이론의 주된 관심사는 구조설정과 조직구성원에 대한 배려간의 연관성을 바탕으로 리더 개인의 스타일이 궁극적으로 관리모델로 수용되는 것이었다. 이는 모든 리더에게 모두 해당되었는데, 그 유형은 크게 권위형 리더십, 민주형 리더십, 자유방임형 리더십으로 분류된다 (Lewi, 1983: 98-104).

권위형 리더(Autocratic Leader)는 높은 구조설정을 강조하는 리더로서, 이러한 권위형 리더들의 궁극적인 목표는 조직구성원의 참여를 독려하기보다는 목표의 성취에 초점을 맞추고 있다. 이들 권위형 리더는 또한 조직의 목표를 성취하는데 있어서 조직구성원 개인의 성향을 비판적인 관점에서 판단하는 경향이 있다. 이러한 유형은 신속한 결정을 내려야 하거나 엄격한 통제가 필요한 긴급상황에 매우 유용하다. 권위형 리더십의 문제는 조직을 운영해 나가는 리더의 부재 시 제 기능을 발휘하기 어렵다는 데 있다. 그만큼 리더의 리더십이 조직 전체를 완전히 장악하고 있다는 뜻이며, 이러한 조직에 속해 있는 구성원들은 독립적인 의사결정에서 요원해질 수밖에 없다.

참여형 리더라고 불리는 민주형 리더(Democratic Leader)는 조직구성원들과 함께 작업하기를 선호하며, 각자의 아이디어와 지원을 바탕으로 구성원 전체와 협동할 것을 강조한다. 이러한 민주형 리더들은 조직구성원을 위한 배려(Consideration)를 지향하게 되는데, 어떤 면에서 보면 이는 권위형 리더가 발휘하는 대표성과 유사한 개념으로 분위기(Atmosphere)의 조성에 치중하는 셈이다. 이러한 유형은 어떠한 문제를 해결하는데 있어서 불확실한 상황을 타결하고 다양한 의견을 수렴하는데 매우 유용하다. 이러한 조직운영상의 리더십과 정책결정은 때때로 조직구성원에 의해서 유도되기도 하는데, 긴급한 상황에서는 이러한 민주형 리더십이 비효율적으로 시간을 낭비하는 요소로 평가되기도 한다.

세 번째 리더십의 유형은 바로 자유방임형 리더(Laissez-faire Leader)이다. 이는 조직운영에 있어서 리더십이란 요소를 완전히 배제한 접근방법이라고도 할 수 있는데, 이러한 스타일의 리더십은 실제로 리더 자체가 존재하지 않는 경우도 있다. 다시 말하면 조직이 목표를 향해 운영되어 나가는데 있어서, 관리자로부터 통제나 물리적인 개입을 전혀 받지 않고 구성원 스스로가 조직을 운영해 나가는 상황을 뜻한다. 따라서 이러한 스타일의 리더십에 대해서는 특별한 논의의 대상 자체가 되지 않을 수도 있다. 왜냐하면 자유방임형 리더십은 조직의 존폐를 위태롭게 할 수도 있기 때문에 장기간에 걸쳐 발휘되기보다는, 단기간에 몇몇 사안들에 대해서만 적용되기 때문이다. 따라서 많은 학자들이 자유방임형 리더십은 리더십의 일반 유형에서 언급하지 않고 있으며, 행정이론에서 논의하기 어려운 면도 많다.

Ⅲ. 상황적 리더십(Situational Leadership)

리더십의 유형을 연구하는 여러 행정이론가들은 리더십이 작용하는 유형에 따라 분류하는 것이 일반적이다. 이러한 유형들은 각 상황에 따라 작업이 수행되는지 아닌지에 의해 결정되는데, 이는 실패하더라도 그 유형을 고수하는가에 의해서도 경향이 나누어진다. 이러한 조직운영상의 가정은 융통성 있는 접근방법으로 간주되었으며, 이후에 상황에 따라 리더의 행동이 조직운영에 많은 영향을 미친다는 점에서 업무수행의 리더십에 대한 새로운 시각으로 부각되었다.

상황적 리더십(Situational Leadership)은 개념의 정립화를 위해 리더십의 효과성에 관한 불확실성이론을 제기했던 Fred Fiedler에 의해 주창되었다. 그는 연구를 통해서 개인적인 자질이나 특성과 관련된 리더십은 상황에서 벗어나거나 시간을 넘어서 작용한다고 주장했다. 일부 개인적인 특성은 리더십의 효과성에 기여하는 것은 분명하지만, 그러한 효과성이 모든 상황에서 일관되게 작용하는 것은 아니기 때문에 상황에 따라 리더십이 달라질 수 있다는 것이다. 호기심을 자아내는 Fiedler의 이러한 결론은 리더십이 훈련이나 경험을 통해서 이루어지는 것이 아니라는 관점에서 기인한 것이다.

Fiedler의 접근방법은 리더십에 대한 최고의 접근방법은 없다고 주장했다는 점에서 상황적응 이론(Contingency Theory)으로도 불리고 있다. 그는 상황의 영향으로 각 상황에 맞게 적절히 요구되는 리더십의 유형이 다르다고 믿었다. 그러나 그는 동시에 우리들에게 조직을 관리하기 위해서 이미 측정할 수 없는 덕목들로 나열되었던 특별한 개인적 특성과 자질을 갖추어야 한다고 그 필요성을 역설했다는 점도 주목할 필요가 있다. 이는 이후의 다른 이론들이 우리에게 조직 내에서 리더로서 개발될 수 있는 가능성을 제시해 주었다는데 의의가 있다.

P. Hersey와 A. K. Blanchard도 Fiedler의 상황적응이론의 접근방법에서 출발하여 상황에 따른 리더십을 주장하였다. 이들 학자들은 조직이 처해진 상황을 분석하여 리더십을 발휘해야 한다는 가정을 기초로 출발하였기 때문에, 진정한 리더는 감독자와 지원자의 역할을 조합하여 행동해야 한다고 주장했다. 리더는 조직의 상황에 따라 대리형·지원형·지도형·감독형으로 리더십을 발휘해야 하며, 특히 감독형 리더의 경우 업무에 초점을 맞추는 반면 지원형 리더는 인간관계에 관심을 두는 것으로 구분했다.

〈표 3-1〉 상황에 따른 리더십

리더의 유형	리더의 행동	부하직원의 행동
대리형(Delegating)	감독⇩ 지원⇩	참여도⇧ 작업수행⇧
지원형(Supporting)	감독⇩ 지원⇧	참여도⇧ 작업수행 다양
지도형(Coaching)	감독⇧ 지원⇧	일부 참여 작업수행⇩
감독형(Directing)	감독⇧ 지원⇩	참여도⇩ 작업수행⇧

Ⅳ. 규범모델(Normative Model)

규범적 리더십이론은 상황에 따라 조직의 의사결정이 내리기 전에 리더가 부하에게 결정을 일부 위임하거나 필요한 정보를 요청하는 경우가 있다. 또한 비상시나 위기상황에서 리더는 부하의 도움 없이 혼자 결정을 내려야 할 때도 있다. 즉 리더의 조직의 의사결정과정에 부하가 참여하는 정도는 문제의 성격, 부하의 전문성, 위기여부 등 여러 요인에 따라 달라진다는 것이다. 그런데 Victor Vroom과 Phillip Yetton은 이러한 상황에서 부하의 참여수준을 규범화 내지 일정기준을 제시하고자 한 것이다. 리더의 선택과 결정은 다양한 상황에 적합한 것이어야 하고, 그러한 상황을 학습할 수 있는 가능성을 제시한 것이다(Vroom and yetton, 1976: 1536-1549). 그들은 우선 관리자라면 선량한 일부를 제외하고 원칙적으로 조직구성원에 대한 배려에 신경쓰기보다는 구조설정, 즉 생산성에 더 많은 관심을 둔다고 주장했다. 또한 관리자는 처해진 상황이 모호하거나 익숙하지 않을 때 민주형 리더의 특징을 나타내며, 반대로 문제가 잘 파악되어 있거나 명백할 때 권위형 리더십을 발휘한다고 주장했다. 또한 이들은 참여의 문제와 권위형 리더십간의 논의는 그 조직의 관리자 개인에 대한 것보다는 그 조직이 처해진 상황에 더 초점을 맞추어야 한다고 주장했다.

〈규범모델〉

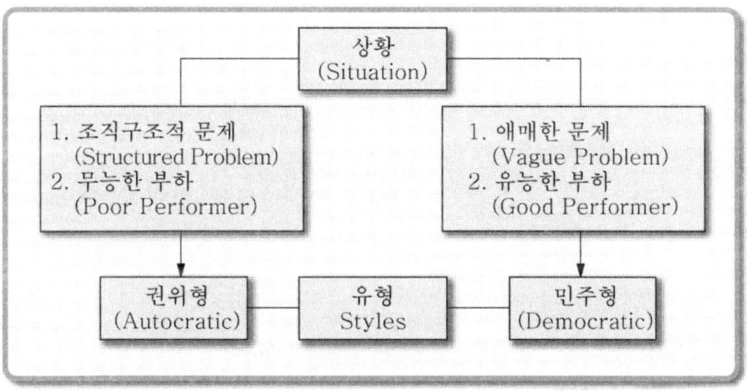

Vroom과 Yetton에 의해 주장된 규범모델은 문제를 해결하기 위해서 적절한 선택을 해야 하는 행정이론가들에게 일련의 의문점을 야기했다. Broom과 Yetton은 해결해야만 하는 조직의 문제가 사회화과정을 통하여 많이 감소될 수 있으며, 그러한 과정은 문제해결과정에 참여하는 조직구성원 개개인의 가능성에 따라 다양하게 전개된다고 지적했다. 그러므로 리더와 조직 간의 상황은 문제해결과정에 직접 동참하는 부하직원들의 참여도에 의해 결정된다고 볼 수 있는 것이다. 이러한 다양성의 범위를 리더의 관점에서 다음과 같이 정리했다(Vroom and Yetton, 1976: 629).

〈표 3-2〉 의사결정유형

의사결정유형	특징적 성격
A1	리더 스스로 문제를 해결한다.
A2	부하직원은 필요한 정보를 제공하고, 리더가 그 정보를 바탕으로 결정한다.
C1	리더는 개별적으로 부하직원이 해결해야 할 문제를 알려주고, 그에 대한 아이디어를 수집해서 결정한다.
C2	리더는 집단적으로 부하직원이 해결해야 할 문제를 알려주고, 그에 대한 아이디어를 수집해서 결정한다.
G2	리더는 부하직원 함께 문제를 해결하는 과정에서 선택적인 판단을 통하여 조직에 필요한 수단을 강구한다.

참고: 박우순, 『조직관리론』, 법문사, 1996, pp. 99-101.

① A1과 A2는 독재적 결정형태이다. 이러한 형태의 리더는 부하들의 문제인식이나 대안적 해결책들을 조직의사결정에서 반영하기 어렵다.

② C1과 C2는 리더와 부하의 상담과정을 중시하는 리더임을 알 수 있다. 물론 부하들의 의견이 의사결정에 반영될 수도 그렇지 않을 수도 있다.

③ G2는 집단적 과정에 의하여 결정내리는 방식이다. 즉 리더가 집단으로서의 부하들과 문제를 공유하는 것이다.

이러한 분류 후에 Vroom은 부하의 참여수준을 개별적 문제와 집단적 문제로 세분하여, 개별적인 문제에 대하여 C2와 G2를 제외시키는 대신 G1과 D1을 추가하였다. G1에서는 리더가 부하들 중 한 사람과 문제를 공유하고 함께 문제를 분석하며, 자유롭고 개방적인 정보의 교환을 통하여 상호간에 만족스러운 대안을 탐색하려고 노력한다. G2는 부하들에게 모든 정보를 제공하지만 동시에 문제해결에 대한 책임까지 부여한다. D1은 의사결정의 효과적인 집행을 위해 필요한 부하의 수용과 몰입의 정도에 관한 것이다(박우순, 1996: 100-105).

어떠한 사람도 모든 상황에 완벽하게 대처할 수 없기 때문에 관리자는 어떠한 종류의 과정이 문제해결에 있어서 적절한가를 인식해야만 한다. Vroom은 리더가 답변을 준비해야 할 질문들을 다음과 같이 정리했다(Vroom and Yetton, 1976; 541).

① 대처하고 있는 문제가 질적으로 평가하였을 때, 선택한 해결방안은 다른 해결방안들보다 합리적인가?

② 나는 공정한 결정을 내릴 능력이 있는가?

③ 문제는 구조적인가?

④ 부하직원들은 최종 수단으로 강구된 결정을 받아들일 것인가?

⑤ 만약 나 스스로 결정을 한다면, 나의 부하직원들이 그 결정을 수용할 것인가?

⑥ 나의 부하직원들이 문제해결을 통해 성취되는 조직의 목표를 받아들이고 있는가?

⑦ 나의 부하직원 중에서 최고의 해결방안으로 반대의견은 있는가?

Vroom은 더 나아가서 리더는 리더십의 유형으로 오래된 습관과 리더십을 실행하는 한 유형으로 적절한 선택을 통해서 교육될 수 있다고 주장했다.

V. 리드의 기법(The Art of Leading)

리더는 선천적인가 후천적인가? 스타일과 인성 중에서 무엇이 더 중요한가? 리더는 이러한 모든 질문들의 중심에 있다. 지난 50년 동안 관리이론과 관련하여 교육훈련방식들이 무수히 연구되어 왔다. 비즈니스 스쿨은 날로 번창했으며, 경찰의 교육 훈련 및 관리방안들도 전 세계적으로 발전하고 있다.

행정학적인 기술들이 이러한 프로그램에 도입되어 발전되고 있는 흐름에도 불구하고, 리더십의 기술은 시간의 흐름 속에 정체되어 있는 것처럼 보인다. 진정한 리더십은 각 개인의 인성과 자질에서 발견될 수 있다. 부하직원이 상급자의 약점을 지적하라고 하면 많은 경우 인간성이 부족하다는 점을 지적한다.

1. 바람직한 지휘자-바람직하지 못한 지휘자(Good Bosses-Bad Bosses)

바람직한 관리방법에 관한 주제의 도서는 20세기 초반 이래로 잘 팔렸다. 효과적인 관리방법을 수용하기 위해서 일선의 관리자들은 그동안 골치 아팠던 조직관리의 비용, 이직률, 정책결정의 우유부단함, 질 낮은 생산품, 작업활동 등에 대한 연구를 요구하기에 이르렀다. Henri Fayol, Marx Weber, Frederick Taylor 등과 같은 초창기의 행정이론가들은 각자 나름대로의 접근방법을 통하여 이러한 문제들에 대한 해답을 찾기 위해 노력했다. 이들 이론들은 바람직한 관리감독이란 가르치고, 학습하고 수용하는 것이라는 단순한 가정에서 출발했다. 따라서 이들의 공통적인 결론은 교육의 중요성을 강조하는 것이었고, 이러한 교육과정이 없을 경우 우리는 비용과 에너지를 낭비한다는 결론에까지 이르게 되었다.

그러나 우리는 앞서 바람직한 행정가란 만들어지는 것이 아니라 선천적인 재능이 필요하다는 사실을 논의했다. 조직활동에 잘 융화되는 관리자는 바람직한 관리자로 간주되었지만, 다수의 관리자들은 그렇지 못했다. 이는 관리감독이라는 것이 공식적인 교육이나 훈련을 통해 얻어지는 생산물이 아니라는 사실을 반증한다. 예를 들면, 어린 시절 친구나 부모로부터 영향을 받은 한 개인의 윤리적인 형태를 어떻게 가르칠 수 있겠는가? 정직과 성실성은 효과적인 관리감독을 위해서는 필수적이지만, 이러한 자질 또한 이미 어린 시절에 학습으로 습득된 것이다. 자만심, 자아도취, 거만함, 무식은 또 어떠한가? 이러한 부정적인 개인적 특성 또한 한 개인에게 그들의 행동과 태도를 교육시킬 수 있는 것인가? 엄밀하게 말해서 그러한 사람들은 배우지 못했기 때문에 우리가 그들을 교육시킬 수 없는 것이다. 많은 사람들이 그들 개인의 기본적인 자질의 부족으로 관리자가 되지 못한다. 이러한 사실로 그들이 선천적으로 결함이 있다고 단정할 수는 없지만, 그들이 행정에 대해서 기본적인 능력이 부족하다는 점은 인정하지 않을 수 없다.

바람직한 관리자는 교육될 수 있고 다른 한편에서는 교육을 받을 준비가 되어 있다. 반대로 바람직한 관리자로 교육될 수 없다는 사실은 관리감독에 있어서 필요한 지식이나 행태를 자발적으로 학습할 수 없다는 말이다. 다시 말해서 바람직하지 못한 관리감독의 주된 원인은 관리자가 새로운 기술을 학습할 수 있는 능력이 있는지의 여부에 달려있다. 자신들의 행동이 조직의 효율성을 놓고 보았을 때 바람직한 것인지 알지 못하는 관리자는 조직의 운명을 파멸로 몰 것이다. 즉, 바람직한 관리자는 외부로부터의 기술과 의견을 수용할 수 있는 사람이고, 그렇지 못한 관리자는 이를 수용할 수 없는 사람이다.

그렇다면 바람직한 관리감독과 그렇지 못한 관리감독의 속성은 무엇인가? 그에 대한 대답은 논의할 필요도 없이, 바로 효과적인 관리를 위해 필요한 기술을 사람들과의 상호작용을 통해 습득할 수 있는지의 여부이다. 바람직한 관리자는 부하직원을 아끼고 존중하는 마음을 가지고 있는 반면에, 서투른 관리자는 그 반대인 경우가 대부분이다. 아마 이러한 주제를 더 잘 이해하기 위해서는 어떻게 바람직하지 못한 관리자가 만들어지는가를 살펴보면 알 수 있을 것이다. Michael M. Lombardo와 Morgan W. McCall Jr.는 광범위한 연구를 통해 바람직하지 못한 관리 모델을 정리했다.

① 성실성의 부족
② 강도 높은 권위주의
③ 스스로의 권력욕에 도취됨
④ 모든 것을 알고 있다고 생각함
⑤ 정책결정의 우유부단성
⑥ 무능력
⑦ 지엽적인 이슈에 시간을 낭비

⑧ 제3자로부터 존경을 받지 못함
⑨ 공격성
⑩ 관리자와 부하직원 사이의 융화부족

만약에 조직을 잘 이끌고 싶은 사람이 있다면 그는 과연 어떻게 해야 할 것인가? 조직을 이끌어나가기 위해 필요한 리더십의 요소들은 무수히 많을 것이다. 경찰조직이 점차 세분화되는 경향에 있음에도 불구하고, 강력한 리더십의부재는 그 조직을 정체시키고 평범하게 만들어 버린다. 만약 조직을 잘 이끌고 나갈 수 있는 비법이 있다면, 그것은 바로 그 기관의 임무를 수행하기 위하여 개인이 느끼는 책임감을 자발적으로 유도해낼 수 있는 강력한 리더십의 역할이 필수적이라 하겠다.

이러한 문제들을 이해하기 위해서, 우리는 조직에게 필요한 몇몇 주요 사안들을 살펴볼 필요가 있다. 모든 개인들이 조직에 속해 있는 한, 각 구성원들은 이러한 주요 사안들에 항상 관심을 가지고 있어야 한다. 예를 들어 순찰경찰관은 순찰기능을 강조할 수 있는 사안들에 항상 좋은 아이디어를 구상하여야 할 뿐, 교도소의 문제에 대해서는 불필요한 관심을 두지 않는 것이 좋다. 마찬가지로 경찰조직의 인사관리를 담당하고 있는 간부들은 각 구성원들간의 의사소통을 향상시킬 수 있는 인사관리방안에 관하여 더 많은 구조설정을 발휘해야 할 것이다.

그러므로 최고관리자(CEO: Chief Executive Officer)의 관점에서는 이러한 조직 전체 조망하는 중립적인 위치에 있으므로 그 역할이 가장 중요하다 하겠다. 최고관리자들은 조직의 어떠한 측면이 강하고, 어떠한 층면이 취약한지에 대한 다양한 사안들은 명백히 알고 있어야 한다. 더불어 최고관리자는 조직 전체가 이루고자 하는 바가 무엇인지 알고 있어야만 한다. 이러한 기관의 수장 아래 모든 조직 구성원들이 각자 맡은 분야의 나아갈 바를 인지할 때, 그 조직은 발전할 수 있을 것이다.

2. 비전(Vision)

관리자가 조직을 잘 이끌기 위해서는 그 조직이 어디로 가고 있는지를 알고 있어야만 한다. 즉, 리더는 미래지향적이어야 한다. 깨어 있는 모든 시간동안 미래만을 지향할 필요는 없지만, 최소한 그 조직이 어디에 위치하고 있는지를 알아야 위험천만한 문제들로부터 해결책을 제시할 수 있다. 경찰행정에 있어서 무엇이 중요한지는 사회가 요구하는 바를 잘 이해하고 있는 관리자만이 알 수 있고, 앞으로의 경찰이 무엇을 해야 하는지도 이러한 사안에서 감지할 수 있다. 뛰어난 관리자라면 그 조직의 5년, 10년, 15년 뒤의 모습을 정확하게 예견할 수 있어야만 한다.

예견할 수 있는 기간에 따라 정확성이 감소한다는 것은 부정할 수 없는 사실이다. 그러므로 관리자는 15년 후의 상황보다는 앞으로 닥칠 5년 후의 상황을 좀더 정확하게 예견할 수 있을 것이다. 물론 그러한 예견의 정확성은 그다지 중요하지 않다. 중요한 것은 이러한 과정을 통해서 그 조직의 관리자가 미래지향적인 사고를 가지고 있느냐이다. 일반적으로 발생하고 있는 일들은 우리 사회를 어떻게 변화시키고 있는지, 우리 조직은 어떻게 이러한 변화 속에서 영향을 받는지, 어떻게 하면 우리 조직이 그러한 변화에 적절히 대응할 수 있는지에 대하여 끊임없이 질문할 수 있는 사람이야말로 뛰어난 관리자라 할 수 있다.

과거에는 물론이고, 현재에도 모든 뛰어난 리더들이 가지고 있는 한 가지 덕목은 바로 비전(Vision)이다. 관리감독에 대한 부정할 수 없는 사실은 바로 당신이 속한 조직이 어디를 가고 있는지 정확히 모른다면, 그 조직을 이끌 수 없다는 사실이다. 비전이 없는 관리자에게는 리더십도 기대할 수 없다.

3. 인내력(Tenacity)

역사에는 그들만의 이상과 비전을 제시했던 외로운 지배자들이 수없이 등장한다. 그들은 때로 바보로 불리기도 했고, 선구자로 불리기도 했으며, 극소수는 리더로 기억에 남아 있다. 위대한 비전을 소유하고 있지만 다른 사람들로부터 그에 대한 지지를 얻어내지 못한다면, 결국 아무런 의미도 없을 수 있다. 위대한 리더들의 특징을 살펴보면, 그들은 비전을 가지고 그것을 실행해 옮길 수 있는 능력을 가지고 있다는 점을 알 수 있다. 이러한 성공을 달성하기 위해서는 비전에 대한 순수한 신념, 경영 능력, 그리고 무엇보다도 인내력(Tenacity)이 필수적이다. 이상에서 행동으로 실천해 옮기는 것은 어려우면서도 위험한 과정이다. 뛰어난 관리자들은 우선 이루고자 하는 미래의 모습을 지향하고, 다른 사람들에게 그 목표에 대한 확신을 심어주며, 그리고 나서 그 목표를 이루는데 방해가 되는 요소들을 제거해 준다. 이 때 방해물들은 조직 내부에 있을 수도 있고 조직 외부에 있을 수도 있다.

문제지향 경찰활동(POP: Problem-Oriented Policing)의 위험성은 정책결정과정의 분산화에 대한 신뢰의 여부에 있다. 변함없이 분산화는 지역적인 의식구조를 기초로 하기 때문에 이는 중앙의 조직관리에 대한 참여에 장애가 될 수 있는 요인을 제공한다. 더 나아가서 사안에 대한 정책결정의 구조가 점점 더 하위로 내려갈수록 문제에 적합한 해결방안을 찾는데는 더 가까워질 수가 있다. 그러나 역설적이게도 분산된 조직 내에서 관리자의 지위가 하위조직으로 내려갈수록, 조직이 속해 있는 기관 전체의 임무와 목표에서부터는 요원해지는 경향이 있다. 그렇게 분산된 하위조직은 그 윤곽이나 구조를 잡는데 주의를 기울이지 않는다면 정책과정상 취약점이 노출된다. 그러므로 관리자는 다양한 사회적·정책적 집단과 조직 사이에서 네트워크를 설립할 수 있는 기술을 준비해야 한다.

마지막으로 리더는 무한한 인내력을 가져야만 한다. 특히 경찰에게 있어서 조직의 변화는 적지 않은 시간과 외압을 필요로 한다. 따라서 시작단계에서부터 성공할 가능성보다는 실패할 가능성이 높으며, 이때 리더는 그들 조직의 협의사항을 재빨리 간파해 내야 한다. 따라서 경찰조직이 접하게 되는 거의 모든 업무들이 바로 이러한 전투의 연장선상에 있는 것이며, 따라서 좀처럼 인내력을 가지지 않고는 극복하기 어려울 것이다.

4. 리더십의 질적 향상의 원칙(Principles of Quality Leadership)

최근 몇 십 년 동안 경영에 관한 새로운 움직임이 나타났다. 일본에서 W. Edwards Deming에 의해 주창된 총질관리(TQM: Total Quality Management)의 개념이 모든 유형의 조직에서 지지를 얻어오고 있다. 경찰조직에서는 리더에게 적용할 수 있는 이 운동이 위스콘신주 Madison의 경찰서장인 David C. Couper에 의해 도입되었는데, Couper는 TQM을 그의 경영철학으로 삼고 리더십의 원칙을 제정하였다(Couper and Lobitz, 1991: 48).

경찰소식관리에 있어서 리더가 되고 싶은 사람은 이러한 리더십의 원칙들에 주의를 기울일 필요가 있으며, 이 원칙들은 리더십을 발휘하는데 있어서 분명하고 주요한 기준을 제시해 줌에는 틀림없다.

제 2 절 동기부여

동기부여(Motivation)를 규정하는데 있어서는 몇몇 논의의 여지가 남아 있다. 전통적으로 동기부여는 조직의 목표를 수행하는데 있어서 조직구성원을 자극하는 수단으로 생각되었다. 이러한 이론적 배경에서 관리감독자는 이루고자 하는 업무를 수행해야할 부하직원에게 외부적인 동기부여를 제공하게 되는 것이다.

동기부여에 관한 논의에서 두 번째의 접근방법은 동기부여의 개념을 내부적인 방향에서 해석하는 것이다. 내부적인 압력으로 보는 쪽에서는 이러한 동기부여를 필요성에 의해 강구되는 하나의 수단으로 인식한다(Lewis, 1983: 185).

리더십과 함께 동기부여를 설명하고자 하는 이론들은 시간이 흐름에 따라 수없이 많이 제기되고 있으며, 부하직원들에게 적합한 방법이 계속해서 적용되고 있다. 또한 리더십과 함께 이러한 이론들이 가지고 있는 다양한 유용성이 관리자들의 인사관리 방향을 결정하는 주요기준이 되기도 한다.

Ⅰ. 전통적인 접근방법(Classical Approach)

동기부여에 관한 전통적인 접근방법은 작업자들의 관리에 있어서 경제적 필요성에 의해 제기되었다. 부양가족을 거느리고 있는 작업자를 임금을 매개로 고용한 고용주는 더 많은 경제적 이익을 창출하기 위한 생산성의 측면에서 작업자를 통제할 수 있는 인사관리를 적용하게 된다. 이러한 관점을 가지고 있는 관리자는 작업자에게 당근과 채찍을 통하여 동기를 부여하는 인사관리의 접근방법을 갖는다. 전통적인 접근방법의 관리자에게는 잘했을 때 보상을 주고 잘못했을 때는 벌칙을 주는 동기부여된 작업자가 필요했던 것이다.

동기부여의 전통적인 접근방법은 조직이론이 형성되었던 초기로 거슬러 올라가게 되는데, 당시에는 이러한 이론을 비판하는 연구자들이 많았지만, 여전히 현대에 이르기까지 많은 관리자들이 이러한 전통적인 접근방법을 고수하고 있다. 일반적으로 조직구성원에 대한 배려는 낮고 구조설정에는 높은 관심을 가지고 있는 권위형 리더가 이와 같은 접근방법을 적용하고 있다.

Ⅱ. 인간관계론적 접근방법(Human Relations Approach)

동기부여에 있어서 인간관계 접근방법을 선호하는 사람들의 철학적 바탕은 사회적 필요성이다. 이러한 사고를 가진 관리자들은 작업 만족도를 증가시킬 수 있는 작업자들의 동기부여와 조직의 비공식적인 상관관계를 인지하는 것이 필요하다고 믿는다. 따라서 인간관계 접근방법은 작업자가 생산활동을 하는 일에 만족하도록 여건을 만들어주고자 노력한다.

인간관계론은 1933년 일리노이州 Hawthorne의 Western Electric공장에서 시작되었다. Elton Mayo의 연구를 통해서 생산성과 조직생활 간에 영향을 끼칠 수 있는 비공식적인 요소가 있음을 밝혀냈다. 관리자들은 이러한 입장에서 보았을 때 민주적인 스타일로 작업자들을 동기부여시키게 되는데, 이럴 때 대부분의 부하직원들은 높은 만족도를 보이고 있다. 물론 이러한 상황에서 리더는 조직구성원에 대한 높은 배려에 반비례하는 낮은 구조설정을 발견하게 된다. 조직의 사회적 측면에서 보았을 때 인간관계론자들과 경제지향주의자들은 서로 상충되는 면이 있다. 왜냐하면 비용을 투자해서 피고용자를 사용하는 경제지향주의자들이 생각하는 바로는 효과성에 의문을 제기할 수 있기 때문이다.

인간관계론의 기본적인 출발점은 동료애를 바탕으로 한 인간관계의 필요성이다. 생산활동에 참여하는 작업자들은 단순고용된 작업자라 할지라도, 자발적인 참여를 통해서 생산활동에 참여하게 된다. 이는 재정적인 측면에서 보았을 때 생산성을 감소시키는 요인이 될 수 있지만, 작업활동에 참여하는 피고용자가 사회적인 융합에는 충분히 만족한다는 점에서는 높게 평가될 수 있다.

Frederick W. Taylor는 과학적 관리방법을 통하여 이러한 현상을 최초로 인식했다. 그는 작업자들 중에서 비공식적인 생산활동에 치중하는 경향이 있는 사람을 태업자(soldiering)로 보았다. Taylor는 생산성이 떨어지는 조직이 있다면, 그 원인은 작업자들에 대한 적절한 성과급의 부족 때문이라고 믿었다. Hawthorne 실험에 의해 비공식적인 조직의 요소 또한 필요하다는 사실이 발견되기 전까지, 이러한 생산성의 측면에서는 태업자에 대한 관리방안이 무엇인지가 가장 큰 관심의 대상이었다.

인간관계론적 관리방법은 개인에 대한 동기부여가 조직이 처해진 사회적 환경을 인공적으로 조작함으로써 얻어질 수 있다고 주장한다. 관리자들은 작업자들이 스스로 만족스러운 작업환경에서 생산활동에 임하고 있다고 믿게 할 필요가 있다.

Ⅲ. 욕구계층이론(Hierarchy of Needs)

동기부여에 관한 다양한 접근방법은 인간은 단순한 필요조건만으로 동기부여되지 않는다고 주장한 Abraham Maslow에 의해 본격적으로 논의되기 시작했다. Maslow는 사람들은 하나의 욕구가 충족되면 또 다른 욕구가 성취되기를 기대한다고 믿었다. 이러한 요구의 단계를 생리적 욕구, 안전의 욕구, 애정의 욕구, 자존의 욕구, 자기실현의 욕구로 계층화시켰다. 이 이론에 의하면 사다리꼴 구조에 속해 있는 사람의 욕구가 각 단계를 만족시킬 때마다 아래에서 위로 상승하는 구조로 이루어져 있으며 이러한 욕구가 끊임없이 생성되는 한 인간의 욕구는 결코 완벽하게 충족될 수 없다고 주장했다.

이 이론은 초창기의 전통적인 접근방법이나 인간관계론적 관리방법에 비하여 더욱 발전한 것임에도 불구하고 인간이 가지고 있는 복잡한 정신구조를 밝혀내기에는 부족한 면이 있었다. 욕구계층이론(Hierarchy of Needs)은 작업활동에 있어서 영향을 받을 수 있는 다양한 요소들을 설명하는 데는 유용한 반면에, 인간의 동기부여를 완전히 설명하기에는 너무 획일화시킨 단점을 가지고 있다.

〈욕구계층이론〉

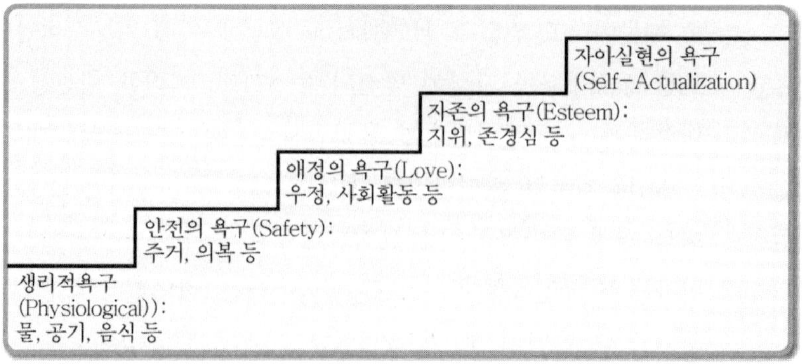

Ⅳ. 성숙-미성숙이론(Maturity-Immaturity Theory)

Chris Argyris는 동기부여에 관한 또 다른 접근방법을 제시하였다. 그는 개인의 발전이 미성숙한 상태에서 성숙한 상태로 진행한다고 주장했다.

〈성숙-미성숙이론〉

미성숙(Immaturity)		성숙(Maturity)
1. 수동적	⇨	1. 능동적
2. 의존상태		2. 독립상태
3. 단순한 행동양식		3. 다양한 행동양식
4. 피상적인 관심		4. 깊고 강한 관심
5. 근시안적인 전망		5. 거시적인 전망
6. 복종의 상태		6. 평등, 우월의 상태
7. 자기인식의 결핍		7. 자기통제?

Argyris는 이러한 변화가 미성숙의 단계에서 성숙으로 발전을 나타난다고 주장했는데, 그는 더 나아가서 대부분의 조직 내에서는 미성숙의 작업자들을 성숙하게 만들려는 일련의 강제와 억압이 존재한다고 주장했다. 이러한 방침은 작업자들이 미성숙의 단계에 계속 머물러 있다는 가정 하에, 이들을 전통적인 접근방법을 통하여 성숙한 단계로 교육시켜 나가는 것을 전제로 한 주장이다. 이는 이후에 관리에 의한 인간관계의 접근방법으로 발전하였다.

Ⅴ. 동기-위생이론(Motivation-Hygiene Theory)

Frederick Herzberg는 Maslow와 유사한 관점에서 동기부여에 관한 이론을 구상해 냈다. 그는 Maslow처럼 동기부여에는 다양한 요소의 원인들이 작용한다고 생각했지만, 기존의 이론들과는 다르게 동기부여와 직업만족·불만족에 관한 요소들이 같이 작용한다고 믿었다. 즉, 직무가 불만족스러웠을 때 작업자들은 작업환경도 불만족스러웠던 것이다. 그는 직업만족도의 반대되는 요소와 동기부여에 반대되는 요소들을 분리해 냈으며, 이러한 연구과정을 통해서 직업만족도의 부족과 동기부여 간에는 대인관계의 상관성이 존재한다는 사실을 밝혀냈다. Herzberg는 이러한 동기부여 요인과 위생이론을 다음과 같이 정리했다.

1. 위생요인

작업자를 업무의 만족·불만족에 이르게 하는 7가지의 작업조건과 환경적인 경향으로서 ① 기관의 정책과 행정, ② 관리감독, ③ 대인관계, ④ 작업환경, ⑤ 지위, ⑥ 작업안전도, ⑦ 급여 등을 위생요인으로 꼽았다. Herzberg는 이러한 위생요인은 작업자들에게 동기부여를 시킬 수 있는 것이 아니라 업무만족도를 결정하는 요인이므로, 이러한 조건과 환경들이 적절한 수준 이상으로 제공되어야 한다고 주장했다.

2. 동기요인

그는 또한 동기부여를 이끌어낼 수 있는 동기요인들을 ① 업무성취도, ② 도전정신, ③ 업무의 특성, ④ 책임감, ⑤ 승진요소, ⑥ 성장가능성 등 6가지를 꼽았다. 여기에서 Herzberg는 급여와 같은 생산활동의 투자비용을 동기요인에 포함시키지 않음으로써 업무성취도, 도전정신, 발전가능성 등과 같은 요인들과 구분하였다. 그러므로 그는 아무리 급여를 많이 준다고 해도 진정한 동기부여는 될 수 없다고 주장했다. Herzberg는 또한 Argyris의 업무 모델의 내용을 인용하여 작업을 풍요롭게 하는 것은 조직 내에서 개인의 관심과 성장가능성에 의해 결정된다고 주장했다.

동기-위생이론의 반대론자들은 Herzberg가 실험에서 사용한 데이터에 오류가 있다고 지적했다. 그는 업무에 투입된 작업자들이 조직 내에서 언급된 요인들로 인하여 대부분 만족하거나 불만족한 상황으로 인식된다고 믿었지만, 반대론자들은 업무에 투입된 작업자들 스스로가 선호하는 경향이 다르다는 사실을 지적했다. 즉, 제시된 요인들에 의해서 공통적으로 통제되는 것이 아니었던 것이다.

이러한 반대의견과는 상관없이 동기-위생이론은 업무수행에 있어서 작업자의 특성을 이해하는 또다른 방법을 제시했다는 점에서 의의가 있다. 다른 한편으로 우리는 Herzberg의 이론을 통해서 기업의 정책고가 관리자의 자세에 대한 독특한 관점을 제시받았다는 점에서도 주목할 필요가 있다.

Ⅵ. 욕구 학습이론(Acquired Needs Theory)

David McClelland는 사람들이 그들이 속해 있는 문화로부터 욕구를 습득하거나 학습할 수 있다고 주장했다. 이 이론은 Herzberg의 이론을 바탕으로 욕구가 동기를 유발시킬 만큼 강할 때 사람들은 그 욕구를 충족시킬 수 있는 작업에 임하게 된다는 가정에서 출발한다. 이러한 욕구의 개념에서 McClelland와 Herzberg의 이론은 차이를 보인다. 욕구 학습이론은 성취욕, 권력욕, 소속욕으로 나누어 생각해 볼 수 있다.

Andrew J. Dublin, Duane Ireland, J. Clifton Williams에 따르면 ① 성취욕은 어떠한 사안이 문제에 부딪혔을 때 그 어려움을 극복하는 과정에서 발생한다고 주장했다. 이렇게 높은 성취욕은 그 정도에 비례하는 책임감을 발생시키며, 이들은 그 업무를 수행하는 과정에서 피드백(Feedback)을 통해 계속해서 위험을 해결하고자 노력하게 된다. 마치 등산을 하는 사람이 성상을 향해 오르면서 더욱 높은 성취감을 느낄 수 있는 것과 같은 이치라 하겠다.

② 권력욕은 타인을 통제하고자 하는 욕구이다. 권력욕이 많은 사람은 그 조직에 속해 있는 구성원과 자원을 통제하고 싶어한다. 따라서 강한 권력욕을 가진 사람은 타인에게 영향력을 행사하고 시간을 통제하는 것을 중요시 여기며, 권위와 지위를 통해 얻게 되는 자신의 위치

를 매우 강조하게 된다(Stahl, 1983).

③ 소속욕은 다른 사람들과의 관계를 더욱 친근감 있게 유지하려는 욕구이다. 소속욕이 높은 사람은 공식적인 리더십의 역할을 거부한다. 또한 이들은 대인관계에 있어서 적대감을 유발할 수 있는 인위적인 관리방법을 불편해하는 경향이 있다. 따라서 성공적인 리더가 되기 위해서는 오히려 소속욕을 줄여야 하는 것으로 일부 연구에서는 밝혀졌다.

욕구학습이론은 이러한 욕구들과 조직 내에서 구성원 각 개인간의 영향이 조합되어 있는 구조이다(Cornelius and Lane, 1984). 사람들이 왜 높은 수준의 관리방법을 선호하고 업무지향적이며 한편으로는 조직 내의 네트워크를 형성하려고 부단히 노력하는지 이러한 욕구관계를 이해하면 잘 알 수 있을 것이다(McClelland and Boyatzis, 1982; 737).

Ⅶ. X이론-Y이론(Theory X-Theory Y)

Douglas McGregor는 X이론과 Y이론을 통하여 전통적인 동기부여이론에 반기를 들었다. 그는 관리자가 인식하고 있는 구성원들의 성향만을 바탕으로 관리방법을 분류하여 적용한다는 것은 매우 어리석은 일이라고 주장했다. 그의 주장에 따르면, X이론과 Y이론은 선천적으로 선악을 구분하려는 시각과는 정반대의 개념이다.

전통적인 접근방법에서와 같은 입장에서 X이론의 관리자가 작업자를 선천적으로 불성실한 태업자로 간주하는 것과는 반대로 Y이론의 관리자는 인간의 본성에 대한 신뢰를 버리지 않았다. X이론과 매우 관련이 높은 David Ricardo의 하급자의 가설이론(Rabble Hypothesis)을 살펴보면 다음과 같다.

① 자연적인 사회는 비조직화된 개인에 의해 구성된다.

② 모든 개인은 개체보존과 개인관심사를 추구하는 방향으로 행동한다.

③ 모든 개인은 목적달성을 위해 최선의 능력을 다하여 논리적으로 생각한다(Wern, 1972: 294).

X이론이 주장하는 바 역시 이와 유사한데,

① 일반적인 인간은 선천적으로 일을 하기 싫어하며 가능한 일을 회피한다.

② 인간의 속성은 일을 싫어하기 때문에, 작업을 적절하게 수행하기 위해서는 대부분의 사람들은 강제되거나 통제되고 지시를 받거나 처벌에 의해 위협이 가해져야 한다.

③ 일반적으로 감독받기를 원하는 사람은 책임감이 없으며, 야망이나 기대 안전에 대한 욕구도 매우 적다(Mcgregor, 1960: 33-34).

반면에 Y이론은 작업자의 본성에 대하여 매우 긍정적인 방향에서 가설을 세우고 있다. McGregor는 이 이론에서 인간의 본성에 대한 6가지 가정을 제시하였다.

① 일을 위해 정신적·육체적 노력을 바치는 것은 휴식을 취하거나 놀이를 하는 것처럼 자연스러운 것이다.

② 사람은 자기가 받아들이기로 마음먹은 일에 기여할 수 있도록 자율적으로 자기규제를 할 수 있는 존재이다.

③ 조직에 기여하려는 동기는 업적에 결부된 보상의 기능이라 할 수 있다. 그러한 보상 가운데 가장 중요한 것은 긍지와 존경에 대한 욕구의 충족과 자기실현욕구의 충족이다.

④ 적절한 조건만 갖추어지면 보통사람은 책임을 받아들일 뿐만 아니라 책임을 맡는 것을 갈구한다.

⑤ 대부분의 조직구성원은 조직상의 문제해결에 있어서 비교적 높은 수준의 상상력과 창의력을 발휘할 수 있다.

⑥ 오늘날 볼 수 있는 조직생활의 조건하에서 보통사람의 지적 잠재력은 그 일부만이 활용되고 있다(1960: 47-48).

McGregor에 따르면 X이론과 Y이론은 절대적인 기준이 있는 것은 아니다. 두 가지 접근방법의 차이점만이 구분될 뿐, 관리자들은 각자의 신념대로 두 가지 접근방법을 적절히 선택하여 실행하면 된다.

Ⅷ. 목표설정이론(Goal Setting Theory)

Edwin A. Locke에 의해 제기된 목표설정이론은 한 사람의 행동을 규제하는데 있어서 목표를 인식시키는 것이 중요하다고 보았다. 사람은 설정된 목표에 도달하기 위해 노력을 한다는 것이 기본 가정인데, 여기에서 목표(the Goal)란 행동을 선택하는 데 있어서 영향을 미치고, 목표달성을 위해 시간을 분배하며 업무의 방법을 결정하는 기능을 한다. 기본적인 목표이론을 정리하면 다음과 같다(Dubrin, Ireland, and Williams, 1989; 373).

① 어려운 목표는 더 높은 업무수행 기대치를 이끌어낸다.

② 특별한 목표는 '최선을 다한다'는 일반적인 목표보다 더 좋은 결과를 요구한다.

③ 업무수행에 있어서 피드백은 목표설정의 효과성을 상승시킨다.

④ 목표설정 과정에 참여하는 것은 단순히 설정된 목표를 수용하는 것보다 더 높은 업무수행 기대치로 향상시킨다.

⑤ 사람들에 의해 자신들의 업무수행을 통하여 목표에 대한 평가가 이루어진다고 믿어질 때, 목표설정은 업무수행을 향상시킨다(Latham and Locke, 1979: 68-80).

목표이론은 목표에 의한 관리(MBO: Management by Objectives) 개념과 연관성이 있다. 목표에 의한 관리의 개념은 조직이 특별한 목표와 목적을 이루기 위해 구성되어 있다고 믿는다. 이론적으로 목표를 위한 업무수행은 통제되고 감독될 뿐만 아니라 조직에 할당된 임무를 수행하는데 있어서 효과적인 제안구조 시스템을 제공하기도 한다.

목표이론에 대한 부정적인 시각도 있다. MBO 시스템은 지난 20여년간 매우 각광을 받았지만, 행정작용과 관리감독작용의 목적성을 이해하는데 기초단계에 있다. 이에 Deming은 '목표에 도달할 방법을 제시하지 못한다면, 그 목표는 쓸모없다'고 주장했다. 예를 들어 경주마를 채찍질하면 속도는 더 낼 수 있겠지만, 현명한 경주마라면 경주의 목적이 최종 우승이라는 사실을 염두해 두고 전력질주를 할 때와 걸을 때를 구별해낼 수 있어야 한다. 조직의 체제가 바뀌는 것도 이와 마찬가지이다. 이때 중요한 것은 각 개인의 역량보다는 조직관리의 모델이라 할 수 있다(Walton, 1986: 77).

Ⅸ. 기대이론(Expectancy Theory)

Victor Vroom은 불확실성이론에서 기대이론으로 알려진 동기부여 이론을 제시했다. Vroom은 동기부여란 목표에 대한 개인의 개념의 산물이며, 그 목표를 성취하기 위해 지향하는 과정이라고 주장했다. 이러한 개념은 각 개인이 생활의 목적을 가져야 한다는 기초에서 출발한다. 개인이 그러한 목적을 이루기 위해서 적절한 방법을 강구하는 과정이 바로 목표에 대한 개념을 명확히 하는 과정이기 때문이다.

이러한 기대이론에서는 기대(Expectancy), 수단(Instrumentality), 수치값(Valence)의 세 가지 변수가 작용한다.

① 기대는 개인이 수행해야할 수준이 업무를 인지하는 것을 뜻하는데 업무에 따른 노력(E→P: The Effort-to-Performance)이 바로 기대치를 뜻하게 된다(Dubrin, Ireland, and Williams, 1989: 374-375).

② 수단은 사람들이 어떠한 결과물을 이끌어내기 위해 방법을 강구하는 과정인데 결과를 얻는 수단(P→O: The Performance will lead to certain Outcomes)을 말한다. 이러한 수단은 0에서부터 1.00까지의 수량화하여 지표를 나타내게 된다.

③ 수치값은 어떠한 사람이 결과를 성취하는 데 있어서 긍정적인 상

황과 부정적인 상황을 말해 주고 있는 가치값이다. 예를 들어 가장 긍정적인 상황일 때는 +1.00으로 표현되는 반면 가장 부정적인 상황을 -1.00으로 나타내고, 아무런 가치도 없이 중립적인 상태에 있을 때를 0.00으로 놓고 있다.

그러므로 이러한 기대이론의 세 가지 변수는 동기부여(Motivation) = (E→P)(P→O)(V)의 공식으로 나타낼 수 있는데 여기에서 기댓값이나, 수단, 수치값 등이 높을수록 기대이론에 의한 목표의 동기부여가 높아지게 되는 셈이다. 공식에 의하면 완전한 동기부여를 이루고 있다면 +1.00이 될 것이고, 동기부여가 전혀 안될 경우 -1.00이 된다. 일반적으로 다양한 요소들에 의한 정확한 수치화가 불가능하다는 점을 감안하더라도 이러한 기대치는 모호한 추측보다는 훨씬 더 논리적이라 할 수 있다.

Ⅹ. 강화이론(Reinforcement Theory)

강화이론은 동기부여에 관한 제반 이론들과는 상당히 다른 면이 있다. 우리가 지금까지 살펴본 이론들이 필요성, 신념, 개념화, 욕구 등이 인간의 인성과 내부적인 변화과정에 관심을 가졌다면, 강화이론은 인간행동이 영향력에 의해 결정된 산물이라고 주장했다. 이러한 영향력은 당연히 외부 환경으로부터 발생하며, 강화이론에서 말하는 인간의 인성은 반복과 정리과정을 통해 하나의 특성으로 고착화되는 것으로 이해되고 있다. 예를 들어 반복적으로 행동해도 괜찮았던 사안에 대해서는 그에 대한 고착화가 이루어지지만, 어떤 행위에 벌칙이 가해지는 것과 같은 외부환경의 영향이 있게 되면 결국 그 행위를 거부하거나 기피하게 되는 것이다. 이러한 효과를 '법률적 효과(Law of Effect)'로 불리기도 하는데(Thorndike, 1911: 244), 이는 작업현장에서도 외부의 자극에 반응하는 유사한 상황이 발생한다.

강화이론에서 강조되는 것은 보상과 부여되는 가치이다. 즉, 어떤 노력이 보상을 가져다 줄 것인가 하는 기대가 직무수행 노력을 좌우하게 되는 것이다. 이 때에 보상은 공평한 것이라고 지각되어야 한다는 것을 전제로 하고 있다. 왜냐하면 보상에 대한 공정성이 확보되어야만 벌칙의 정당성 또한 확보될 수 있기 때문이다. 따라서 직무성취와 그 과정상에 있는 강화 요인들에 대한 객관적인 분석이 요구시된다 하겠다.

XI. 동기부여와 직업만족(Motivation and Job Satisfaction)

직업만족도는 피고용자가 작업에 대해 갖는 태도를 말한다. 여기에서의 태도란 단순히 작업에 대한 성실성만을 말하는 것이 아니라 그 업무가 가지고 있는 독특한 특성과 일반적인 특성을 모두 포함하는 개념이다(Albanese, 1988: 441).

많은 사람들이 직업만족도는 감정적인 한 개념이라고 믿고 있다. 일부에서는 여전히 직업만족도는 감정의 복잡한 개념이라고 매도해 버리기도 한다. 이러한 논의의 밑바탕에는 동기부여 이론가들 사이에 다양한 의견이 있기 때문이다. 그러한 질문에 대한 해답이 어떠한 것이든 간에 직업만족도에 관한 다양한 의견들은 모두 주목할 만한 유사성을 가지고 있다. 그것은 바로 급여, 업무자체, 승진기회, 관리감독, 동료, 작업환경 등과 같은 요인들이 작업만족도에 영향을 미친다는 사실이다.

주요한 요인들로 언급된 직업만족도의 요소들은 피고용자의 기대와 작업에 대한 실행가능성 사이의 갭을 나타내주는 척도이다. 예를 들어 만약 시간당 5달러의 급료를 기대한 피고용자가 단지 4달러만 받았다면, 분명히 그 사람은 직업만족도가 현저히 떨어질 것이다. 반면에 시간당 5달러만 받기로 되어 있던 사람이 추가로 보너스를 받게 된다면 급여를 통한 직업만족도는 상승할 것이다.

기대치와 현실 사이의 갭이 존재하는 것은 경찰활동에서도 마찬가지이다. 법집행 업무에서 뿐만 아니라 어떠한 업무도 이러한 갭이 존재하지 않는 업무는 없을 것이다. 경찰은 말 그대로 범죄와의 전쟁터에 서 있는 군인에 비유할 수 있다. 경찰활동의 실제는 단순히 법집행과 범죄수사업무에만 국한되지 않는다. 더 나아가서 범죄수사활동 등과 같이 경찰관 개인의 자유로운 구조설정과 자유재량이 허용되는 업무에서는 이러한 개념이 매우 중요하다 하겠다. 즉, 수없이 많은 규칙과 규제, 관료제의 구조, 끝없는 보고서 등에다가 범죄수사를 하려고 해도 계속해서 밀려드는 오경보, 분실신고, 차량사고, 가정내 분쟁까지 기타 사사로운 해결사건이 폭주하는 업무 속에서 경찰관은 그때마다 목표에 대한 직업만족도가 충족되지 않는다. 따라서 이러한 작업만족도를 결정하는 원인들을 분석해 본 결과 작업에 대한 사람들의 내부적 경향과 연관관계가 있는 것으로 분석되었다.

따라서 동기부여는 그 상태로 유지하는 것 자체가 어려운 일일 수 있다. W. Edwards Deming과 Robert Townsend는 조직의 구성원 스스로가 동기부여되지 않았다면 그 조직을 변화시키기 어려울 것이라고 주장했다. 그러므로 조직의 관리자가 그 권한과 지위를 유지하려면 구성원 모두에게 동기부여를 장려하고 목표를 성취하고자 하는 업무만족도를 향상시킬 필요가 있다.

연습문제

1. 리더십과 동기부여를 비교하자(유사점과 차이점).
2. 법집행에서 적용되는 동기부여이론을 들고, 그 이유를 논의하자.
3. 리더십에 관한 4가지 이론을 중심으로 관리상의 잘못된 점을 설명해보자.
4. 세 가지 다른 동기부여이론을 사용하여 잘못된 태도를 가진 구성원을 동기부여시킬 수 있는 방법에 대해 논의하자.
5. 생산성과 직무만족의 관계를 논의하자. 어떻게 다양한 리더십과 동기부여이론을 적용시켜 양자의 발전적인 모습들을 도출할 수 있을까.

제 4 장

권위, 권력 및 갈등

학습목표

효과적인 관리는 한 집단의 사람들을 조직의 목표 완수를 향해 이끌고 협력하도록 하는 능력에 달려 있다. 이런 목표를 달성하기 위한 관리자의 최고의 기술은 권한과 권위이다. 이것은 한 직원의 모든 행동이 관리에 의해 지배된다는 의미는 아니다. 반대로, 권한은 종종 하급자에게 업무를 완수하게 하는 능력을 통해 드러난다. 또한 직원들이 무엇이 자신에게 기대되고 있는지 알고, 직무 수행에 대해 스스로 동기화되었기 때문에 많은 업무들이 완수되기도 한다.

인간의 조직은 권위, 권력 그리고 갈등 등을 통해 조직 내에서 영향력을 발휘한다. 사람들이 함께 일할 때, 갈등은 언제나 피할 수 없는 것으로 여겨지기도 한다. 권위와 권한이란 용어는 다른 사람들로부터 어떤 행위를 이끌어내는 공식적, 비공식적 능력을 나타낸다. 이 세 가지 요소에 대한 이해가, 크고 작은 모든 조직을 관리하기 위한 능력으로 꼭 필요하다.

이장에서는

첫째, 권위와 권력의 개념차이를 살펴본다.

둘째, 권위 및 권력의 유형과 특성에 대해 살펴본다.

셋째, 권력의 근원에 대해 살펴본다.

넷째, 조직의 갈등원인과 그 해소방법에 대해 살펴본다.

제1절 권 위

Ⅰ. 권위의 정의

권위(Authority)와 권한(Power)이란 용어는 때로 동일한 것으로 사용되기도 하는데, 다른 사람들로부터 일정한 행위를 불러일으키는 능력을 의미한다. 이 두 용어들에 대한 사전적 정의는 구체적인 차이를 보이고 있다. 아마도 권위에 대한 가장 명확한 정의는 Stephen Robbins에 의한 것으로, "조직구성원이 조직목표를 달성하기 위해 행동하도록 유발하고 유도할 수 있는 영향력"이다(1976: 239). Curt Tackey는 권위를 '조직화된 힘(Power)으로써의 권위'라고 정의하였다. 이런 권위에 관한 몇 가지 정의들에서 이끌어낼 수 있는 차이가 권위의 근원적 의미라 할 수 있을 것이다. 대부분의 논의들은 '조직' 자체가 권위의 유일한 원천이라는 한다. 이것은 다양한 원천으로부터 나오는 '권한'과 직접적으로 상반되는 부분이라 하겠다.

그러므로, 권위는 하나의 조직적 실체에 대한 용어로써 논의되어야 한다. 또한 권위는 법률, 규율, 입법, 정책 그리고 조직적 계층 구조에 의해 창출되고 통제된다. 이러한 제한 속에서 권위는 또한 조직적 체제 전체에 걸쳐 합리적으로 일정하게 존재한다. 권위는 개인에게 내재한다기보다는 그 직위 자체에 존재한다.

전통적으로, 권위는 조직의 상층에서 기원하여 바로 위의 직위보다 좀 덜한 권위를 가진 각층에서 다음 하위직으로 흘러간다고 생각되었다. 그래서, 법집행기관에서 권위는 법체계의 상하에 따라 그것을 위임한 사람으로부터 시작된다. 즉 최고 법집행기관의 장에서부터, 가장 하위의 일선경찰에까지 내려간다. 어떤 조직 내에서도 이것은 명령체계의 기본이다.

Chester Barnard는 권위에 대한 전통적 관점에 이의를 제기하였다(1938). 그는 권위의 실질적인 통제는 조직의 하위계층에 달려 있다고 주장한다. 그에 따르면, 권위는 더 이상 감독자의 명령에 복종하려는 하급자의 의지이상은 아니라고 한다. 역사가 Barnard의 가설을 입증해 주는 측면도 있다. 2차 대전이 끝나고, 인류애에 반하는 범죄를 저질렀던 군인들에 대한 재판이 있었다. 이 재판들에서, 최고의 변론은, '자신들은 하급자로서 어쩔 수 없이 상관의 명령에 복종해야만 하는 의무를 다한 것 뿐'이라는 것이었다. 법원은 상부 명령에 의한 행위였다는 변론을 참작하지 않고, 그들 자신들의 행동에 책임을 져야 한다고 판결했다. 법원은 일관되게 어떤 사람이든 불법적인 명령에는 복종할 의무가 없다고 판결한 것이다. 그 명령이 불법적인 것인지 어떤지에 대한 판단은 명령을 내린 개인이 한다기보다는 그 명령을 받은 사람이 하는 것이다. 이런 결정의 본질적인 법적 책임은 명령전달을 결정한 감독자에 의해 주어진 각각의 명령을 판단할 위치에 있는 하급자에게 있다. 법에 따라, 그 하급자는 비도덕적이거나 불법적인 명령에는 불복해야 하는 것이다.

그러므로 권위는 제한과 한계에 대한 용어로써 논해져야 한다. Barnard는 하급자가 적법한 명령을 하달 받았는지 알 수 있도록 다음 네 가지 요구사항을 제시했다.

〈복송의 조건〉

1. 하급자들이 의사소통을 이해할 수 있어야 한다.
2. 의사결정을 할 때, 그 하급자가 자신에게 요청된 것이 조직의 목표에 부합된다고 믿어야 한다.
3. 의사결정을 해야 할 때, 하급자는 자신에게 요청된 것이 전체로서 그의 개인적 양심을 비롯한 관심부분들과 부합한다고 믿어야 한다; 반대로, 하급자들이 자신의 관점에서 보기에 비도덕적이거나

비윤리적 요청이나 명령이라고 판단되는 상항이라면 그 명령은 실행되지 않아야 한다.

4. 그 하급자는 정신적으로, 육체적으로 그 요청에 따를 수 있어야 한다.

Barnard는 권위에 관한 자신의 이론을 한층 상세화하고, 수용의 범위(zone of acceptance)를 제안하였다.

Ⅱ. 수용의 범위(Zone of Acceptance)

수용의 범위(zone of acceptance)라는 용어는 어떤 직위에서 권위의 진정한 한계를 나타낸다. 이 영역은 하급자가 의문 없이 받아들이는 권위의 한계를 제시하고 있다. 수용의 범위에 대해서는 하급자가 하달된 명령에 대해서 반응하는 과정상의 변수에 따라 달라질 수 있다. 즉 하달된 명령에 대한 하급자의 이의 제기가 상급자에게 받아들여질 것이라고 생각하는 범위 혹은 한계에 대한 생각은 하급자마다 다르게 가지고 있다. 이는 하급자의 인식이나 감각에 달렸다고 볼 수 있다.

수용의 범위에는 우선 명령이 존재해야 한다. 위 그림에서 좌측영역인 명령은 대체로 무시되는 명령들과 받아들여지거나 거부되기에 앞서, 주의 깊게 검토되는 명령 등이 있다.

관할구역내의 특정 지역에 순찰경찰을 배치하라는 지구대장의 명령은 그 하급자들에게 의심 없이 이행될 것이다. 하지만 지구대장의 집 잔디를 깎으라는 명령이 내려졌다면, 이는 명백히 법적 권위를 벗어난 명령이라고 할 수 있을 것이다.

하지만 명령들이 이렇게 쉽게 정의되지 않는 경우가 많다. 직무에 확신이 안 가는 신임 경찰은 자신감 있고, 경험이 많으며, 그 업무에 대한 지식이 많은 베테랑 경찰보다는 더 큰 수용의 영역을 가질 것이다. 수용의 범위는 하급자에 의해 초래되는 지휘자의 권위의 한계를 나타낸다.

〈수용의 범위(Zone of Acceptance)〉

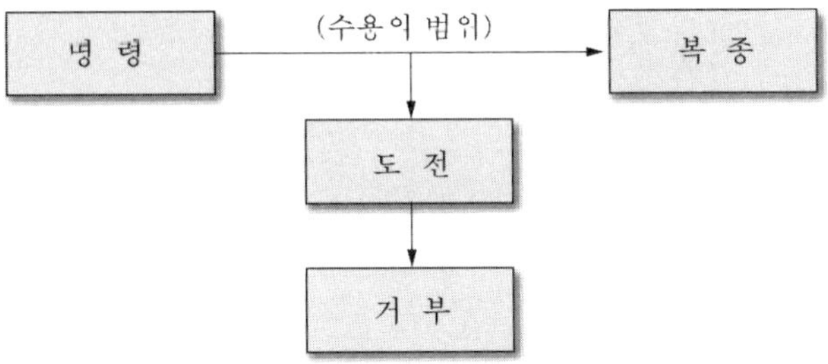

Ⅲ. 위임(Delegation)

공공서비스 조직에서, 최고 지휘자 하위의 모든 내부 권위는 위임이다. 만일 우리가 법집행기관 내의 권위를 측정하려고 시도한다면, 더 낮은 요소들처럼 동일한 권위를 갖는 계층제 내의 각 계층(지위)이 그들 하급자들을 감독하기 위해 충분한 부가적 권위를 더한다는 것을 발견하게 될 것이다. 조직의 상위에서 우리는 총체적 내적 권위의 존재를 발견한다. 이런 권위를 가진 사람은 또한 그 기관의 활동에 대한 궁극적인 책임을 가지며, 협력할 책임을 가진다.

내부적 권위(Internal Authority)는 조직원들의 행위를 감독하는 능력이다. 외부적 권위(External Authority)는 조직원들이 그들의 업무를 하도록 할 권리에 대한 것이다. 법집행기관에서 외적권위는 모든 조직계서에 걸쳐 일정하다. 최고 지휘자는 가장 신입보다 실제 경찰로써 권위를 더 갖는 것이 아니다. 신입이나 최고 지휘자나 모두 법령과 헌법에 의해 통제받는다.

다른 차이는 근본적 책임과 수행 상의 책임 사이에서 유추될 수 있다. 행정에서 오랫동안 고수되어 온 원리 중 하나는, 책임은 위임될 수 없다는 믿음이다. 궁극적인 책임은 위임될 수 없으며, 당연히 조직 운영상의 책임 역시 위임될 수 없다. 최고 행정가는 조직원들이 그 행정가의 명령에 의해 움직이는 한 그 기관의 성원 하나 하나의 행동에 대해 책임을 갖는다. 그러나, 하급자들도 구체적 명령과 관련하여 그들의 행동과 결정에 대해 책임이 있다. 이런 업무 수행 상의 책임은 하나의 조직 전체에 걸쳐 책임성을 유지하는데 필수 불가결한 요소이다.

위임은 종종 관리자의 효과성을 결정하는 또 다른 요소 중 하나이다. 많은 행정가들은 권위의 위임을 어려워한다. Robert Townsend는 이에 대해 다음과 같이 말하였다.:

> 말로는 부하들에게 권위를 위임해야 한다고 하는 사람들은 많지만, 중요한 문제들에 있어서 실제로 권위를 위임하는 사람들은 거의 없다. 그리고 그것은 그들이 위임한 일들 모두가 하찮은 일임을 뜻하는 것이다. 진정한 리더는 할 수 있는 한 많이 자신의 조직원들을 위해 하찮은 일들을 한다. 그는 그런 하찮은 일들을 할 수도 있고, 혹은 그 일을 하지 않고 10배 정도 더 빨리 일할 수 있는 방법을 알 수도 있다. 그는 할 수 있는 한 많은 중요한 문제들에 대해서 위임을 한다. 왜냐하면 그 것이 조직원들이 성장할 수 있는 환경을 창출한다는 것을 알기 때문이다(1984: 50).

몇몇 행정가들이 의미 있는 권위에 대해 위임하기를 꺼리는 데에는 몇 가지 이유가 있다. 이런 이유들 중 일부는 일리가 있지만 어떤 것들은 그렇지 않다.

(1) "어떤 일이 제대로 되게 하려면, 당신 스스로 하라"라는 오래된 격언 하나가 있다. 이 원리가 내포하는 가정은 하급자들은 믿을 수 없다는 것과 관리자는 그 일에서 요구되는 바에 대해 하급자들과 충분한 의사소통을 할 수 없다는 것이다. 이런 입장의 사람들은 하급자들을 감독하기 곤란한 경우이거나 하급자들의 업무에 대해 그들을 능가함으로써 상급자로써 그들의 우월함을 증명하려 하는 것이다. 때때로, 이런 일은 그 하급자들이 업무에서 요구되는 사항들을 정확히 충족시킬 수 없을 때 일어난다. 이것은 아마도 채용 시의 부적절한 선발 및 선별, 불충분한 훈련 때문이거나, 혹은 너무 빠른 교체로 인해 주어진 임무에

대한 전문적 지식을 습득할 만한 시간이 없었기 때문일 것이다.

(2) 어떤 사람들은 승진하기 전의 직위에서 더 마음 편해 한다. 그들은 자신을 승진시켜 준 그 일(그전의 업무)에 푹 빠져 있다. 이런 일은 너무 빨리 승진했거나 자신의 능력 이상으로 승진한 사람들의 경우에 자주 발생한다. 그들은 그들이 최선을 다했던 일을 하고, 그것은 승진되기 전에 했던 일인 것이다.

(3) 어떤 행정가들은 자신의 하급자들을 두려워한다. 그들은 일부러 자신의 일에 대해 부하들이 자신과 경쟁할 수 없기를 바라며, 그들이 그 행정가의 업무에 대해 잘 알지 못하게 한다. 이런 관리자들은 업무의 보안이 새 나가면 그들 자신에 대한 이미지를 유지하기가 어려울 것이라고 생각한다. 경우에 따라서는, 이것은 조직 내부의 더러운 정치적 싸움 때문일 수도 있다. 그 행정가의 자리를 노리고 그를 조직에서 축출하려는 하급자가 꾸민 어떤 일로 인한 압박을 그 행정가는 정확히 감지할 것이다. 그러나, 보통 그 두려움은 실제 방해행위가 시도되고 있어서 그렇다기보다는 그 행정가의 마음에 있는 것이다.

(4) 어떤 행정가들은 그들이 조직의 목표를 성취하는데 책임이 있기 때문에, 그 결정을 내려야 한다고 믿는다. 이런 직위를 갖고 있는 그들은 모든 결정에 대해 자신들이 빈틈없이 통제할 수 있어야, 그들이 관리에 관하여 고유한 책임을 질 수 있다고 생각한다. 이런 관심은 그 행정가의 결정이 하급자들의 업무를 위태롭게 하지 않는다고 믿고 있는 하급자들은 자신의 결정에 대해 절대 불만을 갖지 않을 거라고 생각한다.

(5) 행정의 책임이 그 행정가의 자만을 압도한다. 이런 덫에 빠지는 사람들은 솔직히 그 조직의 미래에 관한 결정을 내리는데 그들이 진정으로 그 조직의 필요에 대해 충분히 이해하는 유일한 사람이라고 믿는다. 이런 사람들의 경우에, 그들은 단순히 그 조직의 행정가이기보다는 그들의 조직 자체이다.

위임은 실제로 하급자들에 의해 내려진 결정들을 지원하는 행정가의 의지 그 이상의 어떤 것도 아니다. 궁극적으로, 하급자의 결정을 바꾸려는 권위, 또는 그 결정의 지지하게 하는 의지, 이 양자를 통해 모든 결정들은 최고지휘자에 의해 내려진다. 위임은 그 행정가가 하급자들의 결정들을 기꺼이 지원하려 하는 범위까지만 존재한다. 업무완수에 있어서 하급자들이 실패하는 원인 중 하나는 그 업무에 관한 그들의 결정에 대하여 관리자가 충분한 지원을 하려는 의지가 없기 때문인 경우도 종종 있다.

위임은 백지위임을 뜻하는 것이 아니다. 권위를 위임받은 사람은 그 권위에 대한 책임을 져야만 한다. 어떤 사람에게 업무를 달성하기 위해 충분한 권위가 주어져야만 하는 것처럼, 그 사람은 자신에게 주어진 이 권위의 사용에 대해 그만큼의 책임을 져야만 한다. 책임 없는 위임은 행정의 포기이다.

Ⅳ. 권위관계(Authority Relationships)

이 세상에는 많은 권위 관계들이 있다. 이들 중 일부는 부모와 자식, 선생과 학생, 그리고 의사와 환자처럼 공식적 조직 밖에 있다. 공식적 조직 내에서 일반적으로 가장 복잡한 권위 관계는 계선과 참모간의 관계이다.

1. 계선 권위(Line Authority)

계선의 권위는 조직 목표의 성취를 지향하는데 기여하는 어떤 직위에 있다. 고위 행정가와 그 기관의 서비스 전달에 종사하는 직원들 사이의 명령계통 내에 있는 어떤 사람이 계선 권위를 갖는다(수직적 권위).

2. 참모 권위(Staff Authority)

반면에, 참모 권위(staff authority)는 사실상 조언하는 것이다. 참모는 명령을 내리지 않는다. 즉, 그들은 충고를 할 뿐이다. 이런 조언은 자주, 그 기관의 '법률고문'과 같이 고도의 전문가들이 하는 경우가 많지만, 그 조언은 공식적으로 그것을 승인해 달라고 요청하는 것은 아니다. 실제로, 전문가들의 조언은 대개 권위에 바탕을 둔 것처럼 받아들여진다. 이것은 모든 조직이 특정한 상황에서는 참모의 조언에 따른다고 생각하기 때문이다. 게다가, 한번 받아들여지면 그 참모의 조언은 경청되고, 존중받을 것이라는 가정이 존재한다. 이런 생각을 의무적 참모 조언의 원리(the principle of compulsory staff advice)라고 한다 (Davis, 1951: 453).

계선과 참모 사이에 일어나는 갈등은 대개 편가르기가 명백한 사람들 사이에서 발생한다. 계선 직원들은 때때로 참모 직원들의 겉으로 드러나는 명성을 질투한다. 참모직원들은 종종 그들 권위의 부족을 보충해서 완전하게 할 만큼 충분한 권한 이상을 가지며, 이는 보통 그 기관의 행정가에 대해 더 큰 영향을 미치는 참모직원의 능력으로 해석된다. 법집행기관에서 이것은 보통 변화하고 있는 많은 요소들에 기인한다. 첫째, 참모직원들은 대개 계선 직원들보다 더 높은 교육을 받았다. 대규모 조직의 참모들 중에는 변호사, 컴퓨터 프로그래머, 회계사 같은 사람들이 많이 있다. 이런 개인들의 전문성은 그들 교육의 결과이며 그들이 그런 좋은 직위에 고용된 이유이다. 그들이 그들의 전문 영역에서 강력한 권한을 신장시켜야 한다는 것은 자연스러운 것이다. 둘째, 참모직원들은 계선직원들보다 종종 더 똑똑하다. 이것은 아마도 그들이 더 높은 교육을 받았기 때문일 것이다. 셋째, 참모직원들은 최고 행정가에게 자문을 해주기 위해 고용되었기 때문에, 그 조직에서 가장 권한이 막강한 사람들과 직접 접촉한다. 결과적으로, 그들은 경력이 초기부터 고위층과의 접촉을 많이 하게 되어, 계선 직원들보다 조직 내 영향력 면에서 그들의 능력을 성장시킨다. 계선 직원들은 그들의 목표나 방법보다 참모직원들의 목표와 방법들이 더 잘 받아들여지도록 행정을 조작하는데 참모직원들이 더 뛰어난 능력을 가진 것으로 생각한다. 종종 그 기관이 행해야 하는 방향에 관하여 반대의견을 가진 계선 직원들은 참모직원들의 이런 능력에 대해 분개한다.

비록 계선 직원들이 참모직원들의 위세에 대해 화를 낼지라도, 그들이 참모직원들과 경쟁하기 위해 기술과 전문성을 갖추려 노력하는 일은 드물다. 계선 상의 경찰들은 또한 더 완고하고 사회적 변화에 동조하지 않는다. 이들은 조직변화를 반대하면서 기득권을 가지고 있다. 그에 반면에 그 기관에 대한 충성보다는 그들의 직업에 대해 충실한 참모직들은 새로운 발상에 대해 더 개방되어 있다.

그러나, 과거 15-20년 동안, 법집행기관은 고학력을 지향해 왔다. 그 결과, 계선직원들은 더 많이 교육을 받았고, 더욱 명민해졌다. 참모직원들에 견주어 그들의 능력을 향상시켜 왔다. 이것은 법집행 행정을 발전시킬 수 있는 하나의 긍정적인 경향이다(수평적 권위).

3. 기능적 권위(Functional Authority)

기능적 권위는 참모직에 종사하는 어떤 사람이 계선적 기능이나 계선 부서에 대한 권위를 부여받았을 때 발생한다. 기능적 권위는 일반적으로 참모적 권위를 가지고 있는 이들과 계선적 권위를 가진 사람들간의 업무를 통합하는 방법으로 이용된다.

법집행 기관들처럼 준 군사조직들은 동일한 사람들에게 계선 기능과 참모기능 양자를 할당함으로써 계선-참모 관계를 복잡하게 한다. 기록부서처럼 지원부서의 명령권자가 참모인 경우도 있다. 이 사람은 명령권자의 휘장을 달고 있을 것이고, 더 낮은 계급의 계선 직원들에게 명령을 발할 충분한 권위를 가진다. 그러므로 이 사람은 계선 기능과 참모기능을 함께 실행한다. 또한 계선 명령권 자들은 최고 행정가에게 자문역할을 하기도 하는 측면에 있어서는 참모적 기능을 하기도 하는 것이다. 이런 이유 때문에 고참 행정가들은 종종 기관장의 참모로 여겨지기도 한다. 본질적으로, 경찰조직에서 대부분의 참모직원들은 기능적 권위를 가진다.

우리는 계선과 참모직 간의 갈등이 회계사나 변호사 등의 전문 참모직원들에 대해 우선적으로 초점을 맞춘다는 것을 기억해야 한다. 이것은 지원부서의 명령권자 같은 조직적 참모직원들과 계선 명령권자들간의 갈등을 나타내는 것은 아니다. 이런 집단들간의 갈등은 비록 이런 것들이 다양한 개인의 강점에 근거한 영향을 가질테지만, 월등한 교육이나 뛰어난 명료함에 관한 뚜렷한 이점을 가진 것과 상관없는, 권력싸움과 조직 내부의 정치에 관한 더 전통적 특징들을 띈다.

V. 권위와 책임(Authority and Responsibility)

권위와 책임은 동일한 양만큼 위임이 이루어져야 한다. 책임 없이 권위만 위임받은 사람은 권위의 사용에 대한 책임을 지지 않기 때문에 폭군이 되기 쉽다. 충분한 권위 없이 책임만 부여받은 사람은 업무가 성공적이지 못할 때 속죄양이 되기 쉽다. 또한 권위없이 책임만 부여받은 사람은 조직의 목적수행을 위해 승인 받지 못하지만 최선의 방법을 강구하는 개혁자가 되거나 불법적 수단을 이용하는 협잡꾼이 될 것이다.

결국 합법적 방법을 통해 목표를 성공적으로 완수하기 위해서는 권위는 책임에 부합해야 한다는 것이다.

제 2 절 권력(Power)

권력(Power)은 권위보다 더욱 측정하고, 이해하기 어려운 개념이다. 권위와는 다르게, 권력은 내적 근원과 외적 근원 양자에서 나온다. 비록 대부분 어느 정도는 인정할지라도, 권력을 추구한다고 인정할 사람은 거의 없을 것이다. 권력과 권력을 추구하는 사람들에 대해서는 다소 양면성이 존재한다. 우리는 어린 시절에 권력을 쫓는 사람을 믿지 말라고 배웠고, 이것은 우리자신의 목적을 신뢰하지 못하게 되는 정도까지 이르렀다(McClelland, 1970: 29). 이런 상황에도 불구하고, 현실적으로 냉혹하게 권력을 휘두르는 사람들은 종종 존경을 받기도 하고, 심지어 사람들에게 동경의 대상이 되기도 한다. 소설과 영화의 유명세는 권력과 그것의 획득에 사로잡힌 사람들에 집중되어 있다.

권력은 많은 방식으로 정의되어 왔다. 가장 일반적인 정의는 대부분 '다른 사람에게 영향을 미치는 능력'이란 정의와 유사한 의미들이다(Miner, 1973: 299). 예를 들면, Stephen Robbins는 권력을 의사결정과정에 영향을 미치는 능력으로 정의하고 있다. 이 정의가 "권력은 의사결정과정에 영향을 미칠 뿐만 아니라 의사결정을 막을 수도 있는 능력을 포함한다"는 것을 의미하기도 한다. 의사결정의 저지 혹은 그것의 실행은 공식적 조직 내에서 더욱 관심이 집중되는 것들 중의 하나이다.

권력은 사람들의 강한 감정을 자극한다. 권력에 대해 사람들이 그렇게 보는 것처럼 권력은 양면성을 가지고 있을지 모른다. 비록 대부분의 사람들이 권력을 원하지만, 다른 사람의 권력에 종속되기를 바라는 사람은 거의 없다. 자신을 위해 권력을 획득하려고 하는 만큼 열심히 다른 사람들이 권력을 획득하지 못하게 애쓴다. 독립성과 독창력이 매우 중요한 우리사회와 같은 사회에서는 특히 사실이다. 사람들은 사랑의 힘과 증오의 힘, 둘 모두를 원하지만, 겉으로 드러내지는 않는다. 권력이 남용된다는 사실을 알게 되면, 특히 자신에게 잘못 사용되고 있다는 것을 알게 되면, 사람들은 이에 대한 보복을 하려 할 것이다.

Ⅰ. 권력의 근원(Power Bases)

권력의 근원은 다양하다. 권력의 근원은 시간, 장소, 다른 사람들의 인식 그리고 권력에 대한 잠재적 이점을 가질만한 개인의 능력에 따라 다르다. 더 나아가, 권력에는 여러 가지 형태들이 있다. 어떤 권력의 근원들은 엄밀히 말하자면 지극히 개인적인 것이다. 하지만 다른 근원은 조직화된 집단들에서 나오기도 한다. 이용할 수 있는 권력의 양도 많은 요인들에 의해 좌우된다. 권력의 근원과 그 유형들에 대해 자세히 살펴보자.

1. 조직권력(Organizational Power)

조직적 권력은 조직자체의 권위를 바탕으로 생겨난다. 이러한 조직적 권력은 법률이나 노조의 합의를 통해 만들어진 규정들에 의해서만 제한을 받는다. 성과에 대한 보상이나 위반에 대한 처벌의 권력들이 행해짐으로써 조직의 목표와 부합되도록 조직을 이끌 수 있는 것이다. 이러한 조직권력은 합법적이며 매우 중요하다. 그것은 대개 조직 내에서 명확하게 규정된다. 조직권력은 세 가지 방식으로 나타나고, 종종 정당한 권력으로 간주된다.

① Legitimate Power(합법적 권력)

합법적 권력은 조직 자체로부터 나온다. 이러한 권력은 조직의 행정기능을 수행하기 위해 특정 사람에게 위임된 권력을 의미한다. 합법적 권력은 관리자의 명령을 수행하거나 뒷받침할 수 있는 원천이 된다. 흔히 합법적 권력을 권한자의 권위 뒤에 있는 권력이라고 말해지곤 한다. 발휘할 수 있는 적법한 권력의 양은 조직에서 사용할 수 있는 전체적 권력의 양에 전적으로 달려 있다.

② Position Power(직위 권력)

공식적 권력인, 관리자의 직위에서 나오는 권력은 세 가지 근거로부터 나온다. 즉, 적법한 권력, 강제적 권력, 보상 권력이 그것이나(Mulder, 1986: 566-567). 직위 권력에는 강압적 권력과 보상적 권력이 사용될 수 있지만, 조직에 의해 이용할 수 있게 허용된 처벌과 보상의 범위를 벗어난 경우 문제가 될 수 있다. 직위 권력에 의해 가해지는 처벌과 보상은 관리자가 적법한 권력은 갖고 행사될 때만 유효하게 된다. 직위권력의 양은 조직적 계층제 내에서 어떤 사람의 자치하는 직위에 달려 있다. 명령계통에서 더 고위직일수록, 그 사람이 이용할 수 있는 권력도 더 커진다.

③ Coercive Power(강제적 권력)

강제적 권력은 권력을 가지고 있는 사람에 대한 두려움에 근거한다. 이 권력의 세기는 직접적으로 그 사람이 가지고 있는 권력이 미칠 수 있는 손상의 양에 비례한다. 이런 권력은 또한 가공할 힘을 지닐 수 있으며, 권력을 갖고 있는 사람이 자신의 권력이 영향을 줄 수 있다고 믿는 데까지 권력행사의 대상에게 손상을 끼칠 수 있는 것이다.

실제 권력과 인식하는 권력사이가 일치하지 않을 수 있다. 고대 아라비아 사회에서는 세이크(shiek)가 재판 없이, 어떤 사람의 처형을 명할 수 있는 권력을 가지고 있었다. 이것은 막대한 강제적 권력의 예라 할 수 있다. 이런 막강한 권력을 갖고 있는 사람의 의지에 심각하게 이의를 제기하는 사람들을 상상하기란 힘들다.

권위는 지위로 인해 생기는 어느 정도의 강제적 힘을 갖는다. 흔히 권력(Power)은 권위(Authority)의 추진력이라고 한다. 권위는 어떤 사람에게 명령할 권리를 주지만, 강제적 권력은 명령에 따르는 데 실패한 것에 대한 처벌의 수단을 함께 제공한다. 이런 면에서 생각해 보면, 권력은 직위보다는 그 사람에게 존재한다는 말과 모순된다.

권력이 권위를 뒷받침하기 위해 쓰일 때, 제도가 된다. 이러한 권력은 직위의 일부가 되며, 권위의 특징을 갖게 된다. 법집행기관의 행정가들이 정책을 고안하고, 위반행위를 처벌할 때가 이에 대한 하나의 예가 될 수 있다(경찰 등 형사사법기관이 정책을 고안하고 위반 하에 대한 처벌을 할 때에 사용되는 권력은 권위적 특징을 가진 제도적인 권력이어야지, 개인적 권력으로 남용해서는 안된다). 직위권력은 개인적 감독권과 관계없이 강제적 권력을 감독자들에게 부여한다. 이 권력은 개인적 권력이라기보다는 직원으로서의 권력이며, 적법한 권력에서 근원을 찾을 수 있다.

하지만 모든 강압적 권력이 제도적인 것은 아니다. 사람들은 관습을 무시하는 자들에게 사회적 지지를 보내지 않는다. 부부관계도 애정을 억누름으로써 상대방의 잘못을 문책한다. 풍문(가십), 회피, 조롱 등 사회생활 속에서 탄생한 여러 가치들이 조직구성원들에게 영향을 미치며, 강제의 수단으로 동원될 수 있다.

강제적 권력의 세기는 그 권력의 수령자가 그 권력을 사용하는 사람들에게 얼마나 손상을 받을 수 있는가에 달려 있다. 하지만 강제적 권력은 관념적 힘이기 때문에 측정하기 힘든 측면도 있다. 높은 사회적 욕구를 가진 사람들은 이런 강제적 권력과 같은 유형에 의해 더 손상을 받기 쉽다.

강제적 권력이 효력을 발휘할 수 없는 경우는 이 권력 작용에 의해 손상을 입을 대상자들이 이 권력을 혐오하거나 회피하는 경우이다. 강제적 권력을 휘두르는 사람들 주위엔 이에 따른 고통을 예상한 타인들이 피하기 때문에 이 강제적 권력자만 혼자남곤 한다. 강제적 권력은 마지막 수단으로 사용되어야 한다.

④ Reward Power(보상권력; 보상에 의한 권력)

때로는 이로운 권력으로 여겨지는 보상적 권력은 강제적 권력에 반대되는 권력이다. 이 권력은 다른 사람들에게 가치 있는 어떤 것을 줄 수 있는 능력을 의미한다. 강제적 권력처럼, 보상적 권력은 직접적으로 잠재적으로 주어진 보상의 가치와 관련된다. 중세의 왕들은 그들의 친구들에게 막대한 재산과 귀족의 칭호를 하사할 수 있었다. 미국의 대통령은 귀중한 동맹자로 여겨지는 사람들에게 정부의 고위직을 줄 수 있다. 이것은 보상적 권력에 대한 하나의 강력한 형태이다.

강제적 권력처럼, 실질적 보상이 있어야 할 것을 요구되지도 않는다. 보상권력은 어떤 사람이 그 권력을 갖고 있는 개인에게 앞으로 권력의 기초가 생길 것이라고 믿는 것을 보상으로 여길 수 있으면 충분하다. 조직이 바다에서 이런 인식들이 종종 실제로 없는 권력의 기초를 만들어 내기도 한다.

보상권력 또한 제도화된 것이다. 포상금, 승진, 희망하는 곳으로의 전근, 표창과 같은 보상들이 적절한 조직 행동에 대해 제공된다. 이런 경우에 포상을 줄 수 있는 능력은 지휘자 개인에 의해서라기보다는 조직의 정책에 의해 결정되는 것이다. 강제적 권력의 경우에서처럼, 보상권력은 권위를 뒷받침하는 요소가 되며, 직위 권력이나 합법적 권력에서도 그러하다.

모든 보상들이 조직적인 것은 아니다. 친구, 직장동료, 가족구성원들 또는 어떤 사람의 가치에 대한 인식에 의거하여 그들이 제공하거나 억제할 사회적 보상을 가지고 있다. 강제적 권력과 함께, 보상권력의 세기는 권력을 사용할 권력 수령자의 수용력에 크게 영향을 받는다.

하지만 보상권력은 중요한 점에 있어서 강제적 권력과 크게 다르다. 보상적 권력을 자주 사용하는 사람들은 친구들이 많다. 강제적 권력이 혐오감을 주는 만큼 보상적 권력은 호감을 준다. 불행히도, 보상적 권력의 남용은 하급자들이 보상에 대한 권리를 갖고 있다고 믿게 하는 기대감을 불러일으킨다. 이런 경우에, 권력의 근거가 고갈되면, 이런 보상에 의지하게 된 사람들은 불만을 갖게 되며, 이런 기대를 더 이상 충족시켜 줄 수 없는 그 사람에게서 떠나 버리게 된다. 그러므로, 강제적 권력처럼, 보상적 권력도 남용해서는 안 된다.

2. 개인적 권력(Personal Power)

개인적 권력은 많은 방식에서 조직적 권력과 구별된다. 첫째, 조직적 권력은 조직관계에 의해 크게 좌우된다. 전시에 스스로의 목숨을 구하기 위해 군인이 발포를 거부할 경우 조직상관의 명령불복종으로 총살된다. 하지만 집총거부가 인정되는 국가가 있으며, 조직의 권력작용에 복종하기를 거부하는 개인은 그 조직을 떠나면 그만인 경우가 대부분이다.

개인적 권력은 개인적 측면과 조직적 측면 양자로 나뉜다. 특정 개인을 기준으로 할 때, 특정한 개인적 권력을 제한한다 할지라도, 그에게 이미 주어진 권력의 크기를 확인하기란 쉽지 않다. 개인적 권력의 발생하게 하는 근원은 무수히 많다. 개인적 권력을 생기게 하는 이러한 근원들은 조직 관리에 있어 이점이 되기도 하고 문제를 안겨주기도 한다.

대표적인 개인적 권력으로는 전문적 지식에 의한 권력과 카리스마적 권력이 있다.

① 전문적 지식에 의한 권력(Expert Power)

전문적 지식에 의한 권력이란, 어떤 사람의 전문성, 특별한 기술 혹은 지식의 결과로 발휘되는 영향력이라고 알려져 있다(Robbins, 1976: 88). 여기서 지식이란 능력, 즉 조직이나 개인에게 더 필요한 지식, 더 큰 능력을 말한다.

우리는 전문적 지식에 의한 권력을 전문성으로 인정되는 직무능력이라고 하고, 전문성이 없는 다른 것들은 단순한 직업으로 분류한다. 대부분의 전문직들은 사회에서 특히 가치 있는 지식이나 기술들을 가지고 있다. 그들은 이런 지식이나 기술을 가지고 있기 때문에, 직접 자신들의 서비스에 대한 금전적 가치를 결정하고, 자신들의 능력에 준하여 스스로의 능력의 한계를 평가한다. 의료 전문가나 법률 전문가는 일반인에게서 받을 수 없는 서비스를 제공해 주기 때문에 가격구조에 따른 합의에 의해 엄청난 보수를 받는 것이다.

금전적 가치는 전문성만이 유일한 판단 기준인 것은 아니다. 예를 들어, 보증된 성직자들만이 그들 종파의 종교적 의식을 수행할 수 있다. 그러나 높은 보수를 받는 성직자들은 얼마 되지 않는다. 전문성의 근거는 지식이다. 전문적 권력은 누군가 다른 사람이 필요로 하는 지식을 갖고 있음으로써 발생한다. 이러한 전문지식을 더 필요로 하면 할수록, 그 지식을 가진 사람은 전문가로서의 권력을 더 키울 수 있다.

전문적 지식에 의한 권력은 그 사람이 조직에 입문하기 전에 발달될 필요는 없다. 종종 행정가들은 새로운 기술이나 기법에 익숙하지 못한 경우가 발생한다. 이것은 더 낮은 직급의 사람들이 조직 내에서 거의 전문성이 존재하지 않는 영역에서 전문성을 키울 수 있게 해준다. 때로는 신입사원이 선임직원들의 부족으로 업무를 맡게 되기도 한다. 그래서, 조직의 새로운 구성원이 누구도 일하기를 원치 않던 극히 중요한 영역에서 전문성을 키울 수 있는 직위에 배치되게 된다. 최고 의사결정권자는 그 조직의 신입직원 혼자 조직의 생존에 필요한 지식을 갖고 있음을 알게 될 수도 있다. 전산화의 경우에 이런 일이 흔하게 나타난다.

한편 자동차를 어떻게 수리하는지 의사들에게 묻지 않는 것처럼, 전문적 지식에 의한 권력은 그 조직 내의 비전문가들이 전문가들에 대해 가지고 있는 신뢰와 직접적으로 관련된다. 실수를 많이 하게 되면, 행정가는 그 사람이 정말 전문가인지 아닌지 의심하기 시작할 것이다. 신뢰가 떨어지면, 권력도 그에 따라 떨어진다.

② 카리스마적 권력(Charismatic Power; 준거적 권력 – referent power)

카리스마적 권력은 강한 개성의 산물이다. 이런 형태의 권력을 가진 사람은 사회적으로 요구되는 성격적 특성을 가진다. 사람들은 그들이 가장 되고 싶은 인간의 유형과 강한 개성을 지닌 사람이 닮았기 때문에 자신을 동일시한다.

모든 권력의 근원들 중에서 카리스마적 권력은 가장 넓고, 가장 관념적이며, 가장 정의하고 측정하기 어렵다. 이 권력은 직위나 지식과 가장 관련이 적기 때문에 조직의 최하위 구성원이 가장 카리스마적 권력을 가지고 있을 수도 있다. 조직의 젊은 구성원들은 흔히 강한 카리스마적 권력을 가진 고참을 존경하는 경우가 많다. 다른 한편으로, 카리스마적 권력의 근원은 보상이나 처벌과 같은 것이 아닐 경우가 대부분이다. 따라서 다른 권력과는 달리 예측할 수는 경우가 많다. 카리스마적 권력의 광범위성 때문에, 기대하지 않던 곳에서 발휘되기도 하고, 기대하거나 필요할 때에는 정작 사용되지 못하는 경우도 있다.

모든 권력의 근거들 중에서 카리스마적 권력이 가장 신화적이다. 직접적으로는 권력이 거의 사용되지 않지만 많은 암시성을 내포하고 있다. 사람들은 카리스마를 가진 지도자가 자기를 추종할 것을 강요한다기보다는 그들 스스로 원하기 때문에 카리스마적 지도자를 따른다. 종종 행정가들은 그 근원이나 세기를 규명하지 않고 카리스마적 권력의 결과물이라고 가정한다. 이러한 카리스마적 권력은 최고결정권자가가 가진다면 유용하지만, 하급자들이 이것을 가질 때에는 조직 관리상 어려움에 직면할 수도 있다.

③ 유입권력(Affluence Power)

유입권력이란 외부에서 유입된 재원으로 인하여 독립적으로 행동할 수 있는 개인의 능력이다(Dubrin, Ireland, and Williams, 1989: 241). 독립적으로 부유한 사람은 언제라도 사직할 수 있는 위치에 있다. 마찬가지로, 매우 중요한 영역에서 뛰어난 전문성을 가지고 있는 사람은 관련업종으로 유입될 가능성이 매우 높다. 그러한 사람들은 아직 조직의 구성원이 아니므로 조직에 대해 영향력을 갖고 있지는 않지만, 조직을 좌우할 만한 충분한 권력을 가지고 있다. 그리고 만일 그들이 만족하지 않는다면, 그들은 조직을 떠난다.

3. 종속 권력(Subordinate Power)

사람들은 권력을 무력화시키는 경향이 강하다. 대부분의 적법한 권력들이 관리자에 의해 통제되기 때문에, 하위자들은 권력에 맞설 권력을 찾아왔다. 이런 것들 중에, 가장 일반적인 것이 집단적 권력(collective power)과 법적 권력이다.

① 집단적 권력

집단적 행동을 통해 관리자에게 영향을 줄 수 있는 권력이 집단적 권력이다(Dubrin, Ireland, and Williams, 1989: 241). 이 권력은 근로자들이 만든 집단을 통해 생성된다. 보통 노동조합이나 근로자 협회의 창설을 통해 이러한 권력은 발휘된다. 집단적 권력이 발휘할 수 있는 범위는 이런 근로자들이 없이 기능할 조직의 능력 대 근로자들의 집단적 세기에 의해 결정된다. 다시 말해서, 집단적 권력의 효과성은 조직의 강세적 권력을 극복할 수 있는 능력에 의해 결정된다.

② 법적권력

근로자 개개인은 법적권력을 가지고 있다. 법적권력은 비도덕적인 관리 현실로부터 노동자들을 보호하는 법에 근거한다. 그런 법들은 성별, 인종, 국적에 대한 차별의 방지, 성희롱 방지, 안전 법규의 위반방지에 관한 것들이 있다. 다음 〈표 4-1〉은 권력의 다양한 유형과 권력의 근원에 대해 간략히 제시하고 있다.

〈표 4-1〉 권력 : 유형, 근거, 제한

권력의 유형	근거	제한
조직적 권력		
합법적 권력	조직의 권위 구조	법적강제와 계약상의 강제에 의한 한계
직위 권력	명령의 계통	조직적으로 강제
강제적 권력	조직	처벌을 명하여 제한
보상적 권력	조직	조직적 보상을 통해 제한
개인적 권력		
전문가 권력	지식	전문성의 범위
카리스마적 권력	개인적	다른 사람들이 기꺼이 따르려는 의지
유입권력	개인적 부유함	개인의 직무만족도
종속 권력		
집단적 권력	집단의 단결력	집단의 목표와 문제들
법적 권력	법	조직의 법을 위반했을 때에만 활용됨.

Ⅱ. 권력의 획득(Power Acquisition)

권력을 위한 권력의 축적이 모든 사람들의 목표는 아니다. 그러나, 대부분의 사람들은 어떤 형식으로든 권력을 가지고 싶어 한다. 만일 다른 이유가 아니라면, 권력은 보통 어느 정도의 승인(recognition)을 얻은 것이다. 얻으려고 한 권력의 유형을 보면, 그 사람의 목표와 욕망이 어느 정도 큰 것인지 알 수 있다. 권력을 얻기 위해 사용된 기술 역시 이에 대한 정보를 준다. 거기에는 권력을 얻기 위해 사용했을 많은 전략들이 있다. 이것은 과거에 성공적으로 이용되어 왔던 것들이며, 아마도 미래에서도 조직 내에서 권력을 축적하는 요소가 될 것이다.

1. 연합형성(Coalition Formation)

협력은 업무와 자원들을 상호 의존하는 곳에서 우선적으로 형성된다(Pfeffer, 1981: 67). 협력을 조성해야 하는 필요성은 조직의 업무들이 다른 사람들이나 다른 부서의 지원이 있을 때 더 신속하게 잘 성취될 것이라는 자각으로부터 나온다.

권력을 얻기 위해 이러한 연합의 형성이 요구되는 것이다.

2. 적응적 흡수(Co-optation)

중요한 조직의 결정에 참여하는 사람들은 결정에 대하여 영향력을 가지는 동시에 결정의 집행에 관심을 가진다. 적응적 흡수란 참여와 유사한 행태이다. 어떤 조직의 구성원들이 이해관계를 달리하는 상대조직을 선호하는 현상이 발생한다면, 선망의 대상인 상대조직의 유명인사를 적응적 흡수하여 관점을 변화시키는 경우를 생각해 볼 수 있다(Dubrin, Ireland, and Williams, 1989: 247). 신회원 선출의 과정은 기존 멤버들의 선거를 통해 그 집단으로 어떤 사람을 뽑는 것과 관련된다. 이 기법의 예로써 변화를 반대해 온 고참 경찰관을 일선순찰을 재설계하는 업무 팀에 참여시키는 경우를 들 수 있다. 또한 정치조직에서 예상되는 반대를 제거하기 위해 위원회에 참석시켜 예상되는 반대를 사전에 예방하는 경우도 생각할 수 있다. 적응적 흡수는 권력을 획득하는데 효과적이다. 왜냐하면 그것은 조직의 정보력이나 사회적 영향으로 잠재적인 적이 드러나도록 해준다. 또한 적응적 흡수는 특정 사람들이 그 집단의 행동에 따르도록 하거나 어떤 집단의 행동이 정당하다는 점을 부각시키는 효과도 있다(Pfeffer, 1981: 167).

3. 포섭, 용인 혹은 제거(Embrace or Demolish)

포섭이나 제거는 고전적 기법이며 공공조직에서는 사용하기 힘든 것이다. 여기에서 내포된 원리는 특정부서에 새로운 담당자가 왔을 경우 선임자는 새로운 부서로 옮겨가 그 조직에서 따뜻하게 반겨지거나, 아니면 해고되거나 둘 중에 하나라는 것이다. 그가 해고되면 권력을 잃게 된다. 만일 강등되면, 강등된 자들끼리 협력하여 조직에 남을 것이고, 분개할 것이고 보복하기로 결심할 것이다(Jay, 1967: 6).

경찰조직들의 경우는 이러한 원리와는 다른 양상을 보이는데, 대민봉사업무를 주관하는 부서의 책임자는 쉽게 해고할 수 없다는 것이다.

하지만 포섭과 해고기법은 외부에서 개방형 인사시스템으로 채용된 부서책임자들에게는 매우 유용한 수단이 된다. 자신의 맘에 안 든다고 해서 명령을 발할 수 있는 계급에 있는 경찰관이 조직혁신을 단행하려는 새 부서장의 의지를 저지하려 한다는 것은 경찰기관에서는 거의 찾아볼 수 없는 일이다. 또한 포섭과 제거의 원리는 사적 조직에서는 덜 문제가 된다. 이 원리에 의하면 선배경찰관들은 배에 올라타든지 아니면 배에서 내려야 한다. 즉 새로운 지휘관의 방침에 완벽히 따르든지, 아니면 사직을 하든지 둘 중에 하나를 선택해야 한다는 것이다.

4. 분할과 규제(Divide and Rule)

분할과 규제(divide-and-rule)기법에 내포된 가정은 경쟁 조직들은 우리가 속한 조직의 이익에 반한 힘을 연합하고 협력을 구축할 것이라는 것이다. 분할과 규제 기법의 첫째원리는 그러한 반대 동맹을 형성한 사람들 사이를 분열에 빠트리는 것이다. 연합한 집단 내에서 한쪽 편 사람들이 다른 편에 관해 험담하는 것들을 밝혀내라는 것이다.

모든 사람들은 비판에 민감하기 때문에 이런 기법은 생각하는 것보다 훨씬 효과적이다. 사람들은 서로에 관해 이야기한다. 평균적으로 긍정적 점에 관해서보다는 부정적 점에 대해서 시간을 더 할애한다. 이러한 행동은 정치적 특성이 강하다. 그리고 이런 행동의 중요한 측면은 이것이 자아개념과 관련이 있다는 것이다. 사람들은 자신에 관해 더 긍정적으로 나타내려고 노력하는 타인에 대해 평가절하하는 경향이다. 그들은 "그들이 얼마나 악한지 보라. 그에 비해 나는 얼마나 선량한가"라고 말한다. 말할 필요도 없이, 사람들은 자신에 대해 좋은 말을 듣고 싶어한다. 누구도 앞서 언급했던 비교의 대상이 되고 싶어 하지는 않는다.

다른 사람을 걱정해서 듣기 싫은 말을 해주는 것에 대해서 잘못된 비난을 할 필요는 없다. 사실 모든 사람이 한번쯤은 그 조직 내의 누군가를 비난하게 된다. 대부분의 사람들은 그런 말들이 자기가치에 대한 의미 없는 표현이라는 것을 이해하지 못하기 때문에, 적당히 남을 헐뜯음으로써, 적들끼리 협력할 기회를 감소시킬 수 있다고 생각한다.

더욱이, 이러한 부정적 말을 자주하는 사람은 최초로 비난의 대상이 된 사람에 대한 비판에 더 쉽게 반응한다. 이것은 우연하게 이어져 그 사람에게 되돌아갈 수 있다. 그 결과는 협력의 실패이며 권력의 붕괴이다.

이런 기법은 현실조직에서 상당히 자주 사용되고 있다. 또한, 그것은 일반적으로 사건에 따라 이용된다. 조직의 어떤 구성원들은 가십만 좋아한다. 이들은 계속 단지(조직)를 휘저으면 저절로 협력관계가 깨질 것이라고 믿는다.

5. 편바꾸기(Exchange of Favors)

입법가들 사이에서 편바꾸기는 결탁이라고 불린다. 조직 내에서는 많은 비공식적 합의들이 편을 바꿈으로써 얻어진 것들이다. 권력을 얻기 위해서는 더 권력이 있는 사람과 의견을 같이 하는 집단에 속하는 것이 최선이다. 그 결과 권력은 커질 것이고, 필요할 때 그 편의 중요한 보답을 받을 수 있는 능력도 늘어나게 될 것이다(Dubrin, Ireland, and Williams, 1989: 247-248).

6. 적극적 행동

성공에 있어 첫 번째 단계는 성공적으로 행동하는 것이다. 권력도 마찬가지라고 할 수 있다. 외모도 권력 추구에 있어서 중요한 부분이다. 사업가들 사이에서 더 나은 외모를 얻고, 유지하기 위해 의상전문가를 고용하는 것이 유행이 되었다. 권력획득을 원하는 사람에게 에티켓 공부가 중요하다는 연구결과도 있다. 또 다른 연구는 지위향상을 원하는 관리자라면 아침에 중요 인사를 초대하라고 충고한다(Anon, 1986: 97). 유명하고 값비싼 식당에 그 사람들을 데려가는 것이 한 예가 될 수 있다. 최후의 감동은 캐비아(caviar)를 얹은 계란을 주문하는 것이 될 것이다.

모든 성공한 경찰관이 습득한 개념 중 하나는 명령을 받아들이는 능력이다. 위험한 상황의 혼란과 당황스러움에도 불구하고, 자신을 통제할 수 있는 사람이 역시 상황을 통제한다. 똑같은 원리가 관리와 권력에 대해서도 적용된다. 자신감과 더 나은 외모가 권력으로 변화된다. 조직 안에서 감독자들에게 영향력을 가진 하급자들을 구별하기는 쉽다. 어떤 사람들은 권력을 발산한다. 심지어 명령권이 있는 경찰들이 때때로 더 하급 경찰들에 의해 위협받는다. 왜냐고 묻는다면, 무슨 일이 일어났는지 명확하게 말할 수는 없을 것이다. 조직구성원이 설사 그 관계를 알고 있다 하더라도, 그것은 뛰어남에 대한 일종의 극도의 불안으로 쉽게 표현하기 어렵기 때문이다.

Ⅲ. 하부권력(Subunit Power)

조직 안에 있는 모든 기본 단위 부서들의 권력이 똑같지는 않다. 어떤 부서는 조직 권력을 축적하고 휘두르는데 놀랍게 정통하다. 이런 이례적인 부서에 대해 설명하는 이론이 있다. 바로 전략적 상황 이론(strategic contingency theory)이 그것이다. 이 이론의 기본적 가정은

"이런 부서들은 조직의 비판적 문제와 모호한 점들을 극복하기에 최고의 능력을 가지고 있기 때문에, 이로 인해 막대한 권력을 얻게 된다"는 것이다(McCall, 1978: 6).

이 이론의 중요한 내용은 그 부서의 집권적 힘으로 얻어진 권력에 대한 것이다. 집권성은 한 부서의 활동이 조직활동 체제와 연결됨으로써 확장된다. 한 부서가 높은 집권성을 가지게 되면, 이러한 영향은 다른 부서의 업무수행에도 매우 큰 영향을 미치게 된다. 예를 들어, 학교조직에서 의사결정이나 전달부서는 높은 집권성을 가지지만, 학교의 건널목 당번부서는 낮은 집권성을 가진다.

Ⅳ. 권력 사용의 비용(Cost of Using Power)

다른 자원들처럼 권력은 고갈될 수 있다. D. J. Lawless(1972: 243)은 다음과 같이 권력의 사용에 대해 언급하고 있다. "권력을 갖는다는 것은 좋은 것일 테지만, 자원의 사용은 항상 비용이 많이 든다. 권력은 균형 있게 가지고 있을 때 효과적이다. 권력을 사용하자마자 곧 균형이 깨지고, 권력을 사용한 사람은 당한 사람이 자신에게 행할 일종의 보복에 대비하게 되고, 상대방은 자연히 권력의 불균형을 만회하려는 활동에 매달리게 된다."

다른 사람들에 대해 어떤 사람이 갖고 있는 권력의 크기에 영향을 미치는 요소들 중의 하나는 각각의 사람들이 관계를 유지하도록 강요받는 정도이다. 현실세계에는 종종 타인과의 관계를 잘 고려하지 않는 사람이 더 많은 통제력을 갖는 경우가 있다. 후회 없이 승리할 수 있는 사람은 필사적으로 동반 관계를 유지하려는 사람들보다 덜 조정 당한다.

이것은 연인관계에서 가장 극명하게 드러난다. 더 사랑하는 쪽이 비록 심할지 몰라도, 덜 사랑하는 쪽에게 권력을 양보한다. 물론, 사랑과 같은 상호적 관계에서 권력은 하찮은 것이다. 경쟁하는 권력의 세기를 평가하는 것은 평가자마다 감정의 크기가 다르기 때문에 쉽지 않다.

권력은 고갈될 수 있다. 어떤 사람은 다른 사람이 도전하기 전에 자주 관계를 끊겠다고 위협할 수 있다. 결국, 가장 열렬하던 연인들조차도 계속되는 권력 게임에 지칠 것이다. 감정의 교류에 있어서, 권력의 사용은 권력의 주체인 한 사람의 의지에 구속되게 된다. 권력은 주어진 목표에 대해 그 사람이 관계를 끝내려고 하면 언제든지 깨질 수 있다. 이것은 조직에서도 마찬가지이다. 하지만 조직을 떠나는 것이 자유롭지 못하거나 권력에 완전히 지배되는 상황 예컨대 군대상황 등에서는 예외이다.

하지만 권력사용의 결과는 종국적으로 실수나 실패로 끝나는 경우가 많다. 조직의 설립과정에 아무리 권력을 동원해도 종국적으로 조직에 문제될 인물은 승산이 없게 된다.

일단 권력이 사용되면 상대방은 다음 두 가지 중 하나를 선택한다. 첫째, 자신의 감독자에게 도움을 청하는 것이다. 부하의 도움요청에 그 감독자는 권력의 위협을 입증하든지, 장래의 사건들에 대해 권력을 잃게 될 수도 있는 그 문제에서 손을 떼든지 할 것이다. 다른 선택은 권력의 위협에 굴복하고 명령을 고수하는 것이다.

후자의 선택은 비록 권력의 행사에 따라 복종했지만 권력 균등화의 수단을 찾는 사람들, 다시 말해 "이미 가진 사람들"에게서 일어난다. 권력 균등화는 주도권의 계획적 손실이 가능할 경우에 이루어진다. 후자의 조직구성원들은 명령을 받으면 계속 수행할 테지만, 명령 없이는 어떤 일도 하지 않을 것이다. 이 경우 감독자는 최소한의 수행을 얻기 위한 최후의 조건을 계속 사용하게 만든다. 이러한 권력사용의 마지막 산물은 감독자가 명령한 것만 하는 기계적 노동자이다.

권력은 그것이 사용되지 않을 때 가장 잘 활용된다. 가장 뛰어난 관리자들은 절대 명령을 내리지 않는다. 그들은 요청하게 한다. 그들은 직원들의 주도권에 대한 환상을 유지시킨다. 직원들은 조직의 보복이 두려워서라기보다는 조직 목표를 충족시키려는 개인적 열망 때문에 업무에 열중하게 된다. 신화적 권력은 조직관리자들에게 대단히 중요하다.

불행히도, 신화적 권력은 사용되기 전까지는 그렇게 인식받지 못한다. 이런 점에서, 권력의 근거가 실재하든, 부재가 드러나든 간에 조직관리자의 효과성은 줄어든다. 권력의 원천을 고갈시키는 가장 빠른 방법은 그것을 자주 사용하는 것이다.

권력의 유형마다 고유한 비용을 가진다. 카리스마적 권력은 과용되면, 그들이 조정되고 있다고 생각하는 사람들을 그 권력을 발휘하는 사람으로부터 멀어지게 한다. 보상적 권력은 그것의 가치를 유지하기 위해 보상을 계속 증가시킬 필요를 만든다. 이런 경우에 보상적 권력은 마약중독과 같다. 계속해서 보상을 받던 사람은 보상에 대해 내성을 갖게 된다. 버릇없는 아이들처럼 그들은 권력의 원천이 바닥날 때까지 더 큰 가치의 보상을 갈수록 더 바란다.

강제적 권력은 과용되면 사람들이 그 권력에 대항하여 연합하게 할 수 있다. 수많은 폭군들이 – 연인에 의해 또는 믿었던 친구들에 의해 – 그들 역시 처벌받을지 모른다는 두려움 때문에 잠자는 동안에 살해당했다. 조직적으로, 강제적 권력에 의존하는 사람들은 그들의 지배기간 동안 막대한 파괴를 자행했다. 그러나 그들의 통치는 오래가지 못했다. 전문적 지식에 의한 권력은 가장 남용되기 어려운 것이다. 그러나 이것이 남용되면, 사람들은 또한 연합하여 전문가들에 대해 맞서게 되거나, 전문가의 영향력을 약화시킬 것이다. 최종적으로 분석해 볼 때, 어떤 권력도 남용될 수 있다. 권력이 남용될 때, 권력을 남용하는 사람은 그에 대한 대가를 지불하게 된다.

제 3 절 갈등관리(CONFLICT Management)

조직 내에서 일정한 정도의 갈등은 정상적이며 건전한 것이다. 단지 그것이 조직적 논쟁보다는 개인적 논쟁에 대해 초점이 맞춰지는 등, 빗나간 형태일 때는 역기능을 하게 된다. 어떤 사람이 다른 사람의 특징이나 평판을 공격하려 할 때 갈등은 해로운 것이 된다.

갈등은 둘 혹은 그 이상의 사람들, 또는 집단들이 한정된 자원을 두고 서로 얻으려고 싸울 때 가장 두드러진다. 많은 조직의 의사결정들은 실상 제로섬 게임(zero-sum games)이다. 이것은 모두가 승자이기 때문에 거기에는 잃은 자(패자)가 없는 상황을 말한다. 조직의 한 요소에 할당된 모든 자금은 다른 요소에 그만큼 자금이 덜 할당되었음을 뜻한다. 이에 대한 명확한 예는 공공서비스 직원들과 선거로 선출된 공무원들 사이에 월급과 이익에 대한 논쟁이 계속되고 있는 것을 들 수 있다. 근로자들은 당연히 더 높은 보수와 더 나은 이득을 바란다. 선출직 공무원들은 세금을 억제해서 공직에 계속 남으려고 한다. 한 편이 승리할 때, 다른 한편은 패하게 된다. 이것이 제로섬 게임의 극명한 정의이다.

갈등의 다른 형태는 계선과 참모간의 갈등이다. 계선과 참모직원들 모두 그들에게 가장 적합한 방향으로 조직의 우선권을 약속받고자 한다. 이런 집단들이 우선권에 대해 서로 합의하는 일은 드물기 때문에 갈등은 늘 피할 수 없다.

Ⅰ. 갈등의 중요성

갈등은 변화를 낳는다. 이것이 없으면 조직은 침체되어 활기를 잃게 된다. 조직의 정책과 목표에 대한 반대 의견을 가진 조직관리자들은 조직을 위한 유일한 최선의 방법이나 아이디어란 없다는 것을 깨닫게 한다. 그것은 또한 정책 제안자들이 주의 깊게 생각해서 그들의 생각을 검토하고 제시하게 한다. 갈등은 또한 조직에 필요한 감정의 배출구를 제공하면서 그 조직의 정체성과 이데올로기에 기여한다(Coser, 1954).

1. 조직의 정체성

갈등은 조직의 정체성을 유지하는데 기본적인 것이다. 모든 공공서비스기관은 그것의 임무를 재확인하기 위해 반대세력이 필요하다. 소비에

트 연방 없이 미국의 우주계획이 어떻게 존재했겠는가? 구 소련 붕괴 이후 미 육군과 해군의 위상이 어떻게 되었는가? 소방관은 화재를 필요로 하고, 경찰은 범죄자들이 있어야 하며, 환경주의자들은 환경을 오염시키는 사람들이 있어야 존재의 의미가 있는 것이다(McGurdy, 1977: 61). 이것은 조직에서도 마찬가지이다. Howard McGurdy(1977: 61)에 따르면, 직원들 사이에서 갈등은 조직 내에서 비슷한 위치에서 비슷한 역할을 수행하는 사람들 사이에 충성심을 일으킴으로써 공식적 계층제를 재강화하도록 돕는다고 하였다. 군인들은 두려운 교관을 미워하도록 배운다. 이런 증오는 공동의 적에 대해서 그들을 단결시킨다. 필요하다면, 나중에 이런 증오는 실제 적에게로 옮겨갈 수 있다. 갈등은 일종의 자극이다. 그것은 사람들을 계속 변화시키고 정신적으로 준비시킨다. 갈등이 없는 곳에는 성장, 기지, 창의성이 없고, 이것은 바로 조직의 침체로 이어진다.

2. 감정의 배출구(Safety Valve)

갈등은 또한 감정의 배출구로 작용한다. 사람들 사이에서 갈등은 적개심의 근원이 해결될 수 있는 출입구로 데려간다(McGurdy, 1977: 62). 갈등이 억압되면, 내적 압력은 현실을 바탕으로 검토되지 않은 환상적 신념에 사로잡힌 집단을 만든다. 이것은 종종 관료제에서 자주 찾아볼 수 있는 일종의 완고함으로 이끌어 간다. 비현실적 갈등 역시 이런 완고함의 산물이다. 이것은 구체적 결과를 얻으려는 기대 없이 망상적 목표로 인한 긴장의 해방이다.

관계가 가까울수록, 잠재적 갈등은 더 커지고, 그래서 동료들과 더 크게 싸우게 된다. 이것은 부부간, 가까운 친구사이 만큼이나 최고 행정가와 그들의 참모들 사이에도 적용된다.

3. 조직의 이데올로기

조직의 사상은 갈등으로 막는다. 사람들이 다른 사람들과 싸울 때,

그들은 자신들의 반대자를 악마로 특징화하는 경향이 있다. 이런 경우에 목표는 적을 쳐부수는 것이다. 대결하게 된 진짜 목적은 흐릿해지거나 잊혀지는 경우가 많다. 그러나 개인들이 권력싸움에서 한 조직을 구성했을 때, 그들은 더 현실적으로 된다. 그들은 그들 자신과 그들의 가치에 대해 믿기 시작한다. 그들은 갈등을 종결짓기 위한 기본원칙들에 관해 잘 타협하지 않게 된다(McGurdy, 1977: 62).

이런 유형의 갈등은 반대편을 분열시키지 못하고, 대신에 더 통합시킨다. 적대자들은 같은 싸움에 말려들고, 새로운 연합과 동맹을 찾게 된다. 그들은 새로운 행정절차와 새로운 규범의 설정을 강요받게 되어 그들이 갈등을 제도화할 수 있다. 그것은 또 권력의 균형을 유지하는데 도움이 된다. 반대자들은 다른 사람들이 보기에 상당한 권력을 얻게 되지만, 반대자들 스스로는 예상한 전적인 승리가 불패의 환상이라는 사실을 알게 된다. 오랜 동안의 갈등 이후, 권력의 균형이 계속되면, 논쟁을 통해 서로를 대하는 것을 배운 주요 반대자들은 협력하여 함께 일하는 것을 배울 것이다(McGurdy, 1977: 62).

Ⅱ. 갈등관리

행정절차의 다른 요소들과 함께, 갈등은 관리되어야 한다. 즉 조직에 있어 닥치는 대로 날뛰는 것은 용납될 수 없다. 갈등을 관리하기 위해서는 많은 기술이 필요하다. 모든 기술들은 갈등의 기능적 필요성을 유지하면서, 조직의 피라미드 내에서 설계된 것들이다. 갈등은 제거될 수도 없고, 제거해서도 안 된다. 그러나 역기능적 갈등은 그것이 조직에 암과 같은 역할을 하거나 조직의 사기를 파괴하지 않도록 조직을 보호해야 한다. 갈등관리 기술로는; 대립(confrontation), 상위 목표(superordinate goals), 자원확충(resource expansion), 회피(avoidance), 원만화(smoothing), 타협(compromise), 독재적 명령(autocratic command), 행태변화(behavioral change), 구조적 변화(structural change) 등이 있다.

1. 대립(Confrontation)

대립은 대면적 협상을 통헤 차이를 해결하려고 시도하는 것이다. 누가 틀리고 누가 옳은가를 밝히려는 것이 아니다. 이것은 갈등이 집단들 사이에 오해로 인해 생겼을 때 유용한 기술이다. 그것의 가치는 서로의 말을 끝까지 듣고, 갈등의 핵심에 초점을 맞추는 능력에 있다.

이런 접근법은 참여자들의 관점이 대강 비슷할 때 효과가 있다. 만일 반대자들이 다른 가치체계를 갖고 있다면, 이 기술은 효과가 없을 뿐만 아니라 갈등을 더 격화시킬 것이다. 1960년대 말부터 1970년대 초까지 경찰과 정치가들 사이의 대립은 이런 문제에 대한 놀라운 예를 보여준다. 각 조직에서 경험한 좌절만큼 대립기술을 요구하게 된다. 각 조직의 대립은 철학적 관점의 차이로부터 시작한 것이다. 거기에는 해결에 도달할 만한 공통된 견해가 없다. 대립의 기술이 성공적인 것이 되려면 공통된 시각이 요구된다.

2. 상위 목표(Superordinate goals)

상위 목표는 하위 집단들의 공동 협력 없이 얻어질 수 없는, 전체조직이 바라는 공통된 목표이다. 통합관리(Union-management)는 조직의 공통된 목표실현을 위한 뛰어난 수단이다. 관리자가 생산비용을 낮추려고 하는 동안 노동자들은 더 높은 보수를 요구한다. 이런 교착상태는 조직이 붕괴의 위협을 받을 때까지 존재한다. 이런 점에서 노동자와 관리자 모두 그 논쟁에 대해 먼저 양보하려 하지는 않는다. 조직의 생존은 각 당사자들이 경합하고 있는 목적들을 필요 없게 한다.

상위의 목표는 갈등을 감소시키는 데 유용하지만, 몇 가지 난점을 가지고 있다. 첫째, 상위목표를 이용하는 것은 단지 갈등을 연기시킬 뿐이다. 갈등이 다시 나타났을 때, 그것을 이전보다 더 큰 불화를 만들 것이다. 둘째, 행정가들이 항상 상위 목표를 만들어 낼만한 능력을 갖추고 있는 것은 아니다. 보통 이런 것들은 다른 갈등의 부수적 효과로 만들어지며, 항상 바람직한 것만은 아니다.

3. 자원확충(Resource expansion)

특정 자원이 부족하고 귀한 것일 때, 그 자원을 두고 경쟁하는 사람들 사이에 갈등이 심해질 것이다. 예를 들어, 만일 경찰서에 경감자리가 두 개밖에 없고, 이 자리가 대단한 명성과 권위를 가진 자리라면, 경사들은 이 자리를 차지하기 위해 서로 계속 경쟁하게 될 것이다. 더 많은 경감자리를 만듦으로 해서, 갈등은 줄어들게 된다. 자원을 확보하고, 덜 부족하게 함으로써 갈등이 감소될 수 있다.

하지만 이 방법에도 명백한 제한이 있다. 어떤 조직에서 모두가 경감이 될 수는 없다. 즉, 자원을 확충할 수 있는 능력은 제한된다.

법집행기관들은 과거에 이런 기술을 자주 이용해 왔다. 하지만 자원이 확충될수록 기대 또한 증가하여 늘어난 기대를 계속해서 충족시킬 수 없는 관리자의 무능력에 도착할 경우 조직구성원의 직무만족은 일시적일 뿐이라는 것이다. 또한 조직이 너무 비대해져서, 나중에는 그것을 축소하기 어려운 상황에 이르게 된다.

4. 회피(Avoidance)

회피는 비록 그것이 갈등을 무시하는 방법이라고 말하는 것이 더 정확할지는 모르지만, 갈등을 드러내는 가장 일반적인 방법이다. 이 기법은 장기간의 문제들에 대해서는 쓸모가 없지만, 결정을 내리기 위해 시간을 버는 방법으로써는 적당하다. 회피는 또한 문제가 단기간의 것이고, 약간의 시간만 있으면 저절로 해결될 것 같을 때 그 문제를 다루는 가장 인기 있는 방법이다.

일반적으로 인정하듯이, 이것은 자주 있는 일은 아니다. 그러나 확실히 이런 일이 일어나긴 한다. 아르바이트 직원이나 임시직들에 의해 생긴 긴장과 같이 특성상 일시적인 상황도 있는 것이다. 이런 사람은 오래 있지 않을 것이기 때문에 이런 사람과 다른 사람들 간의 갈등을 해결하는 방법을 찾으려는 것은 시간낭비일 수도 있다.

그러나 모든 경우가 이렇게 단순한 것은 아니다. 이런 기법을 사용함에 있어서는 심각한 제한이 있다. 너무 자주 사용하면, 위기관리라고 알려져 있는 행정절차를 낳게 된다. 이것은 그 행정가가 다른 위기에 이어 하나의 위기에 얽히게 될 때 발생한다. 이것은 국지적 관리(소규모의 관리; brush fire management)라고 불린다. 왜냐하면, 관리자가 조직 내의 작은 갈등을 해결하는데 업무시간을 다 허비하는 것으로 나타나기 때문이다.

위기관리는 문제들이 더 이상 회피될 수 없을 때까지 방치되었을 때 발생한다. 이때의 관리자는 폭풍에 사로잡힌 배의 선장과 같다. 배 위의 모든 사람들이 배에 들어오는 물을 퍼내는데 너무 열중한 나머지 그 배가 같은 곳을 돌고 있다는 것은 깨닫지 못하고 있는 것이다. 그러나 이런 한계에도 불구하고, 회피전략은 일반적으로 조직과 사회 내에서 갈등에 대한 대응방법으로 자주 사용되곤 한다.

5. 완화(smoothing)

완화는 양쪽이 갈등을 경시하고 합의점에 초점을 두는 곳에서 사용되는 기술이다. 이 기술은 1970년대 후반 캠프데이비드에서 이스라엘과 이집트 정상 간의 합의를 성사시키기 위해 카터 대통령이 사용했던 방법이다. 완화기법은 갈등 중인 두 편이 어떤 공통점을 가지고 있을 때 유용하다. 합의는 갈등부분이 무시되는 동안 특정부분에 있어서는 합의될 수 있는 부분에 도달하게 된다. 양편의 관심의 격차가 너무 클 때에는 완전한 합의는 절대 성취되지 않을 것이다.

6. 타협(compromise)

갈등해결의 또 다른 더 유용한 방법은 타협이다. 이것은 또한 가장 논쟁의 여지가 많은 것 중의 하나이다. 타협은 종종 평범한 결과에 이른다. 두 집단이 하나의 프로그램에 대해 확고한 견해를 갖고 있지만 한 집단만이 이용할 수밖에 없을 때, 각각 상대에게 적은 승리를 주려는 경향이 있다. 이론상으로는 누구도 지지 않지만, 실제로는 모두가 기회를 놓치는. 타협을 함으로써, 두 개의 훌륭한 아이디어가 하나의 평범한 생각으로 되돌아간다. 조직은 대개 타협이 회피될 때, 비록 이것이 항상 가능하지는 않지만, 더 잘 운영된다.

타협은 책임을 줄여준다. 하나의 생각이 성과를 거둘 때, 그 생각의 창안자는 충분한 신뢰를 받게 된다. 그것이 실패하면, 그 사람은 비난을 받게 된다(Townsend, 1984: 34). 만일 거기에 타협과 실패가 있다면, 갈등은 언제나 나쁘다는 잘못된 신념으로 두 개의 완벽하게 훌륭한 아이디어들을 파괴한 행정가에게 비난이 쏟아질 것이다.

타협이 항상 피할 수 있는 것일까? 아니다. 항상 그럴 수 있는 것은 아니다. Peter Drucker는 타협에는 옳은 타협과 잘못된 타협이 있다고 주장했다. 용인받기 위한, 격렬한 반대자들을 진정시키기 위한, 위험을 막기 위한 타협에의 압력은 항상 존재한다고 그는 말한다.

그는 더불어 다음과 같이 주장한다.:

사람은 결국엔 타협을 해야 한다. 그러나 목표하는 요구에 대해 정말로 만족할만한 결정을 할 수 있는 가장 가까운 사람과 시작하지 않으면, 잘못된 타협(기본적인 것을 포기한 타협)으로 끝을 맺게 된다. 두 가지 다른 종류의 타협이 있다. 하나는 "반 덩어리의 빵이라도 없는 것보다는 낫다"는 속담에 잘 나타나 있다. 다른 종류의 타협은 "아기를 죽여서 둘로 나누느니 아기를 그냥 주어버리는 것이 차라리 낫다"는 솔로몬의 판결에 얽힌 이야기에 잘 표현되어 있다. 첫 번째 보기에서는 목표하는 요구사항이 만족되고 있다. 빵의 목적은 음식을 제공하는 것이고, 반 덩어리의 빵도 여전히 음식이다. 그러나 반쪽난 아기는 그 반만으로는 살아서 성장할 수 없다. 그것은 두 조각난 시체일 뿐이다(Drucker, 1974: 478).

7. 독재적 명령(autocratic command)

법집행 행정가들은 독재적 명령으로 알려진 기술을 특별히 좋아한다. 이것은 하급자들에 대해 결정을 강요하기 위한 공식적 권위의 사용이다. 이것은 보스가 항상 옳은 것은 아니지만, 그래도 그 사람이 보스라는 생각에 근거한다.

독재적 명령은 단기간의 결과를 달성하는 데에는 유용할 수 있다. 그것의 최악의 결점은 갈등의 징후를 제외한 어떤 것도 표현할 수 없다는 것이다. 근본적 원인들은 무시된다. 만일 이것이 남용되면, 집단사고(groupthink)라고 알려진 하급자들 사이의 환경을 조성하게 된다. 이것은 집단 구성원들이 자신들이 동의하지 않는 결정에 대해 묵묵히 따라갈 때 발생한다. 그들은 심지어 공공연히 그 결정을 지지하거나, 반대의견을 제기하지 않을 것이다. 이런 일은 하급자들이 그 행정가의 마음이 이미 결정되어 있다고 믿으며, 그들이 조직 전체의 협력자로 생각되고 싶어할 때 일어난다.

이런 현상의 극적인 예는 John F. Kennedy 대통령 집권 당시 피그만에서 쿠바를 침략하기로 결정했을 때이다. 각자 동의한 계획에 협력했던 정부실무자들과 군명령권자들은 후에 심각하게 금이 가게 된다. 대통령과 국가는 그들이 이미 확정지었다고 믿었던 결정에 반대하려 하지 않았던 조언자들 때문에 난처하게 된다(Janis, 1972: 313-314).

독재적 명령은 결정이 신속하게 내려져야 할 때 유용하다. 반대로, 이 기술은 조직 내에서 발언권과 창의력을 억누른다.

8. 행태적 변화(behavioral change)

갈등 해결에 관하여 더 어려운 기술 중의 하나는 인간 변수의 변경 혹은 개인이나 집단의 행태를 변화시키는 것이다. 그 이점은 이 방법이 징후만큼 마찰의 원인에 있어서도 감소시킬 수 있다는 것이다. 이것은 한 사람 혹은 그 이상의 반대자들의 신념이나 가치를 실제로 변화시킴으로써 성취된다. 이것은 행태변경(behavioral modification), 인식훈련(awareness training), 인간관계훈련(human relations training), 그리고 교육(education)을 통해 이루어진다. 그러나 여기에서 주의할 점이 있다. 이런 기술들 중 일부는 비용 상으로나 소모되는 시간의 측면 모두에서 도움을 줄 수 있는 전문가에 의해 이루어지지 않으면 위험할 수 있다. 이것은 법집행행정가들에 의해 이용되는 갈등해결 기술들 중에서 가장 적게 사용된다.

9. 구조적 변화(structural change)

구조적 변화는 법집행 행정가들에 의해 더 많이 사용되는 갈등해결 기술 중의 하나이다. 간단히 말하면, 만일 두 사람이 갈등 중이라면, 그들 중 하나를 전근시키는 것이다. 문제의 직원들은 그들이 문제를 일으키기 힘든 곳에 배치된다. 종종, 그 사람이 문제행동을 못하게 하는 것보다, 그럴 위험이 덜한 직위로 하급자를 분리시키는 것이 더 쉽다. 모든 조직은 트러블메이커들이 그들의 파괴적 능력을 최소화할 곳으로 보내지는, 그 조직만의 시베리아를 가지고 있다.

이 기술을 사용한 문제는 조직의 쓰레기 처리장 같은 직위에 대한 확인이다. 모든 자리는 유능한 사람을 필요로 한다. 일단 한 요소가 쓰레기 처리장으로 확인되면, 유능한 사람들은 그들의 명성과 경력에 손상을 줄 우려가 있는 그곳에서 일하기를 원치 않을 것이다. 얼마나 많은 하급자들이 내적인 유배로 통제될 수 있을지는 미지수이지만 말이다.

모든 갈등이 무능력의 결과는 아니다. 싸우고 있는 사람들을 떼어놓는 것은 보통은 내부 추방까지 요하지는 않는다. 그것은 가끔 두 사람들이 서로 다른 부서로 배치하는 것으로 족하다. 그러나 트러블메이커를 전근시켰을 때, 그것은 문제를 제거한 것이 아니라 그것을 옮긴 것 뿐이다.

〈표 4-2〉 갈등해결기법

기 법	정 의
대 립	문제에 관해 대면하여 논의한다.
상위 목표	공통된 목표로 초점을 이동시킴으로써 결합되어 있는 반대세력을 분산시킨다.
자원확충	서로 확보하려는 자원을 늘림으로 해서 경쟁을 감소시킨다.
회 피	갈등이 사라지길 바라면 무시해 버린다.
완 화	갈등의 측면들 중에서 의견의 일치를 볼 수 있는 부분에 초점을 맞춘다. : 해결방안이 나오지 않는 문제의 부분들에 대해서는 무시해 버린다.
타 협	서로 주고받음으로써 모두가 어느 만큼의 결과를 얻는다.
독제적 명령	행정가가 결정하고 조직대해 그 실행을 강요한다.
행태적 변화	한쪽 혹은 양편 모두 갈등에 대한 그들의 관점을 바꿀 수 있도록 설계된 교육과 훈련을 받게 한다.
구조적 변화	조직이 바뀌어서 더 이상 그 집단들이 서로 접하여 일하지 않도록 한다.

Ⅲ. 조직 갈등의 현실

관리자들은 갈등해결에 그들의 시간의 45%를 허비한다(Graham, 1984: 6). 갈등은 관리에 있어 눈에 띄는 부분이기 때문에, 관리자들은 대응 방안을 가지고 있어야 한다. 연구자들은 갈등 해결에 접근하는 방식에 따라 다섯 개의 관리자 유형으로 나누고 있다.

1. **상어형**: 항상 이기기를 원하는 win → lose manager: 갈등을 빨리 해결하기 위해 두려움, 강압, 위협을 사용한다.

2. **테디베어형**: 항상 갈등에 양보하여 유하는 lose ← win manager: 테디베어들은 항상 압력에 굴복한다.

3. **거북이형**: 마치 갈등이 전염병인 것처럼 회피하는 lose-lose manager.

4. **여우형**: 어느 논쟁에서나 항상 중도(중용)를 찾는 타협자들: 이들은 항상 여론을 얻기 위해 논점을 기꺼이 포기하려 한다(win-win/

lose-lose : 모두가 얻고, 모두가 잃는).

5. **올빼미형**: 갈등을 필연적이고 긍정적인 것으로 보는 win-win manager; 그들은 숨김없이 문제의 창조적 해결 방법을 찾으려고 노력한다(가장 적합).

각 유형의 관리자들은 조직에 특정한 영향을 준다. 상어형은 완고하고, 복수심에 불타며, 매우 경쟁적이다. 이런 유형아래에서는 직원들의 사기가 크게 손상을 입기 쉽다. 테디베어들은 하급자들에게 이용당한다. 이런 유형은 좌절하고 관리수행을 제대로 못한다. 거북이 형은 문제들이 드러나서 위험이 될 때까지 간과함으로써 하급자들 사이에 갈등을 더 고조시킨다. 여우형은 갈등을 감소시킬 테지만, 타협적 접근은 평범함만 책임질 뿐이다. 마지막으로, 올빼미형은 관리에 있어 가장 생산적인 접근법이다. 이런 사람은 문제들을 솔직하게 드러내고, 장래의 문제들을 예방할 방법을 찾는다.

행정가들이 위에서 설명한 다섯 가지 관리 유형 중 하나에 자연히 끌리는 성향이 있다고 주장하는 연구도 있다. 이것은 3장에서 논했던, 리더십유형 이론을 뒷받침한다. 핵심이 되는 문제는 어떤 사람이 더 건설적 접근을 위한 갈등과 변화를 다루는 데 있어, 개인의 결함을 인식하느냐 못하느냐이다. 만일 갈등이 일어나지 않는다면, 이전에 열거한 갈등해결 방법들은 쓸모가 없다. 그러한 갈등 없는 조직에 익숙해 있던 관리자는 일단 갈등이 발생하게 되면 그 상황에 자신들을 적응시킬 수 있는 능력이 제한적이다. 행정가들은 그들 특성에 맞는 접근법을 계속 사용할 것이고 이것은 갈등관리의 슬픈 현실이다. 갈등을 조절하는 접근법을 변화시킬 수 있는 관리자는 거의 드물다. 이것은 놀라운 일이 아니다. 행태 변화 지향 하에서, 모든 갈등 해결 접근법에 관하여 인간 변수의 변화가 가장 어렵다는 것을 우리는 관찰하였다. 이 말은 관리자들만이 아니라 하급자들에게 있어서도 진실이다.

연습문제

1. Chester Barnard에 의해 제시된 전통적 권위의 특성을 설명하라.
2. 경찰관리자의 수용의 범위에 관한 의미를 논의하라.
3. 전통적 경찰모델, 문제지향모델, 지역사회모델 등 각 모델의 입장에서 권한의 위임을 논의하라.
4. 권력의 유형과 권력의 원천에 대해 설명하라.
5. 각 유형의 권력과 그 원천을 중심으로 살펴볼 때, 조직을 이끌 행정가의 능력은 무엇이라고 생각하는가?
6. 조직에서 갈등의 긍정적인 점은 무엇인가? 그리고 갈등의 악영향은 무엇인가?
7. 부서간의 갈등이 발생했을 때 완화하는 기법에는 무엇이 있나?

제 5 장

의사결정

학습목표

이 장은 다음과 같은 학습목표를 가진다.
첫째, 의사결정의 의의와 절차 및 그 중요성은 무엇인가?
둘째, 의사결정의 오류의 원인과 사정방안은 무엇인가?
셋째, 조직에 있어서 기획과 예산의 중요성은 무엇인가?

제 1 절 의사결정의 의의

의사결정(decision making)은 여러 대안 중에서 하나의 행동을 고르는 일을 해내는 정신적 지각활동이다. 모든 의사결정의 과정은 하나의 최종적 선택을 가지게 되며 이 선택의 결과로 어떤 행동 또는 선택에 대한 의견이 나오게 된다. 정보처리 관점에서 의사결정은 정보와 반응 사이의 다 대 일 내용으로 나타난다고 볼 수 있다. 즉 대개 많은 정보를 지각하고 평가하여 하나의 선택을 하는 것이다.

심리학적 관점에서는 개별 의사 결정들이 어떤 개인의 필요, 선호에 의해 가치를 갖는 상황 안에서 내려지게 되는지를 연구한다. 한편 인지심리학적 관점에서 의사결정과정은 환경과 계속적으로 상호작용을 일으키는 가운데에서 행해지는 연속적인 과정으로 봐야 한다. 그러나 다른 차원에서 의사결정은 만족할 만한 해결책이 나올 때까지 수행해야 할 문제 해결 활동으로 여겨진다. 그러므로 의사결정은 이성적이거나 비이성적일 수 있으며 어떤 분명한 혹은 불분명한 가정에 기반한 논리적 이유나 감성적 이유에 의해 내려지는 결정이다.

모든 과학연구에 있어서 의사결정은 반드시 주어진 정보와 지식에 기초하여 결정하여야 하는 논리적 의사결정이어야 한다. 하지만 예를 들어 의학적 결정을 위해서 진단과 처방을 통해 의사결정을 하는 경우 대단히 시간에 쫓기고, 위험도가 높으며 불확실성이 크다. 따라서 최적의 의사결정을 내리는 것이 쉽지 않으며 불확실한 가운데에서도 최적의 의사결정을 위한 여러 가지 방법이 의사결정분석을 통해 이루어져야 한다.

의사결정에서는 인지적인 간과(connitive nearsightedness), 미래는 과거를 반복한다는 가정(Assumption that the futher will repeat the past), 지나치게 간소화함(oversimplication), 개인적인 경험에 대한 과도한 신용(overreliance), 미리 짐작된 생각(preconce notion), 경험에 의해 마지못해 받아들임(unwillingness to experiment), 결정의 주저 등을 포함하는 많은 일반적인 실수들이 발생한다(Nigro and Nigro, 1980).

① 인지적 간과(cognitive nearsightedness)는 미래가 현재를 위해 희생될 때 발생한다. 의사결정권자는 의사결정 있어서 장기간 효과에 대한 걱정이 없는 당장의 문제점만을 해결하려고 한다.

② 미래는 과거를 반복한다는 가정(Assuming that the future will repeat the past)은 의사결정이 어떤 부서나 사회속의 변화에 대한 고려없이 과거의 관행에 따라 이루어질 때 나타나는 오류를 말한다.

③ 간소화(Oversimplication)는 의사결정권자가 모든 문제들을 단순화하여 보는 경향이 있다. 이것은 가장 일반적인 실수이고 복잡한 문제

들을 간단한 해결방법으로 해결할 수 있다는 믿음이다.

④ 개인적인 경험에 대한 과도한 믿음(Overreliance on personal experience)은 의사결정권을 계급이나 연장자와 동등한 것으로 평가할 때 발생한다. 이것은 의사결정권자가 자기 자신의 경험에 너무 의존하는 것뿐만 아니라, 다른 사람의 경험과 관점이 무시되는 것이다. 이러한 의사결정은 다른 사람들이 신뢰할 수 없게 만든다.

⑤ 미리 짐작된 생각은 모든 사람들에게서 발견되는 편견이다. 조직에서 과거 문제해결을 위해 적합한 수단이라는 신념 또는 반신반의한 것들이라도 이렇게 미리 예견된 생각들에 의해 의사결정이 이루어지는 경우를 말한다. 이러한 믿음은 종종 잘못된 의사결정에 대한 기초를 제공한다.

⑥ 경험에 의해 마지못해 받아들임은 더 나은 선택이 있다는 가능성을 고려함이 없이 과거의 습관을 사용하는 경향이다(Gaines, Southerland and Angell, 1991: 384). 의사결정과정에서 어떤 새로운 의사결정을 내리는 것은 일반적으로 주저하는 경향이며 최후의 수단으로 활용되는 경향이다. 이 연구는 의사결정이 조직관리적 측면에서 강력하게 관리되고 있는가를 판단하는 중요한 결정요소가 된다는 점을 상징한다. 그러므로 의사결정에 대한 실패는 중요한 관리 문제를 나타내준다. 잘못된 의사결정의 다섯 가지 징후는 다음과 같다.

① 모방(imitation) : 의사결정에 대해 다른 것을 모방하지 않는다면 의사결정권자들은 그들의 내부에 대한 혹은 다른 좋은 의사결정을 모방할 것이다. 즉, 다른 부서나 다른 조직의 좋은 의사결정배경을 도용하는 것이다.

② 무기획(No plans) : 의사결정력이 없는 결정사들은 기획을 거의 하지 않는다. "나는 일이 너무 바빠서 기획을 할 수 없다."라는 말은 그들이 종종 사용하는 변명이다. 결정을 하기 위하여 당신은 기획이 필요하다. 그러나 결정력이 없는 의사결정권자들은 아무런 기획없이 의사결정을 한다. 이는 필요 없거나 조직에서 사용할 수 없는 의사결정이다.

③ 부족한 정보(Not enough information) : 의사결정력이 없는 결정자들은 항상 그들이 어떤 것을 할 수 있기 전에 더 많은 정보를 원한다. 결정력이 있는 의사결정권자들은 또한 정보를 좋아하고, 수집할 수 있는 한 많은 정보를 얻으려 한다. 그러나 그들은 부족한 정보와 불확실한 정보를 가지고 의사결정을 해야 한다는 것을 알고 있다.

④ 위험부담의 두려움(fear of risks) : 모든 의사결정들은 어떤 위험을 초래한다. 결정을 하여야 할 때, 의사결정력이 없는 결정자들은 그들의 판단에 대한 기록을 원하지 않는다. 의사결정력이 없는 결정자들은 사람들이 결정자의 결정이 올바른지 아닌지에 대하여 평가하는 것을 원하지 않는다.

⑤ 위원회의 과다한 사용(Excessive use of committees) : 효율적인 위원회는 의사 결정에 있어서 가치 있는 목적을 지원할 수 있다. 하지만 모든 위원들도 충족시키는 결정을 찾아내기란 쉽지 않다.

비록 의사결정력이 없는 결정자들은 모든 사람들이 의사결정에 대해 만족하기를 원하지만, 그들은 종종 반대되는 효과를 가져온다. 의사결정권자들의 부족한 결정능력과 좌절, 내분, 적대감, 낮은 도덕성, 신뢰의 부족, 집단 내의 갈등을 초래한다(Graham, 1984: 12F).

제 2 절 의사결정 절차(process)

결정이 진정으로 합리적이기 위하여는, 4가지의 필요조건이 있다. 문제인식(problem identification), 대안의 결정(determination of alternatives), 대안의 분석(analysis of alternatives), 행동과정의 선택(a selection of a course of action)이다.

Ⅰ. 문제인식(problem identification)

의사결정 과정에 있어서의 첫 번째 질문은 "우리가 정말로 의사결정이 필요한가?"이다. 종종 문제의 결정은 의사결정권자의 입장에서 봤을 때만 가치 있는 판단이 되기도 한다. 만약 이러한 경우라면, 만들어진 어떤 결정은 좋은 결과보다는 나쁜 결과를 초래할 수도 있다. 잘못된 질문에 올바른 답을 찾는 것보다는 올바른 질문을 하는 것이 더 중요하다고 한다. 의사결정 과정은 단지 질문-답의 연속과정일 뿐이다. 질문을 하는 첫 번째 단계는, "이 문제를 해결하기 위하여 어떤 조치가 필요한가?"이다. 이 과정에서의 마지막 단계는 이 질문에 대한 답을 하는 것이다.

의사결정은 비록 무결정이 결정의 하나의 형태라는 것이 옳을지라도 문제의 존재를 가정하는 것이다. 만약 의사결정권자가 의사결정 과정의 결과로서 변화를 수행하지 않는 결정을 한다면, 이것은 문제가 없다는 것을 알게 되는 것이다. 그러므로 공식적인 의사결정 절차의 수행은 결정이 만들어질 것이고, 조직 내에서의 변화를 초래하게 될 것이라는 것을 가정한다.

올바른 질문을 하는 것만큼 중요한 것으로서, 의사결정에 가장 적합한 사람을 정하는 것도 매우 중요하다. 일반적인 규칙으로서, 결정에 의하여 영향을 받는 사람은 적어도 해결책의 마지막 선택에 앞서서 문제를 심사숙고하여야 한다. 만약 모든 것이 가능하다면, 이 사람은 실질적으로 결정을 할 것이다. 분명하게도, 이것은 항상 가능한 것은 아니다. 특히, 많은 사람들이 결정에 의하여 똑같이 영향을 받을 때에 그렇다.

대부분의 결정은 공식적인 절차를 통하여 이루어지지 않는다. 결정의 대부분은 아주 짧은 시간 동안에 대응을 필요로 한다. 단지 결정이 공식적인 과정을 효율적으로 실시할 수 있는 기간과 기간이 있는 조직에 대한 오랜 기간의 효과를 가지는 것일 때 공식적인 의사결정이 수행될 수 있을 것이다. 공식적인 의사결정은 의사결정권자에 의하여 수행되는 결정의 아주 작은 부분만을 차지할 뿐이다.

과거 10~20년 동안에 일본의 관리에는 많은 변화가 있었다. 미국과 일본 관리의 주된 차이는 의사결정의 위치(area)에 있다. 미국인들은 의사결정과정의 마지막 단계에 관심을 두는 경향이 있으며, 그 단계에서 해결이 이루어진다. 일본인들은 문제의 인식이라는 첫 번째 단계에 관심을 둔다.

일본인들은 조직의 모든 부분에 대한 질문을 함으로써 결정을 도출한다. 질문에 있어서 가장 강조하는 것은 "우리가 변화가 필요한가?"이다. 이 질문에 답을 해주는 연구가 수행되었다. 판단, 대안, 결정의 의사결정단계에 따른 이익은 체계적으로 무시되었다. 단지 한 가지 문제는 "우리가 변화가 필요한가?"이다. 이것은 매우 길고 복잡한 절차가 될 수도 있다.

그러나 조직이 변화를 결정하는 것이 필요하다면, 변화를 가져올 대안적인 선택은 빠른 속도로 수행된다. 이것은 주된 결정을 하기 위한 매우 효과적인 과정이다. 일본의 경우에 의해 얻게 된 결과들은 이러한 효과성이 살아 있다는 증거이다. 첫 번째 단계에 초점을 두거나 혹은 다른 측면은 조직 내에서 이러한 놀랄 만한 대응성(탄력성)을 발생시키는 것이다. 미국인들은 어떻게 일본이 오래 지속되는 정책을 바꾸어 놓았는가에 대하여 몹시 놀란다. 일본의 경우 의사결정은 다음과 같이 묘사될 수 있다.

① 어떤 결정을 함에 있어서 모든 것에 대하여 탐색한다. 또한 답을 찾는 것에 초점을 두지 않는다. 그들은 의문을 정의하는 것에 초점을 맞춘다.

② 반대의견을 표명한다. 일치점이 있을 때까지 대답의 토론이 없기 때문에 매우 광범위한 의견과 접근이 수행된다.

③ 의사결정의 초점은 "올바른 해결"보다는 대안적인 것에 맞춰진다.

나아가 그 과정은 어떤 수준에서, 그리고 누구에 의하여 어떤 결정이 만들어지는가 하는 것이다. 그리고 마지막으로, 좋은(수요가 많은) 결정을 배제한다. 이러한 과정은 의사결정 과정에 있어서 효과적인 실행을 할 수 있게 한다.

다른 한편으로, 미국의 경우 의사결정과정을 마지막에 초점을 맞추고 있다. 문제들이 아주 성급하게 확인되고, 시간의 대부분이 해결방법을 선택하고 수행하는 데 사용된다. 일본의 경우는, 일단 변화의 필요성이 결정되면, 대안이 자연스럽게 결정된다. 더욱 중요한 것은 조직에 있는 모든 사람들이 변화에 대한 필요성을 받아들인다는 것이다.

첫 번째 단계에 충분한 시간을 갖고자 한다. 많은 미국인 의사결정권자들이 꺼려함은, 해결방법의 선택이 조직의 나머지 구성원들에게 전달됨을 의미한다. 그들 중의 상당수가 문제가 있다는 것을 알기 전에 해결방법이 존재한다는 것은 모든 사람들이 문제의 존재 또는 해결의 실행을 받아들이지 않을 것이라는 것을 의미한다.

일본의 경우 의사결정에서 실수가 없던 것이 아니다. 의사결정의 경우 주된 해결방안에 대한 기록이 있다. 그러나 그들이 사용하는 의사결정과정은 너무 시간을 소비해서 작은 문제들에는 사용될 수가 없다. 작은 문제에 대한 의사결정의 경우 최종의사결정 때까지 힘들게 한다.

더욱이, 일본의 사회화 과정은 미국과는 상당히 다르다. 근로자들에게 있어서 가장 높게 찾이진 공헌은 협동과 권위에 있어서 순응이다. 그들의 체제에 있어서 여론의 일치를 획득하는 것은 미국보다 훨씬 쉽다. 미국은 독립이 권위의 맹목적인 순응보다는 좀더 높은 가치로 되어 있다(Briggs, 1982: 53).

의사결정에 대해 일본이 접근법을 사용하든, 미국인의 접근을 사용하든간에, 의사결정과정에 있어서, 첫 번째 단계가 매우 중요하다. 첫 번째 질문이 된 방법 또는 문제는 결정된 방법에 있어서 결정이 수행되어야 한다. 그리고 변수들을 결정한다. 만약 잘못된 질문이 처음으로 이루어진다면, 성공적인 해결책은 거의 이루어질 수 없다. 그러므로 첫 번째 단계는 의사결정과정에 있어서 남은 단계의 방향을 결정한다. 문제인식은 빠르게 또는 냉담하게(halfheartedly) 수행되지 않을 것이다. 성공 또는 실패는 문제가 적절하거나 또는 부적절한 격리에 의하여 외부환경으로부터 결정된다.

의사결정 과정에서 첫 번째 단계는 기초이다. 2단계가 시작되기 전에 1단계가 적절하게 수행되어야 한다.

그러나 한국 경찰의 경우 의사결정에 있어 전문가나 학자들의 의견과 연구결과 보고서를 중심으로 의사결정을 한다. 이는 현실과 일치하는 점도 있으나 일치하지 않는 점도 있다.

Ⅱ. 대안의 발전(development of alternatives)

문제가 확정되면 대안이 가능한 해결책 중에서 선택되어야 한다. 대안의 발전에서 첫 번째 단계는 문제에 대한 자료로부터 의견들을 얻어야 한다. 의견들은 빠르게 모아질 수 있어야 대안발견의 출발점을 제공하게 될 것이다. 의사결정권자는 또한 의사결정을 포함하는 것들로부터 예상되는 관점들을 전달한다.

그러나 의견들이 곧 대안은 아니다. 대안은 의견들이 실제상황에 대하여 검토된 후에 나타나게 된다(Druker, 1974: 470). 이러한 검토과정은 실행가능 한 대안을 만드는 기술이다. 실제상황에 대한 검토에서 도출된 결과들이 많은 대안의 구성으로 만들어진다.

1. 사실확정(conformity to facts)

어떤 사실을 확정하는 생각은 실행가능한가? 경찰이 한 지역을 보호하고 순찰하는 데 문제는 없는가이다. 이견으로 도보순찰이 있을 수 있다. 그러나 실제로는 도시가 너무 크고 광대해서 예산과 인력을 4배로 증가시키지 않는다면 도보순찰을 제대로 할 수가 없다.

2. 가능성(feasibility)

그 의견은 대안으로 가능성이 있는가? 활용가능한가? 많은 프로젝트들이 서면(書面)으로는 좋아 보이지만, 실제상황으로 옮기기에는 불가능한 것들이 많다. 이러한 개념은 그 아이디어의 경제적 비용을 포함할 뿐만 아니라, 정치적 신념, 대중과 조직의 사회적 가치, 그리고 조직의 역사 등을 고려하여야 한다. 대안은 사회의 기대와 조직의 구성원들의 기대에 대하여 측정되어야 한다.

3. 사실주의

그 대안은 어떤 환경에서도 실행가능한가? 예를 들어 많은 이론가들은 가정에서의 낮은 사회화의 결과로서 범죄가 발생한다고 믿는다. 그러므로 범죄를 줄이기 위해서는, 모든 사람은 가정의 단위를 강화하여야 한다. 이것 역시 좋은 이야기처럼 들리지만, 그러나 법집행부서의 의사결정권자가 어떻게 이 대안을 수행하는가 하는 것이 문제이다.

Ⅲ. 합리성(rationality)

공식적인 의사결정은 의사결정권자에 의한 합리성을 가정한다. 이러한 가정은 모든 가능한 대안을 확인할 수 있는 개인의 능력을 기초로 한다. 그러나, 의사결정권자가 가능한 선택들을 고려할 수 있는 지식의 양은 한계가 있다. Herbert Simon에 따르면, 적어도 3가지 방법에서 실제적인 행동은 합리성이 부족하다고 한다.

① 합리성은 각각의 선택에 따르는 결과의 기대와 완전한 지식을 필요로 한다. 사실, 결과에 대한 지식은 항상 단편적인 것이다.

② 이러한 결과들이 미래에 존재하기 때문에, imagination은 합리성에 대한 접근 가치에서 경험된 부족한 부분을 보충해야 한다. 그러나 합리성에 대한 가치들은 단지 불완전하게 기대될 수 있을 뿐이다.

③ 합리성은 모든 가능한 대안적 행동들 사이에서의 선택이다. 실제 행동에 있어서, 가능한 대안들의 소량만 활용된다.

Simon에 의하면, 합리성은 수단-목적의 연결고리이다. 다른 말로 하면, 결정이 합리적이기 위해서는 어떤 목적을 성취하기 위한 방법에 초점이 맞춰져야 한다. 예를 들어, 2명의 경찰관이 저격수와 대치하고 있는데 그 중의 한 명은 안전한 곳에 위치하고 있고 다른 한 명의 경찰관은 안전한 곳에서 벗어나 그 저격수를 사살하였을 때, 그 경찰관은 그 자신의 생명을 담보로 행동한 것이다. 어떤 행동이 합리적인가? 이 경우에는 목적이 다르다. 첫 번째 경찰관은 생존을 목적으로 하였다. 그러므로 취해진 행동은 살아남기 위한 합리적인 접근이다. 두 번째 경찰관은 다른 사람의 생명을 구하기 위한 목적에 잘 적응하였다. 그러나 이 경찰관은 그 자신의 생명과는 관계없이 이 목적을 위하여 행동하였다. 그러므로 합리성은 한 개인의 목적에 대한 인식과 깊은 관련이 있다(Simon, 1976: 76-77).

합리성이라는 것 자체는 매우 매력적인 용어이다. 우리는 최대의 결과를 얻기 위해 올바른 행동이 있었다면 그 결정은 목적적 합리성(objectively rational)이다. 그러나 목적이 그 주제와 관련된 실제적인 지식을 얻기 위한 것이었다면 그것은 주관적 합리성(subjectively rational)인 것이다. 목적에 대한 수단의 적응이 의식적인 과정이라면 그것은 의식적인 합리성(consciously rational)이다. 목적에 대한 수단의 적응이 결정의 수행에 의하여 의도적으로 발생해 왔다면 그것은 의도적인 합리성(deliberately rational)이다. 한 결정이 조직의 목적에 대한 것이라면 그 결정은 조직적인 합리성(organizationally rational)이다. 개인의 목적지향적인 행동이 있다면 그것은 개인적인 합리성(personally rational)이다.

얼핏 보았을 때 비합리적으로 보인 결정은 종종 한 개인의 결정이 명확하게 되었을 때 합리적으로 될 수도 있다. 이것은 특히 개인이 조직적인 목적보다 개인적인 목적에 기초하여 조직적인 결정을 하였을 때 그렇다. 일반적으로, 우리가 의사결정에 있어서 합리성을 언급할 때, 우리는 그 행동이 조직적으로 합리적인가를 생각하여야 한다.

Ⅳ. 대안의 분석(analysis of alternatives)

의사결정 과정에 있어서 3번째 단계는 대안의 분석이다. Peter Drucker는 이 단계를 위한 주요한 규칙을 제안하였다. 그는 결정에 대한 불일치가 있지 않다면 결정은 결코 만들어지지 않을 것이라고 말하였다. 한 개인이 대안에 대한 모든 것을 고려할 때까지, 그 개인은 마음을 닫아 놓고 있는 경우가 있나. 일치는 모든 대안들이 회의에 올려지고, 장점과 단점을 철저하게 논의한 후에만이 가능하다.

만약 최적의 결정이 가능하다면, 집단사고와 독재적인 명령은 이 단계에서 제거되어야 한다. 의사결정권자는 개인적인 이끌림으로써 불일치를 보지 말아야 하고, 불일치가 없어질 때까지 시간과 자원을 남겨 놓아야 한다.

때때로 무엇이 수행되어야 하는가의 명확한 그림을 그리기 위하여 보통의 주관적인 생각을 넘어서 정보를 찾는 것이 매우 바람직하다. 컴퓨터화는 모든 형태의 조직에 대해 매우 복잡하고 수학적인 모델을 만들어 왔다. 과학에 의해 발달된 양적인 무수한 기술들이 발전해 왔고 관리에 적용되었다. 이것은 통계적 자료의 발전에 있어서 매우 유용하다. 비슷하게, 경찰행정가가 의사결정 과정에서 도움을 줄 수 있는 어떤 분석이든지 분석을 제공하는 컴퓨터 프로그램을 만들 수 있는 컴퓨터 컨설턴트가 있다. 이러한 기술들은 의사결정을 위하여 고안된 것은 아니지만 결정이 좀더 정확해질 수 있도록 데이터베이스를 제공한다. 이러한 기술들의 각각은 일반적인 모습이 되었고 정보를 투입한 만큼 정확해진다.

V. 행동과정의 선택(selection of a course of action)

대안이 분석되면, 선택이 이루어져야 한다. 여기서 만약 의사결정권자가 주의하지 않는다면 그 과정은 잘못될 수도 있다. 연구와 토론에도 불구하고, 대안의 마지막 선택은 종종 과학적인 결정이기보다는 개인적인 주관에 의하여 이루어지기도 한다. 결국 의사결정은 인적 과정과 인적 요소가 무시될 수 없다. 이러한 인간적 요소들은 Herbert Simon에 의하여 개념화되었다.

1. 의무적인 합리성(bounded rationality)

Simon에 의하면, 모든 의사결정권자는 합리적으로 행동할 수 있는 한계를 가지고 있다. 의사결정권자는 개인적인 한계와 자원에 의하여 구속받는다. 합리성은 세 가지 측면에 기초한다. 첫 번째 측면은, 의사결정권자는 기술, 습관 등에 의하여 제한을 받는다. 이것이 생리학적인 측면이다. 의사결정을 위한 능력은 어떤 건강상의 이유에 의하여 제약될 수도 있다. 피로, 침울, 개인적인 문제로 인한 선입견 등은 의사결정능력을 감소시킨다. 또한 효과적인 의사결정을 하기 위한 속도에도 영향을 미친다.

두 번째 측면은 의사결정권자 개인을 동기화시키는 목적의 가치와 개념으로 구성된다. 어느 누구도 자신의 신념이나 가치에 반하는 결정을 할 것 같지는 않다. 이것은 때때로 그들이 관계하는 소수의 가치보다는 그들 자신의 중산층의 가치체제에 기초한 의사결정을 하는 경찰에 대한 문제가 될 수도 있다. 더 강한 개인적인 신념은 행정가에 의하여 가지게 되고, 행정가는 의사결정을 하는 데 있어서 가치의 이러한 체제로부터 빗나갈 것 같지는 않다.

세 번째 측면은 의사결정권자에 의해 가지게 되는 직업의 지식의 양이다. 어느 누구도 자신의 일에 대한 모든 지식을 가지고 있지 않지만,

의사결정권자가 가지고 있는 지식의 정도는 의사결정에 중대한 영향을 미친다.

모든 결정은 이러한 범주에서 이루어진다. 의사결정가의 목적은 가능한 이러한 세 가지 측면을 확장시키는 것이다.

Ⅵ. 발견적인 과정(heuristic process)

발견적인 의사결정과정은 과학적인 과정이 아니라 합리적일 수 있는 것이다. 조직적인 결정이든, 개인적인 결정이든 모든 결정들은 발견적으로서 분류될 수 있다. 의사결정을 하는 사람이 문제를 인식할 수 있는 능력을 가지고 있고, 대안과 가능한 결과를 이해하고, 적절한 행동과정을 선택할 수 있을 때 합리적인 과정이 된다. 이러한 과정은 너무도 평범해서 종종 1~4단계를 뛰어넘기도 한다. 이것은 경험, 특정 문제에 대한 평균적인 반응을 통한 개인적인 발전 때문에 발생한다. 결정은 비슷한 과거 경험들에 기초하여 만들어진다.

발견적인 결정은 한 부서의 장이 다른 의사결정권자에게 도움을 요청하고 의견과 경험에 기초한 목적과 대안의 공식적인 논의를 채택할 때 공식적인 결정이 된다. 이것은 단지 사용가능한 정보일 수도 있지만 그 과정은 공식적이다(McGurdy, 1977: 261).

발견적인 과정에 영향을 끼치는 많은 요소들이 있다. 이러한 기술의 효과성은 변수들에 의하여 결정된다. 발견적인 의사결정에 있어서 내재된 한계는 합리성의 범수를 묘사한 Simon에 의하여 논의되었다. 이러한 많은 요소들은 발견적인 과정에 대한 확장적인 효과를 가지고 있다. 즉, 개인적 가치, 개념, 인적 과정에서의 한계, 정치적이고 권력적인 행동, 그리고 시간이다

1. 개인적 가치(personal values)

모든 결정은 의사결정권자의 가치, 신념, 편견에 의하여 영향을 받는

다. 발견적인 과정은 특히 공격을 받기 쉽다. 중요한 자료가 부족할 때, 발견적인 결정은 의사결정권자에 대한 권리를 느껴야 한다. 즉, 결정은 의사결정권자의 가치에 영향을 끼치게 된다.

개인적인 가치는 중요하다. 이것들은 급속한 환경의 변화에서 지속성을 제공한다. 가치는 사회의 닻으로서 역할을 한다. 가치들은 변화를 막으려고 노력하는데, 성공하기도, 실패하기도 한다. 개인적인 가치에 대하여 기억할 중요한 것은 발견의 보편적인 것이 아니라는 사실이다. 개인들은 개인적인 가치를 가지고 있다. 비록 이것들이 경제적 계층이나 종교적 신념에 따라서 범주화될 수도 있지만, 그것들은 상당히 다른 것이다. 강한 동질성을 가진 집단 내에서 결정이 이루어질 때 가치들은 의사결정 과정에서 우세한 역할을 담당한다. 가치체제의 채택이 없다면, 조직의 구성원들은 합리적인 것으로서 결정을 받아들일 수 없을 것이다.

즉, 만약 그 결정이 다른 집단에 영향을 끼친다면, 그 집단은 그들이 동의하지 않은 가치 구조에 기초한 결정을 받아들이지는 않을 것이다. 집단의 동질성이 크면 클수록, 의사결정에 있어서 개인적 가치의 사용의 유효성은 더 적어지게 된다.

2. 인지(perceptions)

美라는 것은 관찰자의 눈에서만 존재하게 된다. 진실은 상대적이다. 즉, 개인적인 관점의 반영일 뿐이다. 우리의 각각은 우리가 그 사람을 어떻게 인식하는가의 결과로서 다른 사람에게 반응한다. 가치를 가진 채 인지는 평생 동안 발전된다. 낙관주의자와 비관주의자의 오래된 표현은 인지의 좋은 예를 제공한다. 낙관주의자는 반이 채워진 유리잔을 보는 반면에 비관주의자들은 반잔이 빈 유리잔을 바라본다. 어떤 사람은 어려운 일을 도전으로 보는 반면에 다른 사람들은 장애물로서 바라본다.

사회학자들은 종종 잘못된 사회화의 결과로서 범죄행동을 묘사한다. 심리학자들은 잘못된 정신적 과정에 의행 발생된 정신적 문제로 같은 행동과 태도를 바라본다. 영양학자들은 행동이 부족한 영양섭취에 의한 생리학적 문제의 결과로서 바라본다.

이 중에서 일부 또는 전부가 옳을 수도 있다. 그러나 여기서 중요한 점은 그들이 같은 사람을 묘사하고 있다는 점이다. 연구의 일부로서는 될 수 없지만, 역동적인 환경 속에서 살고 있는 전체 창조물로서 연구되어야 한다. 과학적인 학문들은 종종 마치 사람이 살아있는 동안에 해부될 수 있고, 부족한 부분의 대체에 의하여 치료될 수 있는 것처럼 움직인다. 이것은 외과의사가 수술을 하는 것을 제외하고는 실현될 수 없다. 사람은 전체 환경의 구성물로서 이해될 수 있는 숨을 쉬는 창조물이다.

인지는 문제의 인식과 그 해결에 드라마틱하게 영향을 끼칠 수 있다. 법집행부서들은 소수 민족과 여성들에 대한 잘못된 인식 때문에 100여 년 동안 백인남성만을 고용해 왔다. 이와 같은 인지의 파괴주의적인 측면은 잘못된 인지를 깨닫기 위한 인간의 무능력 때문이다. 오히려 이것은 경험과 조직적인 지혜에 기초한 사실에 입각한 관찰을 고려한다.

인지는 사람에 대한 낙인을 지울 수 있다. 잘못된 인식은 적절한 의사결정의 파괴요인이 될 수 있다. 이것은 사람들이 성격의 타고난 잘못된 판단을 가진 존재라는 것 때문에 더욱 사실일 수 있다.

3. 인간과정에서의 한계(limitations in human processing)

어느 누구도 결정의 기초가 된 모든 가능한 정보를 알 수가 없다. 본서에서는 Herbert Simon의 합리성이 기초가 된 개념을 논의하였다. 본 시는 결정이 만들어지는 정보를 제공하는 사람들에 대한 의사결정권자의 의존의 양에 대한 이것의 효과를 논의하지 못했다. Robert Tounsend는 결정은 가능한 한 조직 내에서 낮게 만들어져야 한다는 가한 주장에 대한 이유 중의 하나가 의사결정의 보다 높은 단계, 필요한 정보에 대한 부하에의 가한 의존의 현실화이다. 모든 자료가 검토될 수 없기 때문에 의사결정권자는 모아지고, 걸러지고 다른 사람들에 의하여 보완이 된 정보에 기초하여 의사결정을 하여야 한다. 이것은 의사결정권자가 어떤 조직에 있어서 정보, 문제의 통제를 통한 조작을 가능하게 해준다.

4. 정치적이고 권력적인 행동(political and power behavior)

이기주의는 인간에 있어서 한 특성이다. 권력에 대한 우리의 논의에 있어서, 본서는 이기주의를 의사결정과정에 영향을 미칠 수 있는 능력으로 정의하였다. 조직적인 의사결정에 있어서 본서가 찾는 것은 희생이다. 이러한 것의 일반적인 예는 의사결정권자들의 결정이 덜 보이는 중요한 문제들보다는 잘 보이는 문제들에 관심을 가진다는 것이다. 의사결정권자들은 또한 지속적으로 단기간의 목적의 완수를 위해 장기간의 성공을 희생시킨다.

이것은 연방수준에서 더욱 명백한데, 2-4-6 상태로서 표현된다. 의회의 구성원들은 2년 이내에 언급될 수 있는 문제에 관심을 가지고, 상원의원은 이 과정을 6년으로 확장시킨다. 그리고 의장은 과거4년에 관심을 가지지 않는다. 물론 이것은 개개인이 개선을 위해 뛰어야 한다는 것을 보여준다.

전체로서의 국가는 4년의 정신 상태를 가진 것 같다. 대통령은 4년 이내에 그동안 계속 발전되어 왔던 문제가 해결되기를 원한다. 그러므로 정치인에게는 성공적인 결정은 종종 국가에 대한 장기간의 효과와는 관계없이 재선의 기회를 제공하는 것에 더욱 관심을 가지게 된다.

경찰행정가들은 종종 의사결정에 있어서 같은 잘못을 저지른다. 법집행부서의 의사결정권자들은 거리의 범죄와 사법적인 너그러움과 같은 외부적인 문제를 다루는 것을 좋아한다. 그들은 잔인성이나 부패와 같은 내부적인 문제를 다루지는 않는다. 주장이 사실이든 아니든 부적절하다. 부패의 망령이 머리를 쳐들 때, 많은 시민들은 수사가 실시되기 전에 사실로서 그 진술을 받아들일 것이다. 진술은 아마도 밝혀지지 않을 것이고, 몇몇은 그것이 덮어졌다고 믿을 것이다.

정치적인 행동은 또한 자료의 채색, 보류를 통하여 의사결정에 영향을 끼치게 된다. 부하들은 그들에게 유리한 방식으로 의사결정을 하는 의사결정권자들에게 격려하는 방식으로 정보를 보여줄 것이다. 이러한 사람은 또한 결정을 변하게 하는 자료를 잊어먹거나 또는 의사결정권자 자신이 자료를 검토하기보다는 부하들이 검토한 많은 자료를 제공할 것이다. 종종 의사결정권자들은 특정 부하를 더 좋아하기도 한다. 이러한 경우에서는 더 좋아하는 부하들의 통제 하에 있는 요소들이 더 선호 받을 것이다(Robbins, 1976: 167).

5. 시간적 강제(time constrains)

의사결정에 앞서서 가능한 한 더 많은 자료를 필요로 함에도 불구하고, 많은 결정들이 신속히 행해져야 한다는 것을 인지할 필요가 있다. 경찰지휘관은 이 점을 잘 알아야 한다. 전쟁은 불충분한 정보로 만들어진 정보나 시기적으로 적절하지 못한 정보 때문에 지게 된다. 무기한으로 연기될 수 있거나 심지어 공식적 의사결정 과정을 채택할만큼 충분하게 길게 연기되는 결정은 거의 없다.

많은 나쁜 결정들은 합리적인 선택을 할 충분한 시간의 부족 때문에 비난을 받을 수 있다.

제 3 절 기획(planning)

"관리는 두 가지 문제를 가지고 있는데, 오늘의 문제와 내일의 문제가 그것이다" 기획은 내일의 문제를 다룬다(Walton, 1986: 55). 모든 의사결정권자들은 비록 그들이 기획하여야 한다는 것을 깨닫지 못하기도 하지만 의사결정권자들은 기획을 한다. 기획은 공식적이고 구조화되거나 또는 단순히 발견적인 단계일 수도 있다(Peters and Waterman, 1982: 119-155). 연구들은 공식적인 기획을 한 조직들이 그렇지 않은 조직들을 능가한다는 것을 보여준다. 그러나 너무 기획을 강조하게 되는 위험도 존재한다. 연구들은 효율적인 조직들의 간부들 사이에서 "행동 지향"적인 변수를 고립화시켜 왔다. 그러므로 기획은 효율성을 강화시키기 위한 도구이다.

Ⅰ. 기획의 부정, 긍정(pros and cons of planning)

기획은 주된 2가지 이유가 있다. 첫째는 미래를 향해 부서를 이끌어 가는 것과 관련된 의사결정 과정을 강화시키는 것이다. 기획은 의사결정권자가 장래의 경비를 공정하게 하고, 미래의 문제에 대하여 충분하게 계산할 수 있도록 해준다. 기획의 두 번째 이유는 미래의 신비성을 깨우치게 하는 능력이다. 미래에 무슨 일이 일어나고 어떻게 대처하여야 하는가에 대한 걱정보다는 행정가가 미래예측을 시도하고 이 예측에 대한 대안의 선택을 가능하게 해준다. 이와 같이 미래는 예측 가능한 사건들의 연속을 제외하고는 모호하고 알려지지 않은 것이 아니다.

기획의 부정적인 측면은 미래를 예측하기 위한 능력에 있어서 충분하게 믿는 경향이 있다는 것이다. 분명하게 미래의 예측은 그들이 만들지 않는 한 틀리게 된다. 예측은 시간이 멀면 멀수록 더 많이 틀리게 된다. 이와 같이 기획은 틀릴 수도 있는 것이다. 또한 기획은 비용이 많이 들고, 시간을 소비하는 과정이다. 기획은 분석의 이러한 형태에 숙달된 사람에게 요구되는 기술이다. 능력이 모자라는 기획가는 그 만큼 모자라는 기획을 만든다. 기획은 또한 조사에 관련된 사람들의 협력을 필요로 하기 때문에, 조사에 상당 부분 의존한다.

마지막으로, 기획의 요소가 간과될 때, 왜 어떤 것이 기획을 성공적으로 하는 에너지와 자원을 확장시키는 것보다는 왜 일을 하지 않는가에 대한 이유를 찾는 경향이 있다. 기획부서는 변화를 막는 장애의 활동이 될 수도 있다. 이것은 문제를 연구하기 위한 수많은 위원회를 만드는 방법에 의하여 정부의 다양한 수준에서 조직화되어 왔다. 위원회는 보통 여러 달이 지난 후에 그들의 보고서를 만나거나 자료화한다. 이것은 위원회가 의사결정을 위하여 구성된 것이 아니고 조언을 위하여 구성된 것이기 때문에 주로 이런 일이 발생한다.

장점보다는 기획과 관련된 문제가 더 많이 나타나는 것 같다. 유능한 개인에 의해 실질적으로 이루어진 기획은 미래 전략을 위한 행정적인 의사결정에 변수들을 투입할 수 있다. 의사결정권자가 가능성과 기획의 불확실성의 인지는, 기획에 유용하게 작용한다.

Ⅱ. 기획과정(planning process)

기획과정은 의사결정과 비슷하다. 주된 차이는 관점과 시간이다. 기획은 미래를 위한 것임에 반하여 결정은 현재의 효과를 누리려는 경향이 있다. 의사결정권자와 기획 팀은 기획을 준비히여야 헌다. 종종 기획의 성공과 실패는 적절하거나 부적절한 사전 기획과 관련이 깊다.

준비의 첫 단계는 기획에 참가하는 사람들에게 자원과 책임을 할당하는 것이다. 다음으로, 기획팀은 현재의 부서의 능력을 평가하여야 한다. 미래를 준비하기 위하여 당신은 현재의 당신의 위치를 알아야 한다. 이 단계가 완수되면, 기획팀은 기획 준비가 된 것이다. 기획과정은 목표설정, 전략의 공식화, 전략 선택 수행, 그리고 기획 평가의 순으로 이루어진다.

1. 목표결정(goal determination)

유효한 목표의 선택은 효과적인 기획을 위하여 중요하다. 보통 목표는 얼마나 그들이 조직의 임무와 관련이 있는가와 관련하여 표현된다. 궁극적이거나 상위의 목표들은 조직의 임무를 완수하기 위하여 완전하게 조합된 것이다. 종속적인 목표는 상위의 목표를 획득하기 위하여 상위의 목표가 조합된 것이다. 기획의 구조 속에는 보통 조직의 구성 모습과 똑같은 목표의 계층이 존재한다. 유사성은 우연이 아니다.

부서의 임무는 그들의 목적을 완수하는 하위부서들에 의하여 완수된다. 하위부서의 목표는 하위부서의 다양한 조직의 목적에 완수에 의하여 수행된다. 마지막으로, 다양한 조직의 목표는 그 조직을 구성하는 개인들의 목적의 수행에 의하여 완수된다.

그러므로 목표의 선택은 기획의 궁극적인 목적을 확인하는 것에 의하여 결정되는 것은 아니다. 기획의 궁극적인 성공을 위한 개개의 사람들, 그리고 하위 조직의 책임의 목적은 또한 확인되어야 한다. 목표의 선택은 또한 장기와 단기의 목적 사이에서 결정되어야 한다. 종종, 궁극적인 목적은 즉시 달성할 수 없는 것이다. 장기의 목적은 가까운 미래에는 달성될 수 없는 목적이다. 장기의 목적은 현재에 직면한 문제를 해결하기 위한 것보다 오래 시간이 걸리는 경향이 있다. 그러나 시간이 길면 길수록 그 기획이 적절한 경향이 있다. 단기의 목적은 현재에 직면한 문제를 해결하기 위하여 고안된다. 단기의 목적이 그것을 해결하기 위하여 1년 이상 걸리는 경우는 거의 없다.

목표의 결정에 있어서의 문제는 종종 언급된 목적과 실제 목적을 구별하는 것이 쉽지 않다. 언급된 목적은 공공의 소용을 위하여 만들어진 것이다. 다른 한편으로, 실제 목적은 조직의 실제 포커스를 표현해 준다.

2. 대안(alternatives)

전략은 문자 그대로 행동의 계획이다. 기획과정에서의 단계 3은 가능한 전략들의 공식화에 관심을 가진다. 의사결정과정에서와 같이 하나 가능한 전략은 거의 없다. 오히려 기획은 수많은 가능한 형태를 취한다. 이 부분의 목적은 전략들을 제거하는 것이 아니라 그것들의 강도와 한계를 결정하고 확인하는 것이다.

많은 전략형성과정은 의견과 가치판단의 실행이다. 의사결정권자와 기획팀은 목적의 성취에 접근 가능한 것으로서 그들의 생각을 투입하는 것이다. 각 계획이 제안된 것과 같이 팀은 해설과 정제과정을 거친다. 기획 감독자는 이 점에서 다양한 전략들의 비평들을 조심스럽게 잡고 있어야 한다.

3. 전략선택(strategy selection)

각각의 전략에 의하여 언급되어야 할 많은 요소들이 있다. 이 과정은 잘못된 전략의 제거에 관심을 가지고 있다.

① 비용 의사결정권자가 수입과 지출의 프로젝트를 구하기 위하여, 전략들은 알맞음을 고려하여야 하다. 그러므로 사용가능한 자금의 양을 넘어선 비용이 계획된 어떤 기획은 비합리적인 기획이다.

② 참모, 부서 구성원의 질과 훈련은 또한 기획에서 고려되어야 할 요소이다. 조직은 어떤 참모가 임무를 완수할 수 있는가를 고려하여야 한다. 이것은 또한 법집행부서에서도 마찬가지이다. 전략들은 조직 내의 개인에 의하여 실행 가능하여야 한다.

③ 시간, 기획과 기획의 실행 모두에 가능한 시간은 대안의 확정에 있어서 중요한 요소이다. 가장 가능한 선택은 만약 실행에 충분한 시간이 없다면 무용하다는 것이다.

④ 장비 어떤 기획이 성공적이기 위해서는, 올바른 장비가 사용가능하고 작업환경에 적당하여야 한다. 범죄율이 높은 지역에서 순찰을 증가시키기 위한 경찰 프로그램은 순찰차의 사용가능 여부를 잘 고려하여야 한다. 전략의 목적 달성을 위한 장비의 필요성은 어떤 기획가에게도 중대한 요소이다.

⑤ 소식의 역사와 철학 및 전략형성에 있어서 가장 중요한 요소이지만 잘 고려되지 않는 것 중의 하나는 관서의 배경이다. 분명하게, 관서는 조직의 임무를 유지하는데 있어서 활동의 제한을 가지고 있다.

⑥ 정치적 무대 : 정치적 환경은 기획의 가능여부를 결정할 것이다. 만약 정치적인 위험이 그 구성원들의 누구에겐가 존재한다면 합법적인 체제에 의하여 기획은 받아들여지지 않을 것이다. 비슷하게, 장기간의 결과를 위하여 고안된 기획은 정치인들이 명확한 공공성을 필요로 할 때, 즉각적인 결과를 약속하는 프로그램은 거절당할 것이다. 종종, 훌륭

한 기획은 정치적 시기가 좋지 않다는 이류로 거절당하기도 한다. 의사결정권자는 결정이 수행되어야 하는 정치풍토를 알아야 한다. 전략이 성공적이기 위해서는 정치적으로 가능성이 있어야 한다.

⑦ 효과성 : 마지막으로 전략은 그들의 잠재적인 효과성과 관련하여 평가되어야 한다. 즉, 전략은 현재 존재하는 전략들과 섞여야 한다(Robbins, 1976: 187). 공동작용은 좀더 평등한 전체의 경향을 표시하기 위하여 사용되는 용어이다. 전체가 부분의 합계보다 더 클 때 효과성은 우리는 긍정적인 공동작용이라 하고, 부분의 합계가 같거나 적다면 부정적인 공동작용이라고 한다.

4. 실행의 평가(implementation and evaluation)

계획의 실행은 몇 가지 필요조건을 필요로 한다. 첫째, 계획은 전체 조직에 알려져야 한다. 실무자인 조직의 개개인들에게 지원을 유도해내고, 적절한 설명을 하는데 실패하는 것은 계획의 실패를 보장하는 것의 확실한 방법이다. 관서의 각 구성원들은 개인적인 목적뿐만 아니라 어떻게 이들 목적들이 전체적인 목적과 조직의 임무에 적합한가를 알아야 한다.

다음 단계는 목적과 수행에 대한 평가이다. 평가기술은 이미 존재하는 계획에 부가하는 것이 매우 어렵다. 가장 좋은 것은 계획의 수립시부터 평가적 요소를 부가하는 것이다. 이러한 방법으로 개인들은 계획, 그들의 역할을 이해하고, 그들의 전략에 대한 공헌이 어떻게 측정될 것인가를 알게 될 것이다.

평가는 관련된 활동들의 활동이나 집단의 체계적인 평가를 제공한다. 평가관점에는 다음과 같은 세 가지가 있다(Swanson, Territo and Taylor, 1988: 517-518).

① 과정, 평가가 어떻게 수행되는가에 관련되는 초점과, 평가를 수행하고 고안하는 데 포함된 단계와 절차

② 산출 평가의 결과로서 만들어지는 판단이나 발견물

③ 목적, 기획, 정책결정, 의사결정과 같은 평가의 사용 목적

프로그램 평가의 다양한 형태는 다음과 같다.

① 프로그램 평가. 평가의 이 형태는 프로그램이 언급된 목적을 달성했는지의 여부를 본다. 관점은 평가된 프로그램의 효율성에 있다. 연휴에 음주운전자들을 막는 장애물의 사용을 예로 들어 보면, 경찰부서는 이 기간 동안의 사고율을 볼 것이고 장애물의 사용 이후 같은 기간 동안의 사고율을 비교할 것이다.

② 과정 평가. 프로그램 활동들이 어떻게 수행되었는가를 보는 것이나. 이 형태는 산출이나 프로그램 유용성에 관심을 가지는 것이 아니라 단지 과정을 보는 것이나.

③ 효과 평가. 다른 형태보다 좀더 복잡하고 비용이 든다. 효과평가는 프로그램 때문에 발생하는 조직적·사회적·정치적 환경에서 변화를 측정하려고 시도한다. 이 평가는 목적뿐만 아니라 프로그램의 부수효과도 평가한다.

평가타입의 가각은 유용성을 가지고 있다. 좋은 계획은 프로그램과 과정 평가를 사용할 것이다. 복잡한 계획은 또한 효과 평가도 포함할 것이다. 이렇게 하기 위하여 각각의 관점을 검토하는 것이 계획에 포함될 것이다. 또한 프로그램에 감독자가 부서를 감시하는 경고신호체제를 도입할 수도 있다. 주기적인 검사와 지속적인 자료 검토를 하는 이러한 2중 경고 시스템은 의사결정권자에게 계획의 과정에 관하여 알려줄 것이다.

평가의 필요성에도 불구하고, 많은 경찰 의사결정권자들은 평가 기술을 사용하는 것을 거절한다. 심지어 기획과 조사 요소를 가지고 있는 관서들은 범죄와 예산상의 통계의 표 목록만을 위해서 조직들을 활용한다. Charles R. Swanson, Leonard Territo, Robert W. Taylor에 따르면, 평가 기술을 수행하는데 실패하는 다음과 같은 몇 가지 이유들이 있다.

① 경찰행정가들이 포괄적인 프로그램 평가로부터 얻을 수 있는 이익을 이해하지 않고 있거나 알려고 하지 않기 때문이다.

② 경찰행정가들의 정책선호와 위치는 프로그램을 변화시킨다. 그리고 그들은 그들의 지위를 손상시킬 수 있는 어떤 것에 의해서도 동기화 되지 않는다.

③ 프로그램 평가의 참모 작용을 위한 자원의 할당이 종종 계선 작용에 대한 자원의 할당보다는 더 낮은 우선권으로서 보인다.

④ 경험의 축적으로 얻어진 주관적인 판단에 의존하는 것을 선호한다는 평가에 존재하는 불신.

⑤ 환영을 받지 못하는 평가는 의사결정권자 개인적으로 또는 부서를 비판하기 위한 "외부인"을 위한 힘 있는 도구로서 꺼려하는 반면에, 환영을 받는 평가는 비중이 없는 것이다.

⑥ 평가를 초기화시키고 결과를 사용하는 것은 변화 지향적인 위원회를 포함하고, 얇은 조직적인 타성은 종종 장벽이 된다.

제 4 절 예산(budgeting)

법집행부서의 주된 기획 도구는 예산이다. 의사결정권자가 기획을 믿는가의 여부와 상관이 없이 예산은 적어도 다음 연도를 위한 필요의 평가를 한다. 이와 같이 예산은 어떤 기획을 필요로 한다. 장기 또는 복잡한 기획을 하고 있는 관서에서는 예산은 반드시 필요한 과정이다. 예산은 계획의 가능성 여부를 결정하고, 계획은 무엇이 예산에서 요구되어야 하는가를 결정한다. 예산을 고려하지 않는 계획을 시도하는 것은 무의미하다.

Ⅰ. 품목예산(line-item budget)

품목예산은 관서 관리자들을 합법적으로 통제하는 형식으로서 인식된다. 모든 예산은 이 예산에서 시작한다. 품목예산은 쇼핑예산에서 필요한 품목의 리스트와 같은 형태로 되어 있다. 일반적으로 말하면, 품목예산은 4가지 범주로 나누어진다. 개인적인 품목(personnel), 장비(equipment), 지급품(supplies), 계약상의 목록(contratual items)이다.

품목예산의 장점은 그 단순성에 있다. 준비가 가장 쉬운 예산이다. 단지 현재의 소비 목록만이 요구되고, 이들 목록들에 있어서 가격 변화에 관련된 생각이 필요하고, 추가적으로 필요한 몇 가지 아이디어가 필요하다.

관점에 기초한 부수적인 이익이나 불이익은 품목예산의 연구를 통한 부서의 목적을 번역할 수 있는 어떤 사람의 무능력이다. 품목예산은 단순한 품목의 나열이기 때문에 평가는 문제되지 않는다. 의사결정권자는 프로그램의 어떤 숫자를 감추거나 어떤 명백한 임무의 부족을 감출 수 있다.

품목예산에서의 주된 약점은 예산 과정을 통하여 프로그램을 보호하기 위한 의사결정권자의 무능력이다. 품목예산의 장점으로는 회계책임의 명확, 인사행정에 유용한 정보 및 자료제공, 지출의 합법성에 치중하는 회계검사의 용이, 행정의 재량범위 축소 등을 들 수 있으며, 단점은 첫째, 품목별예산은 경직되어 있어서 한 품목에서 다른 품목으로 지출의 융통성 있는 대체가 허락되지 않으며, 둘째 재정적 지출과 기관목표의 실질적인 달성과의 관계가 결여되어 있다. 셋째, 작업량과 성과에 대한 질의 측정이 어려워서, 이것은 경찰업무의 정확한 평가를 하게 할 수 없다.

Ⅱ. 성과주의 예산(performance budget)

성과주의 예산은 관리에 도움을 주기 위하여 고안되었다.

① 성과주의 예산은 하나의 제안된 사업계획과 다른 제안된 또는 현존하는 사업계획과 비교하여 경찰부서 사업계획의 목표를 달성하는 데 있어서 효과성을 측정하기 위하여 설계되었다(Schick, 1978: 29).

② 성과주의 예산은 품목별로 지출된 품목이 마련되어 있지 않고 경찰부서 내의 사업계획별로 자금이 할당된다. 각 사업계획은 연구 및 개발비, 운영, 감독, 리더십, 간접비 등이 포함되어 있다. 그것은 성과단위 또는 업무측정단위로서 계획된 산물을 가리키다.

Ⅲ. 계획예산(planning programming budget)

계획예산은 사업계획구조에 있어서 계획기능과 예산기능이 혼합된 것이다. 계획예산이란 경찰활동을 순찰, 수사, 청소년, 교통 등의 프로그램으로 구분하여 각 프로그램에 대한 지출에 근거하여 예산을 책정한다. 계획예산은 프로그램의 실행과 영향을 분석하여 그 결과를 금년도의 예산과 연결짓게 만든다.

계획예산은 장기적인 계획수립과 단기적인 예산편성을 유기적으로 결합시킴으로써 자원배분에 관한 의사결정을 일관성 있게 그리고 합리적으로 행하려는 생각을 제도화한 것이다.

계획예산의 구성요소는 사업계획의 목표와 목적에 의해 기대한 결과를 확인하는 프로그램구조(program structure), 각 사업계획의 목표와 목적을 달성하는 데 드는 비용을 결정하는 예산구조(budget structure), 관련된 문제와 그것을 교정하는 데 드는 비용을 확인하는 보고체계(planning system)이다.

Ⅳ. 영기준예산(Zero-Based Budgets)

영기준예산제도(Zero-base budgeting System)란 예산을 편성 · 결정함에 있어서 전년도의 예산에 구애됨이 없이 조직체의 모든 사업과 활동에 대하여 영기준(Zeron-base)을 적용해서 각각의 효율성과 효과성 및 중요도 등을 체계적으로 분석하고 그에 따라 우선순위가 높은 사업과 활동을 선택하고 실행예산을 결정하는 예산제도를 말한다(phyrr, 1978: 254).

이러한 제도를 활용하는 의사결정권자는 프로그램의 평가 및 순위를 정하는 예산계획을 개발하여야 한다. 예산계획에 특정활동의 목표, 비용, 성과의 척도, 활동대안, 비용 편익 등에 관한 정보가 포함되어야 한다.

연습문제

1. 의사결정의 오류는 어떠한 원인에 의해 발생하는가?
2. 일본과 미국의 경찰조직에 있어 의사결정의 초점을 비교하고, 각각의 장점과 단점을 설명하라.
3. 합리적인 의사결정은 무엇이고, 왜 의사결정이 중요한가?
4. 의사결정 안내사의 의견은 왜 중요한가?
5. 무엇이 경찰조직의 크고 작은 단위별로 의사결정에 중요한 영향을 미치는가?

제 6 장

조 직 화

학습목표

이 장은 다음과 같은 학습목표를 가진다.

첫째, 조직의 정의와 조직결정시 고려사항은 무엇인가?

둘째, 공식적 조직과 조직화의 관계는 무엇인가?

셋째, 조직화의 조직편성원리의 장·단점은 무엇인가?

조직은 목표를 달성하기 위해 노력하는 사람들의 집단으로 정의된다. 친구들은 사회적 사건이 생길 때, 조직을 고려하지 않는다. 그러나 상호관계의 목적을 표현하기 위한 결정을 해야 할 때, 그들은 조직이 될 것이다. 대부분의 사회조직이나 사기업들조차도 이런 방법으로 시작되었다. 각 조직은 목표달성을 위한 집단노력을 위해 상호작용하는 공식요소와 비공식요소의 두 요소를 갖는다.

제 1 절 공식 조직(The Formal Organization)

공식조직을 논의할 때 가장 많이 사용되는 용어가 관료제이다. 그러므로 관료제가 이 논의를 시작하는데 가장 적합해 보인다. 독일의 사회학자인 베버(Max Weber)가 관료제의 창시자로 인정받는다. 실제로 그는 구조보다도 용어를 창시했다. 그는 산업조직에서 관찰된 구조를 설명하기 위해 용어를 만들었다. 관료제는 공식구조가 부서(bureaus)가 만들어질 때 나타났기 때문에 용어로 사용되었고, 특정업무가 부과되면 다른 부서의 업무를 수행하였다.

실제로 조직의 원리를 정의한 첫 번째 인물은 프랑스의 채광기술자인 페이욜(Henri Fayol)이다. 그는 14개의 관리원칙을 정의했고, 베버와 같은 후학들을 위한 토대로 만들었다. 그의 원칙은 〈표 6-1〉과 같다.

〈표 6-1〉 관리원칙

원 리	의 미
분업	분업은 주의와 노력을 기울여야 할 작업의 수를 줄임으로써, 똑같은 노력으로 더 훌륭하고 많은 생산을 하기 위해서 이루어진다.
권한과 책임	권한이란 명령을 할 수 있는 권리이며, 복종을 강요하는 힘이다. 책임은 권한을 행사함에 따라 수반되는 것이다.
규율	규율이란 기업과 종업원 사이의 행동에 대한 계약이며 복종관계로 나타난다. 이러한 계약을 통해서 기업과 그 구성원을 하나로 묶어주며, 계약을 이행하지 않았을 때에는 제재를 받게 된다. 잘못된 규율은 잘못된 리더십의 결과이다. 잘된 규율은 근무자와 관리자가 조직 내의 통치활동을 하는 통치자를 믿을 때 존재한다.
명령의 일원화	이것은 각 구성원에게 분담된 업무가 조직의 공동목표에 결부되고 조직질서를 유지하기 위하여 한 사람의 하급자는 항상 한 사람의 직속상급자로부터 명령, 지시를 받아야 하는 원칙이다.
지휘의 일원화	한 가지 목표를 가진 개개의 활동 집단은 한 가지 계획과 한 명의 지도자의 지휘를 받도록 해야 한다.
조직이익의 우선	개인이나 또는 소집단의 이익이 사회나 조직전체의 이익보다 먼저 추구되어서는 안 된다.
보상제도	종업원의 충성, 지원을 얻기 위해 적절한 보상체제가 갖추어져야 한다.
집권화	분업과 마찬가지로 조직경영에 있어서 집권화 역시 필요하다. 그러나 그 정도는 조직의 특성에 따라 결정되어야 한다.
연결계층	연결계층은 최고경영자로부터 최하급자까지의 조직의 서열을 나타내는 계층구조이다.
질서	공정성은 대인관계에서 애정과 공평한 처리로부터 생긴다.
공정성	빈번한 인력의 변경이나 개편은 비능률적인 조직경영을 초래한다.
인적자원의 안정성	창의적 정신은 성공적인 계획을 생각해 내어 조직에 활력을 불어 넣는다.
창의성	창의적 정신은 성공적인 계획을 생각해 내어 조직에 활력을 불어 넣는다.
집단정신	개인 간의 조화에서 비롯된 집단정신으로 매우 큰 힘을 갖는다.

페이욜의 연구 결과로부터, 베버는 조직과 관리의 가장 실질적인 수단으로 관찰한 공식구조를 지지했다. 그는 이런 방법으로 조직화의 필요성을 주장했고, 이념적 조직을 구성하는 다음의 요소를 제안하였다(Tausky, 1978: 30).

① **기능적 전문화에 의한 분업** - 공식적 의무인 과업이 집단성원들에게 분업과 기능적 전문화를 통하여 배분된다. 과업을 배분하는 방법이 공식적으로 구비되어 있으며 적재적소의 인사배치가 운용되어진다.

② **잘 정의된 권한의 계층** - 관료제는 계층의 원리에 따라 직위가 배열되어 있으며, 하위직은 상위직의 통제 하에 놓이게 된다. 이러한 특성은 조직성원 모두에게 통제력을 발휘하게 되며, 전문화와 분화에 의하여 효과적으로 달성된다. 하지만 공식적인 의무로 작용할 뿐 개인생활은 조직의 권한으로부터 자유롭다.

③ 공무원은 피고용자이다. "경찰행정의 수단(예, 행정장비)"은 공무원에 의해 속하는 것이 아니라 관청에 속하고, 관청에 대한 개인적 권리를 얻는 방법은 없다.

④ 관료제에서의 구성원은 직무숙련의 확실한 단계로 경력을 구성한다.

⑤ **기술적 능력에 의거한 승진과 선발** - 선발은 능력에 따라 이루어지고, 기술적 능력은 전문화된 훈련과 경험에 의해 습득되며 객관적인 시험에 의하여 측정된다. 승진은 연공서열식과 상급자에 의한 고과로써 이루어지며 경력이 중시된다.

⑥ **대인관계의 몰인정성** - 관료는 합리적인 의사결정을 하기 위해서 다른 사람과 접촉할 때 개인의 사사로운 감정을 덮어두고 공식적이고 비개인적인 태도를 갖지 않으면 안 된다고 하는 것이다. 관료제에서의 의사결정은 추상적인 규칙, 규정, 절차의 일관적인 체계에 의하여 규정된다. 그리고 모든 사무는 문서기록을 통하여 객관화된다.

페이욜과 베버의 조직이념은 인간형과 갈등이 존재하지 않는다. 순수 관료제는 조직도가 기관의 운영 방법과 정확히 일치하는 조직이다. 물론 베버는 조직 내에서 사회적 환경의 영향을 고려하는 데는 실패했다. 비공식 집단은 그 후 어느 정도까지는 설명되지 않았다.

만일 자기존재 없이, 적이나 질투 없이, 동등한 능력을 갖추고 일하는 사람들의 집단을 선별하는 것이 가능하다면 베버의 구조는 직무수행이 잘 될 것이다.

공식조직의 구조는 조직이론에 대한 베버의 최고의 선물이다. 비록 최초의 조직이 형성될 때에도 존재했지만, 피라미드형은 베버에 의해 가장 잘 설명되고 모든 조직에서 주목할 만한 점이다. 베버 이론의 다른 점은 논쟁의 대상이 되는 것이다. 사람들의 결합적 특성이 그의 이론을 비판받게 하는 것이 아니라, 그가 제안했던 개념에 결함이 있었다.

조직이 가능한 만큼 명확하게 책임과 의무를 말하려고 시도하는 것은 사실이지만, 어떤 조직도 지배와 자원을 통한 권력투쟁을 발생시키는 분업에 있어서 애매모호함 없이 명확하게 책임과 의무를 구별하는 것은 불가능하다(Peters and Waterman, 1982: 121-125). 이것이 조직의 효과성을 방해하는 의무와 책임의 정확한 해설을 측정하는 연구의 성장단계이다. 조직의 유동성은 조직의 설계를 위한 더욱 가능성 있는 접근방법이 존재할 때 나타난다.

베버가 설명한 권한(authority)도 역시 비판을 받을 수 있다. 그는 우리가 4장에서 논의한 것처럼 직위에 관하여 권한을 고려해야 하는 필요성을 주장했다. 권한은 기관의 구조설계에서 제공되는 반면에, 권력 차별성은 권한의 효과를 약화시키는데 도움이 된다.

공공서비스 조직에서 권한의 많은 부분은 조직 설계의 산출보다도 최고관리자에 의해 위임된다. 최고 관리자가 동등하게 권한위임을 할 수는 없다. 동등한 직위의 두 하위자가 유사한 책임을 갖는 반면에, 한 쪽은 개인적 능력에서 행정가의 믿음의 경과로 더욱 많은 권한을 가질 것이다. 이와 같은 현상은 조직도에서 설명될 수는 없지만 이것이 조직 내부 생활의 필수적인 사실이다. 이는 최고 관리자가 하급관리자의 능력을 결정할 때 확신이 없는 경우에 특히 그렇다.

인력을 해고하거나 강등시키는 개인 회사의 유동성이 부족하기 때문에 공공 행정가는 현재의 수준에서 인력을 유지할 수밖에 없을 것이다. 유일한 전략은 이런 사람에게서 권한을 제거하도록 행정가에게 맡기는 것이다. 약간의 특권층은 남게 되고 이것이 진정한 직위권한의 측정을 대표한다.

권한위임과정의 다른 측면은 최고관리자의 개인 철학이다. 독재적 행정가는 적게 위임할 것인 반면에 민주적 지도자는 많이 위임할 것이다. 결과적으로 하급명령자는 독재적 행정가 아래보다는 민주적 행정가 아래서 더욱 많은 권한을 소유할 것이다. 그래서 권한은 유사한 직위에 대하여 조직 내에서뿐만 아니라 다른 조직들 사이에서도 다양하다.

무소유의 요구는 이해하기 어렵다. 대부분의 최고로 성공적인 조직들은 가족소유의 기업이다. 그러나 공공기관들은 가족소유가 아니고 이런 규칙을 고집하는 법집행기관에서도 그렇다. 비록 일부는 그렇게 행동하지만 아무도 공공시설을 소유할 수 없고, 전반적으로 이런 명령을 따른다.

베버의 직업 관료주의 개념은 부분적으로 맞다. 많은 사람들이 일생 동안 종사하는 공직을 만든다. 그러나 많은 사람들은 그렇지 못하다. 불만, 더 좋은 기회, 승진기회의 부족과 같은 이유로 공직에 들어왔다. 많은 사람들이 완전한 조직을 찾아 떠나거나 다른 기관으로 이동한다. 이직률을 볼 때 법집행기관에서 더욱 그러하다.

주목할 점은 경쟁에 기초한 채용과 승진이다. 문제는 경쟁을 적합하게 확인하고 측정하는 것이다. 경찰기능 역시 매우 다양해서 테스트 목적을 측정하기가 어렵다는 것이다. 승진시험과 인사평가는 확실한 능력이 아닌 교제시험과 개인견해에 기초한다. 결과적으로 공정성은 가끔 나타나지만, 전반적인 지혜에 반대되는 개인에 대한 평판으로 승진과정이 평가된다.

이것은 지난 100년 동안의 직무심사제도의 효과를 관찰하는 것으로 알아볼 수 있다. 이런 기법이 해를 통해 변화되는 것은 아니지만, 1964

년 시민권법(Civil Rights Act)을 보면 여성과 소수민족들은 법집행 직업을 얻기가 매우 어려웠음을 알 수 있다. 오늘날에도 사용되는 심사제도와 평가제도는 여성과 소수민족을 효과적으로 차단시켰다. 채용과 승진의 공정성을 위해 심사제도가 설계되었으나 심사를 실시하는 담당자의 재량을 통해서 사용되었다. 자유로운 사고는 공공기관에서 실망스러웠다.

몰인정성의 규칙 개념은 베버의 의해 제안되었을 때 약했다. 이것은 무엇이 조직을 위한 최선인가에 기초한 의사결정, 명령통일의 원칙과 계층 제에서 그들의 위치에 따라 사람들이 행동하는 것과 같이 관리의 전통적 철학에서 이어받은 개념이다. 오늘날 성공적 조직의 비밀의 하나로 알려진 것은 비공식성과 권한과 의사소통의 정확한 체계에 대한 인내부족이다.

베버의 이념조직은 이념과 거리가 있다. 정체된 사실의 설명일 뿐이다(Peters and Watgerman, 1982: 122). 인간형의 다양성과 인간의 비합리적 행동을 수용할 수 없는 접근방법은 조직 내에서의 행동을 설명하기 위한 시도에서 필연적으로 실패하게 되었다. 베버는 우리에게 조직 연구를 시작하기 위한 유용한 정보를 제공하였다. 다른 이들은 부가된 통찰력을 따랐다.

제 2 절 조직편성의 원리(Principles of Organizing)

베버가 조직구조를 설명한 후에, 다른 이들이 조직편성에 고려해야 할 수많은 원리를 제공했다. 그러나 이러한 원리들은 경우에 따라서 대조적이다. 이런 문제는 최초 설계에서 원리의 활용도보다도 조직 내부에서 원리를 관찰하는 것의 의심할 필요 없는 결과이다(Simon, 1976: 20-35). 만일 설명에 혼란이 온다면, 이는 조직편성의 원리를 결정하기 위해서 사용된 개념의 논리의 갈등 때문이다. 하나는 원리를 설정하는 것이고 조직의 설립에 개념을 적용하는 것이다. 다른 하나는 원리 없이 조직을 설립하고 완성된 조직을 살펴보면서 원리로 나타나는 요소를 설명하는 것이다. 전자는 실제 원리가 조직을 설계할 때 사용될 수 있는 것이다. 후자는 다른 구조에 적용이 되는 것과 상관없이 단일구조의 설명을 나타내는 것이다.

달리 말하면, 첫 번째 접근방법은 조직의 원리를 나타내는 것이고, 두 번째 접근 방법은 단지 조직의 설명을 제공하는 것이다. 불행이도, 대부분의 원리들은 전자보다는 후자의 결과이고, 얼마나 많은 조직들이 구조화되었는가의 단순 관찰로 반복된다. 진정한 원리가 없기 때문에, 다른 조직들 사이의 교차적용은 매우 다양하다. 이것이 오늘날의 급속히 변하는 분위기 속에서 경우에 따라 유용하고 때로는 적절하게 조직 설계의 일반적 설명을 위한 더 좋은 생각이 될 수 있다.

Ⅰ. 조직의 원리

조직화의 원리는 다음과 같다. 세 가지 일반 원리는 모든 조직에 적합하다. 첫째, 조직의 구조는 목적과 목표에 의존한다. 조직은 조직의 의무를 충족시키기 위해서 설계되어져야 한다. 둘째, 전체 조직의 효과성은 조직의 다양한 부분의 효과성에 의존한다. 셋째, 목적과 환경 변화에 따라서 조직구조도 변화를 수용하기 위해 융통성이 있어야 한다. 적용하기 위한 실패는 치유적(pathological) 조직을 유도한다.

1. 스칼라의 원리(The Scalar Principle)

스칼라의 원리는 전형적인 조직의 피라미드 설계를 언급한다. 이 원리의 개념은 상급자와 하급자의 하달식 네트워크의 활용을 통한 조직의 통제이다. 최고관리자는 10명의 하급자에 대해 둘을 직접 통제하고, 둘이 열 명의 하급자를 각각 통제한다. 그래서 조직의 말단까지 전달된다. 모든 사람은 최고관리자가 전체조직을 통제할 때까지 1인의 상급자를 갖는다. 스칼라의 원리는 조직 내에서 권한의 단계와 기간의 조직도 연구로 관찰될 수 있는 원리적용의 결과를 설명하려고 한다.

조직의 수직적(tall)인가 수평적(flat)인가는 이 원리가 어떻게 적용되었는가를 연구함으로써 결정될 수 있다. 수직적 조직은 관리단계가 많은 조직이고, 수평적 조직은 계층의 단계가 적은 조직이다. 예를 들면, 가톨릭교회는 수억의 사람들을 위한 조직이고, 수백 명을 고용하지만, 단지 관리의 다섯 단계만을 갖는다. 반대로, 500-700명의 공무원인 법집행기관은 관리의 일곱 단계 이상을 갖는다.

수평적으로 계층을 만드는 것은 1-2단계로 조직을 고려하는 것이 일반적이지만 우리는 크기를 고려할 때 가톨릭 구조의 수평성을 인정해야 한다. 수직적 조직의 전형은 명령구조가 19-20단계에 이르는 군대이다.

명령구조의 중요성은 조직의 복잡성과 관련된다. 구조가 복잡하고 공식적이거나, 스칼라의 원리가 정확하게 적용되면 될수록, 조직이 갖는 적응하기 위한 수용능력은 줄어든다. 최근 스칼라의 원리와 관련된 조직 성공의 두 가지 주된 척도를 확인할 수 있다. 첫째, 성공적 조직은 소규모의 행정참모를 갖는다. 성공적 조직은 행정의 각 단계에 소수의 인력을 배치하는 수평조직이다.

둘째, 비공식이 수많은 기관의 인력들은 조직도를 참고하지 않는 내용이 장려되고, 만일 그들이 실행하려 한다면 조직도에 의해 혼란스러워질 것이다. 전 단계에서 모든 인력사이의 비공식 의사소통은 생산적 조직의 비밀들 중의 하나이다. 이 개념은 전체적으로 전통적 조직철학에 대항하는 개념이다(Peters and Waterman, 1982: 121-125).

그러므로 스칼라의 원리와 조직의 효과성 사이는 역의 관계이다. 기관의 구조가 공식적이 되면 될수록, 새로운 문제에 대처하는 능력과 효과적이지는 못할 것이다.

2. 명령통일의 원리(Unity of Command)

안정성을 위하여, 이론가들은 각각의 하급자는 하나의 상급자에게만 응답해야 한다고 제안한다. 다시 말하면, 이것은 통솔을 유지하기 위한 것이고 스칼라와 상호관련이 있다. 이론적으로는, 각 그룹은 더 높은 감독자에게 응답하는 감독 그룹의 일원인 한 개인에게 보고하고, 관리자 그룹이 최고 관리자에게 보고할 때까지 그렇게 한다. 명령 통일의 원리는 항상 조직의 하위에서 상위로 올라간다. 종종, 한명의 감독자에 많은 하급자가 있는 경우가 있지만, 각 하급자에게는 오로지 하나의 상급자가 존재한다.

이런 원칙 뒤의 이론은 안전하지만, 실제로는 그것은 특히 법 집행기관에서 종종 위반된다. 대규모 지역에 대한 순찰 활동의 배치는 한 감독자가 이 사람에게 주어진 모든 요구를 관리하는 것을 거의 불가능하게 한다. 결과적으로 한 감독자가 요구될 때, 그 현장에 가장 편리한 사람이 종종 보내진다. 이것은 특히 위게 내 수준이 모든 성원들에게 평등한 권한이 주어지는 군대나 준 군대에서 그렇다. 경사끼리는 동등하고 순찰 경관은 그들의 조직(chart)에서의 상대적인 지위에도 관계없이, 이런 등급을 차지하는 어떤 사람을 변화하지 않을 것이다.

3. 통솔의 범위(Span of control)

한 사람이 효율적으로 감독할 수 있는 하급자의 수나 임무는 때때로 관리 범위로 알려진다. 하급자의 이상적인 수나 명령을 구분하기 위해 적절하게 공식을 결정할 무능력은 이런 지속적으로 이런 원칙의 복잡한 적용이다. 다양한 행동을 감독할 능력과 연합된 수많은 변수들이 있다. 개인이 제한된 작업공간에서 많은 사람의 작업을 감독하는 것이 대규모지역에서 흩어져서 감독하는 것보다 훨씬 쉽기 때문에 상급자와 하급자의 근접한 거리와 같은 공간적 요소는 중요하다.

하급자만큼이나 상급자의 능력은 통솔의 범위를 결정하는데 고려되어야만 한다. 또한 작업 자체의 역동적 직무수행은 통솔범위 구분에 중요 역할을 한다. 그 직무가 정적이고 관례적인가 혹은 많은 판별 결정을 필요로 하면서 동적인가? 이런 요소들은 감독이 얼마나 필요한가에 대한 명확한 영향을 가진다.

명령의 통일처럼, 통솔의 범위는 스칼라와 관련된다. 그것은 또한 조직통솔의 원칙이다. 적당한 통솔 범위를 명기하지 못하는 무능은 이것을 가장 바람직하지 못해 근접하게 지켜야 하는 원칙의 하나로 만든다. 대부분의 조직에서 통솔의 범위는 정면으로 구상되지는 않지만 조직이 발전하면서 자연스럽게 발달한다.

4. 예외의 원리(The Exception Principle)

시간과 자원을 아끼기 위해 이론가들은 계층에서의 하위 같은 가능한 한 많은 결정을 위한 필요를 주장한다. 예외의 원칙은 관리자가 예외적 성질의 의사결정만 해야 한다는 개념에 기반을 둔다. 일상적 결정은 항상 조직의 하부 자들에 의해 결정되어야 한다. 많은 관리자에 대해 나오는 불평의 하나는 그들의 위임의 무능이다. 그들은 주요 결정이 만들어지지 않거나 늦게 되는 사소한 결정에 조여지게 된다. 예외의 원리는 이런 유형의 문제를 예방하기 위해 지지된다.

그러나 예외의 원리의 편의도모는 기꺼이 권위를 위임하는 것을 요구하는데 이것은 관리자가 하급자에게 가지는 신뢰의 양과 관련된다. 관리자가 덜 위임할수록, 이 원칙은 덜 적용될 것이다. 역시 이 원칙은 전혀 원칙이라기보다는 조직 내의 위임 과정의 묘사임이 드러난다.

5. 집단의 원리(The Aggregation Principle)

종종 분업으로 언급되는, 집단의 원리는 다양한 기준에 따라 조직을 부서화할 필요를 강조한다. 그 기준은 목적(작업, 기술적 서비스), 시간(교대 혹은 감독), 지역(순찰 구역 혹은 구내), 피보호자(청소년, 강간범, 도둑), 직무(순찰, 교통)를 포함할 것이다.

부서화가 발생하는 지침은 분화(differentiation)와 통합(integration)이어야만 한다. 분화는 조직의 업무와 기능을 명확화할 필요를 언급한다. 통합은 비슷한 업무와 기능을 묶는 것이다. 동시적으로, 충분한 권한과 책임뿐 아니라 모든 업무와 기능에 대한 의무가 명기되어 목적, 역할, 의무에 대한 명확함이 있어야 한다.

조직의 특화로의 분류는 강점과 약점을 함께 지닌다. 알다그(Romaon J. Aldag)와 스티언스(timothy M. Stearns)는 각각의 간결한 목록을 제공한다(Duncan, 1979: 59-80).

〈장점〉

① **자원의 충분한 사용**: 통의 업무의 분류로, 규모의 경제가 가능하다. 각 부서는 문제 해결 전문가를 신속히 동원함으로써 다른 부서에 효율적으로 공급할 수 있다. 물리적 자원 또한 시설과 자이를 공유하는 구성하는 같은 장소에 있기 때문에 효율적으로 사용된다.

② **심층의 기술 발달**: 구성원의 좀더 집중적인 훈련이 부서 안에서 지식과 이전 기술의 발전의 유사성 때문에 가능하다. 구성원들은 그들 편성 단위에서의 동료들과 함께 정보를 공유함으로써 그들의 기술을 더 넓은 범위로 전문화할 기회를 가진다.

③ **분명한 직업 경로**: 고용자들은 직업 요구와 승진 경로를 분명히 이해한다. 비슷한 배경과 전문성을 가진 동료들을 보면서, 고용자는 어떤 행동이 조직에 의해서 희망되고 어떤 것이 아닌지를 빠르게 배울 것이다.

④ **방향의 통일성**: 중심화된 결정 구조는 최고 관리자가 조직의 조화와 통제를 제공하기 때문에 방향의 통일성을 이루는데 도움이 된다. 부서들은 조직의 전체적 선택을 지시할 목표와 목적을 공급받을 수 있다.

⑤ **기능내부에 강화된 조화**: 편성 단위 구성원의 공통된 배경은 의사소통을 조절하고 동료들을 강화한다. 이것은 결국 편성 단위 구성원들이 편성 단위의 목표를 완수하기 위해 팀으로서 일할 것 같기 때문에 조정 과정을 돕는다.

〈단점〉

① **느린 의사 결정** : 최고 위치의 의사결정을 가진 선임 관리자는 다각적인 문제가 편성 단위에 출현한다면 결정의 과부하를 가지게 될지 모른다. 결과적으로, 결정은 지연과 조직 내의 추가적인 문제를 일으키면서 느려지거나 저하된 질이 될 것이다.

② **덜 혁신적** : 편성 단위의 구성원들은 조직의 전체 목표보다는 편성 단위에만 중점을 둘지 모른다. 종종 편성 단위간의 지원을 의사소통하거나 생성해야 하는 필요성 때문에 문제를 해결할 새로운 방법을 위한 새로운 아이디어, 혁신이나 제안은 종종 잃게 된다.

③ **불분명한 수행 책임** : 조직의 성공과 실패는 모든 부서에 의한 행동의 결과이다. 그러나 한 목표의 성공과 실패에 대한 각 편성 단위의 개인적인 공헌은 지적하기가 쉽지 않다.

④ **제한된 관리 훈련** : 기능적 편성 단위가 특정 기술에 간련된 문제해결을 위해 구성원 훈련에 뛰어날 때, 그들은 전체적으로 조직에 영향을 주는 문제 해결을 위한 구성원 훈련에는 빈약하다. 최고 관리자는 어떻게 편성단위가 효율적으로 서로 연결될 수 있는가를 이해해야만 한다. 한 편성단위에서의 광범위한 훈련과 경험은 더 넓은 관리 기술을 발전시킬 기회를 축소한다.

⑤ **부실한 기능 간 조정** : 개별적 편성 단위의 구성원은, 다른 편성단위의 구성원과의 거리감을 느끼거나 심지어 그들에게 적개심을 느낄지 모른다. 결과적으로, 그들은 조직의 목표를 성취하기 위해 기꺼이 다른 편성 단위들과 타협하거나 지지하지 않을 것이다.

6. 계선과 참모의 구별(Distinction Between Line and staff)

계선 인력은 기관 임무의 실제적 충족이 부과된 사람들이다. 이 사람들은 조직이 존재하는 이유이다.

반면, 참모 인력은 계선 기능을 지지하기 위해 존재한다. 비록 필요하지만, 이 사람들에 의해 행해지는 의무는 계선 기능에 2차적으로 중요하다. 참모 명령자는 그들 각자의 편성 단위 안에 계선 권위를 가지지만 계선 인사를 능가하는 권위를 가져서는 안 된다. 그러나 심지어, 서비스 부문 명령자가 계선에 없을 때에도 어떤 계선 순찰 경관도 안전하게 서비스 편성단위 명령자의 명령을 부인할 수 없다.

7. 공식적 의사소통 네트워크(formal Communications network)

공식조직에서 의사소통은 스칼라에 부합하여 흐른다. 보통 이것은 수직적 의사소통의 형태를 취한다. 즉각적이지 않게 의사소통은 측면으로 흐르지만 공식적 조직이론은 측면적 의사소통을 인식하지 않는다.

의사소통은 구술적, 문서적, 침묵적일지 모른다. 공식적 의사소통은 주로 문서적이다. 이것은 명령, 정책, 메모, 정보 요구의 형식을 취한다. 비록 이것이 두 가지 절차로 가정되지만 대개 명령과 요구는 이래로 내려오고 반응은 위로 올라간다.

많은 법 집행 기관에서의 주요 문제는 문서화된 의사소통의 유형과 양에 대한 통제의 부족이다. 너무 많은 서신은 의사소통 네트워크를 방해할 수 있다. 또한 보통 면대면 의사소통에 포함된 모든 미묘한 뉘앙스를 정확하게 문서화된 메시지로 세우는 무능은 많은 서신들이 오해될 것이라는 것을 의미한다.

메모 전쟁(Memo wars)은 생산성에 피해 막심한 영향을 줄 수 있다. 잘못 이해된 정책 진술은 또한 그 의도가 명확히 될 때까지 혼란과 우려를 낳을 수 있다. 문서화된 서류는 따라서 공식 조직에서 선호되는 매개물일 것이지만 조심스럽게 사고되고 구조화되지 않으면 좋은 점보다는 더 많은 해를 야기할 수 있다. 문서화된 메시지는 메시지의 주제에 대해 표현된 생각의 기록이 필요하거나 그 메시지가 너무 기술적이어서 입으로 하는 말로는 신뢰되지 않을 때 행해진다.

구술적 의사소통은 관료 사이에서는 선호되지 않지만, 중재적인 피드백을 주고받는 각 부문의 능력 때문에 문서화된 메시지보다 두드러진 장점을 지닌다. 결과적으로, 구술적 메시지는 보통 다른 의사소통 행태보다 더 빠르고 분명하다. 그러나 구술적 메시지는 한사람이 다른 사람과 직접적으로 의사소통하기를 원할 때 유용하다. 그 메시지가 많은 조직 계층을 통해 다수의 사람들에게 전해져야 할 때, 그 메시지는 최종의 목적에 도달하기 전에 심하게 왜곡될 수 있다. 이런 왜곡의 문제 때문에, 그런 메시지는 문서화되어야 한다.

침묵의 의사소통은 몸짓 언어(body language)를 의미한다. 몸짓 언어는 구술적 의사소통을 강조하고 돋보이게 할 때 가장 유용하다. 얼굴 표현이나 몸짓은 대화에서는 나타낼 수 없는 인지를 초월한 발음된 단어에 의미를 준다. 문서화된 메시지에 가능한 몸짓 언어의 부족은 그것이 메시지의 의도를 충분히 파악되기 어렵다는 이유 때문이다. 대부분의 사람들은 그들의 감정을 감추는데 충분한 어려움을 지닌다. 따라서 그들의 구두 메시지에 대한 반응은 종종 그들의 구어적 반응보다 의사소통 자에게 더 많은 것을 말한다. 침묵의 의사소통은 구술적 메시지가 일반적으로 그렇듯 일정하게 비공식적으로 분류된다. 이것은 구두의 혹은 침묵의 메시지는 미래의 참조를 위해 저장될 수 없다는 것 때문이다.

Ⅱ. 비공식조직(The Informal Organization)

인간은 사회적 창조물이다. 이 사실 때문에 그들은 공식적 조직이론의 주창자에 의해 규정된 방식으로 한 집단 안에서 기능하리라고 절대 기대될 수 없다. 사람들은 그들이 자신을 어떻게 여기는가와 그들이 타인에 의해 어떻게 여겨진다고 믿는지에 관해서 행동한다. 사람은 동료들과의 사회적 결합을 유지하기 위해 종종 개인적 이익을 희생할 것이다. 이것은 사람들이 부과된 일의 정도에 수고하는 조직에서 발견될 수 있다. 그들은 그들이 완성하는 작업의 각 부분을 위해 수고한다. 각각의 사람은 수입을 극대화할 수 있을 정도로 생산한다고 기대될 수 있다. 그러나 비공식적 평가가 재빠른 사람들로부터 느린 노동자들을 보호하기 위해 세워질 것이다. 보통 비공식적 평가는 노동자의 능력 이하로 세워지지만 합리적으로 보여질 것이다. 개인적 획득은 따라서 그 그룹의 이미지를 위해 희생될 것이다.

테일러(Frederick W. Taylor)에 의해 근무태만이라고 불리는 이런 비공식적 평가 환경은 노동자들이 돈을 필요로 하지 않기 때문에 발생하는 것은 아니다. 그것은 대부분의 사람에게 금전적 보상보다 동료 수용이 더 강력하기 때문에 발생한다. 또한 이 체계는 강화된다. 집단의 전통을 과시하는 사람은 책임지고 그렇다. 그 집단은 변함없이, 첫 번째는 온화한 장난으로, 그리고 나서는 차츰 수위를 더하는 악덕으로 되며, 증가하는 조롱을 통해 응수할 것이다. 마침내, 만약 다른 모든 이들이 실패한다면, 잘못된 구성원이 배척될 것이다. 이런 현상 때문에, 조직은 고용자의 생산 평가를 거의 하지 않는다. 그들은 그들 자체가 그것을 한다.

경찰조직에서 이것은 교통소환장(citation)의 발행에서 가장 자주 발견될 수 있다. 신임 경찰은 평가기간 동안 선임 경찰로부터 불필요한 주목을 끌지 않고 얼마나 많은 소환장을 발행하는지를 빠르게 배운다.

조직의 하위문화는 몇몇 요소들의 부산물이다. 단지 논의될 한 가지는 친구를 가지고 가치를 공유하기 위한 사회적 필요 때문이다. 이런 하위문화의 발달에는 또한 부정적 이유가 있다. 소우얄(Sam S. souryal)에 따르면 형사사법기관들은 관료적 조직이다. 그것들이 피라미드형이고, 공식적이고, 비개인적이고, 과대할 정도로 좌절 적이기 때문에 그렇다. 전통적 관료제 안에서는, 권한이 비윤리적 감독자에 의해 남용되고, 권력이 "내부자" 집단의 편에서 조작되고, 규율이 보복적인 방식으로 적용되는 것은 드물지 않았다. 결과적으로, 작업 환경은 불안속스럽고, 숨 막히고, 때로는 참을 수 없게 되었는지 모른다. 다른 공공기관들에서처럼, 형사사법 집행자들은 그런 집행을 위선적이고 적대적으로 여겼다. 응답으로, 그들은 자연스럽게 불건전한 환경에 대처하기 위한, 그리고 아마도 거친 관리자와 대등하기 위한 비공식적 방법과 수단을 발달시킨다. 따라서 근무자들이 살아남기 위해 해야 하는 것을 상당히 결정하는 믿음과 태도와 기구로 구성된 직업상의 하위문화(occupational subculture)가 출현한다.

1. 준거(Conformity)

모든 그룹들은 행위의 받아들일만한 표준을 규정하는 규범을 설립했다. 이것은 노동생산 뿐 아니라, 장기 결근, 지각, 농땡이(goofing off)를 포함한 그룹의 상호작용의 모든 다른 측면에서도 그렇다(Robbins, 1976: 282).

한 구성원은 집단에 관한 적절한 자료의 해석이 그 집단의 나머지 사람들에 의한 해석과 다를 때, 그 다수는 그 개인의 해석을 집단의 것에 맞추기 위해 표준에서 벗어난 구성원에 대한 집중적인 압력을 행사할 것이라고 연구에서 또한 지적된다(Asch, 1964: 304-14). 이런 공격에 견디는 사람의 능력은 만약 그 사람이 고립할 필요가 없다면, 상당히 증가된다는 증거도 역시 있다. 소수의 위치는 거기에 한 사람 이상이 있을 때 좀더 성공적으로 더 유지될 수 있다(Robbins, 1976: 283).

집단행동의 또 다른 중요한 면은 한 집단 안에서 지위나 등급을 매기는 세력인 지위개념이다. 직위는 집단에 의해 공식적으로 부여되거나, 교육, 연령, 성별, 기술, 경험 같은 특성들에 의해 비공식적으로 획득된다.

사람들은 종종 지위가 중요하지 않다고 주장한다. 그러나 우리들 대부분은 지위의 상징들을 모으는데 우리의 최상의 노력을 소비한다. 조직적 지위의 상징은 다음과 같은 것들이다. 간부화장실, 사무실 위치, 사무실 집기의 질, 경비 수당의 크기, 회사 차량의 소유, 개인 비서 chief, sheriff, director, caption, sergeant와 같은 직함은 권한 단계의 칭호보다 훨씬 더하다. 그것들은 지위 상징이다. 개인적인 지위의 상징은 다양한 형태를 취한다. 소유한 자동차의 모양과 연도, 교육 수준, 집의 크기와 가치, 월급, 아는 사람들의 상대적 지위, 상류 조직의 회원자격.

지위는 관리자가 지위를 올리거나 내리는 요소에 대한 통솔을 가지는 범위까지만 관리에 반응한다. 지위는 집단에서 그 사람의 상대적 지위에 의해 결정되고, 지위가 결정되는 많은 기준은 집단 안에서만 통제된다. 예를 들어, 승진과 봉급 인상은 개인에게는 증가된 지위를 부여할지 모르지만, 그 그룹이 그 보상이 그럴 가치가 있다고 믿을 때 만이다.

2. 비공식 의사소통 네트워크(Informal Communications Network)

비공식적 의사소통은 배타적으로 그렇지는 않지만 주로 구술 적이다. 조직 내부에서, 가장 잘 조직화된 비공식적 커뮤니케이션 네트워크는 다양한 명령 우편을 연결하는 포도넝쿨처럼 나무를 통해 전보선이 매달렸던 미국 전쟁에서 유래한 정보가 퍼지는 경로이다.

공식적 의사소통과는 다르게 정보는 지휘 계통을 따라 작동할 필요성의 부족 때문에 빠르게 정보가 퍼지는 경로로 흘러든다. 정보를 듣는 첫 번째 사람은 단기간에 접촉할 수 있는 모든 사람이 그 소식을 알 때까지 그렇게 한다. 이런 과정을 통해 소문은 한 시간 안에 대규모 조직에 퍼질 수 있다. 이 동일한 조직은 공식적 계통을 통해 모든 사람이 그 소식을 받기 이전에 3일에서 2주를 보낼지도 모른다.

소문은 조직의 효율성을 압도한다. 비록 그것들이 멈춰질 수 없지만, 제한될 수는 있다. 소문은 또한 빠르게 발표된 진실에 의해서만 통제될 수 있다. 진실을 전하는데 더 오래 걸릴수록 소문을 통제하는 일은 더 어려워진다.

소문 통제의 최고 정책은 가능한 한 빠른 관심 정보의 신속한 보급이다. 비밀은 소문을 낳는다. 사람들이 그들의 직업에 영향을 주는 사건이나 결정의 정보를 고를 때, 그들은 예측으로 쓸모없는 정보로 채우는 경향이 있다. 상당수의 그 예측은 진실보다 훨씬 그릇되지만 이 사실은 단지 그 예측이 훨씬 더 빨리 진행되게 한다.

소문에 의해 생성되는 위험은 보통은 고용자들에게 치명적 관심의 영역을 향하고 그것을 그럴듯하게 만들기 위해 그것들 속에 충분한 진실을 가지는 것처럼 보이게 하는 오보(misinformation)의 진원에 있다. 근무시간은 고용자들이 모여서 새로운 소문을 논의하고 그들의 직업 보장에 대해 걱정하는 동안 손실될 수 있다.

어떤 조직들은 다음날 근무시간 이전에 게시판에 주요 정책 문제에 관한 메모를 알리는 것이 필요하다고 발견했다. 이것은 어떤 관리자는 그 정보를 붙이기 위해 이른 아침 시간동안 일해야 한다는 것을 의미하고 따라서 그 정보가 퍼지는 경로는 그 오보가 발생할 기회를 가지지 않을 것이다. 만일 처음 소문이 나게 되면 그것들은 혼란과 불만을 야기한다. 그것들은 심지어 진실이 소문이나 선전으로 무시되는 것을 야기한다. 고용자들은 서로 위로하거나 반대 전략을 세우기 위해 생산에 손해를 끼치면서 몰래 만나고 걱정하면서 걱정과 동요 속에서 며칠을 보낼지 모른다. 좋은 소문은 3, 4일 동안 생산을 멈출 수 있다. 정말로 극적인 소문은 노동 파업을 무제한으로 할 수 있다. 유일한 해결책은 그 소문이 시작할 기회를 갖기 전에 신속하게 퍼지는 진실이다.

가십(gossip)은 약간 다른 문제이다. 그것은 멈춰질 수도, 통제될 수도 없고 왜 그래야 하는지 이유가 없다. 소문은 조직의 문제에 관한 반면 가십은 개인에게 집중된다. 가십은 조직에게 상당히 덜 해롭다. 가십은 이중적 목적이 있다. 그것은 사회 통제 수단으로서 역할하며 오락(entertainment)을 제공한다. 가십 안에는 고유의 어떤 요소가 있다. ① 그것은 대개 부정적 정보이다. ② 그 소식을 전하는 사람은 그 수령자에게 인상 깊게 하려고 노력한다는 점에서 자기 제공적이고 ③ 가십에 포함된 그 정보는 종종 사실이다. 사회 통제의 효과적인 기제를 형성한다는 것도 가십의 정확한 본성이다.

가십을 제한하는 것은 조직의 모든 구성원에 대한 전체적 통제를 요구할 것이다. 조직은 사람들로 구성되기 때문에 모두 불완전하고 사람들은 위반할 것이고 다른 사람들은 그들의 불행을 가시화할 것이다.

가십이 각 이단자는 그 불행이 지금 세상 뉴스이고 그 사람은 주목되고 있다고 통지되는 수단이기 때문에 가십의 두려움은 다수를 그룹의 사회적 표준을 가진 선 안에 유지시킨다. 가십에 대한 그런 실체에서 관찰되는 적개심은 이런 사람들이 화제의 비밀을 유지하고 싶은 깊은 열망을 고려할 때만 이해될 수 있다.

일단 부정적 정보가 공개되면, 그 사람은 최소한 난처함이나 직업상, 사회적, 최악으로 법적 문제의 가능성을 나타날 수 있다. 따라서 가십은 조직이 조직기준을 강화하기 위해 소유하는 가장 효능 있는 무기 중 하나이다.

가십은 또한 잠재적인 개인의 문제에 대한 정보의 가치 있는 원천이다. 고용자의 동료는 감독자나 관리자들 훨씬 이전에 개인적으로 잠재적인 문제와 흠을 찾아낸다. 이런 결점들은 종종 미래의 곤경의 관리자에게 미리 경고하거나 그 문제가 전환될 수 있는 정보를 공급할 수 있는 가십의 주제가 된다.

가십을 억누르려고 시도하는 것은 잘못이다. 그것은 자연스런 인간적 노력이다. 그것을 멈추려 노력하는 것은 시간과 에너지 낭비이고 궁극적으로 공허한 실행이다. 그러나 소문과 가십 사이의 중복이 있다는 것을 알아두어야 한다. 가십이 상당한 조직의 인원을 포함한 경우는 그렇다. 무엇보다도, 사람들은 종종 타인에 대한 부정적 정보를 종종 믿고 싶어 한다. 가십은 고의로 생성될 수 있거나 잘못된 개념의 산물일 수 있다. 가십의 효과 때문에 그것은 가십을 듣고 진실을 탐지하는 사람은 현명한 관리자이다. 부정확한 정보 혹은 풍자의 약화 효과로부터 사원을 보호하는 것은 중요하다. 그들 자신의 경솔함으로 괴로워하는 사람들에 관해서 관리자가 그 상황을 체크하고 기관 효율성이 희생될 위험에 있을 때 행동을 취하는 것 외에는 없다.

비공식적인 의사소통의 중요성은 문제를 신속하게 해결하는데 능력에 있다. 효율적인 관리자는 공식적 경로를 사용하는 것보다 조직상의 사원과 비공식적인 의사소통을 훨씬 더 사용한다. 공식적 의사소통은 너무 느리다. 얼굴을 대면할 논의가 훨씬 더 빠르게 닥친 문제를 완수할 수 있다(Peters and Waterman, 1982: 121).

그러나, 효율적이기 위해, 고용자는 관리자에게 솔직할 필요가 있다. 직원이 너무 두려워서 숨김없을 수 없을 때 중요한 정보가 손실될 수 있다. 비공식적 의사소통의 적절한 사용은 낮은 수준의 고용자들이 말해야 할 것에 의해 화내지 않는 충분히 두꺼운 얼굴을 가진 관리자에 달려있다. 종종 고용자들은 기관 정책과 절차의 많은 비판을 가지기 때문에 이것은 행해지기보다 말해지기가 쉽다. 모든 사람들에는 결정의 비판이 개인적 공격이라고 가정하는 경향이 있다.

관리를 열망하는 사람은 한 사람에 대한 공격과 한 사람의 의견에 대한 공격 사이의 구분을 지속적으로 인식해야만 한다. 이런 구별을 유지하지 못하고 이미 관리자인 사람은 그의 사무실에 숨어서 공식적 의사소통 경로를 계속 사용해야 한다. 그들은 비효율적이지만 감정은 상하지 않을 것이다.

Ⅲ. 효과적인 조직(Effective Organizations)

지난 25년간 조직을 묘사하는 많은 책들이 발간되었다. Rovert Townsend(Up the Organization, 1970; Further Up the Organization, 1984), James Ouchi(Theory Z, 1980), Thomas J. Perters and Rovert H. Waterman, Jr.(In Search of Exellence, 1982)는 무엇이 조직을 그들이 기능하도록 되어 있는 방식으로 기능하게 하는지에 대한 그들의 관찰에 기초한 베스트셀러들을 썼다. 이런 관찰에서 우리가 배운 것은 좀 더 효율적인 법 집행 조직을 구상하는 기반을 형성해야 한다는 것이다.

불행하게도, 이 작업은 공공 기관의 행정의 언급은 거의 없이 민간부문에 집중했다. 이것은 그 정보가 경찰행정가에게 효력이 없다는 것을 의미하지 않는다. 그것은 단지 이 아이디어들을 맞추려면 어떤 양을 조절해야 한다는 것을 의미한다.

우리가 효율성의 요소를 논하기 전에 경고 한마디가 적절하다 사조직은 신속하게 인지하는 능력을 종종 가진다. 이것은 비생산자를 해고시키는 것만큼이나 인원을 재분류하는 것을 포함한다. 법집행 같은 공공 기관은 훨씬 제한되어 있다. 경찰 조직은 제정법(statute)에 의해 창설되었다. 기관에서의 어떤 변화도 법적 변화에 의해 수반되어야만 한다. 직원은 공평하다고 여겨지는 정보보다는 공무원 규칙에 의해 종종 보호된다. 이런 제한의 최종 결과는 조직을 신속하게 변화시켜야 하는 기관의 최고 관리자의 무능이다. 이것은 조직이 변화할 수 없다는 것을 의미하지 않는다. 그것은 단지 조직의 혁신이 대개 수주 혹은 수개월(months)보다는 몇 년의 장기간동안 발생해야만 할 것이라는 것을 의미한다.

1. 단순구조-소규모 참모(Simple Structure-Lean Staff)

성공적인 조직을 창안한 일본인들은 우리가 간파할 수 없었던 무엇인가를 알고 있었을까? 조직의 효과성에 대한 비밀이 문제의 해답일 수 있다. 그들 조직의 첫째 교훈은 단순화하면서 얇은 참모조직을 들 수 있다. 조직의 효과성에 핵심적인 두 요소는 최고관리와 운영조직의 인사이다. 중간관리는 이들 요소들 간의 경제로써 조직의 성향을 다루는 위치에 있다. 한 조사연구는 조직의 계층제의 크기와 효과성간의 역의 상관관계를 보여주고 있다(Peters and Waterman, 1982: 306-17). 최고관리자와 실무자가 근접할수록 조직의 효과성은 커진다. 최고 관리층이 비대할수록 조직에는 더 많은 문제들이 야기된다.

2. 비공식 의사소통의 강조(Informal Communicationo Stressed)

효과적인 조직 내의 구성원은 상호간에 의사소통을 한다. 관리상의 이런 측면은 어떤 조직들에서는 심지어 주요과제가 되기도 한다. 즉 유나이티드 에어라인은 이것을 가시적 관리라고 부르고 휴렛 팩커드는 이것을 주위를 관찰하는 관리(MBWA: Management By Wandering Around)(Peters and Waterman: 122)라고 부른다. 효과적인 관리자들은 이들 문제들이 조직을 비효율적으로 만드는 것이 아니라 이들 문제의 해결을 지연시킨다는 것을 안다. 실무자 출신의 관리자일수록 이들 문제를 해결함에 있어 더 지체된다. 또한 최고관리자가 실무자를 충원하는 것으로 문제를 해결하려고 할 때, 관리정책은 차단되고 문제가 되는 경향이다.

관리의사결정은 실제 운영상 생활의 실현에 기반을 둘 때 나아지는 경향이다. 매일 조직에서 일하는 사람들은 제한된 사무실 분위기에 가두어진 관리 인력들보다 기관과 기관의 문제들에 더욱 확실한 상을 갖고 있다.

3. 초점(Focus)

효과성의 세 번째 요소는 조직이 어떤 사업에 있는가의 이해이다. 효율적인 조직은 전문성이 있고 익숙지 않은 방향으로는 돌리지 않는다. 그들은 그들의 사업, 경쟁, 목적을 이해한다. 그리고 나서 열성적으로 목표를 추구한다. 만약 이것이 법 집행과 관련되지 않은 것 같은 면 관심을 갖지 않는다.

많은 경찰 기관들과 대규모 경찰서가 그것을 했기 때문이거나 현재 유행이기 때문에 자원과 시간을 노력과 새로운 아이디어로 초점을 전환했다. 효율적인 조직은 그들이 할 수 있는 것과 없는 것을 알고 있다. 그들은 할 수 있는 만큼과 할 수 있는 것을 한다. 또한 완수할 수 없는 것은 시도하지 않는다.

4. 고객과의 가까운 위치(Staying Close to the Customer)

네 번째 요소는 고객과 가까이 있으려는 의지이다. 성공적인 조직은 그들이 공급하는 서비스에 대한 고객의 충고를 지속적으로 추구하는 것을 중요하게 생각한다. 종종 기관 관리자들보다 소비자들은 조직과 그 생산물에 대한 더 나은 이해를 가진다. 서비스를 이용하는 사람은 그 질을 판단하는 독특한 지위에 있다. 법집행 관리자는 이것을 잘 기억해야 한다.

법집행은 거의 전체적으로 경찰 기관을 지지할 대중의 의지에 의존한다. 경찰에 대한 대중의 신뢰와 신임을 세울 수 있는 법집행 인사는 가치 있다. 경찰을 의심하거나 좋아하지 않도록 대중에게 나타내는 어떤 행동이나 정책은 임무수행에 해로우며 변화되어야 한다.

이 책의 처음에 제기된 질문인 "어떤 사업에 우리가 있는가?"는 조직의 기능에 중요하다. 법집행 기관은 국민 사업(people business)이다. 국민들은 법정에서 범죄행위를 자진해서 나와서 보고하고 증인으로서 기꺼이 행동하는 것에 의해 경찰 기관의 효율성을 결정한다. 만약 경찰 간부가 대중의 협력을 기대한다면 대중은 농부가들에서 곡물에 주는 것과 똑같은 사랑스런 보호로 양육되어야만 한다.

법집행이 이런 면에서 실패한 방식의 예는 법원에서 증인의 취급을 관찰하면 볼 수 있다. 전형적인 법집행 기관에서, 범죄 목격자는 법정에서 혼자 힘으로 꾸려 나가야만 한다. 그들은 법원까지 자신의 차를 운전해(혹은 버스를 타고) 주차 장소를 찾고, 법정을 발견해야만 한다. 그리고 나서 무슨 일이 일어날 것인지 의아해 하고 다시는 이것을 하지 말아야겠다고 맹세하면서 증인 대기실에서 몇 시간 동안을 보낸다. 이런 과정은 피고 변호사의 지연 술책에 의해 더 복잡해지는데, 이것은 항상 최소한 한 번의 연기를 포함하는 것 같다. 이것은 그 사건이 재판에 오르기 이전에 그 의식이 몇 차례 반복되어야만 한다는 것을 의미한다. 경찰이 목격자를 법정에 증인이 되게 하는 것이 얼마나 어려운가는 의심할 것이 없다.

형사가 증인을 그들 거주지에서 태워 법원으로 데려가고, 적절히 법정으로 데려가고(많은 관 할구에서, 법 집행 인사는 공식 차량을 위한 특별 주차권이 있다), 편안하게 하고(커피도 주고), 그들에게 어떤 일이 일어나고 왜 그런지에 관해 계속 알려주고 함께 있어주면 목격자가 되는 것이 얼마나 더 쉬울지 생각해 보라. 물론, 이것이 항상 가능한 것은 아니다. 때로는 증인이 관할권 밖에서 와서 기관 차량으로 태워줄 수 없다. 이런 사람들은 그들의 증가하는 불안 때문에 특별한 보호가 필요하다.

큰 보호는 항상 역시 증인인 피해자에게 취해야 한다. 그들은 혼란시키고 짜증나는 법정 경험의 추가적인 부담 없이도 충분히 충격으로 고통 받았다. 경찰은 이런 걱정을 가능한 한 덜어주어야 한다.

많은 경우, 법정에 가는 경찰관은 증인의 집을 지나간다. 법원에서 자신의 특별한 방에 함께 있으면서 범죄자를 유죄가 되게 하기 위해 그들이 의존하는 사람을 무시한다. 이것은 경찰 임무의 이해의 부족을 나타낸다. 증인은 법원이나 기소자의 책임이 아니라, 경찰의 책임이다. 사람들은 법집행 기관을 효율적이고 비효율적으로 만든다. 효율적인 기관들은 버터가 발라질 그들의 빵이 어디 있는지 알고 있다. 그들은 그들을 돌보는 사람들을 돌본다. 그리고 아무도 피해자나 증인 같은 경찰의 지원을 필요로 하지 않는다. 이것은 경찰이 고객들에게 가까이하는 한 가지 방법이다.

5. 분권화(Decentralization)

조직생활의 실제는 서비스를 해야 하는 사람들보다 누구도 조직의 필요성을 더 잘 알지 못한다는 것이다. 관리자는 그들에게 수단을 주어야 하는 사람들이 동의하기 전까지는 올림푸스 산에 앉아 어떤 실제적인 가치를 가진 중요한 발표나 정책 진술을 할 수 없다. 효과적인 조직은 그 서비스를 해야 하는 사람들에게 의사결정 책임을 준다.

사조직 조사에서는 그들의 서비스나 생산성을 향상시키기 위한 능력을 강화하기 위해 대규모 단위를 작은 요소들로 분리할 필요성을 보여왔다. 이런 강화된 능력은 증가된 자치권에 의해 수반된다. 각 단위는 그 생산물을 책임진다. 관리자는 목적이 완수되는 수단에 그것이 합법적인 한 간섭하지 않는다. 다시 말하면, 관리는 인사와 업무를 부여하고 빠지며, 사람들이 하려는 작업을 하게 한다. 이것은 이따금의 실수를 하고 환경이 요구할 때 조직 정책을 바꾸는 자유를 포함한다. 이런 자유를 위한 필요는 나폴레옹에서 인용한 타운센드에 의해 가장 적절하게 말해졌다.

명령을 내리는 사람이 시행 현장에 없고 최근의 일의 상태를 전체적으로 모르거나 불완전하게 인지할 때 최고관리자에서의 명령자는 그 분야에서 그의 실수에 대한 용서로서 조직의장(경찰서장) 혹은 그 군주(경찰청장)에 의해 주어진 명령을 취할 수 없다. 그것은 그가 결함 있다고 여기는 계획을 실천하기 위해 착수하는 최고 관리자에서의 어떤 명령자도 과실이라는 것을 따른다. 그는 그의 군대의 (조직의)몰락의 도구가 되기보다는 그의 합리성을 우선하고, 그 계획이 변화되어야 한다고 주장하고 결국은 그의 단념을 제출해야만 한다.

분권화는 신뢰를 포함한다. 관리자는 이 이일을 하려는 실행 인사와 계선 감독자의 지식과 판단을 함께 신뢰해야만 한다. 안정된 조직은 이런 신뢰는 소유한다. 악한 기관은 그렇지 않다. 관리자는 조식의 효율성을 결정하는 것은 그들이 아니라 그 일을 하는 사람이라는 것을 깨달아야만 한다. 최고 경영자가 통치를 소유하고 모든 결정을 하는 접근방법은 현재 작동하지 않고, 미래에 작동하지 않을 것이라고 좋은 시절로 돌아가기를 열망하는 전통 관리자의 믿음에도 불구하고 과거에 작동하지 않았다.

6. 인력 중심의 생산(Production Through People)

법집행은 사람지향 운영이다. 그것은 사람들에게 제공하는 사람이다. 효율적인 조직은 지속적으로 조직 고용자에게 조직적 가치, 자아-존중의 강한 의식과 강한 책임감, 자신의 판단에 따른 서비스 제공의 자유를 촉진한다. 이 성공의 열쇠는 판단의 영역에 있다. 법집행 관리자는 각각의 사람의 판단이 그것의 충분한 잠재성을 성장시키도록 하는 조직적 분위기를 제공하는데 노력해야만 한다. 관리팀의 임무는 이런 성장을 장려하고 건전한 판단을 하기 위해 무능한 사람을 제거하는 것이다.

훌륭한 경찰 업무는 올바른 의사결정을 즉각적으로 하는 개인 경찰관의 능력에 달려 있다. 따라서 판단은 경찰관 사이의 가장 중요한 요소이고 선택, 보류, 대체와 승진의 주요 기준이 되어야 한다.

사람을 통한 생산성에 포함된 또 다른 요소는 실패보다는 성공에 대한 강조이다. Peter와 Wasserman은 성공적인 조직과 비성공적인 조직 사이의 주요 차이는 경영의 중점에 있다고 발견했다. 훌륭한 조직은 지속적으로 성공을 칭찬하고 더 중요한 것은 가능한 한 많은 사람들을 성공적이도록 하는 방법을 지속적으로 발견한다.

허약한 조직은 거의 전체적으로 실패에 초점을 둔다(Peters and Waterman, 1982: 235-278). 이런 조직의 관리자들은 규제 문제에서 운영 인사를 가지고 그들의 대부분의 시간을 보낸다. 그들은 성공을 칭찬하거나 더 나은 생산성을 위한 인센티브를 제공하는데 시간을 쓰지 않거나 거의 쓰지 않는다.

가깝게 관련된 요소는 성공적인 조직에서의 많은 관리자가 노동자들을 위한 치어 리더로서의 역할을 기꺼이 한다는 것이다. 효율적인 관리자는 순찰 경찰관을 포함한 외부자로부터 상급자를 보호하도록 맹세한 참모와 비서들의 접근하기 어려운 폭도들에 의해 방어되는 장소에서 잠겨 멀리 떨어져 남아 있는 것과는 대조적으로 근무자들에게 LAPD가 직면한 공공관계 문제의 수위에서 Chief Darrel Gates가 너무 떨어져 있어서 심지어 참모들도 약속 없이는 서장에게 접근할 수 없었다고 전 명령자에 의해 진술되었다.

어떤 개방(Open-door) 정책도 실재여야 한다. 너무 많은 열린 문 정책이 서류상의 정치적 뿐이다. 모든 사람은 인사들이 항상 지휘 계통을 따라야 한다는 엄격한 요구 때문에 그들이 의미 없다는 것을 안다. 그런데, 이것은 무능한 감독관과 중간 관리자를 그들의 보호를 보장하는 정책이다. 그들을 현장 인사와 최고 관리자 사이의 비공식적 의사소통의 흐름의 축소 동안 공식적 의사소통 계통을 진행하는 어떤 비판주의를 압박하게 함으로써 가능하다.

사람들은 성장하도록만 허락되어서는 안 되고 그들은 그들이 조직과 함께 하기를 원한다면 성장하도록 끌어져야만 한다. 그들의 충분한 장

재성까지 발달할 수 없는 사람들은 그들의 잠재력이 도달할 수 있는 다른 고용을 찾아야 한다. 최고 경영자의 궁극적 성취는 손실됨 없이 빈자리의 광범위한 수준을 취하는 능력의 소유이다. 조직의 하위에 있는 사람이 더 나을수록 최고층에 있는 사람은 덜 걱정한다.

연습문제

1. 조직화에 대한 토론의 장점과 관료제의 약점은 무엇인가?
2. 조직화의 원칙은 Max Weber의 무엇에 의해 이루어졌는가?
3. 조직편성의 원리에서 공식과 비공식의 단점은 무엇인가?
4. 공식적 조직과 비공식적 조직을 비교하시오.
5. 효과적 조직의 효과를 어떻게 구분할 수 있는가?

제 7 장

경찰조직

학습목표

이 장은 다음과 같은 학습목표를 가진다.
첫째, 경찰조직의 도입역사는 언제인가?
둘째, 경찰조직의 분화는 어떻게 되는가?
셋째, 경찰서비스 분야는 어떠한가?
넷째, 경찰서비스의 조직, 교육, 훈련, 기획, 분석도 어떤 기준으로 하는가?

Ⅰ. 도입

조직의 규모에 따라 경찰조직은 일관성 있는 책임 구분 형태를 따른다. 하위 부서의 전문성 규모와 범위는 직접적 관련이 있음에 틀림없다. 소규모 1 대 10 경찰 구성을 보면 단일관리자와 전문성이 거의 없거나 전혀 갖추지 않은 일반 체제로 구성되어 있는 반면, 대규모 조직은 무수한 동시다발적 요소 내에 수준 높은 전문성을 갖추고 있다. 법집행기관의 세 가지 주요 조직(운용, 행정, 기술 서비스) 단위 중 가장 핵심 부서는 크고 작은 조직을 막론하고 운용부서이다.

Ⅱ. 운용

경찰조직은 운용을 중심으로 이루어진다. 경찰조직 운용 하위 구성요소는 일반의 요구를 충족시키는 책임이 있다. 다른 부서들은 지원 목적으로 이루어진다. 운용은 경찰 조직을 존재하게 만드는 이유다. 운용에서 항상 발견되는 특정 유형의 요소들이 있다. 즉 순찰, 범죄 수사 및 특정 범죄 관련 문제를 해결하기 위해 마련된 특정 전문 부서가 그것이다.

1. 순찰

순찰은 경찰을 대표하는 핵심이다. 일반시민과 경찰간의 접촉 대부분은 시민과 순찰 사이에서 행해진다. 무엇보다도 가장 핵심적인 경찰 요소는 순찰이다. 다른 모든 부서는 이 기능을 확대 및 지원하기 위해서 있다. 이 요소는 관할 지역 모든 곳에 신속한 경찰 서비스를 제공하기 위해 계산된 지리학적 방식으로 분산되는 유일한 경찰요소이다.

미국의 경우 다음 〈표 7-1〉과 같다.

〈표 7-1〉 분야별 경찰요소

시 변호사 (국외)	시 운영자 (자치경찰제)	예산 및 재무부
정보	경찰서장	법률 자문
운용	행정 서비스	기술 서비스
순찰	인사	감독
범죄수사	교육	구금
특수운용	지역사회와의 관계	계산 및 증거물
교통	장비구입	관리

강력범죄, 중상해 또는 가장 기본적인 사건을 막론하고 순찰은 경찰을 필요로 하는 거의 모든 사건의 최초에 개입된다. 순찰 경찰은

경찰 행동을 요청하는 모든 사건에 개입되는 법 집행 기관의 유일한 요소이다.

순찰을 다소 고압적으로 설명한 것으로 보이지만 그것은 이 부서가 갖는 지대한 중요성에서 기인한다. 단도직입적으로 표현하자면 순찰은 법집행기관이 대신할 수 없는 유일한 요소이다. 순찰 경찰들은 재정 위축으로 조직 삭감이 있을 때마다 다른 경찰 요소의 임무를 인계할 수 있고 또 그래 왔다. 순찰 경찰만이 순찰 기능을 담당할 수 있다. 우리나라 경찰의 순찰은 일선 지구대와 파출소 및 치안센터에서 운영된다.

2. 배치

순찰지구대는 24시간 근무를 하기 때문에 경찰은 관할 지역을 상시 순찰할 수 있도록 배치되어야 한다. 시간 요건을 잘 이해하는 길은 4교대 순찰시 경찰 10명 이상을 확보하고, 주당 이틀 및 휴가 시간을 할애하려면 경찰이 약 40명 필요하다는 것을 주지하면 된다. 따라서 월요일부터 금요일까지 행정 요소 등 5개 8시간 구역으로 나누어 기타 조직 요소에 전념할 수 있는 한편 순찰은 매일 매시간 할당되어야 한다.

순찰지구대 구분 양상은 단순 방식이나 정교한 컴퓨터 모델을 통해 결정될 수 있다. 모든 분산 모델은 일정한 특성을 공유하다. 즉 순찰은 시간과 지리적 요건을 기초로 한다. 더 복잡한 시스템은 일, 월, 년별로 작업량을 고려한다. 가장 정교한 시스템은 사건 유형 각 사건 해결에 필요한 시간량 그리고 관할권내 지역별 하위 부서의 작업량도 헤아린다.

가상 단순한 분산 기법은 순찰대를 똑같은 규모로 소대 또는 분대로 구분하여 8시간 단위로 배정하여 한 조 근무가 끝날 즈음에 다른 조가 근무를 하게 된다. 이것은 소대의 각 경관 또는 팀장에게 거의 동등한 순찰 담당 구역을 배정하는 것과 수반된다. 그런 결정은 각 순찰 구역의 수요 또는 각 순찰 구역의 업무량 또는 근무 시간과 상관없이 이루어진다. 시스템의 명백한 결함은 각 경찰과 전체 소대간의 업무 분산 불균형이다.

4교대 또는 오후 교대라고 부르는 네 번째 순찰 요소를 추가함으로써 균일 교대가 갖는 문제를 일부 해소할 수 있다. 4차 소대는 경찰 업무량이 편중되는 시간에 배치되어 경찰이 많이 필요할 때 경찰 인원을 추가로 투입함으로써 작업량이 최고조에 달하는 경찰의 부담을 덜어줄 수 있다. 그 예는 오전 8시부터 오후 6시까지는 10명 이상의 경찰을 배치하고 자정에서 오전 8시까지는 10명 이상의 경찰을 배치하는 것이다. 오후 교대는 오후 8시부터 오전 8시 근무동안 6-10명의 경찰을 추가로 배치하여 업무량이 편중된 시간동안 추가 인력을 투입한다.

이 시스템은 단순히 지리적 범위별로 지정하는 대신 경찰 업무 요청수에 따라 순찰 구영을 계획함으로써 향상될 수 있다. 지리적 순찰 구역을 결정하는 테크닉은 컴퓨터 활용을 통해 아주 복잡해질 수 있다. 순찰 구역 계획과 경찰 투입 수효 결정은 전산화된 수학적 모델을 통해 향상시킬 수 있다.

최첨단 접근 방식이 갖는 문제는 특히 중소형 기관에서는 그 정도가 너무 심각해서 문제 극복이 어렵다. 첫째, 전산화는 컴퓨터 전문가와 프로그래머가 있어야 한다. 법 집행 직원들 중에서 이 자격을 갖춘 사람들은 거의 없다. 관리자들은 이해를 못하는 시스템은 믿지 못하는 경향이 있다. 둘째, 컴퓨터 모델은 최신 설계를 확보하기 위해 정확한 데이터를 꾸준히 공급받아야 한다. 순찰 구역이 최첨단 모델 속에서 계속적으로 바뀌면 순찰대는 한 디자인에만 적응할 수 없다. 순찰 구역의 지속적인 변화는 혼란과 의욕 저조를 야기할 수 있다.

셋째, 컴퓨터 모델 가동에 필요한 데이터는 정확해야 하지만 더욱 중요한 점은 그 데이터는 경찰이 보통 수집하는 게 아니라는 점이다. 따라서 필요한 데이터를 제공하려면 새로운 기록 시스템이 정착되어야 한다. 그러려면 순찰과 보고서 절차에 상당한 교체가 요구된다. 그 결과 양쪽 부서 직원들을 새로운 시스템 내에서 근무할 수 있도록 재교육시켜야 한다. 이것은 특히 대규모 경찰 부서에 유용하다. 400명 미만의 경찰 조직의 경우에는 최첨단 접근방식의 타당성에 대해 일부 의문이 제기되고 있다.

조직이 작을수록 적절한 순찰 구역 설계와 순찰대 배치 수를 발견적 접근방식으로 결정하는 것이 더 용이하다. 컴퓨터가 설계한 순찰구역과 순찰차 배치는 관할권과 조직의 규모가 컴퓨터 없이는 데이터 분석이 불가능할 경우를 제외하고 현실적으로 불필요하다.

3. 순찰 전략 및 전술

순찰대가 소정의 목적을 달성하는 수단은 각종 테크닉으로 좌우한다. 전통적으로 순찰대는 임의 순찰 방식으로 이루어진다. 순찰대는 출동 호출을 대기하면서 지정된 순찰 지역을 임의적으로 다닌다. 그 개념은 경찰의 편재를 기초로 한 아이디어이다.

경찰 관리자는 높은 가시적 순찰활동으로 언제, 어디서 나타날지 예측불허하기 때문에 범죄를 저지르려는 사람들의 마음에 두려움을 일으킬 수 있다라는 아이디어를 믿는다. 한 연구는 이 추측에 반박했다. 그러나 새로운 아이디어가 나오고 그 적용을 통해 복잡한 결과를 낳았다.

이 새로운 접근방식들 중의 최초의 것은 집중 순찰이다. 이 테크닉은 한두 명의 순찰 구역에 순찰대 업무를 부여하는 한편 다른 담당 구역은 순찰 부담을 덜어 주는 것이다. 집중 순찰은 우범 지역이나 경찰이 가장 많이 필요한 곳에 순찰대를 배치한다는 것이었다. 집중 순찰 구역을 선택하는 방법은 경찰서마다 달랐다. 일부 경찰서는 작업량별로 결정하였고 다른 경찰서는 범인에게 혼란을 일으키기 위해 무작위로 결정되었다.

현재 아직도 집중 순찰이 몇 가지로 변형되어 사용되고 있다. 그러나 그 명칭은 바뀌었다. 지금은 고-가시적 순찰이라 부른다. 이 테크닉은 경찰 차량임을 뚜렷하게 표시한 범죄 위주 임시 집중 순찰을 중시한다. 이 시스템의 변형은 저-가시적 순찰이다. 집중 전술은 똑같지만 순찰 차량은 표시가 없다. 범죄 위주란 순찰이 절도나 강도 등 순찰 지역에 특정 위협이 되는 특정 범죄 문제를 중시한다는 것이다(Hale, 1981:

116).

또 다른 순찰 방식은 지시 통제 순찰이다. "지시 통제 순찰(DDP)은 일반 순찰 방법과는 달리 그 순찰 경찰은 규칙적이고 체계적으로 어떤 구체적이고 예정된 예방/억제 전략을 수행한다." 지시 순찰은 범죄 분석 부서에서 개발한 전략을 기초로 한다. 그 개념은 정확한 위치에서 특정 범죄 문제를 소탕하기 위해서이다. 순찰 경찰은 어떤 문제가 있으며 순찰 근무 동안 그 접근 방식에 대해서 자세한 정보를 받는다. 이 테크닉 개발책임을 전적으로 맡고 있는 당국은 델라웨어 뉴캐슬 카운티이다. 지시 통제 순찰 방법은 성공적인 범죄 감소 방법이라고 보고되고 있다.

또 다른 순찰 방식은 유인 방법이다. 뉴욕 시는 이 테크닉을 사용해서 거리 범죄를 소탕하는 데 소정의 성과를 얻었다. 이런 순찰에 개입된 경찰들은 특정 위치에서 특정 범죄를 소탕하기 위해 유인 근무를 한다. 이 테크닉은 거리 범죄자 체포에서는 성공적이었지만 논쟁의 표적이 되고 있다. 철저한 지시를 받지 않게 되면 유인 근무 조는 유인에서 함정으로 그 선을 넘기 쉽다. 일부 경찰서는 일반의 거부 반응으로 인해 유인 활동을 줄이고 있다(Knickerbocker, 1977: 3-4).

낮은 가시적 순찰과 유사한 두 가지 전략이 개발되었다. 검거 대상 순찰이라고 하는 이 전략은 저가시성 전술을 사용한다. 첫 번째는 지역 위주 순찰로써 특정 범죄가 발생하는 장소나 지역에서 이루어진다. 두 번째는 범인 대상 순찰로써 믿을 수 있는 정보를 기초로 범죄 행위를 저지를 가능성이 있는 개인을 대상으로 이루어진다. 양 시스템은 감시 대상 지역 및 인물을 파악하기 위해 첩보 및 범죄 분석 정보에 의존하는 비중이 아주 높다(Hale, 1981: 120).

캔자스 시 미주리 경찰국이 벌인 조사에 따른 이 위치 및 범인 대상 순찰은 전통 순찰보다 그 효과가 단연 우세하다고 지적했다. 하지만 양 시스템은 일반 순찰보다 시민의 불만을 더 많이 낳았다. 따라서 관리자는 어떤 방식이 적절한지 그 장점과 단점을 헤아려야 한다.

델라웨어 웰밍턴 시는 다른 개념을 개발하였다. 그것은 분할 기동 개념이다. 이 전략의 초기 결과는 어느 정도 좋은 편이다. 분할 기동 개념은 순찰대 구분을 두 개 요소로 나눈다. 하나는 전통적인 임의 순찰이고 두 번째 요소가 지시 순찰을 하는 동안 서비스 요청을 받는다. 그 대신 지시 순찰은 범죄 분석 수사대에 지침에 따라 활동한다. 이 시스템에서는 출동 호출간마다 하는 일보다는 방범 순찰이 주요 활동이 된다. 조사에 따르면 이 접근방식을 통해 순찰 효과가 더 높다(Tien, et al., 1977).

미래 순찰 전략에는 틀림없이 지시 순찰 이용이 늘어나고 임의 순찰 이용은 줄어들 것이다. 컴퓨터와 기타 기술이 발전하면서 범죄 활동 및 기타 지역사회 문제 예측 능력에 적합한 순찰 기법이 요구된다.

하지만 지시 순찰의 몇 가지 부정적인 측면에 대해서는 심가한 논의가 요구된다. 가장 큰 문제는 지시 순찰이 의욕과 직무 만족에 미치는 영향력이다. 법 집행기관에서 누릴 수 있는 가장 큰 매력 중의 하나는 각 경찰이 각 구역 안에서 범죄 소탕을 위해 개인적 전략을 고안할 수 있다는 자유이다. 지시 순찰은 이 자유를 박탈한다. 경찰은 컴퓨터와 범죄 분석가의 일종의 도구가 되어 꼭두각시나 체스 알처럼 이리저리 조정될 것이다. 경찰서와 행정부는 효율성 증가를 통해 목표 달성도가 높아진 반면 순찰 경찰은 동기와 흥미를 잃고 있다. 범죄 분석 수사대가 범죄 예측 능력을 향상시킴에 따라 각 경찰의 활동 범위는 증가했음에도 불구하고, 그 문제는 범죄 분석가 같은 전문 부서가 특권을 얻고 순찰대는 특권을 상실한데서 일부 비롯된다. 물론 윌밍턴 기동력 분할 개념은 관리자가 순찰 배정을 교체하여 각 경찰이 임의 및 지시 순찰을 모두 하도록 조저한다면 이런 문제를 어느 정도 완화시킬 수 있다.

두 번째는 인력 문제이다. 경찰 서비스 요청 및 작전 순찰을 모두 처리할 인력이 부속하면 시스템은 아무 쓸모가 없다. 범죄 분석 팀이 제아무리 실력이 좋아도 그 지시에 응할 순찰경찰이 없다면 그 노력과 재원이 낭비되는 것이다. 지시 순찰 전략은 작전에 응할 수 있는 충분한 순찰 시간이 필요하다.

지시 순찰에 내재된 문제를 떠나서 기존 접근방식의 약점은 전략의 변화를 요구한다. 기존 순찰은 한 가지 관리상의 이점이 있다. 즉 관리가 쉽다는 점이다. 지시 순찰은 기존 접근방식에서 요구하는 것 이상의 지식을 요하는 최첨단 테크닉이다. 효과적인 순찰을 위해서는 더 복잡한 신기술을 도입해야 한다.

4. 순찰 유형

순찰은 경찰 서비스 구현 수단을 나타내는데 사용되는 용어이다. 순찰 기능을 달성할 수 있는 방법들은 경찰서의 상상력만큼 다양하다 (Hastings, 1977).

(1) **차량 순찰**: 가장 보편화된 순찰 형식은 차량 순찰이다. 경찰은 지정된 영역을 순찰하기 위해 차량이 주어진다. 차량의 이점은 많다. 넓은 지역을 신속하게 순찰할 수 있다. 경찰의 이동파출소가 되고 범죄자 수송을 용이하게 한다.

차량 순찰이 갖는 단점도 있다. 경찰은 일반인과는 다소 고립된다. 이 순찰 형태는 기동성이 생명이다. 그 주된 성패는 서비스 응답 시간과 출동 횟수와 관련이 있다.

(2) **도보 순찰**: 도보순찰은 한때 제복 차림의 순찰대가 임무를 수행하는 주된 수단이었다. 이 도보 순찰은 차량이 도입되면서 많은 관할경찰서에서 변했다. 그러나 번화가가 많은 대부분 도시들은 도보 밀집 지역 순찰에 가장 적합한 수단으로 도보 순찰을 계속 실시하였다.

지난 10년동안 미시건 대학교 국립 지역 도보 순찰 센터가 실시한 연구는 순찰 기능의 주된 요소로써 도보 순찰 이용에 대한 관심을 되살리고 있다. 지역 사회 대상 경찰 업무는 변화하는 경찰서들은 경찰대 지역사회 상호 작용과 이해 강화를 위해 도보 순찰 활용을 특히 만족하고 있다. Rovert Trojanowicz와 Dabid Carter에 따르면 "현재 지역 경찰업무는 전 시대와 마찬가지로 지역사회에 도보 순찰 기동대를 투입하고 있다. 현재 경찰은 담당 구역을 순찰하는 것 이상의 일을 한다. 매일 같은 경찰이 순찰 지역을 진단하고 마을 협회 조직 및 적절한 지역사회 기관 알선에 이르는 문제 해결 접근방식을 개발한다.

(3) **자전거 순찰**: 자전거 순찰 역시 경찰 서비스 구현 수단으로 더 많이 채택되고 있다. 자전거는 경찰의 지리적 범위를 넓히는 기계화된 교통수단과 도보 순찰 경찰 경찰과의 밀접한 인간적 상호작용을 도모한다. 자전거는 특히 차량 교통이 어려운 지역에서 유용하다.

(4) **기마 순찰**: 기마순찰도 역시 인기를 얻고 있다. 말은 도시 공원과 근교 쇼핑 지역에서 자주 이용되고 있다. 말에 탄 경찰은 고도가 유리해서 대중 진압 상황에 특히 유용하다. 경찰은 몇 개 구역의 보행지와 차량 교통 상황을 모두 관찰할 수 있다. 또한 말에 탄 경찰은 몇 구역에서도 볼 수 있다.

(5) **항공 순찰**: 항공 순찰은 특히 헬리콥터 이용으로 인기를 끌고 있다. 헬리콥터는 순찰 수단으로 상당한 이점이 있다. 공중에서 도주하는 차량을 관찰함으로써 지상 추적 차량이 경찰이나 무고한 시민의 생명을 위험에 빠뜨리지 않도록 적절한 위치로 안내할 수 있기 때문이다. 또한 헬리콥터는 강도들이 선호하는 침입 지점이자 지상 경찰대원이 쉽게 접근할 수 없는 건물 지붕을 감시한다. 농촌 및 주당국은 항공 순찰 헬리콥터와 정찰 비행기 모두 외딴 지역에서 교통 가미와 수색 검거 또는 수색 구조 서비스에 유용하다고 밝혔다.

(6) **수상 순찰**: 하천이나 강이 넓은 관할 지역에서 해양 교통수단 이용이 활발하다. 여가 선용으로 호수, 강 및 바다를 찾는 이용객이 증가하면서 이들 지역에 대한 정부는 경찰 순찰 근무를 진개하고 있다. 지금은 많은 경찰서가 수색 구조뿐만 아니라 일반 순찰을 위해 수상 비행기를 갖추고 있다. 해양 지역의 경찰 서비스 요청이 매우 높아서 일부 경찰서는 수상 전문 법 집행 부서를 개발 중에 있다.

5. 범죄 수사

범죄 수사는 순찰대가 과잉업무로 후속 수사를 제대로 완수할 수 없을 때 전담 기능이 된다. 수사 부서는 대개 경찰서가 발전하면서 출현하는 가장 최초의 전문화된 부서이다. 이 부서를 만드는 시기를 말해주는 마술 공식은 없다. 그 부서는 관리자가 순찰 팀이 순찰 업무와 수사 임무를 둘 다 더 이상 수행할 수 없다고 느낄 때 만들어진다. 우리나라 경찰의 경우 경찰청 형사과 혹은 수사과, 지방경찰청 형사과 혹은 수사과, 경찰서 형사과에서 이루어지며 강력범죄와 재산범죄를 구별하여 범죄수사를 하고 있다.

1) 랜드(Rand) 분석

수사 기능은 대부분 업무와 연결된다. 형사는 항상 근소한 증거를 구체적인 물증으로 만드는데 논리를 이용함으로써 다방면에서 활약하는 창의적인 범죄 해결사라는 이미지를 갖고 있다. 물론 사실적으로 약간 다르다. 1975년 Rand 연구소는 수사 기능에 대한 심도 있는 연구를 완성했다. 다음과 같은 결론이 도출되었다.

- 경찰의 체포 및 탐문 비율은 수사 업무 효능을 평가하는 신빙성 있는 수단이 못된다. 대다수 탐문수사는 순찰 경찰의 활동, 범행 현장의 범인 식별 가용성 또는 일반 경찰 업무를 통해 이루어진다.
- 경찰의 체포 및 탐문 통계는 주로 경찰서와 그 관할 지역 및 범죄 업무량(각 경관의 범죄보고 횟수)에 따라 다르다. 수사 교육, 팀원 구성, 절차 및 조직 변형이 낮아서 정책 결정에 많은 지침이 되지 못한다.
- 중범죄는 여지없이 수사 대상이 되지만 많은 중범죄 사건은 수사관들의 피상적인 관심밖에 얻지 못한다. 대부분 경범죄는 수사 대상이 되지 않는다.
- 수사관의 사건 업무에 소요하는 시간은 보고서 검토, 파일 작성,

희생자 탐문에 압도적으로 소요된다. 사건 해결을 위해 (예를 들어 용의자가 파악되면) 수사관이 추후 탐문 절차에 소요하는 평균 시간은 범인을 찾는데 소요되는 시간보다 더 길어진다. 상당한 시간이 사건과 무관한 업무 활동에 소요된다.

- 다수 경찰서는 생산적인 처리 이상의 물적 증거를 더 많이 수집한다. 급증하는 경찰의 처리 능력에 부흥하여 더 많은 자원을 배치함에 따라 일부 기타 수사 활동보다 더 많은 용의자 파악을 할 수 있다.
- 다수 대규모 경찰서의 수사관들은 검사가 가장 무거운 형량으로 기소할 수 있는 적절한 핵심 증거물을 꾸준하고 철저하게 기록하지 않는다.
- 특별 수사 팀이 오로지 적격인 활동에 전념한다면 몇몇 어려운 범죄 체포 비율을 높일 수 있는 가능성이 높다. 그러나 실제로 다른 데로 쏠리는 경향이 있다.

이 연구를 완성한 뒤에 Rand corporation은 조사 결과를 근거로 다음과 같은 제안을 제시하였다.

- 체포 후 수사 활동은 기소를 위해 중요할 뿐만 아니라 수사관들이 현재 수행하는 주된 활동중의 하나이다. 이 활동은 적은 비용으로 더 효과적으로 행할 수 있다. 경찰과 검찰은 알맞은 정보 수집과 각 범죄 유형 문서를 명시해야 한다. 경찰과 검찰간에 협력 향상 이외에도 검찰에게 체포 후 수사를 맡기는 것도 좋은 시도일 것이다.
- 알려진 용의자 체포 임무를 수사관에게 부여하는 것은 비용 효과가 없다. 일반 수사관이라고 하는 특정 순찰 경찰들이 이 기능을 취급하기 위해 교육받아야 한다. 체포가 어려울 경우에만 수사대가 관련되어야 한다.
- 경찰이 수사 임무를 일반 업무로 변환하기 위해 취할 수 있는 모든 조치는 범죄 해결 횟수를 증가시킬 것이다. 정보 시스템과 잘

정돈된 매뉴얼 파일은 일반 해결 비율을 얻는데 도움이 된다. 이런 일반 업무를 수행하는 저임금 인력의 수고와 효과를 결정하는 실험을 행할 수 있다.

- 인지된 용의자가 없이 범죄의사에 노력을 많이 하는 경우 용의자 검거에 적절한 것이다.
- 중범죄를 수사하기 위해 범죄 전담 부서를 수립한다.
- 중범죄 수사관을 개별적 수사관보다는 면밀한 지휘를 받는 팀에게 배정한다.
- 경찰서는 특별 수사대를 선별적으로 현명하게 기용해야 한다. 특별 수사대 운용의 장점은 장시간 지속되지 않는다. 부서는 특별 수사대를 만들고 해체 하는 일에 익숙해야 한다.
- 증거 처리 능력을 강화해야 한다.
- 경찰서는 경찰의 협력을 희망하는 희생자의 희망사항을 충족시키고 범죄 해결에서 중대 역할을 하고 있다는 점을 인식해 주는 프로그램을 시작해야 한다.

2) PERF 연구

1970년 PERF는 범죄 수사에 대한 자체 연구를 실시했다. 이 연구는 두 가지 수사 기능 관점을 제시했다. 첫 번째는 Rand 연구에서 제시된 정황증거가설이었다. 이 가설은 수사 성공은 범죄 사건을 둘러싼 상황에서 파생되는 부산물이라고 주장한다. 이 가설에 따르면 후속 수사관의 활동은 사건 해결에 미려한 역할을 한다.

두 번째 시각은 성과증거가설이다. 이 사각은 수사관의 활동이 성공적인 범죄 사건 해결에서 지대한 역할을 수행한다고 주장했다. 이 이론은 수사 성과 정도가 범죄 사건을 성공적으로 마무리 짓는 능력과 직접적 관련이 있다고 주장했다.

이 연구의 결과는 애매했다. 양 시각을 모두 뒷받침하기 때문이다. 정황증거가설을 지원함에 있어서 예비 수사가 중요하다고 밝혔다. 그러나 후속 수사 역시 성과 근거 가설을 뒷받침하는 주된 측면이라는 점이 밝혀졌다.

결론적으로 John Eck는 범죄 수사 관리를 위해 선택적 접근방식을 제안했다. 그는 사건 유형별로 차별화 할 필요성이 있다고 주장한다. 그것을 세 그룹으로 제시한 바 있다(Eck, 1992: 31-32).

- 적정량의 수사 노력으로 해결될 수 없는 사건
- 사건 정황으로도 해결 가능한 사건으로 용의자를 체포, 심문, 사건 기소 준비만 필요한 경우
- 적정 수준의 수사 노력을 투입하면 해결 가능한 사건. 다른 방법으로는 해결될 수 없음.

사건이 어떤 범주에 해당하는지 파악함으로써 적절한 임무 할당을 할 수 있다. 양쪽의 경우 사건은 수사 노력이 확대되지 않거나 후속 수사 또는 기소 준비를 수사관에게 부여하지 않고 서류 처리됩니다. 사건을 분류할 때 해결 가능 요인을 고려해야 한다.

3) 해결 가능성 요인

수사팀의 핵심 요소는 그 팀의 능력을 이해하는 것이다. 모든 사건이 수사 과정을 통해서 해결되는 것은 아니다. 유능한 수사관은 주어진 사건에 전력을 기울여야 할 때와 사건을 종결할 때를 안다. 모든 사건을 수사관에게 맡기던 구시대는 생산성이 전혀 없다. 해결 불가능한 사건이 미궁의 사건으로 계속 남아 있을 뿐만 아니라 해결될 수 있는 사건에 투입할 수 있는 귀한 시간을 낭비하는 것이다. 그 결과 무의미한 사건에 매달리면서 과중 업무로 시달리면서 사건 해결 수가 줄어든다 (Greenberg, Yu and Lang, 1972).

수사 자원이 희소한 관계로 수사관은 성공적으로 끝낼 가능성이 있는 사건에 초점을 기울여야 한다. 스탠포드 대학교 연구원들은 가능성 이론을 이용하여 수사 성공을 예측하는 시스템을 고안했다. 이 시스템은 예비 수사관이 찾아낸 실마리에 부여된 양적 비중을 활용했다. 요소 전체 비중이 너무 낮으면 초기 수사관은 후속 수사 임무를 받을 필요

가 없다.

뉴욕 로체스터 경찰국은 해결 요인에 대한 실험을 했다. 해결 요인을 분석하기 위해 500건의 사건을 분석했다. 이 분석을 통해 12개 요인이 파악되었다. 수사를 통해서 해결되는 각 사건마다. 한 개 이상의 요소가 나타났다. 다음은 그 해결 요인들이다(Hastings, 1977: 216).

- 용의자 지명 가능
- 용의자 식별 가능
- 용의자 주소 확보
- 용의자 소재 파악
- 범행에 사용된 차량 등록번호 파악
- 차량 확인
- 재산 추적 가능
- 지문 인식 가능
- 주요 작업처리 방식 개발 가능.
- 범죄를 저지를 가능성이 제한되어 있어 적절한 용의 파악
- 일반인의 협조를 받을 수 있는 범죄라고 확신할 근거가 있다.
- 보강 수사로 범죄 해결이 가능하다고 확실할 근거가 있다.

이상 지적한 결론을 도출한 이후에 로체스터 시경은 위 내용이 한 개 이상 있는 사건에 한해서만 후속 수사 사건으로 제출하였다. 그 결과 사건 해결 횟수가 증가했다. 경찰 관리는 수사관에게 사건을 맡길 때 해결 요인 사용을 촉구하여 수사 자원을 최대한 활용하고 있다.

4) 순찰과 수사 협조

사건발생 후 수사는 순찰 경관이 수행하는 예비 수사의 당위적 귀결이다. 후속 수사는 주로 수사관이 담당하므로 순찰 경관과 수사관이 밀접한 연계 관계를 갖는 것이 무엇보다 중요하다. 애석하게도 많은 기관에서 그렇지 못한 실정이다.

V. A. Leonard와 Harry More는 수사관이 우위를 차지하여 이들 부서간에 적절한 의사전달이 제대로 이루어지지 않고 알력이 심하다고 지적했다. 그에 따라 이들 부서는 이 문제를 야기하는 여건들을 파악했다. 첫째, 수사관들은 봉급을 더 많이 받고 특권을 더 많이 누린다. 둘째, 얼마 동안이든 순찰 업무를 담당하는 경관은 경찰로써 무능력하다는 인식이 있다. 셋째, 수사관은 고급 인재여서 자기들보다 하위에 있는 직원들 특히 순찰 경찰들과의 의사소통을 거부한다.

순찰과 수사간에 의사전달이 무너지면 심각한 관리 문제가 발생한다. 이것은 경찰조직의 가장 중요한 두 가지 요소이므로 개방적이고 정확한 상호 의사 전달이 이루어져야 한다. 그렇지 못할 경우 심각한 관리상의 문제를 만든다. 이런 문제에 대한 대응은 대개 그것을 무시하는 것이었다. 그러나 모든 조직이 이런 문제가 지속되도록 방임하지는 않는다. 일부 조직은 갈등 해소를 위한 다양한 방법들을 모색해 왔다. 첫 번째 테크닉은 두 요소가 함께 임무에 참여하도록 하고 더 중요한 점은 타결점을 찾도록 서로 얼굴을 맞대어 대화를 하는 것이다.

두 번째 테크닉은 팀경찰활동이다. 팀경찰활동은 경찰 조직의 과도기 단계이다. 문제지향경찰활동의 기초이다. 그것은 다소 새로운 개념이지만 송수신 라디오가 나오기 이전부터 있어온 경찰활동기법이다. 팀경찰활동은 비교적 작은 지역에 국한된 밀접하게 조직된 일반 경찰 팀을 구성하는 아이디어에서 개발된다. 아마도 경찰 전문가와 경찰 사회 상호작용도 증가할 것이다. 팀 구성 접근 방식은 경찰서마다 다르지만 일반적으로 다음 구성요소를 갖추고 있다(Hale, 1981: 112).

- 일관성 있는 감독체계: 경찰 방침과 절차의 일관성을 강화하고 지역사회 해결책을 개발하는 데 있어서 더 밀도 있는 통일성 마련
- 의사 결정 최지 유연성: 팀원들의 의견 교환과 공유 촉진, 담당 구역 내에서 문제 해결을 위해 상호 협력
- 통일성 있는 서비스 구현: 팀원의 전문 기술보다는 종합적 능력 개발 강조

• 수사와 순찰 기능 결합: 순찰 경찰과 수사관의 격차를 이어주고 문제 해결을 위해 더욱 협력적인 접근방식 유도

팀 구성 접근 방식이 채택 여부를 떠나서 관리자는 순찰과 수사간의 관계를 밀접하게 지켜봐야 한다. 모든 의사소통 와해 징후는 즉각 해소해야 한다. 조직이 그 임무 완수 성패는 작전에 달려 있고 순찰과 수사보다 더 중요한 것은 없다.

6. 교통

수사 요소 이외에도 그 다음으로 수립되는 전문 부서는 교통 부서이다. 최소 경찰 조직이라도 단 한명의 경찰로 이루어지는 교통부서가 있다. 경찰 부서를 만드는 이유는 여러 가지가 있다. 첫째 연간 많은 사람들이 범죄보다는 교통사고로 사망한다. 둘째, 도시 지역 교통 문제는 순찰 경찰의 시간을 지나치게 많이 허비하는 경향이 있어 순찰 이외의 다른 활동으로 분산되는 경우가 있다. 셋째, 정치 지도자와 법 집행관료들은 인정하지 않으려 해도 교통 범칙금은 관할 행정에 막대한 양의 자금을 기여한다. 교통 집행의 공헌이 없다면 대부분 지역사회는 세금을 상당량 올려야 할 것이다.

그 어떤 요소도 독자적으로 교통부서 조직에 충분한 근거는 못되지만 함께 보면 상당한 주장 근거가 된다. 이 요소들은 다른 요소에 첨가된다. 경찰들의 직무 만족도를 높일 수 있다. 대부분 경찰들은 교통 기능을 그다지 염려하지 않지만 각 당국의 일부에서는 이 영역에 민감한 관심을 갖고 있다.

교통 부서를 운영하는데 많은 결함이 있다. 순찰 경찰들의 교통 업무는 모든 교통 책임을 맡아야 한다고 생각해서 많은 순찰 경찰들은 교통 법 집행에 관여하지 않는다. 많은 경찰서들은 순찰 경찰에게 교통 집행 담당하도록 할당량을 부여하고 있다. 교통 영역은 그 영향이 덜하지만 모든 전문화 영역과 똑같은 역기능이 있다. 그 이유는 많은 순찰

대원들이 실제로 교통 업무를 경시하고 이 임무가 주어진 대상에 대해 어떤 질투도 느끼지 않기 때문이다.

오토바이 순찰은 문제가 있다. 첫째, 오토바이는 구입 및 유지비용이 많이 든다. 둘째, 순찰 차량처럼 각각 다른 교대마다 다른 경찰에게 배정하기가 힘들다. 오토바이는 대개 한 사람에게 영구 배정되기 때문이다. 셋째, 날씨가 좋을 때만 사용할 수 있어서 캘리포니아나 플로리다는 상관없지만 북부 지역에서는 사정이 썩 좋지 않다. 넷째, 특수 제복은 일반 유니폼보다 훨씬 비싸다. 다섯째, 오토바이 경찰이 수행할 수 있는 서비스의 수는 한정되어 있다. 이 사람은 대개 교통 임무에만 한정되었지만, 한편 차량 순찰 경찰은 모든 임무를 수행할 수 있다. 마지막으로 오토바이는 위험하다. 오토바이를 활용하는 많은 경찰청에서는 대다수 경찰의 공상은 오토바이 사고이다.

장점을 보면 오토바이는 러시아워 교통이나 사고로 인한 교통 체증으로 인해 차량 진입이 불가한 지역에 들어갈 수 있다. 또 이미 언급한 대로 교통경찰은 평균 이상으로 의욕이 높다. 경찰 관료가 직면하는 문제는 관할 구역 내 교통 상황이 교통 조직을 만들 정도로 심각한지를 결정하는 것이다.

1) 전술

교통 조직의 기본 기능은 세 가지이다. 교통법집행, 교통 지도, 사고 수사가 있다. 교통법집행은 임의 또는 선별 형태로 이루어진다.

임의 집행은 순찰 중인 경찰이 위반 행위를 보고 법 집행을 하는 것이다. 이 교통 법 집행 형태는 지역 사회 내 사고율에 미치는 영향이 한정되어 있다. 그러나 흥미로운 역효과도 있다. 순찰 경찰은 용의자 색출을 위해 교통 정지를 자주 이용한다. 많은 중죄 및 경범죄 체포는 일반 교통 정지에서 바로 이루어진다.

선택적 집행은 특수 교통 부서에서 이루어진다. 사고는 특정 위치와 시간대에 무더기로 일어나는 경향이 있다. 도처에서 우연한 사고들이 발생하더라도 기록을 해두면 사고가 보통 이상으로 자주 일어나는 장소를 파악할 수 있다. 어떤 시간과 장소에서 어떤 범죄 사고들이 일어나는지를 파악함으로써 교통경찰은 적절한 시간에 그 위치에 배치되어 사고 유발 범죄에 대해 엄중한 법 집행을 함으로써 사고를 줄일 수 있다. 이것은 교통부서가 갖는 참된 장점이다. 제대로 이용하면 생명을 구할 수 있다.

7. 전략팀

전략적 또는 SWAT개념은 1960년대와 1970년대 초 발전되었다. 내분으로 인해 도시 폭동 유발을 위협하고 폭력 범죄가 극도로 증가하면서 대도시 경찰서는 급증하는 인질 상황과 고도로 훈련된 테러리스트를 대응하기에는 일반 경찰의 능력이 한계가 있음을 인식하게 되었다. 조직 전체에 비용과 시간이 많이 소모되는 교육을 하는 대신 경찰서는 소규모 전문 부서를 창설하여 집중 훈련과 현대 무기 기술을 가르쳤다. 그래서 생긴 것이 전략팀이다.

그 개념은 아주 간단한다. 무장 대치 상황에서 우세한 화력과 기동성을 발휘하는 것이다. 이 아이디어가 정착된 후 대도시 관할 구역에서는 꽤 큰 성공을 거두었다. 시위 진압 필요성이 거의 없는 소규모 관할 지역에서는 그다지 성공적이지 못했다.

전략팀은 실제로 많은 문제점을 안고 있다. 첫째, 비용이 많이 든다. 특수 장비와 교육이 많이 필요하다. 경찰 조직의 예산 책정은 쌍방 득실이 없는 게임이다. 한 그룹에 투입되는 1달러는 다른 사람에게서 챙긴다. 둘째 전략팀을 갖는 목적이 특수 상황 처리이기 때문에 그 상황 자체가 예측불허에서 팀원은 일일 24시간 운영할 수 있도록 충분한 규모를 갖추거나 일반 경찰이 요구하는 것 이상으로 대기조가 있어야 한다. 즉 초과근무, 무급 휴가 또는 무보수 장시간 근무 등으로 극도의 직업 피로를 야기할 수밖에 없다.

경찰이 순찰대가 처리할 수 없는 특수 상황에 대한 지속적인 문제가 없거나 조직이 순찰 기능을 악화시키고 않고 전략팀을 만들 수 있도록 그 규모가 충분한 경우를 제외하고 전략팀 조직은 시간, 인력 및 자원 낭비이다.

Ⅲ. 서비스

법 집행 기관의 서비스 영역은 작전 부서를 지원하기 위함이다. 서비스 영역은 대원 및 지원 기능을 한다. 많은 요인들을 고려하여 발전해 왔다. 개인 기업과 보조를 맞추기 위한 노력의 일환으로 대도시 법 집행 기관은 종종 다양한 기업적 철학을 채택하고 있다. 또한 소규모 기관들은 대규모 경찰서가 채택한 경향을 그대로 따라 하는 경향이 있다. 그 결과 많은 경찰서는 커다란 산업 조직과 유사한 형태로 조직된다.

참모조직구조는 긍정적인 측면과 부정적인 측면이 있다. 서비스 영역은 자신들이 참모라는 사실을 기억하고 계선명령기능을 단순화시키려고 노력하면 관료조직에 없어서는 안될 중요한 요소이다. 참모조직이 명령 계통을 지배할 만큼 충분히 막강해지면 발생할 수 있는 문제는 끝도 없다.

이 장에서 서비스 영역의 두 가지 유형, 즉 행정 서비스와 기술 서비스를 언급하고 있다. 조직의 기능을 완전히 발휘할 수 있다면 양 서비스 기능도 모두 달성할 수 있다. 그러나 각 서비스의 기능은 각각 다르다.

행정 서비스조직은 경찰서장의 행정기능을 완수할 수 있는 능력을 높이기 위함이다. 예산, 기획, 참모 및 교육 등의 관리 임무는 정규직으로 이 분야에서 일할 수 있는 특별 조직을 만듦으로써 강화된다. 반면에 기술 서비스는 계통 기능을 강화하기 위해 필요하다. 기록 보관, 의사소통, 범죄수사학, 교도소관리 직무는 이 영역에서 이루어진다.

한 부서를 분류하는 방법을 결정하는 가장 좋은 방법은 이 부서가 직접적으로 지원하는 대상이 누구인가라는 질문을 하는 것이다. 그 부서가 직접적으로 행정지원을 한다면 그것은 행정 서비스 부문이다. 그 부서가 작전 기능을 직접 지원한다면 그것은 기술 서비스 부문이다.

Ⅳ. 행정 서비스

많은 법 집행 기관에서 두 번째로 주된 영역은 행정 서비스이다. 이 영역에 투입된 사람들은 참모 인사가 대부분이다. 행정 서비스는 이론상으로는 운용을 위해서 존재한다. 실제로 행정 서비스는 운용 효과에 극적인 영향을 미친다. 한 참모가 직권 전도를 시도하면(하극상) 그것은 행정 서비스에 속하는 부서일 가능성이 아주 높다. 서비스 영역은 운용권을 강탈해온 길고 긴 역사를 갖고 있다. 행정 서비스의 목적은 작전 대원에게 경찰 임무에 우연히 관련된 시간을 낭비하는 영역 업무 부담을 덜어줌으로써 운용 효과를 강화하는 것이다.

행정 서비스 영역은 중요하다. 경찰 조직 운영에 기여하는 바가 매우 크다. 그러나 행정 서비스는 작전 지원을 위해 존재한다. 이 영역에서 이루어지는 결정은 항상 운용에 어떤 영향을 미칠 것인지를 염두에 둔다. 관료는 어떤 행위도 조직의 작전 효과를 떨어뜨리지 않도록 확신을 해야 한다. 행정서비스 영역에 해당하는 조직은 인사, 장비구입, 교육훈련, 조사 및 기획, 감독 부서이다.

인사는 대규모 경찰 조직에서는 하나의 완전 별개 영역이다. 그러나 대부분의 경우 인사는 행정 서비스의 하위 부서이다. 인사의 주요 기능은 주로 인력 채용, 선발 및 승진을 통해 조직 인사 관리를 적절한 수준으로 관리하는 것이다. 이 부서는 인사 기록과 병원 및 생명보험 혜택도 관리한다.

인사 기능은 중요하지만 법 집행 관료에게는 중대한 문제를 야기할 수 있는 가능성도 있다. 첫 번째 문제는 중대한 의사 결정 원칙 위반이다. 결정은 항상 그 결정의 직접적인 영향을 받는 대상이나 그 결정을 시행할 주체가 해야 한다. 인사 결정은 모든 기관에서 제기되는 가장 중요한 문제들 중의 하나이다. 그러나 인사과는 그들이 내리는 결정으로 인해 어떤 영향도 받지 않을 뿐더러 그 결정을 시행해서도 안 된다.

이 문제는 내려진 결정에 대해 실제로 어떤 책임도 없는 부서에게 책임을 전가시키는 현상을 초래한다.

둘째, 법 집행 및 기타 모든 주요 기관에서 그 내부 조직 중에서 인사과처럼 불미스러운 행정 하극상 역사가 있는 곳은 없다. 미국 군대 상황을 보자. 모두에게 해당하는 원칙이 있다. 인사과 직원의 심기를 절대로 건드리지 말라. 중요 서류를 잃어버리거나 원하지 않은 인사이동을 할 것이다. 즉 국가가 스스로를 효과적으로 방어할 수 있는 능력에 영향을 미치는 결정은 그 결정에 책임이 없는 사람들의 손에 있음을 뜻한다. 모든 기관의 인사 부서에서도 마찬가지로 사실이다.

불행히도 기관이 클수록 조직의 효율성을 위해서 이 부서가 더욱 필요하다. 인사 결정에 영향을 미치는 민사 및 형사법이 꾸준한 성장은 인사 전문가 기용을 의무화하고 있다. 인사과는 조직 내 다른 직원들의 삶을 악화시킬 수도 있지만 인사 결정을 옹호하기 위해서 법원에서 허용할 수 있는 한도 내에서 조직의 시간과 자원을 절약할 수도 있다.

1. 교육훈련

교육은 대체로 행정 서비스의 기능이지만 반드시 그렇지만은 않다. 일부 기관에서는 특히 작은 경찰서의 경우 이 임무는 운용부서나 기타 부서에게 주어진다. 그러나 전문 교육과를 가질 수 있는 경우에는 서비스나 지원과에 주어진다.

정부 기관, 연방 기관, 대도시 경찰서에서 주로 가장 철저한 교육 개발을 시행하고 있다.

이것은 현재 국내에서 경찰서비스를 제공하는 전체 법 집행 관리 인원 중 불과 일부에 불과하다. 게다가 교육 표준 시행에 앞서 교육훈련을 받지 못하고 정식 교육을 제대로 받지 못한 경찰이 여전히 다수를 차지한다.

교육은 효과적인 법 집행을 위해 중요하며 그 내용은 12장에서 더 자세히 다루게 된다. 이 기능은 막대한 행정 조치와 자원 할당을 충분히 받을 가치가 있다. 이것은 조직에서 가장 중요한 지원 요소일 것이다.

2. 장비 구입

장비구입은 영역 확장을 지향하는 또 다른 부서이다. 이론적으로 장비구입은 조직에게 장비와 소모품을 전달하는 중앙 집중화된 행정 수단을 제공한다. 인사과처럼 규칙, 규제 및 특별 형식 제정을 통해 임무를 달성하는 경향이 있다.

많은 법 집행 관료들은 중앙 집중화된 장비구입을 선호한다. 그 이유는 탄탄한 행정 관리를 허용하기 때문이다. 장비구입은 다음과 같은 이유로 소모품과 장비 구입 절차를 늦추기도 한다.

- 여기서도 성과에 아무 영향을 받지 않는 사람들이 의사결정을 한다.
- 중앙에서의 장비 구입은 유통망을 통해서 엄격히 운영된다. 서식을 제출하고 승인을 받고 최종적으로 장비를 구매한다. 이것은 흔히 시간 소모성 절차이다.
- 중앙에서의 장비구입을 운영하는 데 비용이 더 많이 든다. 장비구입 직원 봉급을 지급해야 할 뿐만 아니라 규칙 및 지시 제정은 필요한 물자에 대한 최적의 가격을 찾을 수 있는 능력을 저해한다. Rovert Townsend가 지적한 대로 "연방 정부는 공용 구매 원칙으로 싸구려 잡화점에서 사는 것보다 20퍼센트를 더 지불하고 연필을 구매한다."고 한다.

각 부서 과장이 예산 및 장비, 소모품 여건을 모두 책임지도록 하는 것이 더 나은 구매 방식이다. 각 부서는 자체 장비구입을 해야 한다. 조직은 문제를 덜 일으키고 훨씬 저렴한 비용으로 더 나은 소모품을 구입할 수 있다. 여기서는 입찰 공고를 통해서 물자를 구입할 수 있다. 한 부서가 물품이 필요하면 그 부서는 물품 입찰 공고를 내면 된다.

장비구입 관리는 납품업체 수가 한정되어 있다. 그 이유는 최적의 가격을 꾀하는 대신 자체 업무 간소화에 더 신경을 쓰기 때문이다. 그 물품을 실제로 사용할 사람과 특정 예산에서 그 가격을 지불해야 할 사람이 입찰 방식을 최대한 많이 얻으려고 해서 최적의 가격으로 물품을 구입할 가능성도 크다.

입찰을 위해 제출해야 할 품목과 경찰 차량 등 각종 분야에서 사용되는 품목은 예외이다. 이 경우 관료는 물품을 사용해야 할 사람들로 구성된 임시 특별 위원회를 소집한 다음 그 품목 사양을 확인하여 입찰 신청을 내야 한다. 그래도 기관은 이익을 본다.

3. 검사 및 기획

이 부서의 기능은 정책 결정을 내릴 수 있도록 경찰서장에게 정보를 제공하는 것이다. 조사 및 기획의 두 가지 기능은 상호 의존적이므로 한데 묶여 있다. 이부서는 전화 및 중앙 집권화가 요구된다. 하지만 각 부서는 상호 개입을 억제하지 않는다. 중앙 집중화 및 전문화가 필요한 이유는 조사원 및 기획원들은 법 집행 관리들이 보통 갖고 있지 못한 기술을 요구하기 때문이다.

조사 및 기획 기술은 원래 현자 연수를 통해 배양되지 않는다. 조사 및 기획의 필수 기술은 통계 및 조사방법론, 고등 교육기관에서 얻을 수 있는 지식이다. 그러나 이 기술들은 지속적으로 사용하고 향상된다. 대학과 대학교 전문 연구원들의 도움을 받아 더욱 심화될 수 있다. 미주주리 캔자스시티와 캘리포니아 샌디애고 경찰서에서 얻은 연구 결과는 외부 기관 전문가 기용으로 경찰 연구원의 능력이 향상된다고 주장한다.

기획 및 조사는 적절한 인원으로 구성되고 조사 및 중대 계획을 실행할 수 있는 충분한 자유가 보장될 때만이 그 가치를 십분 발휘한다. 많은 기관들은 이 부서를 필요한 기초 기술이 없는 순찰 대원 및 때로는 관료들로 조직하는 경우가 있다.

소사 및 기획은 성확하고 완벽한 정보 수집 및 처리를 요한다. GIGO(쓰레기를 넣으면 쓰레기밖에 나오지 않는다)는 연구용 컴퓨터

모델을 설계하는 사람들이 사용하는 말이다. 최종 기획의 질은 계획 달성에 사용된 정보의 질이 좌우한다.

이 임무를 수행하는 사람은 해야 할 일과 그 방법을 알고 있어야 한다. 이 부서를 무능한 인력으로 조직하면 부서가 아예 없는 것만도 못한다. 나쁜 정보를 제공하기 때문이다. 정보가 불충분하면 거기서 나오는 결정도 형편없다.

4. 자료 분석

법 집행기관은 방대한 양의 데이터를 수집한다. 대부분 조직들은 앞으로 쓸 수 있도록 자료들을 항목별로 보관만 할 뿐이다. 그러나 법 집행 기관에 최근 자료 분석과 새롭게 추가되었다. 이 부서는 여러 가지 기능이 많지만 전부 가치가 있다.

자료분석은 경찰의 직무로 수법을 기초로 범죄예측을 한다. 또한, 범죄분석, 수법을 토대로 범행 예측을 하는 가능성을 이론적으로 활용하고 있다.

이 부서는 이러한 분석을 정확한 회계로서 예산관리와 각 장비에 대한 비용을 체크하여 효과적 관리를 한다. 그리고 과거와 달리 예측가능한 인사관리를 한다(Swan, 1977: 334).

자료 분석 부서는 조사 및 기획과 소속 또는 독립 개체가 될 수 있다. 어느 쪽이든 자료 분석부서는 각 기능 성격이 중복되는 관계로 조사 및 기획 부서와 밀접한 작업 관계를 이루어야 한다. 아마도 의사전달 단일화를 위해 양쪽 부서를 하나로 운영하는 것이 바람직할 수도 있다.

5. 감독

경찰 기능의 궁극적인 책임은 경찰서장에게 있다. 그러나 기관의 규모가 클수록 이 사람은 서비스 구현 업무와는 더욱 소원해진다(Swan, 1977: 335). 따라서 관료는 정책 및 절차를 준수하는 정도의 지식을 좀처럼 갖지 못한다. 지시 준수 확인 필요성은 부서 감독의 의무 사항이다.

두 가지 감독 유형이 있다. 즉 계선 조직과 참모조직이다. 각 목적은 경찰 업무에 대한 행정 관리이다.

1) 계선조직 감독

계선조직 감독은 명령 책임이 있다. 소규모 경찰서는 경찰서장이 이 기능을 맡는다. 기관의 규모가 클수록 이 의무는 하위 서열 감독자에게 인계된다. 명령 계통을 주로 담당하는 사람은 감독 받는 부서의 직계 상관이다. "이 감독은 특정 기능과 활동을 직접적으로 책임지는 사람들의 관측 및 심의 절차를 통해 관리를 행사"한다.

계선조직은 많은 단점이 있어 참모조직의 감독이 요구된다. 자체 부서와 직원을 감싸주는 경향이 있어 그 과실을 보고하는 대신 감춰주는 경향이 있다. 계선조직 감독은 자급자족인 경우가 있다. 감독은 과실을 무마할 수 있도록 함으로써 부하 직원들에게 인간성 좋은 사람으로 보일 수 있다. 마지막으로 무능력하거나 부패한 상관은 감독보고서를 거짓 위조함으로써 이런 부조리를 가리기도 한다. 이런 문제로 인해 계선조직 감독은 의심의 여지가 많다. 그러나 좋은 상관이 계선조직 감독을 통해 부서를 긍정적으로 관리할 수 있기 위해서는 필요하다.

2) 참모조직 감독

참모조직 감독은 고위 관료에게 매우 중요한 답변들을 제공할 목적으로 실시된다.

참모조직 감독은 몇 가지 측면이 있다. 첫째, 참모조직은 계선조직 감독 보고서를 검토하여 현행 문제를 숙지해야 한다. 둘째, 계선조직 감독에서 파생된 정보를 이용해서 참모조직 감독을 기획 및 실시해야 한다.

참모조직 감독은 계선조직과는 별개이다. 참모조직 감독 임무를 받은 관리들은 공평하고 감독 대상 부서와의 내통이 없어야 한다. 참모조직 감독 자체는 관료에게 조직성과 및 효과를 보고할 목적으로 고안된 부서 조직, 절차 및 관행을 상세히 관측 및 분석한다. 참모조직 감독은 조직의 모든 것을 포괄해야 한다. 참모조직 감독의 광의의 목표는 다음과 같다(Swan, 1977: 335).

- 기존 정책, 절차 및 규정이 엄밀하고 그 의도한 취지 하에 수행되고 있는가?
- 정책, 절차 및 규정이 조직의 소기의 목적을 달성하는데 적합한가?
- 조직의 재량에 따라 개인적 및 실제적 자원이 최대한 활용되고 있는가?
- 조직의 임무를 수행하는데 자원이 충분한가?
- 시정 또는 개선해야 되는 인간 됨됨이, 교육, 의욕, 감독 또는 정책상에 결함이 있는가 또는 있을 수 있는가?

감독팀은 관리자가 완전히 신뢰하는 사람이 지휘해야 한다. 감독팀의 장은 나무랄 데 없는 인간 됨됨이와 고도의 객관적 태도 및 판단력을 갖추어야 한다. 팀원들 역시 이런 자격을 모두 갖추어야 할 뿐만 아니라 감찰 대상 부서 직원들의 존경 대상이어야 한다.

마지막으로 감독은 계획에 충실해야 한다. 팀은 감독 대상 부서에 알맞은 점검 목록을 고안해야 한다. 제 아무리 능력이 있다 해도 그 누구도 구체적인 감독 대상 및 감독 방법 없이 그냥 둘러만 보고 감독을 해낼 수 없다. 피상적인 감독은 무의미하고 실패하기 마련이다. 꼼꼼하고 포괄적인 감독을 위해서는 경찰서장의 운영 철학뿐만 아니라 정책 및 절차를 명확히 이해하고 체계적인 방법으로 실시해야 한다.

게다가 참모조직 감독은 불시에 행하지 않는다. 감독의 목적은 문제를 발견하는 것이다. 감독 대상이 있을 거라는 것을 알면 전력을 다해서 임무 수행을 하게 된다. 그러면 정책 및 절차 해석 미비 또는 숨길 수 없는 만성적 결함으로 인한 과실들로 참모조직 감독이 찾고자 하는 문제들만 보이게 된다.

참모조기 감독은 중립적이고 믿을 수 있는 사람들이 수행해야 하고 그 감독은 비밀이나 거짓 없이 솔직하게 이루어져야 한다. 감독 대상 부서가 최대 역량을 발휘해서 임무 수행을 할 때 감독의 의의는 더욱 커진다.

V. 기술 서비스

기술 서비스는 여러 분야에 있어 보통 이 분야의 임직원들이 제공할 수 없는 전문적인 기술을 제공한다. 기술 서비스는 실제 지원을 제공하며 행정 서비스는 후방 지원을 제공한다. 기술 서비스 부분에 소속된 부서는 행정 서비스 부서에 비해 일선과 보다 밀접한 관계를 유지한다. 이것이 이 부서와 운용부서간의 마찰이 행정 서비스 부서와 운용부서 간의 마찰보다 적은 이유 중의 하나가 된다.

기술 서비스에서 가장 자주 볼 수 있는 부서는 기록 및 의사전달, 신원조회 구치소 관리 및 경찰서 설비가 있다. 해당 경찰서의 규모가 충분히 큰 경우 범죄수사과학 연구소도 있을 수 있다.

1. 기록 및 의사전달

기록 및 의사전달의 1차적 기능은 정보 관리다. 매일 매일 법 집행 기관으로 들어가는 정보의 양은 놀라울 정도로 많다. 향후 사용을 위해 이러한 정보들을 모두 접수, 기록, 분석, 파일로 비치해야 한다. 해당 기관의 이러한 목적 수행 능력은 정확한 정보의 획득 및 활용 능력에 달려 있다.

1) 기록

과거의 기록 시스템은 그리 정교하지 않았다. 법 집행 요원들은 자주 "Coat Pocket(주머니 속)"파일을 사용하였는데 이들은 해당 기관의 각 경찰이 소지하고 있었다. Cross-indexing(상호 참조)은 거의 없고, 많은 정보가 잘못된 곳에 유지되었다.

컴퓨터가 등장하기 전에도 법 집행자들은 우수한 최신 기록 시스템의 가치를 인식하기 시작하였다. 그리하여 3×5inch 크기의 카드가 가장 널리 사용되는 Indexing report(목록 기록)가 되었고, 이는 향후 참조를 위해 정식적으로 조심스럽게 처리되었다. 컴퓨터의 도입은 기록 보유에 큰 도움을 주었으며 그 영향력은 마이크로필름의 개발보다 훨씬 크다. 지금 법 집행 기관은 상대적으로 작은 공간에 무한한 양의 정보를 보유할 수 있는 능력을 가지게 되었고 전산화 검색 기능을 통해 높은 속도로 접속할 수 있다. 법 집행 기관의 요소 중 기록시스템만큼 발전이 빠르고 신진 기술을 잘 활용한 요소는 없다.

기록 시스템의 사용 목적은 비밀을 위한 것이 아니다. 이는 해당 기관으로 하여금 범죄, 특정 범죄, 일정한 개인의 범죄 동향, 잃어버린 사람이나 재산, 수배자 및 도난 재산의 추적 및 자원 이용을 할 수 있도록 하기 위해 설계된 것이다. 법 집행 기관은 통상 Police-citizen(경찰-시민 연락실)에 파일을 비치하고 있다. 이들 파일은 자주 다음과 같은 형식을 갖는다.

- Police reports(경찰기록) : 경찰이 제출한 보고서는 경찰의 반응을 요구하는 사건 기록을 제공한다. 이에는 범죄, 체포, 분실되거나 찾은 재산 및 일반 정보가 포함된다.
- Accident Report(사건 보고서) : 사건 다발 위치 및 정확한 사건 발생 원인을 확정하기 위해 각 사건의 보고서는 보고, 파일, 분석 과정을 거친다.
- Modus operandi(운용방식) : 이 파일은 범죄 행위의 확인 가능한 패턴을 도출하기 위해 유지된다. 일단 패턴이 확인되면 향후 사건의 가능성을 추정할 수 있으므로 혐의자를 체포할 수 있는 기회를 얻을 수 있다.
- Warrant files(영장파일) : 이 파일은 한 사람이 수배자인지 여부를 신속히 판단하기 위하여 유진된다. 많은 경우에 있어 Traffic stop (불심검문) 중에 일상 절차로서 이 파일을 참조하여 영장에 의해

사람을 체포한다. 업데이트되는 전산 처리 영장파일은 순찰경찰에게 수배자에 관한 정보를 신속하게 접속할 수 있게 한다.

- Identification(신원조회) : 지문과 사진도 파일로 비치하여 향후 용의자와 대조하는 데 사용한다. 잠재 지문을 발견하는 것은 용의자의 손가락과 대조하는 외에 쓸모없다. 이러한 이유로 이러한 타입의 파일을 유지한다. 사진의 경우도 마찬가지다. 용의자의 이름을 모르는 목격자가 있는 경우 이 용의자의 사진은 수사에 효과적인 도움이 될 수 있다.
- Field contact cards(거리순찰카드) : 경찰은 의심스러운 시간에 수상한 장소에서 사람들을 인터뷰한 정보 카드를 빈번하게 제출한다. 그러므로 해당 지역에서 범죄가 발견되면 경찰은 실마리를 찾을 수 있다.
- Personnel records(인사기록) : 대민서비스는 개인책임과 관련된 파일을 작성할 때 부적절한 행위에 대해 서류를 작성해야 한다. 진급과 자리 이동도 경찰간의 성적에 따라 영향을 받는다. 인사파일은 각 직원의 성적과 장점 및 약점에 관한 완벽한 기록을 유지해야 한다.
- Intelligence file(정보파일) : 가장 민감한 것일 수 있지만 이 파일들은 해당 기관에 있어 중요하다. 구체화되었거나 그렇지 않은 정보로 구성된 것이기 때문에 민감한 것이다. 이들 파일에는 단지 루머나 일부 자료들이 포함될 수 있다. 단편의 사실이 뒷받침되지 않은, 주제에 명예에 손상을 입힐 수 있는지의 여부에 따라 이러한 정보에 의해 민감성이 결정된다. 이러한 정보는 무고한 사람에게 타격을 입힐 수 있다. 그렇기 때문에 이러한 정보는 비밀리에 취급되어야 한다.

모든 기록이 정보파일과 같이 민감한 것은 아니지만 대부분을 반드시 이러한 것으로 간주하여 취급 관리되어야 한다. 하지만 대중에 개방되는 정보는 확실히 이렇게 취급되어야 한다. 경찰 파일을 접할 수 있는 사람은 반드시 알 필요가 있는 사람으로 제한되어야 한다. 그렇기 때문에, 그리고 모든 경찰 부서가 기록 부서에 접근할 수 있으므로 이 부서는 반드시 안전 지역에 집중되어야 한다.

2. 의사전달

의사전달은 양방향 무선 통신과 전화 이 두 가지는 각기 다르지만 상호 연관성이 있는 기술이다. 이 부서는 시민과 기관으로부터 정보를 접수하고 이를 요약 분석하고 필요시 경찰 조직을 배치할 책임이 있다. 기관의 규모가 클수록 기능이 복잡하다. 규모의 증가에 따라 서비스 통화 요구와 Dispatchers(상황실근무자)의 수, 무선통신을 처리하는 주파수의 수도 더욱 많이 요구된다.

컴퓨터의 등장은 통신 과정에도 중대한 충격을 가져왔다. 컴퓨터 도움에 의한 CAD는 컴퓨터를 통해 각 서비스 요청에 대응하여 위치와 능력면에서 가장 적합한 순찰대를 선택 가능하도록 한다. 현재 대부분의 성(국방성, 교육성 등)은 여러 순찰 차량의 위치를 지속적으로 감시하는 능력이 있다. 개별 경찰은 지속적인 감시에 그리 열중하지 않지만, 이는 dispatcher(상황실근무자)와 관리자에 있어 아주 중요한 수단이다.

의사전달의 주요 목적은 거리에 있는 경찰을 위해 안전을 제공하면서 일반에게 가장 효율적인 서비스를 제공하는데 있다. 이러한 기이한 조직 형태에 있어 Dispatcher(상황실 근무자)는 보통 봉급과 특권 면에서 위치가 가장 낮으면서 가장 중요한 역할을 수행한다. 많은 차원에서 Dispatcher는 순찰 지휘관의 역할을 수행한다.

어떤 기관에서는 이 위치의 중요한 역할을 인식하고 고급 공무원을 이 자리에 배치하였다. 이러한 배치에 대한 논쟁이 되고 있지만 이는 거리에서 필요로 하는 유능한 인재의 낭비를 말한다. Civilian Dispatcher(민간 상황실근무자)는 가장 현실적이지만 적절한 훈련과 감시가 있어야 한다.

3. 증거수집 절차

증거수집은 보통 범죄 수사 조직에 가장 유용한 서비스를 제공한다. 범죄 수사에 대해 Rand 분석에서 지적한 것과 같이 경찰은 그들이 처리할 수 있는 것보다 훨씬 많은 정보를 수집한다. 물리적 증거와 후속 분석에 대한 강조는 수사 조직의 효율을 높일 수 있을 것이다.

증거수집은 주요 범죄 현장에서 심층 조사하여 범죄와 관련된 증거를 수집하는 전문기술이다. 이는 많은 훈련을 필요로 하는 기술 분야이다. 이 부서는 때로 다른 부서와 연관이 있으며 후원 행정 부서와 관련이 없다. 또는 많은 기관에 있어 이러한 사람은 임의 운용부서 또는 서비스 영역에 위치해 있다.

Criminalistics Laboratory(범죄수사과학연구소)와 같은 충분한 규모의 기관의 경우 증거 수집기술자는 항상 범죄수사과학연구소에 상주하게 된다.

범죄수사과학연구소서는 법 집행 기관의 효과성에 대해 결정적이지만 이를 인지하고 있는 기관은 드물다. 이 기능직에 지정된 사람들은 보통 훈련을 잘 받지 못하였고 이러한 조직 또는 인원이 부족하며 어떤 경우에는 다른 부서에서 문제가 있어 이곳으로 온 경우도 있다. 많은 기관들은 이 조직의 잠재성에 대해 낮게 인식하고 있다.

4. 구치소 관리

구치소는 범죄 혐의자를 감금하는 책임 조직으로 이들 혐의자들은 기소되었지만 기소가 되지 않은 상태이다.

관념적으로 법 집행 기관의 사람들은 구치 시설을 관리, 유지할 수 없게 되어 있으며 이는 교정 훈련을 받은 사람에 의해 관리되어야 한다(Kassoff, 1977: 477). 이러한 인식에도 불구하고 정부 기관, 특히 지방 수준의 기관 중 구치소를 경찰로부터 제외시킬 의시를 보이지 않고 있다. 짧은 시간 내에 이러한 변화의 태도는 찾아볼 수 없다. 우리는 경찰이 향후 어느 시점까지 구치소의 관리를 담당할 것으로 추정하고 있다. 다음의 사례는 건전한 구치소 관리의 중요성을 시사하고 있으며 동시에 감독 및 훈련과 관련하여 관리자의 책임을 지적하였다.

〈예제〉

McClelland 대 Facteau, 1979; 610 F.2d 693

체포와 구금 당시 원고의 헌법상의 권리 침해로 기소된 두 명의 경찰 서장과 부하경찰을 상대로 민권 법에 따라 재판이 열렸다. 미국 뉴멕시코 지방 법원 Howard C. Bratton 부장 판사는 피고 경찰 서장에게 유리한 약식 판결을 내리자 원고는 이에 항소를 제기했다.

McClelland는 과속 위반으로 Fecteau 경사의 정지 명령을 받았다. 교통 소환장 서명을 거부하자 Farmington 시립 구치소로 이송되었다. McClelland는 트럭 속에서 담당 변호사에게 핸드폰으로 전화를 걸 수 없었고 차를 가져가도록 지원에게 연락을 할 수도 없었다. 대신에 그는 순찰대원의 차량에 감금되어 Faxteau 경사가 부른 견인 차량이 도착할 때까지 기다렸다. 그는 Jimmie Brown에 의해서 구치소에서 조사를 받았다. 그는 결국 보석금 50달러를 부과했다. McClelland는 이 금액을 낸 후에 석방되었다. McClelland는 구금 중에 Cone Brown의 심문을 받았지만 자신의 헌법상의 권리에 대해서 설명을 듣지 못하고 전화 통화도 거절당하고 치안 판사 앞으로 불려가지도 않았다. 석방되지 전에 그는 벽에 기댄 채 Brown 형제가 보는 앞에서 Facteaur경사로부터 구타를 당했다. McClelland는 4조, 6조, 14조 조항하에 몇 가지 구체적인 권리 박탈을 기소했다. McClelland는 경찰 서장이 피고측이 유리한 입장에서 책임이 있다는 주장은 하지 않고 있다. 대신에 경찰 서장이 부하 직원을 올바로 교육하고 감독해야 할 의무를 위반한 데 있어서 직접적인 책임이 있다고 주장한다.

법원의 입장

McClelland는 기본적으로 우리가 고려하는 두 가지 의무를 명시하고 있다. 첫째, 그는 경찰 서장의 부하 직원을 교육하고 인간의 헌법상의 권리를 보호하는 부서 절차를 수립해야 하는 의무 이행을 소홀히 했다고 주장하고 있다. Schmerheim과 ViGil 양자 모두 세 명의 부하 경관이 적절한 교육을 받았으며 부서 절차를 제대로 이행했더라면 McClelland의 권리를 실제로 보장되었을 것을 나타내는 진술서와 서류를 상정했다. 상관은 부하 직원이 정도에서 벗어난 데 대해서 자동적으로 책임을 질 수 없다.

둘째, 우리는 경찰 서장이 통보된 부정행위를 시정해야 하는 감독 의무를 고려한다. 표준은 정황에 따라 각 경찰 서장의 권한과 그가 알았거나 알고 있어야 할 것을 기준으로 채택된다.

5. Physical plant(경찰서 시설)

모든 법 집행 기관은 독립된 관청에서 임무 수행을 한다. 이 시설은 꾸준히 관리되어야 하므로 관리자와 보수 및 관리가 필요하다. 이 작업의 상당 부분은 장비 제조업체가 유지보수를 제공하는 계약 시스템을 통해 이루어진다.

다른 시설 및 장비 유지 보스 방법은 그 기능을 담당하는 정규 직원이 있어야 한다. 일부 기관의 경우 거주자가 관리 서비스에 기용되지만 일반화된 경향은 아니다. 어떤 기관은 민간인 관리인을 고용하거나 지방 정부가 모든 정부 시설에 대해 이들 서비스 제공을 위해 고용한 인력들을 사용한다.

적절한 시설 관리 및 유지 보수는 직원의 의욕과 직무만족도를 위해 중요하다. 장비 및 시설 상태가 나후되면 직원이 의욕도 그에 따라 낮아진다(Holden, 1980: 126).

6. Crime laboratory(범죄수사과학연구소)

범죄수사과학연구소는 대규모 법 집행 조직에서 볼 수 있다. 소수 중소형 기관들은 그런 시설을 유치할 수 있는 공간이나 직원을 수용할 수 있다. 범죄수사과학연구소는 범행 현장에서 수집한 증거를 분석하기 위해 있다. 이 증거는 대체로 신원확인 검시관이나 신원확인검시관이 없으면 순찰 경찰 및 수사관이 수집한다. 대도시 지역에서는 살인 사건의 경우 의료 검사원이 수집하는 경우도 있다.

범죄수사과학연구소 즉 범죄순수과학연구소라도 기적을 만들 수는 없다. 분석의 질은 범행 현장 검색의 질 및 강력한 증거 수집과 밀접한 관련이 있다. 연구소는 수사 동안에 확보되지 않은 것은 분석할 수 없다.

범죄수사과학연구소는 세 가지 일반 기능이 있다(Fox, 1977: 457).

- 범죄 재현 수사관이 물적 증거를 모아 범행 재현을 하는 일을 돕는다. 이들은 범행이 있기까지의 일련의 사건들을 찾으려고 시도한다.
- 범죄 재현: 수사관이 물적 증거를 모아 범행 재현을 하는 일을 돕는다. 이들은 범행이 있기까지의 일련의 사건들을 찾으려고 시도한다.
- 범죄 증거: 범죄 구성 사실을 수립한다.
- 연계와 단절: 용의자와 범행간의 연계가 있는지 여부를 판단한다. 범죄수사과학 연구소가 그 자체 또는 증거 분석을 통해서 사건을 해결하는 경우는 매우 드물다. 범죄수사과학연구소의 진정한 가치는 분석된 증거를 용의자와 비교하여 그 개인을 용의자로 지목 또는 배제할지 여부를 판단하는 능력이다.

7. 경찰 조직

경찰 조직은 경찰관청(警察官廳)으로 경찰사무에 관한 국가의 의사를 결정·표시하는 권한을 가진 경찰행정기관을 말한다. 현행법은 국가의 경찰조직만을 인정하고 있으므로 경찰법 제11조, 제17조에 의거 경찰관청은 최고중앙경찰관청인 경찰청장 아래 지방경찰청장, 경찰서장이 계층적 구조를 이루고 있다. 그리고 경찰 조직은 경찰청장 중심으로 1차장 7국 4관 1대변인 1심의관 12담당관 27과로 구성되어 있다. 또한, 전국 16개의 지방경찰청이 있다. 부속기관으로 경찰대학, 경찰교육원, 중앙경찰학교, 경찰수사연구원이 있다.

경찰청의 각 조직별 업무를 보면 다음과 같다. 기획조정관실은 조직

내 혁신역량을 높이고 인적·물적 자원을 개발·관리하며 보다 적합한 조직을 구축하고 인적자원을 확보하는 업무와 기관운영을 위한 각종 예산의 편성과 배분 업무를 담당하고 있으며, 또한 각종 법령심사 및 행정소송 수행지도 업무를 수행하고 있다. 경무국은 경찰지휘부의 각종 행사·회의·일정 등 의전에 관한 사항을 주관 또는 지원하며, 조직구성원들의 화합과 단결·예절·제반 규율에 관한 업무를 담당하고 직원의 급여·수당을 지급하며, 경찰청 청사 관리와 자체경비를 비롯한 전국 일반보안업무에 관한 사항을 지도·감독하고 있다. 또한 청 내에서 생산되는 각종 기록물 관리 및 보관, 정보공개 평가·심의에 관한 사항을 총괄하고 있다. 이외에도 각종 경찰사료의 수집·관리·보존 및 전시를 위한 경찰박물관 운영과 경찰청 소속 일반·별정·계약·기능직 공무원에 대한 인사관리 및 비정규직 관리, 공무원노조설립 합법화 이후 상생의 신노사문화 창출을 위한 지원업무도 수행하고 있다. 생활안전국은 생활안전과, 생활질서과, 여성청소년과로 구성되어 있다. 생활안전국에서는 지구대, 특수파출소 등 지역경찰관의 활동 전반을 관장하며, 경비업체 지도·감독 및 각종 방범단체와의 협력을 통해 범죄 및 안전사고 예방을 위해 노력하고 있다. 또한 사회질서 확립을 위해 기초질서 단속 및 풍속업소, 총포·도검·화약류 취급업소 등 지도·단속 업무도 수행하고 있다. 117 학교여성폭력피해자 긴급지원센터와 182 실종아동찾기센터를 운영하는 등 성폭력, 가정폭력, 아동학대, 실종아동 및 가출인 찾기, 청소년 선도에도 소홀함이 없도록 최선을 다하고 있다.

수사국은 법령·제도 개선, 수사인력·예산의 효율적 운영 등 수사조직 인프라를 신진화하고, 수사기법 개발 및 수사지도 등을 통하여 신속·공정한 사건처리를 위한 수사경찰 역량을 강화하는 한편, 수사과정의 투명성을 높이고 국민 친화적 치안환경조성 등 수요자 중심의 최상의 치안서비스 제공을 위해 노력하고 있다. 경비국은 질서가 바로 서고 인권이 존중되는 사회구현을 위해 엄정한 공권력 확립 및 국민의 인권보호를 목표로 집회시위관리, 일반경비, 재난·테러 등 위기관리, 전의 경관리, 경찰작전, 요인경호, 항공대운영 등의 업무를 수행하고 있다. 정보국은 4개과로 편성 되어있으며 사회안정과 국민편의를 위하여 경제·사회·노동·학원·종교·문화 분야에 대한 치안정보의 수집 및 집회·시위 관리 등 예방정보활동을 하고 있다. 보안국은 국가 안전보장을 위태롭게 하는 간첩 활동 및 안보위해사범에 대한 예방·검거활동과 경제안보 차원에서 산업기밀·전략물자 유출사범 수사를 하고 있으며 북한과 연계된 마약, 위조지폐, 총기밀매 사범을 단속하는 등 국민의 평화롭고 안전한 삶의 기반을 지키기 위해 노력하는 한편 북한이탈주민의 안전한 정착을 위한 신변보호 업무를 수행하고 있다. 외사국은 외국·외국인관련 범죄의 예방과 수사, 주재관을 통한 재외국민 보호, 인터폴(국제형사경찰기구)을 통한 국제공조수사, 외국경찰기관과의 교류와 협력, 국제공항·항만의 보안활동 등의 업무를 하고 있다. 대변인실은 경찰이 하는 일을 국민과 쌍방향 커뮤니케이션을 통해 널리 알림으로써 경찰에 대한 신뢰와 지지를 확보하기 위한 제반활동을 하고 있으며, 각종 기획홍보·전략홍보를 통해 국민에게 경찰의 역할을 올바르게 인식시키고, 여론을 파악하여 경찰정책과 활동에 적극 반영하는 업무를 수행하고 있다. 감사관실은 '현장 속으로, 시민 곁으로'의 모토 아래 국민의 불편사항을 적극적으로 개선하고, 경찰청 및 소속기관의 공정한 법집행을 유도하여 대국민 만족도 향상에 기여하고 있으며, 선행경찰관 발굴 등 공감받는 감찰활동으로 깨끗하고 신뢰받는 경찰문화 조성에 노력하고 있다. 정보통신관리관실은 조직내 신경기능으로서 정보통신을 유기적으로 연결시켜 기능상호간 정보교류가 원활히 이루어지도록 지원하며, 전국의 각종 치안상황에 즉각 대응할 수 있는 정보통신종합 지원계획을 수립하고, 각종 첨단 정보통신시설·장비의 구축 유지와, 정보화 프로그램 개발, 온라인조회망관리, 그리고 경찰정보통신보안관리 업무 등을 총괄 수행하고 있다. 교통관리관실은 도로에서 일어나는 교통상의 모든 위험과 장애를 방지·제거하여 안전하고 원활한 교통을 확보하기 위한 각종 교통정책을 수립·시행하고 있으며, 교통단속・교통사고조사・운전면허관리・교통시설물 관리 및 자치단체와 협조 보완 등 도로 교통전반에 관한 업무를 수행하고 있다.

다음 〈표 7-2〉는 경찰청의 조직도이다.

〈표 7-2〉 경찰청의 조직도

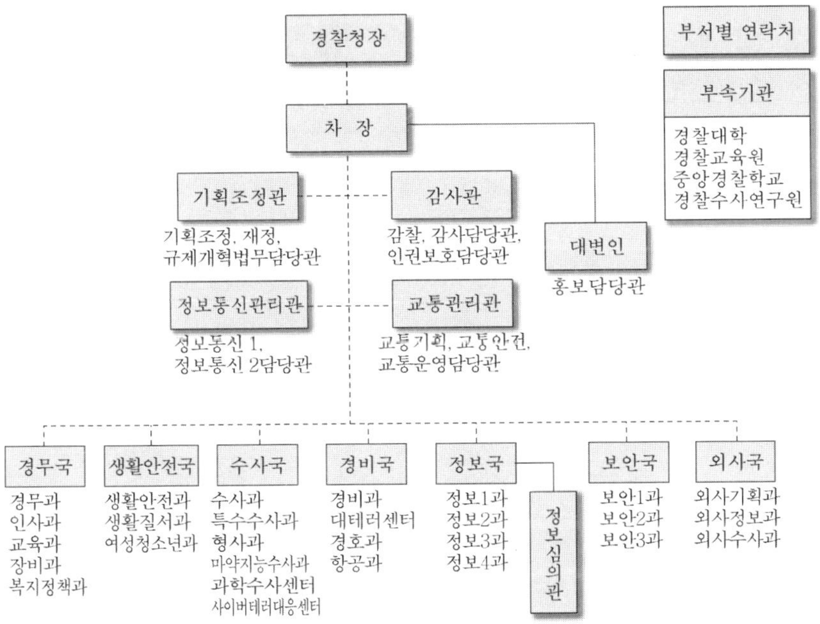

자료: 경찰청 홈페이지, http://www.police.go.kr/

연습문제

1. 경찰조직의 가장 중요한 3대 부서는 무엇인가? 이유는 무엇인가?

2. 법집행기관의 가장중요한 부서는 무엇인가? 이유는 무엇인가?

3. 행정의 기능과 특별 부서를 운영하는 긍정적인 영향과 부정적인 영향은 무엇인가?

4. 지역 내 특수 부서를 설치 운영하는 요소는 무엇인가?

5. 각각의 범죄수사에 있어서 범죄수사관의 종류는 무엇인가?

제 8 장

조직 병리

학습목표

이 장은 다음과 같은 학습목표를 가진다.
첫째, 조직의 발전과정에 대해 논의해 본다.
둘째, 조직병리에 있어서 관료병리적 징후가 무엇인지 알아본다.
셋째, 조직의 정치적 행동에 대해 알아본다.
한걸음 더 나아가 많은 법 집행 기관들을 무능화시키는 문제점들을 막을 수 있는 수단에 대해 살펴본다.

제 1 절　조직의 전개과정

조직발전에 관한 연구들은 대다수 조직에 영향을 미칠 수 있는 하나의 전개과정을 규정지었다. 이 전개 과정은 기관이 앞으로 어디로 갈 것이며 그에 따라 어떠한 변화가 발생할 것인지에 대한 일정한 예상을 하도록 도와준다. 놀라운 점은 이 과정이 비교 시간에 의존한다는 것이다. 사적인 조직이 생활주기(life cycle)에 따라 생성하고 사라지는 반면에 공적인 기관은 동일한 주기를 따르면서도 자멸하지 않는다는 점에서 놀랍다고 하겠다. 대부분의 법 집행 기관들은 오랫동안 그 주기의 후반부분, 즉 관료적인 단계에 있어 왔다. 이 상태는 벗어나기 어려운 단계로 동시에 그 조직의 생활주기 내에 존재하는 모든 위치 중 가장 비효율적인 단계라고 할 수 있다.

Ⅰ. 조직의 생활주기

조직의 생활주기에는 다섯 단계가 있다. :청소년기, 전성기, 성숙기, 귀족기, 관료기가 그것이다(Ray and Eison, 1983: 32-33).

1. 청소년기(Adolescent stage)

이 단계는 조직의 처음으로, 창조가 되는 시기이다. 구성원이 서로에게 적응해 가는 반면 생산성은 낮다. 최초의 정책이 형성된다. 조직의 가치 체계가 형성됨에 따라 파벌이 발전하게 된다. 이 단계의 초점은 미래에 있다. 일반적으로 도덕체계는 높다고 할 수 있고 조직이 모양을 갖추어 감에 따라 비공식적인 상호작용이 강하게 발생한다.

2. 전성기(Prime stage)

이 시기에 조직은 결과 지향적이다. 시스템은 안정적이고 최적의 생산성을 갖게 된다. 조직은 외부의 요구에 정확한 인식을 수립하게 되고 개개인 단독의 욕구를 충족하게 된다. 원조 서비스(support services)는 예측할 수 있는 당연한 일이 되고 일선에서 필요로 하는 것에 관심을 갖게 된다. 여전히 계획(planning)에 강조를 두고 있었지만, 일반적으로 운영요원(operational personnel)이 수행하는 관리(management) 부분에 높은 기대가 더해진다.

3. 성숙기(Maturity stage)

비상사태에 대한 조직의 감각이 줄어든다. 위험부담이 감소하고 연구·발전에 대한 강조가 약해진다고 할 것이다. 관리자와 노동자가 모두

어제의 결실을 만끽하게 됨에 따라 미래에 대한 포부가 낮아진다. 공식적인 분위기가 만연해감에 따라 행정 절차와 정책이 점점 더 중요해진다. 내부 관계가 더욱 중요해진다. 조직을 희생시켜서 막강한 권력을 추구하려는 내부 정치체계가 탄생한다.

4. 귀족기(Aristocratic stage)

이 시기의 관리 방침은 평소와 같은 직무(business)라고 할 수 있다. 동경의 대상이 과거의 성공을 향해 감으로써 조직은 점차 뒤를 돌아보게 된다. 의식적인 행사가 더 중요해지고, 재직 기간 중의 신분보장이 더욱 중요한 요소가 된다. 또한 예법(dress codes)이 잘 발전하게 되고 조직원들이 그것을 수용하게 된다. 이 단계는 은어가 통하는 시기로써 조직 하위문화의 언어가 많이 발달하게 되고 전반에 넓게 사용된다. 이러한 시점에서, 업무에 대한 이해보다는 조직 자체에 대한 이해가 더욱 중요하게 여겨지면서 더 많은 통제 시스템이 발전하게 되고 그럴수록 의식적인 행사를 교육하는 직원이 많아진다.

5. 관료기(Bureaucracy stage)

기관이 침체 속으로 빠져들면서 생산량은 떨어지게 된다. 연구와 개발은 무시된다. 관리상의 편집증, 정치적 내분, 근거없는 비방이 발생한다. 능력 있는 사람들이 의기소침해져 조직을 떠나면 떠날수록, 점점 더 조직은 깊은 틀에 박혀가게 된다. 이 시적의 지침 원리는 "기록해둬라(Put it in writing)"이다. 오른손이 하는 일을 왼손은 모르게 된다. 만약 이런 '조직이 사적인 것이고' 정부의 지원을 받을 만큼 그지도 않다면, 또는 조직자체의 문제에도 불구하고 살아남을 수 있을 만큼 독점권을 행사할 수 없다면, 다음단계에서 그 조직은 '파산(bankruptcy)하게 될 것이다.' 그러나 공공부분에서는 경쟁이란 것이 없고 법 집행 기관을 적절하게 해산시키는 것이 결코 발생할 수 없다. 이러한 점 때문에 많은 경찰 조직들은 더없이 행복에 겨워 자신들이 얼마나 실제로 비효율적인지 인식하지도 못한 채 관료기에 도달하게 되고 거기에 머물러 버리게 되는 것이다.

〈표 8-1〉 조직의 생활주기

단 계	징 후
청소년기	미래에 초점을 둠; 낮은 생산성; 높은 도덕성
전성기	생산성에 초점을 둠; 관리에 의한 높은 기대; 높은 생산성; 높은 도덕성
성숙기	현재에 초점을 둠; 내부 정치적 체제발생; 생산성 감소
귀족기	과거에 초점을 둠; 업무보다 조직을 이해하는 것이 우선시됨; 하위문화의 발전
관료기	초점의 상실; 관리적인 편집증; 정치적인 내분; 비방하기

Ⅱ. 관료의 병리 현상(Bureaupathology)

우리는 Robert Merton의 고전적인 논문, "관료적 구조와 인성"(1969년)에서 병리적인 조직에 관해 아주 잘 알 수 있었다. 머튼은 조직 발전 중 관료기의 징후가 보이는 부적절한 행동 타입을 네 가지로 정의하였는데 그것은 훈련된 무능, 직업적인 정신병, 목표대치, 그리고 신성화이다.

1. 훈련된 무능(Trained Incapacity)

머튼에 따르면, "훈령된 무능이란 개인을 능력이 보이지 않는 점처럼(blind spots) 작용하게 되는 업무 상태를 말한다"고 할 수 있다. 다시 말하면 오늘날의 상황에 적합한 방식으로 직원이 업무에 종사하도록 훈련시킨다는 것은 내일의 상황에서는 부적합할 수 있다는 것을 의미한다. 어쩌면 한 사람을 한 가지 방식으로 근무하도록 훈련시키는 것이 동시에 그 사람으로 하여금 다른 방식으로 일할 수 없도록 훈련시키는 결과가 된다고 말할 수 있는 것이다.

훈련된 무능화는 "조직적 조건형성(operant conditioning)"이라는 심리학적인 개념과도 밀접한 관계가 있다. 인간을 일정한 방식으로 자극에 반응하도록 프로그램, 즉 학습하게 되는데 반응이 오랫동안 부적합하게 발생하더라도 인간은 그러한 방식으로 계속 행동하게 된다. 이러한 순환을 끊을 수 있는 유일한 방법은 그 사람이 더욱 적절하게 반응할 수 있도록 재교육을 시키는 것뿐이다. 이것은 곧 훈련이 조직을 숨쉬게 만드는 지속적인 특징이 되어야 한다는 것을 뜻한다.

법 집행기관의 사격훈련 결과가 이러한 현상에 관련된 예를 많이 보여주고 있다. 오랫동안 경찰기관은 경관들을 ① 사격 실습과정(PPC, practical pistol course)을 받게 해 왔는데, 이 과정은 경찰들이 다양한 위치와 거리에서 총을 발사하고 실제적인 상황을 가장해 모의훈련하는 것을 내용으로 하고 있다. 두 가지 문제가 여기에서 즉시 발생했다. 첫째, 사격 점수 득점을 단순하게 하기 위하여 경찰들은 한 번에 단지 나섯 발이 나가도록 자신들의 무기를 장전했고, 그것은 점수 득점 계산 결과가 5배수가 되도록 만들었다는 점이었다. 둘째는 얄팍한 재치(neatness)를 장려했다는 것인데, 경찰들은 총알 장전판을 정돈하도록 훈련받았고 이것은 그들이 장전판으로 발사한 후에는 즉시 빈 총탄 케이스를 집도록 촉진되었다는 것을 뜻한다. 총알 장전판이 발사되지 않도록 많은 경찰들은 장전판을 그들의 손에서 비우고 그들의 주머니 안에 넣도록 습관적으로 익히게 되었다. 이러한 훈련과정이 시행된 지 수년이 지나고 보니, 실제 상황에서는 무기를 소지한 경찰들이 단지 5발만 장전된 총으로 위험한 최악의 순간을 맞게 되었고 또 텅 빈 청알 장전판을 자신의 주머니 안에 놓기 위해 그다지도 중요한 순간의 시간을 허비하게 되었음이 밝혀졌다. 경찰관들은 단지 그들이 훈련받은 내용에 따라 행동한 것이지만 그 훈련은 적절한 기능을 수행하지 못했다.

유사한 맥락에서 보자면, ② 근무 중 상처를 입은 많은 경찰들이 그들이 죽게 될 것이라는 가정 때문에 실제로 쓰러져 버리는 일이 발생한다고 하겠다. 그런 식으로 경찰들이 목숨을 포기했기 때문에 결과적으로 범죄자에 의해 살해당했던 것이다. 왜 이러한 일이 일어나는가? 이것은 누군가 총에 맞으면 쓰러져 버리고, 죽게 된다는 TV와 영화 때문에 발생한 것이다. 총에 맞은 모든 상처가 (대중매체 속에서의 허구를 제외하면) 치명적인 결과를 낳거나 혹은 불구가 되게 하거나 하지는 않는다. 이러한 경우에 있어서 대중매체가 부작용을 일으키는 학습(훈련)을 제공시킨 것이라고 볼 수 있다.

부작용을 일으키는 이러한 훈련들은 극단적인 결과를 보여주는 예이다. 훈련된 무능의 대부분은 이보다 훨씬 덜 극단적인 것이다. 그러나 물론 덜 극단적이라 하더라도 조직의 효율성 측면에서 똑같이 치명적인 것이다.

우리는 오랫동안 법 집행기관의 관리가 전통적인 군대 모델에 그 기반을 두어 왔다고 볼 수 있다. 경찰 집행부서는 그들이 엄격한 훈련방식을 갖게 될 때까지 이와 같은 조직형태를 강력하게 고수해 왔다. 모든 사람들이 법 집행기관 내에서는 통솔범위(span of control)가 최고 6명을 넘어서는 안 된다는 것을 알고 있다. 순찰관들을 특히 아주 가까이에서 감시해야 하는데 이것은 그들이 게으르거나 교활하기 때문이며 혹은 그 둘 다이기 때문에 필요하다고 하겠다. 일련의 명령체계에 대한 엄격한 유지가 있어야만 한다. 반항을 결코 허락할 수는 없다. 최고 경찰간부와 관리자급 경찰직원은 조직을 위해서 무엇이 가장 중요한 것인지 알고 있다. 경위급 이하의 직원이라면 어느 누구도 기관의 문제를 해결하기 위하여 구체적인 생각을 해낼 만큼 이성적이거나 성숙하다고 할 수 없다. 관리자급의 경찰관들은 무능력한 하급 직원들과 그 밖의 사람들로부터 자신을 보호하기 위해서 광범위하고도 세부적인 정책을 가지고 있어야만 한다. 그런 후에 연구가들이 이것은 모든 엉터리라고 말하게 되는 것이다. 즉 조직은 이러한 상황하에서 잘 작용하지 않게 된다고 말할 수 있게 된다.

관리자들은 아주 긴 시간동안 전통적으로 사고하도록 훈련 받아왔다. 즉 이것은 많은 관리자급의 경찰관들이 변화할만한 능력이 없다는 것을 뜻한다. 그러나 어떤 이들은 듣게 될 것이고 먼 미래의 언젠가는 전통적인 지혜를 가진 사람들이 (문제점을 분명하게 인식할 줄 아는 그런 사람들에게) 찬성하게 될 것이다. 하지만 물론 그것은 시간이 걸린다. 훈련된 무능을 극복하는 것은 어려운 일이다.

2. 직업적인 정신병(Occupational Psychosis)

직업적인 정신병이란 사회화 과정에서 발생하게 되는 결과물이라고 할 수 있다. 새로운 구성원은 자신의 가치관을 버리거나 변화시키는 과정에 있게 되면서 또 조직의 가치체계에 적응하는 것을 배우게 된다. 모든 제도들은 그들의 가치를 사회에 강요하려고 한다. 자연적으로 말해서 조직 구성원 사이에서 가치관과 동일시할 수 있을 정도의 엄청난 압력을 받아야만 한다. 모든 조직이 구성원들을 사회화시키고 있지만, 법 집행기관은 엘리트 군대 조직과 같은 강력함으로 사회화를 실시한다. 결과적으로 신임 경찰관은 삶에 대한 이중적인 시각을 갖게 된다. 조직을 옳게만 보고 자신의 기관에 비판을 하는 사람이나 집단에 대해서는 아무리 타당하다 할지라도 틀렸다고 보는 아주 좁은 시각을 갖게 되는 것이다. 조직의 가치에 순응하도록 강요하는 압력이 강하면 강할수록 이러한 증후군의 중국적인 영향력이 강해진다.

법 집행분야에서는 이것을 가리켜 "John Wayne 또는 Wyatt Earp syndrome"이라고 한다. 이것은 유머감각의 상실을 가져오는 것이고 모든 인간이 좋거나 나쁠 수밖에 없다는 극단적인 사고방식을 갖게 되는 것이며, 일정한 중요함을 지나치게 강조하며 과장하는 것이다. 존 웨이 신드롬은 초임 경관이 법 집행이라는 일상의 업무에서 겪게 되는 갈등적인 감정의 물결을 감추려고 할 때 나타난다는 점에서 자기방어기제의 한 형태라고 하였다.

이것은 개인이 시민에서 경찰로 역할을 시도할 때 나타난다 신임 경관은 자신의 원래 모습을 잃고 그 위치에 적합한 권위를 다루는 법을 배우게 된다. 새로운 조직에 들어가면 모든 사람들이 이와 같은 것을 경험하지만 법집행 기관이 사회화는 특히 강력하다. 한 베테랑 경찰이 다음과 같이 말한 것에서 우리는 시간이 지남에 따라 일어나는 이 신드롬이 어떻게 발전해 나가는지 알 수 있다.

〈처음 경찰 일을 시작했을 때 나는 세 가지 유형의 사람이 있다는 말을 들었다. 바로 경찰과 정직한 시민, 머저리이다. 나는 2년이 지난 후 오직 두 유형이 있을 뿐이라는 걸 알게 되었다. 바로 경찰과 머저리이다. 4년 지나서 나는 결과를 내리게 되었다. 이 세상에는 오직 한 가지 유형〉

직업적 정신병이 단지 온전한 정도에 그친다면, 그것이 항상 역기능을 초래하는 것은 아니라고 하겠다. 사실 새로운 구성원은 조직에 적응해야만 하는 것이다. 엄격하게 말하자면 그러나 사람이 변화해 적응한다는 것은 어려운 일이다. 신임 경관들 사이의 높은 이직률이 이 문제를 극명하게 보여준다.

종종 직업적 정신병은 "근본적인 양가감정"이라고 알려진 또 하나의 관련 문제를 낳는다. 이것은 직업적인 맹목적 시각이나 제한된 좁은 시각의 한 형태를 뜻한다고 하겠다. 어떤 것을 바라보는 시각으로 인생을 조망하는 엄격함이 또 다른 관점을 수용하지 못하게 만든다. 경찰관들의 견해는 제한적으로 보수적인 성격을 갖게 된다. 왜냐하면 그들은 사람의 나쁜 점만 보게 되고 모든 사람은 악하다는 결론을 내리기 때문이다. 모든 사건들이 경찰의 가치관을 중심으로 하여 처리된다. 경찰 업무가 인생에서 모든 것의 최종 결론이 되고 만다. 즉 다른 요인들-집, 가족, 조직외부의 친구들은 상대적으로 중요하지 않은 것이 되어 버린다. 이러한 현상이 업무의 기능 장애를 초래한다. 초임 경관이 자발적으로 초과근무 시간에까지 업무에 전념하고 가족이나 외부 친구가 아닌 동료 경관과 함께 대부분의 낮 시간을 보내길 바라는 획일화된 경찰상관들 역시 이 현상을 부추긴다. 이 교환은 낮은 보수로 더 많은 근무 시간을 갖게 되는 것을 뜻하고 이와 같은 문제는 경찰의 효과성을 감소시킬 수 있는 미래의 가족문제가 된다. 결국 이것은 피고용자인 경찰을 소진시켜 버리고 영구적으로 그들을 잃게 만들어 버린다.

3. 목표 대치(Goal Displacement)

조직 내에서 비합리적인 행동 중의 하나로 가장 쉽게 받아들여지는 것이 목표 대치일 것이다. 원래는 수단으로 인식되었던 규칙에 대한 집착으로 규칙 자체가 결과가 되고 만다. 유연한 조직 운영에 필요한 구성원들의 동조를 유지하기 위해 만들어진 징계제도가 관료들에게는 한 가지 가치가 된다. 규칙과 절차는 유연성이 허락되지 않고 의례적인 것이 되고 만다. "기관 운영의 규칙에 절대 순응하게 만드는 절차주의의 폭정이 징계제도를 유지하는 것이다"(Souryal, 1992: 185).

실제 규칙과 절차를 유지하는 것이 조직의 목표를 위험에 빠뜨릴 수 있는 범위까지 발생할 수도 있다. 병리적인 관료에게 있어, 그 규칙은 가장 중요한 것이다. "실질적인 목표를 위하여 규제들은 사실 효과적으로 조직의 비동조자를 침묵하게 만들곤 한다"(Souryal, 1992: 185).

이런 사람은 어쩌면 심지어 기관의 목표를 인식하지 못할 수도 있다. 규칙이 강요되는 한 모든 것이 마찬가지이다. 이러한 목표대치 과정의 극단적인 형태가 자신의 행동을 구속하는 한 가지 규칙을 결코 잊지 못하고 결국 자신의 많은 클라이언트를 돕지 못하는 관료이다(Mannheim, 1936: 12-13).

목표대치는 조직 발전 순서 중 관료적 단계의 특징에 해당한다. 이 패턴을 발전시킨 사람들은 새롭게 시도하는 활동들이 조직 내에서 왜 제대로 작동할 수 없는지 너무나 잘 알고 있다. 그들은 널리 퍼진 그들의 기존 행정 철학에 전체적으로 동조하지 않는 사람에 대해서 그들이 만든 정책편람을 무기처럼 이용하여 그들을 억제할 수 있기 때문이다.

4. 신성화(Sanctification)

이것은 관료적 규범 그 자체가 권리로써 신성불가침의 절대적 가치로 자리 잡아 가게 되는 과정을 의미한다. 이것은 목표대치의 공극적인 한 측면이다. 업무를 처리하기 위한 규칙과 절차를 가장 적합한 방법으로 볼 뿐만 아니라 유일한 업무처리 방식으로 보는 것이다. 더구나 누가 가장 큰 사무실을 얻고, 누가 처음 새 관용차를 받느냐와 같은 조직의 상징물들이 더욱 신성한 것이 된다.

이 문제의 가장 슬픈 점은 오래된 절차와 정책이 구식이 된 이후에도 오랫동안 정당화되는 경향이 있다는 것이다. 직원들은 이러한 관료적 상징물에 강한 감정적 의존을 하게 되고 그것을 통해 그들 자신의 합법성을 인식하게 된다. 이 상징물들은 더 이상 단순한 기술적인 수단이 아니라 기관 신화의 신성한 한 부분이 된다. 이 상징물들을 바꾸는 것은 계율을 수정하는 것과 같이 어려운 일이다. 다음의 이야기가 병리적인 조직에 관한 좋은 예가 된다.

신성화 과정의 결과 만들어지는 것은 "조직적인 두려움"이다. 그 과정이 너무나 쉽게 수용되고 제도화되기 때문에 누구도 감히 그 체제를 변화시킬 수 없다. 이러한 문제를 안고 있는 것이 비단 법 집행 기관만은 아니다. 산업분석가들에게 이것은 가장 어려운 문제점이다. 이 문제를 다루는데 있어, Mary Walton은 다음과 같이 말했다.

"사람들은 그들이 논쟁을 시작하게 될까 무서워 문제점을 지적하는 것을 두려워한다. 또한 최악의 경우 그 문제점에 대한 비난을 받게 될까 두려워 지적하지 못한다. 더군다나 지적해서 얻게 되는 이점이 있는 문제점들을 수정하기 위한 조치도 거의 취해지지 않는다고 하겠다. 그리고 때때로 문제 해결을 위한 메커니즘이 없다고 할 수 있다. 새로운 아이디어를 제시하는 것은 매우 위험한 일이다. 사람들은 그들의 월급인상이나 승진의 기회를 잃게 되는 것을 두려워한다. 나쁜 경우에는 그것이 해고를 당할 수도 있다. 사람들은 보복적 성격의 업무와 다른 형태의 차별·괴롭힘을 당한다. 사람들은 자신이 너무나 독단적이고 아주 많은 질문을 해대면 상사가 어떤 면에서는 위협받고 있다는 느껴서 보복할 것이라는 사실에 두려워한다. 사람들은 그들이 일하는 조직의 미래와 업무의 안전성 여부에 대해 두려움을 가지고 있다. 그들은 자신의 실수를 받아들이는 것을 두려워하고 그래서 실수를 결코 수정할 수 없다. 대부분의 직원들이 가지고 있는 생각은 현상유지를 하는 것이 유일하게 안전한 길을 가는 것이다."(Herrara V. Valentine, 1981: 653 F. 2d 1220)

W. Edwards Deming에 따르면 이러한 문제에 있어서 "그러한 두려움에 의한 경제적 손실은 엄청난 것으로 본다. 두려움은 무시무시한 대가를 요구한다. 두려움은 사방에서 사람들의 자부심을 박탈하고 사람들을 해치고 사람들이 조직에 공헌할 수 있는 기회를 빼앗아 간다. 두려움을 없애고 남을 때 발생하는 일들은 믿지 못할 것이다(Walton, 1986: 72).

Ⅲ. 조직의 정치적 운동(Organization Politics)

어떠한 조직도 내부 책략으로부터 자유로울 수 없다. 이 말은 사람들이 종종 자신의 개인적 이익에 관심을 기울이고 기관을 위하여 자신의 잠재적인 업무능력을 모두 발휘해야만 하는 범위까지 일하지 않고 기관을 희생해서라도 때때로 자기 자신을 위한 범위 내에서 에너지를 초과 소비하게 됨을 뜻한다. Stephen Robbins는 정치적 행동으로써 이기적인(self-serving)행동을 규정을 규정하고 있다. 비록 정치학자들은 이에 동의하지 않는다 하더라도 이것은 유용한 정의규정이 된다. 다음의 논의는 이기적인 개인이나 집단의 행동에 중심을 두고 있다.

정치적 행동은 개인의 목표가 조직의 목표와 일치할 때 기능적으로 작용한다. 이러한 상황에서는 개인의 이익이 조직의 이익과 가등을 일으킬 때 정치적 행동은 기능장애를 발생하게 된다. 이와 같은 상황은 매우 파괴적일 수 있는데 왜냐하면 정치적 행동을 보여주는 조직 구성원들이 많으면 내분과 그에 따르는 권력투쟁으로 기관의 목표가 애매모호해질 수 있기 때문이다. 완벽하게 이러한 정치적 행동의 역기능을 제거할 수 있는 방법은 없다. 그렇지만 너무나 많이 그러한 행동이 발생하면 조직을 무력하게 만들 수 있다.

1. 정치적 행동(Types of Political Behavior)

정치적 행동을 독특한 세 가지 형태로 나누어 볼 수 있다. 이러한 형태나 원리는 살아남기 위한 것이거나 부당한 이익을 획득하기 위한 조작 기법이다. 행동 형태에는 공격적인 것, 방어적인 것, 중립적인 것 세 가지가 있다(Robbins, 1976: 78-79).

1) 공격적인 행동(Offensive)

침략적인 특성으로 공격적인 정치적 행동의 특성을 들 수 있다. 공격적인 것으로 분류되는 행동은 사적인 충성심을 개발시키고 다른 사람을 착취하면서 자신의 세력지역 전반에 힘의 기초를 세우려는 시도라고 하겠다. 이러한 행동방식을 가지고 있는 사람들은 때때로 "좋은 찬성 소년(good ole boy)" 네트워크를 발달시킬 것이다. 즉 이러한 연결망은 상호간의 가려운 등을 긁어주는 시스템으로 연결망의 구성원이 서로를 좋게 보이게 하기 위해 노력한다. 이 동일한 네트워크는 조직의 다른 사람들보다 앞서서 미리 중요한 정보들이 구성원 서로 서로에게 전달될 수 있도록 복잡한 의사소통 체제를 개발한다.

실제로, 지식의 힘이기 때문에 이러한 행동을 하는 구성원들은 가능한 한 많은 정보의 원천을 간파하려고 시도할 것이다. 이 그룹의 개개인들은 항상 자신들의 사적인 이익을 위해 정보를 이용하는 가능성을 기억해 두면서 끊임없이 은밀한 정보에 접근하는 방법을 알아내려고 할 것이다. 또 다른 공격적인 정치적 행동의 특징은 다른 누군가가 제시한 아이디어 공로를 자신이 새치기하는 것이다. 비록 그 생각을 훔치는 것이 공격적인 정치적 행동에 반드시 필요한 것은 아니지만 그것의 공로를 대신한다는 점에서 공격적 정치적 행동의 특징이 된다. 공격적인 정치적 행동의 가장 분명한 기법은 "자신의 세력을 확대시키는 것"이다. 이것은 부서의 담당자가 정당성을 논의로 하고 인재와 물자를 얻으려고 시도하는 것을 의미한다. 예산과 참모의 크기로 공공기관의 공무원을 평가하는 경향이 있다는 사실을 기억해 보라. 체면에 대한 욕구 때문에 사람들은 끊임없이 그들의 부서와 조직을 비합리적인 수준으로까지 증가시킨다는 사실을 알 수 있다. 세력을 확대시키는 것이 어쩌면 조직의 효과성을 향상시키기를 간절히 바라는 행정가들이 갖고 있는 가장 거대한 장애물일지도 모른다. 법 집행 기관의 대다수가 머리가 큰 불안정한 형태를 갖게 되는 가장 큰 이유가 여기에 있다.

2) 방어적인 행동(Defensive)

방어적인 정치적인 행동이란 용어는 자기-기술적(self-descriptive)이라고 할 수 있다. 사람들은 실책에 대한 책임을 교묘히 피하면서 자기 자신을 보호할 수 있는 방법을 찾는다. 다른 사람들에 대해 함부로 이야기하며 잡담을 하는 어린 아이들에게서 이러한 기법을 볼 수 있다. 그 생각은 바로 "내가 좋아 보일 수 없다면, 다른 누군가가 나빠 보이도록 한다는 것"이다.

이 행동의 또 다른 형태는 실수를 감추기 위해 정보를 교묘히 왜곡한다는 것이다. 닉슨 재임기간 때 일어난 워터게이트 추문으로 유명해진 그 비밀은 대부분의 조직에서 아직도 존재하고 있고 만연하다고 하겠다. 관계된 행동 방식에서는 정보의 핵심에 대한 조작이 있다. 이러한 행동을 하는 사람들은 부정적인 측면은 무시하거나 간단하게 언급하면서 긍정적인 표현은 과장하면서까지 표현할 수 있다. 계층제의 다양한 단계에서 이러한 행동이 여러 번 반복되어 나타나면 자료가 무용한 것이 되어 버리게 되고 거기에서 문제의 본질이 섞여지게 된다. 실제로 무참한 실패를 했는데도 불구하고 방어적 행동으로 마치 계획이 계속적으로 성공하고 있는 것으로 보이게 만들 수 있다. 통계적 조작은 방어적인 정치적 행동과 유사하다. 법 집행 기관의 집행관은 때때로 범죄 통계치를 가지고 장난을 한다. 실제 범죄와는 아무런 관련 없는 다양한 통계학적 기법을 동원하여 집행관이 바라는 바에 따라 범죄율을 올릴 수도 내릴 수도 있는 것이다.

통계라는 것은 단지 자료를 얻어서 평가하는 방식과 다를 바 없는 것이다. 그것은 진실을 얻어내기 위한 것이 아니고 자신이 원하는 일정한 위치를 보여줄 수 있는 도구로서 상대적으로 꾸며내기 쉬운 것이다.

3) 중립적 행동(Neutral)

우리는 이러한 형태의 행동을 하는 사람들을 쉽게 정의 내릴 수 있다. 즉, 그들은 고전적인 관료적 타입의 사람들이다. 그들은 결코 결정을 내리지 않고 그들에게 있어 그 결정의 책임은 항상 스쳐 지나가는 것일 뿐이다. 만약 결정을 내리도록 강요받게 되면, 그들은 모든 관련된 단체들의 투표를 요구한다. 그들은 결정을 종합해서 결정해 버린다. 즉 그들은 개인적으로 자신의 책임이 될 만한 어떠한 시도도 하지 않고 분산시킬 수 있도록 책임을 사방에 퍼뜨릴 것이다. 그들은 또한 모든 회의에 관한 세세한 기록을 기록해 두는 것으로 알려져 있다. 모든 메모와 요구들이 공식적인 의사소통 채널을 통해 전해지게 된다. 이것은 다른 사람이 그들이 모든 종류의 정보를 보류하고 있는 것에 대해 비난하는 것을 원천적으로 막을 수 있다. 이러한 타입의 사람들은 어마어마한 양의 서류를 만들어내고 수많은 미팅을 주선하고 의사소통 채널 밖에 있는 것을 걸러내 버린다. 진짜 중요한 항목들은 종종 사소한 많은 것들 안에 묻혀 버릴 것이다. 그리고 종종 이들이 만들어내는 정보의 정체 때문에 결과를 도출하는 데 오래 걸리게 될 것이다. 중립적인 행동을 개발시킨 사람들은 아무 일일도 하지 않으면서 중립적인 행동이 가진 지배적인 이미지를 유지할 수 있게 된다.

〈표 8-2〉 조직적인 정치적 행동

형 태	징 후
공격적인 행동	자신의 세력을 확대하기; 침략적인 전술로 파워 베이스를 구축하고 조직망을 형성, 반대세력을 분쇄시키려고 함
방어적인 행동	경쟁자에 대한 부정적인 공격; 동료를 무시함
중립적인 행동	책임을 회피하려고 함; 의사결정 불이행 혹은 책임지는 것에 태만

2. 생존 본능(Survival Instincts)

약한 조직에서는 정치가적 행동에 능숙한 사람이 하게 된다. 이 사람들은 일반적으로 날카로운 생존 본능을 가지고 있다. 조직에서 외모는 가식적인 것이다. 말끔한 옷차림과 제복은 종종 잔인함을 속이기 위한 위장으로 이용될 뿐이다.

1) 이미지 관리(Image Management)

살아남기 위한 기본 기법 중의 하나는 이미지 관리에 집중하는 것이다. 훌륭하게 보이는 것은 종종 실제 훌륭한 것보다 더 중요하다. 살아남는 사람은 문제가 될 때면 항상 멋지게 보이는 사람이다. 경찰관은 자주 일하고 있을 때는 상관이 결코 눈에 띄지 않다가 휴식을 취할 때면 항상 어디선가 나타나게 되는 경향에 불만을 가지고 있다. 눈치 빠른 경찰이 감독자의 습관을 잘 파악하게 되고 상관이 주위에 없을 때 때때로 휴식시간을 잡게 된다. 더욱이 상관이 습관의 종속자라고 할 수 있다. 다른 사람들과 같이 그들 역시 일상생활이라고 할 수 있는 예측 가능한 행동을 한다. 다른 사람 이상으로 일하지도 않으면서 노력하는 것처럼 보이는 노동자는 총체적인 헌신의 이미지를 유지할 수 있다.

이러한 능력에는 진짜 비밀이 없다. 유사하게 동일한 정도의 일을 하면서도 다른 사람보다 더 높은 성적을 받는 것과 기법을 쓰는 학생들을 볼 수 있다. 단순히 보다 비싼 용지와 좋은 품질의 종이를 사용함으로써 그 학생의 레포트는 더 싼 종이에 쓰여진 동일한 내용의 보고서보다 더 좋게 보여지는 것이다. 보고서가 좋아 보이면, 그 내용 역시 좋을 것이라는 자동적인 가정을 하게 된다. 이것은 업무에서 뿐만 아니라 옷차림, 머리 스타일, 언어사용에도 적용된다. 모든 사람들이 시간과 노력을 들여 자기 자신의 이미지를 만들어낼 수 있다. 생존자는 항상 시간과 노력을 들인다.

2) 파킨슨 법칙(Parkinson's Law)

이미지 관리와 관련된 기술들을 이해하기 위해서는 우선 관료적 행동에 관한 중요한 것을 알아야만 한다. 많은 사람들은 우리가 특수한 업무를 함으로써 그에 대한 대가를 받는다고 가정한다. 그 업무를 성공적으로 마치면, 그 노동자는 고용된 의무를 이행했다고 할 수 있다. 관료적 단계에 있는 조직 역시 이러한 사실과 다르지 않다. 업무량에 관계없이 사람들은 일반적으로 일주일에 40시간 정도의 자기 시간을 쏟아 붓고 그에 대한 보수를 받게 된다. 사람들은 사실 자신의 일에 대해 스스로 아주 많이 효율적일 수 있다. 그러나 만약 할당된 업무가 너무 빨리 끝나면 또 다른 업무가 부여될 것이고 어떠한 추가적인 보상 없이 그렇게 되면 업무 시간이 끝날 때까지 그러한 상황이 계속 반복될 것이다. 부연 설명하자면, 효율적인 사람은 보상의 증가 없이 이러한 수준의 업무를 유지하게 됨을 알 수 있다. 더 나쁜 것 효율적인 사람들이 업무를 일찍 마치는 비율 때문에 더 많은 휴식 시간을 갖는 것처럼 보이게 된다는 것이다. 반면 비효율적인 사람이 천천히 꾸준하게 노력하면서도 (실제 달성하는 것은 거의 없으면서) 보기에는 성실한 듯 느껴지는 것과 대비된다. 관료제에서 중요한 규칙은 바빠 보여야 한다는 것이다. 바쁘다는 것은 상대적으로 중요하지 않은 일을 하고 있다는 것이다.

이것을 처음 발견한 사람 중의 하나는 C. Northcote Parkinson이다. 그는 공식적인 조직을 연구한 이후 조직의 크기와 실제 하고는 업무량 간에 서로 관련이 없다는 것을 발견하게 되었다. 이 발견은 "파킨슨 법칙"으로 발표되었다. 즉 업무는 끝마칠 수 있는 가능한 시간까지 확장되게 된다. 그는 사람들이 업무에 할당된 유용한 총시간까지 (그 업무가 완성되어야 하는 속도에 관계없이) 때로는 무의식적으로 그들의 업무를 확장시키는 업무 관리를 한다고 이 현상을 설명하였다.

파킨슨 법칙은 자신의 세력을 확장시키는 것으로 옮겨 간다. 부서의 명령권을 갖고 있는 사람은 더 높은 직위에 있는 담당자에게 자신의 부서에 더 많은 인력이 필요하다는 것을 설득한다. 보조라는 이름으로 업무를 공유할 인력을 만들어내기보다는 담당자가 자신의 권력이나 위신을 감소시키지 않으면서 그 업무를 같이할 두 명 이상의 부하직원을 얻으려고 시도하는 것이다. 차례로 이러한 사람들은 동일한 업적을 이루려고 시도할 것이다. 결국 거대한 부서가 엄청난 인력으로 생겨날 수 있다. 이것은 그 조직의 존재 자체를 정당화시킬 업무가 충분하지 않은데도 불구하고 발생하게 된다. 또 조직 편성내의 낮은 계층에 속하면 그곳의 업무는 바쁘게 이루어지게 되고 어느 누구도 그 부서가 갖고 있는 효율성에 의문을 달 수 있다. 계층제 안에서의 수준의 수치가 그 부서를 실제보다 더 중요하게 보이게 만든다.

미국의 세금 납세자를 마주 하는데 있어 이것은 딜레마이다. 정부 조직은 그 조직이 달성할 것으로 기대되는 업무량보다 더 빠른 속도로 커져 왔다. 이것은 그 조직과 기관의 구성원들이 입법자와 특수 이익집단에게 자신들이 과로하게 일하고 있다고 설득하는데 성공했기 때문이라고 하겠다.

3) 피터의 원리(Peter Principle)

대부분의 조직에서 승진은 과거의 업무수행에 근거를 두고 있다. 현재의 직위에서 훌륭하게 보일 수만 있다면 승진의 기회는 엄청나다. 한 개인이 자신의 능력 이상의 자리로 결국 승진하게 되면 승진은 더 이상 일어나지 않게 된다. 그러나 그렇다고 해서 강등되는 것도 아니다. 무능력한 상태에 머물러 있게 되는 것이다. 물론 이것은 Peter가 말한 피터의 원리를 쉽게 설명한 것이다. 즉 "계층제 내에서 모든 피고용자는 무능력한 수준까지 승진하게 되는 경향이 있다(Peter and Hull, 1969). 그의 이론의 최종적인 설명은 얼마 가지 않아 계층제내의 모든 직위가 무능력한 사람들로 가득찰 것이라는 사실을 말하고 있다.

비록 이 이론의 유용한 것일지라도 몇 개의 단점을 가지고 있다. 즉 모든 피고용자가 전체적으로 승진할 것이라고 가정한다는 점이다. 법집행 기관의 피라미드 구조를 보게 되며, 다른 조직보다도 각각의 단계에 오르는 것은 더욱 경쟁적일 수밖에 없다. 많은 사람들이 결코 무능해지는 수준까지 승진할 수 없다. 그들은 능력보다 훨씬 낮은 수준에 걸리게 되고 이것이 피터의 원리만큼이나 조직에 피해를 가져다 줄 수 있다. 왜냐하면 이와 같은 상황이 좌절과 분노를 일으키기 때문이다.

4) 동맹(Alliance)

또 다른 생존기법은 연합할 대상을 조심스럽게 선택하는 것이다. 속담에 "무엇을 아느냐 하는 것보다 누구를 알고 있는가 아는 것이 더 중요하다"라는 말은 실제 사실 이상이라고 하겠다. 기관의 행정관은 입법부 공무원과 강한 친교를 갖게 되는 가치를 배운다. 〈이것은 대통령, 주지사, 시 국장 같은 상위층 공무원들이 그들의 능력을 벗어나서도 이와 같은 동맹을 통해 자신의 업무를 보호함을 뜻한다〉 더 낮은 계층의 공무원들 역시 이러한 사실을 알게 되었고 자신의 법 집행 기관 상사보다 더 높은 위치에 있는 사람들과 긴밀한 관계를 키워가게 된다.

성공하는 행정가는 동맹의 가치를 인식할 줄 알아야 한다. 이것이 바로 수많은 사람들이 우세한 세력권을 향한 정치적인 생명체로 변해 가는 분명한 이유가 된다. 살아남는다는 것은 그들과 단단한 연결고리를 만들고 그것을 유지해 필수적이고 강력한 사회적 지지 세력을 얻지 못했다는 것을 의미한다. 이 사실이 최상위층 공무원들에게는 종종 분명한 사실로 보여지지만 낮은 직위에 있는 공무원들은 때때로 이 기법의 타당성이 보이지 않는다고 하겠다. 많은 경찰서장들이 무능력한 경찰을 해고하는 일에 얼마나 어려운지 알게 된 후 충격을 받았다. 왜냐하면 그 경관이 형성해 온 강력한 집단파벌에서 쏟아지는 원인 때문이다. 경관 Smith를 해고하는 것과 경관 Jones를 해고하는 것, 침례교 부교제, 지방 청소년 상공회의소의 의장을 해고하는 것은 엄연히 다른 일이다. 생존자는 자기 자신을 보호할 수 있는 방법을 열심히 찾아다닌다. 그리고 조직이 약하면 약할수록, 조직 구성원과 강력한 외부 이익집단 간의 동맹이 더 잘 개발된다.

5) 팀 행동(Team Behavior)

팀 행동은 자기 자신을 보호하는 또 다른 수단이다. 법 집행 기관에 계속 내재되어 있는 이러한 팀행동의 경향을 보여주고 있다. 팀에 대한 전형적인 정의를 Erving Goffman이 다음과 같이 하였다.

> 팀이란 만약 일정한 돌출된 상황에 대한 정의가 유지될 수 있다면, 한 개인의 친밀한 동료들이 만든 집단이다. 팀이 사회적 구조나 사회적 조직과 연관된 그룹이 아니고 그보다는 상호작용이나 관련 상황정의를 유지시키는 연속적인 상호작용과 관계있는 것이다.

신입 경찰관의 사회화 과정에서 가장 중요한 부분은 기관의 정의에 관한 공공의 믿음을 유지하기 위하여 필요한 행동에 초점을 두는 것이다. 이미지관리나 일반 공중 시민에게 조직의 구성원들이 가진 가장 좋은 이미지를 보여주는 방법에 주의를 가져야 한다. 일반 공중 사람은 법집행 기관의 능력을 신뢰해야만 한다. 경찰관이 그들이 가치 있다고 느끼기 위해서는 경찰작용이 공공에 의해 가치 있고 필수적인 것으로 보여져야 하는 것이다.

긍정적인 공공시민과 자기 자신의 이미지를 유지하려는 노력이 원래부터 잘못된 것은 아니지만, 직접적으로 조직 내의 약점에까지 연결되어 버리면, 이러한 행동이 조직에 해를 끼치게 된다. 가장 치명적인 측면은 "우리 대 그들"(We Versus Them)이라는 것이다. 경찰들은 외부의 사람들이 자신들과 자신들이 가진 문제점을 이해하지 못한다는 사실에 거의 편집증적인 믿음을 갖고 있다. 모든 팀 구성원들이 그렇게 점점 다른 외부인보다 더 가치가 있게 된다고 확신을 가지고 말할 수 있는데, 우리가 나쁜 경찰을 가지고 있는 것은 훌륭한 경찰이 그들을 보호하기 때문이다. 〈부패, 야만성, 뻔뻔스러운 무능력이 경찰관의 내부 협력활동 안에서만 존재할 수 있다〉 그러나 경찰은 이러한 행동을 한 동료경찰에 대해 불평하거나 유죄증언을 하지 않는다. 그 팀의 이미지를 보호해야만 하고 이것은 결국 나쁜 경찰을 보호하는 것이 된다.

이 행동의 또 다른 측면은 그것이 조직에 피해를 줄 수 있다는 것인데 바로 개인적인 거만함을 체계적으로 개발시킨다는 것이다. 개개 경찰관은 강력한 조직을 대표하고 그 조직의 구성원들은 이 개인이 그럴만한 가치가 없을 때도 보호하게 된다. 시민은 그러한 기관을 대표하지 않는다. 그러므로 경찰은 그들이 조직적이라고 느끼게 되고 시민을 존경하는 자세로 대해야 할 필요성을 느끼지 못하게 된다. 경찰을 그들 자신이 강력하고 모든 것을 다 알고 있다고 생각한다. 즉 시민은 자신들의 시간을 침범하는 멍청이 정도이다. 무례함과 오만함이 대부분의 거대한 조직, 특히 독점권을 가진 회사나 공공 시민 기관 내에서는 가장 큰 문제가 된다. 일부 경찰 기관에서는 이것은 고질적인 부분을 차지하게 되었다.

팀 행동은 전체 조직과 떨어져 있지 않다. 작은 팀들 역시 자신들보다 좀더 큰 조직 내에서 좀더 큰 팀의 특징을 모두 가지고 발전해 간다. "우리 대 그들" 신드롬은 조직 내 모든 부서에서 고유활동과 관계를 맺으면서 일어난다. 내부 정치적 행동으로 과격해진 직의와 불신이 발생한다. 우리보다 다른 팀의 "그들이" 더 업무를 수행하지 못하게 하기 위해서 정보를 보류시켜 버리는 지점에까지 다다르게 될 수 있다.

제 2 절 관료 병리의 원인(Cause of Bureaupathology)

조직은 단순히 오래 되었다는 이유만으로 최종적 단계인 관료제에서 모든 것을 표기할 필요는 없다. 조직의 병적인 문제가 진전되는 것에 대해 책임을 지고 그에 대한 행정적·조직적 조치가 취해지면 된다. Michael Crozier는 병리적인 조직을 만드는 시기는 다섯 가지 원인을 언급하였다. 즉 규칙화, 집중화, 고립화, 고립화의 용인, 결과적인 권력 투쟁이다. 이 요건들을 살펴보고 병을 만드는 행정가와 그로 인해 형성된 조직 환경을 논의해 본다.

Ⅰ. 규칙화(Rulification)

병리적인 조직을 향하는 첫 걸음은 행정이 상상할 수 있는 모든 상황에 규칙을 만들려고 한다는 것이다. 정책 편람이 많아짐에 따라 개개인의 독창력과 상상력은 감소하게 된다. 관리라는 측면에서 모든 결정을 미리 예언할 수 있고 생각하는 잘못된 신념은 행정 직원에 대한 모욕일 뿐만 아니라 문제를 해결할 수 있는 그들의 능력을 억제시켜 버리는 것이 된다.

규칙화(Rulification)는 사람들을 마치 혼자서는 건전한 결정을 할 수 없는, 지적능력이 없는 기계의 한 부품으로 간주하는 태도이다. 이것은 조직 발전 단계 중 성숙기에서 자동적으로 발생하는 것으로 보인다. 이러한 관점에서 보면 규칙과 정책은 효과성의 종국적인 발전 없이 더 오래 걸리게 되고 복잡해진다고 하겠다.

Ⅱ. 집권화(Centralization)

위에서부터 시작된 조직 총체 유지를 위한 노력은 결국 실패하게 돼 있었다. 기관이 점점 더 많은 것을 얻으면 얻을수록 집행부는 사실 점점 더 적게 통제할 수밖에 없는 것이다. 집권화는 규칙화의 부산물이다. 집권화룰 유지시키기 위하여 규칙과 정책을 만들어낸 것이다. 낮은 단계에서의 의사결정이 밀려나게 되고 결과적으로 창의성과 독창성이 엄청나게 감소하게 된다. 이것은 낮은 계층의 구성원이 담당자가 생각하는 그대로 변해가게 되면서 상대적인 업무 만족도와 도덕감의 상실을 동반하게 된다. 즉 행정가는 낮은 계층이 직원을 거의 아무것도 하지 않으면서 시간을 보내는 동기부여되지 않은 병정으로 바라보게 된다.

1. 고립화(Isolation)

각각의 개별부서 뿐만 아니라 계층제 각각의 단계에서 팀 행동이 확대되는 것이 서로간의 고립화를 만들어낸다. 일반적으로 이것은 서로가 결코 안면을 맞대지 않고 일하게 되는 범위까지 일어난다. 고립화는 내부 경계와 파벌을 형성시키는 멋진 방법이다. 고립화는 비전형적인 의사소통 방식을 감소시키면서 전형적인 의사소통 방식의 이용을 증대시킨다. 이것은 또한 문제 해결능력과 목표 충족 능력을 현격하게 감소시켜 버린다.

2. 고립화의 용인(Acceptance of Isolation)

각각의 그룹이 한 팀으로 통합될수록 그들은 고립화 현상을 수용할 것을 강요받는다. 그들은 비공식적으로 다른 그룹들과 대화하는 것에 관심을 가지지 않게 되고, 그들 업무에 대한 의미 있는 견해 제시에 분노하게 된다. 그러한 고립화는 점차 정당화하게 되고 그들의 고유 활동 업무와 관련이 없는 사람들을 의혹을 눈길로 바라보게 된다. 이때에 조직 내 모든 사람들이 고립화와 그에 따른 세력다툼을 당연하게 느끼게 된다.

3. 결과적인 권력투쟁(Resultant Power Struggles)

이 불행한 이야기의 분명한 결론은 부서들이 자신의 영역을 지키려고 하면서 동시에 분명하게 구분되지 않은 업무에까지 자신들의 고유 영역을 확장시키려고 한다는 것이다. 가장 사악한 형은 부서가 다른 부서의 기능과 책임을 훔치려고 한다는 점이다. 〈다른 유용한 곳에 쓰여져야 하는 돈을 취해 자신의 위신을 세우려고 하면서 예산상의 싸움이 기관의 유혈사태를 부른다〉

불행하게도 많은 연구자들이 이 과정의 필연성에 확신을 가지고 있다. 그러나 McGurdy는 일단 강직함이 형성되면, 그것이 부러질 수 있는 순간은 단지 위기의 순간 뿐 그 유연성은 오래 가지 못한다고 주장한다. 일반적으로 위기는 상위 관리자에게 강한 행동을 취할 것을 요구한다. 이것은 곧 강한 중앙 집권적 행적을 야기하고 빠르게 낡은 부작용을 보여주는 관료제 단계를 다시 시작하게 한다(McGurdy, 1977: 95).

그러나 우리는 많은 조직이 운영을 공식화하려는 시도에 따르지 않고 또 처음부터 성공할 수 있는 것에 집중하면서 그 조직의 진화 과정에 따르지 않았음을 인식해야만 한다. 만약 조직이 앞선 그 상황이 만들어지도록 만든 후에라면 변화라는 것은 더더욱 어렵게 된다.

〈표 8-3〉 관료제병리의 원인

요 소	징 후
rulification	조직의 모든 생활방식을 규제하려고 시도함. 창의성과 독창성을 억누르는 엄격한 징계 시스템 특징을 보임
중심화	상부로부터의 완벽한 통제를 유지하려고 함. 낮은 수준의 위임과 엄격한 계층제를 특징으로 함
고립화	자신을 포함한 작은 부서들로 조직이 분할됨. 다른 고요업무에 종사하는 사람들과 정면으로 의사소통을 거의 하지 않고 그 필요성이 없어짐
고립화의 인용	고립화를 자연스러운 것으로 받아들임. 조직 내의 다른 사람을 적대적인 경쟁자로 보려는 경향을 갖게 됨
권력투쟁	각각의 고유업무가 자원, 가치, 조직의 목표 통계상 다른 업무와 어떠한 지속적인 긴 투쟁을 하게 된다는 점에서 이것은 분할 과정의 결과가 됨

Ⅲ. 정치적인 환경(Political Atmosphere)

우리는 정치적인 행동을 어느 조직에서나 발견할 수 있다. 그것이 문제가 될 정도에 이르기 전까지는 행정가가 형성한 분위기에 영향을 받게 된다. 다른 생명체와 같이 조직 정치적 행동 역시 다른 환경보다도 특정한 환경 하에서 더 잘 발휘된다. 다른 악마의 존재와 같이 역기능적인 정치적 동기는 비밀스러움과 불신, 그리고 편파적인 정실이 있는 곳에서 잘 자라게 된다. 이중잣대와 선택적 신벌, 모호성, 행정 포기, 고립화와 같은 것들 역시 정치적인 개입을 증가시킨다.

1. 이중잣대(Double Standards)

행정을 하는 사람들은 항상 업무 집행단계에 있는 사람들보다는 관리자급의 인사를 선호하는 경향이 있다. 이것은 집행업무가 최고 행정가와는 다소 떨어져 있는 반면에 행정업무의 다양한 단계 사이에 존재하는 관련 업무와의 그 관계적 근접성 때문일 수 있다. 이것은 어쩌면 지난 세기 동안 분명하게 표출되었던 관리자와 노동자 사이의 적대감과 연결될 수도 있다. 결국 다시 이것은 그들이 관리할 수 있는 능력을 증가시키기 위하여 관리 업무를 후원하게 되는 행정 철학의 결과가 된다. 비록 이러한 모든 이유들로 이런 현상을 합리화하는 것은 쉽지만 그것들 모두를 진지하게 받아들이는 것은 잘못된 것이다. 정책은 모든 사람들이 그렇게 말하고 그에 따라 법 집행을 하도록 의도해 왔다.

이 문제는 때때로 대부분의 조직에서 발생하고 불만의 원인이 된다. 항상 무엇이든지 폐지할 수 있는 것처럼 보이는 사람이 있다. 규칙이 통제할 수 없는 곳에 있는 것처럼 그러한 사람들은 규제를 지킬 것을 요구하는 사람들을 자극하는 원인이 된다. 일관성 있는 정책 적용의 부족은 기관 내에서 동요를 불러올 수 있고 정치적인 조작의 준비가 무르익어 가는 분위기를 만들어낼 수 있다.

2. 선택적 선발(Selective Screening)

법집행기관에서 가장 파괴적인 과정은 어쩌면 선택적 선발이라고 할 수 있다. 이 절차에서 행정관의 철학에 동의하지 않는 경찰은 체계적으로 승진절차에서 제외되고 때로는 조직외부로 축출되기 때문이다. "yes people"이 조직의 중간과 상위의 관리를 가득 채우는 것은 바로 이러한 현상 때문이다. 많은 법 집행관은 그들이 모든 대답을 이미 가지고 있고 단지 그들의 직위를 지지해 줄만한 인력이 필요할 뿐이라고 믿게 되었다. 그들의 의견에 반론을 제시할만한 대답함을 가진 사람은 조직에서 숙청해야만 하고 그들을 기관의 배신자로 본다.

불행히도 다른 관점을 견지하고 있는 사람들은 어떤 조직에서도 가장 필요한 존재라고 하겠다. 적어도 뭔가 새로운 것을 시도하려는 의지나 생각을 가진 사람들은 바로 이들이다. 또한 정책이나 절차가 비효율적일 때 상관 행정관에게 그것을 보고할 사람으로 우리가 믿을 수 있는 이들 역시 바로 이 사람들이다. 항상 찬성하는 yes position으로 입을 꽉 다물고 있는 그러한 사람들은 기관에 어떠한 건설적인 제안도 할 수 없는 사람들이다. 즉 그들은 단지 공간을 차지하고 앉아 있는 종이를 사용하는 사람일 뿐이다.

선택적 선발이 이루어지는 기관에서 나올 것 같은 유일한 아이디어는 가장 높은 직위에 있는 서장의 머리에서 나오는 것뿐이다. 누구도 계속적으로 새 아이디어를 보여줄 수는 없는 것이므로 그 서장의 멋진 독창성은 보통 짧은 몇 년이 지나면 고갈되기 마련이다. 그 후로부터 그것은 침체의 단계로 내리막길을 달려가는 것이 되고 만다. 모든 행정관은 훌륭한 사고를 제시하고 나쁜 생각은 없앨 수 있는 인력을 간절히 요구한다. 결국 선택적 선발은 조직에서 비판적인 사고를 할 수 있는 인력을 고갈시켜 버리고 만다. 그리고 비판적 사고를 할 수 있는 기관이 동적인 상태로 남아 있고자 한다면 반드시 필요한 것이다.

3. 모호성(Ambiguity)

조직의 정치적 단계에서 나는 직원에게 명확한 목표와 책임감을 주지 않는 것이다. 모호성은 부분적으로 문제가 불분명하게 정의되고 결과가 불확실한 곳에서 유용할 수 있다. 너무 심한 모호성은 권력투쟁을 야기할 수도 있다. 이러한 권력투쟁은 일시적인 동맹과 순간적인 기원에 바탕을 두게 될 것이다. 그래서 이 투쟁이 조직 내에서 힘을 동요시키는 것으로 작용할 것이다. 모호성은 정치적인 내분을 조성하는데 이 내분은 더 큰 모호성을 만들어낸다. 이 과정이 그 스스로를 커 가게 하고 결국 생산적인 조직 에너지를 고갈시켜 버리고 만다.

사람들은 그들이 어디에 서 있고 무엇을 책임져야 하는지 알아야만 한다. 만약 목표와 책임이 분명하게 정의되어 있지 않다면, 그 구성원은 이기적인 방식으로 그들 자신만의 개념정의를 하려고 시도할 것이다. 그러한 선택은 행정관에게 달려 있는 것이다. 즉 관리, 감독이 조직의 변수들을 정의할 것이냐 아니면 개념 정의를 개별적인 의사 결정에 남겨둘 것인가를 정해야 한다. 그 외의 선택사항은 존재하지 않는다.

4. 포기(Abdication)

행정관이 부하에게 책임감을 심어주기 위해서 효과적인 지지를 보내지 않는다기보다는 자신의 권위를 위임했기 때문에 포기라는 현상이 나타난다. 부서의 통치권자들은 자신의 팀에서 중요한 구성원이 되기 위해 지속적으로 서로를 공격할지도 모른다. 조직 내에서 이미 분명하게 나타난 작은 틈은 다양한 단계의 직원들이 리더십의 부재를 인식하게 되면서 넓은 구멍으로 커져 가려고 할 수 있다. 각각의 부서가 다른 업무 영역에 있는 사람들이 저지르는 정치적인 조직으로부터 자신을 보호하려고 하면 할수록 고유 업무의 고립화는 더욱 빠르게 일어난다.

행정의 중요한 작용은 총체적인 시각에서 문제와 목표를 직시할 필요가 있다는 것이다. 하위 부서는 이것을 할 수 없는데 왜냐하면 그들의 시각은 그 고유 업무의 욕구를 실현하는데 제한적이기 때문이다. 서장이 분리된 부서들 간의 협력방안을 모색하는데 실패하면, 각각의 부서들은 자신들만의 방식으로 말하려고 하고 종종 전체 기관을 그 대가로 희생하게 된다. 행정적 포기는 분열과 조직목표감의 상실이라는 결과를 낳는다.

5. 고립화(Isolation)

행정의 고립화는 앞서 논의한 조직의 고립화와 구분된다. 행정관이 조직의 실제적인 업무로부터 고립되게 되면 많은 부정적인 것이 일어나게 된다. 첫째, 업무집행이 집행상의 정보 때문에 낮은 단계의 담당자에게 의존하게 된다. 그렇게 제안된 의사결정이 제2 또는 3단계의 정보로 만들어지는 것이다. 여기에서의 피해는 그 직위에 있는 직원의 헌신적인 노력에 상관없이 수많은 계층에서 모든 정보가 신뢰성이 없어진다는 사실이다. 적절한 시기의 데이터인가 하는 점이 또 신뢰성에 영향을 미치게 된다. 의사소통 절차가 늦어지면 늦어질수록, 비판적인 의사결정을 할 수 있는 정보는 더 오래된 것이라고 하겠다. 또 의사소통 채널을 통제하는 한 관리자들에 의하여 경찰 서장의 정치적 조작 위험이 있다.

결국 고립된 행정관은 아주 많이 그들의 조직이 접촉할 수 없는 곳에 있게 된다. 문제가 발생하면, 이 집행자들이 종종 마지막으로 문제를 알게 되는 사람이 된다. 때때로 그 행정관은 민사 소송이 들어온 것을 인식하기 전까지 전혀 문제점을 알지 못하게 될 수도 있다.

고립화의 또 다른 문제는 종종 한 단계 아래 있는 관리자가 알게 된 나쁜 소식을 높은 직위에 알리는 것을 꺼려 한다는 점이다. 비록 서장이 가능한 한 빨리 알기를 원한다 하더라도 많은 선의의 개인의 나쁜 소식이 서장에게 들어가는 것을 막기 위해 모든 짓을 다할 것이다. 고립화는 중요한 행적의 죄악이고 조직 내에서 최악의 방식으로 정치적 행동을 저지르게 만드는 것이다.

6. 비밀성(Secrecy)

조직내에 존재하는 비밀의 양과 파괴적인 정치적 행동들 사이에는 직접적인 관계가 있다. 비밀성은 무능력과 그 밖의 것을 보호해 준다. 그러나 비밀성이라는 것이 곧 법 집행 기관의 모든 정보가 공공에게 개방되어야 한다는 의미는 아니다. 그렇게 되는 것은 비현실적일 뿐만 아니라 불법적인 것이다. 문제는 행정적인 은밀함에 있다. 사람들은 일반적으로 단지 실수를 비밀로 하려고 노력하는 것이다. 성공은 조직 전반에 넓게 알려진다. 같은 실수를 반복적으로 저지르는 그 행동은 바로 그 실수를 일반인이 다 알지 못하도록 비밀로 하는 능력과도 직접적으로 연관이 있다.

만약 비공식적인 의사소통에 관한 논의를 상기할 수 있다면, 소문을 통제할 수 있다는 가정 하에서 사람들에게 알려지자마자 진실을 공표하는 것이나. 이것은 성책 결성, 징계행위, 모든 종류의 인사결정, 비판에 대한 빈응을 포함한다.

Robert Townsend가 말했듯이 “비밀은 전체적으로 보면 나쁜 것이다.

그것은 정의를 외치는 개혁 세력을 좌절시키고 마는데, 그러한 정의는 어둠속에서 살아갈 수 없다. 비밀은 ① "내가 하는 일이 너무 무시무시한 것이기 때문에 감히 사람들에게 말하지 않겠다"이거나 ② "더 이상은 사람들을 믿지 않는다"이거나 둘 중 하나에 해당한다.

제 3 절 병든 조직 치유하기(Curing the Sick Organization)

병리적인 조직을 치유하는 최선의 방법을 제7장에서 제시했다. 그러나 이 개념들은 조직이 처음부터 독창적으로 만들어졌을 때 가장 잘 전해지는 것들이다. 이것은 법 집행 기관이 이러한 형태로 바뀔 수 없는 것이라는 걸 뜻하지는 않는다. 왜냐하면 그들이 전통과 장애물을 극복할 수 있는 충분한 시간을 갖게 되면 바뀔 수 있기 때문이다. 추락하던 사업이 적절한 리더십으로 성공하게 된다는 조직의 전환에 관한 오래된 역사가 있다. Robert Townsend는 예를 들어 수 년 동안 이윤을 내지 못했던 Avis A Car의 경영권을 인수받고 그 후 몇 년 내에 그것이 제조업의 선두주자로 변모했다고 말하였다.

이러한 치유과정에서 가장 먼저 해야 할 일은 경찰 기관이 사람을 다루는 사업에 종사한다는 것을 인식하는 것이다. 참여적 관리는 단순한 표어 이상을 뜻한다. 그것은 기관의 목적을 형성하고 조직 구성원의 동의를 얻는데 가장 적절한 수단이라고 할 수 있다. 최고 행정관이 괴물 같은 관료제를 즉시 파괴할 수는 없다고 해도(어쩌면 수십 년이 넘게 걸릴 수도 있지만) 직접적·비공식적으로 실제 기관의 업무를 이행한다고 볼 수 있는 집행 인력과 의사소통을 시도함으로써 그 유해한 특징들을 감소시킬 수 있다.

두 번째 단계는 개방형 정책을 개발하고 그것을 계획하는 것이다. 이것은 모든 조직 구성원을 포함할 뿐만 아니라 대중 전달매체에 종사하는 인력까지 포함한다. 그와 같은 뉴스 서비스는 행정관이 가진 최고의 친구가 될 수 있고 또 악한 적이 될 수 있다. 그에 대한 결정은 일반적으로 행정 활동의 부산물이 된다. 행정가가 기관의 활동을 숨기려고 들면 대중매체는 종종 무언가 숨기는 것이 있다고 가정하게 되고 무엇인지 찾으려고 노력한다. 개방된 경찰서는 신문 매체가 전문가처럼 행동할 수 있도록 도와주고 그들의 목적을 끝마칠 수 있도록 원조해 주면서 대중 매체의 적의를 분산시킨다. 법집행기관의 행정관이 저지른 실수는 많은 경우 정직한 비난이었는데도 불구하고 기관에게 퍼부어진 모든 비난이 불공정한 것이라고 가정한다는 것이다. 신문 보도가 부패와 야만성, 또는 무능함이 발생했던 것만을 계속 보도한다면 일반적으로 그것은 그러한 문제가 존재하기 때문에 그러한 것이다. 조직에 충분히 접근할 수 있는 자유로운 언론은 내부 업무부서의 광대한 다수의 중립적인 자들보다 더 낫다고 하겠다.

세 번째 단계는 정직이다. 발생하게 되는 실수를 숨김없이 인정해야만 한다. 그리고 가능한 신속하게 바로 잡아야만 한다. 행정관은 피고용자와 상급자, 공공 대중, 자기 자신을 포함한 대부분의 사람들에게 정직해야 한다. 입법부나 행정부 공무원에게 부정확한 정보를 제공해야 하는 타당한 이유가 없다. 조만간에 그들은 불성실 배반행위를 알게 될 것이고 그 행정가의 신뢰성은 망가지게 될 것이다. 부하직원에게도 이것은 동일하게 적용되는 사실이고 특히 언론에도 그렇다.

모든 사람은 실수를 한다. 그리고 대부분의 사람은 그들이 정직하고 솔직하게 그것을 인정한다면 그들을 용서하려는 마음이 있다. 은닉은 거의 항상 구제할 수 없는 실수이다. 또한 왜 잘못된 것으로 이미 알고 있는 결정을 보호하기 위해서 시간과 에너지를 낭비하겠는가? 이것은 최악의 실수이다.

네 번째로 조직을 말 뿐만 아니라 행동으로 이끌 수 있어야 한다. 최고 행정관인 서장은 역기능적인 정치적 행동을 수용할 수 없음을 설명해야만 한다. 멋진 업무 수행은 보상을 받아야만 하지만 그 조직은 결코 형편없는 업무수행에 대해서는 상을 주지 않는다. 의무와 책임을 명료하게 해야만 하고 구성원은 책임감이 있어야만 한다. 모든 의사결정에는 창안자가 있고 그 사람은 그 결정이 옳았을 때 영예를 받아야 하고 그렇지 않았을 때는 비난을 받아야만 한다. 하지만 실패로 끝난 훌륭한 시도가 있었다면 수당에 해당하는 급여가 주어져야 할 것이다.

다섯 번째로 폭동보다는 반항하는 것이 조장되어야 한다. 조직의 모든 사람들은 행정관의 사무실에 걸어 들어가는 것을 자유롭게 느낄 수 있어야 하고 그 최고 담당자에게 대항하여 말하고 울분을 토하고 또는 진짜 불평을 해댈 수 있어야 한다. 하부 직원들 사이에서 반대의 의견이 나오도록 분위기를 만들어 줘야 하는데 왜냐하면 이런 분위기가 바로 독창성과 창조성을 만들기 때문이다. 조직의 대표는 모든 해답을 가지고 있을 수 없지만 그것들은 조직 내 어딘가에 분명 존재하고 있다. 모든 사람들이 자신의 의견과 반대 의사를 내놓을 의사가 없다면 그 기관은 행정관의 좁은 식견에 막혀 제한적일 수밖에 없다고 하겠다.

여섯 번째로 벽은 허물어져야만 한다. 조직의 모든 사람들은 서로서로 대면하여 문제를 해결하도록 해야만 하는 것이다. 고립화는 때때로 효과성을 없애 버리는 악마가 된다. 행정관이 교대 업무에 관여한 모든 부서만이 단지 교대 업무보고 회의에 참석하는 것만을 요구한다면, 어느 정도의 발전이 있을 수도 있지만은 그보다는 한 부서가 성안에 갇힌 또 하나의 성처럼 고립되지 않도록 사무실의 직원들을 한데 모아 섞을 수 있어야 할 것이다.

상이한 부서의 구성원들을 함께 일하도록 만들어야 하고 무엇보다도 의문사항, 요청, 불만사항을 작성자가 그 시점에 존재하지 않는다면 문서 형식으로 전달되지 않도록 해야 할 것이다. 건물 안의 어느 곳에 존재하면서 항상 불쾌한 노트를 보내고 있는 얼굴 없는 사람은 화나게 만들기 쉽다. 그러나 매일같이 서로 맞은편에 앉아서 문제점들을 비교해 보는 것은 그와 다르다. 사람들이 서로 이야기하면서 문제의 해결점을 아주 쉽게 도출하는 것을 보면 놀라울 뿐이다. 이와 같은 방식은 모든 사람들이 경직된 명령계통에만 집착하도록 만드는 이해할 수 없는 정책을 던져 버리게 해 줄 것이다.

명령계통이란 것은 모든 직원들에게 전달되어야만 하는 문제와 일상적인 보고문서에는 훌륭한 것이라고 할 수 있다. 이 경우를 제외하면 명령계통의 유일한 목표는 부정적인 정보가 상부에 전달되는 것을 중간관리자가 막도록 하는 것 뿐이다. 만약 어떤 경찰이 감독관이나 부서 명령권자에게 불평을 하기 위해 서장 사무실에서 반복적인 방해를 한다면 어떻게 하겠는가. 만약 이 사람이 거짓말을 하는 것이라면 그 서장은 이 사람을 조직에서 축출하기 위해 진실을 알 필요가 있고, 만약 그 경찰이 진실을 말하고 있다면 서장은 그 감독자에게 조치를 취하기 위해 무언가를 밝혀야 할 필요가 있는 것이다. 두 경우 모두 반항에 대한 정책을 만들어야만 한다. 그러나 그보다도 모든 직함을 없애고 모든 사람이 서로를 단지 이름으로 불러야 한다고 본다. 깊은 확신과 감정이 전해진다. 즉 모든 사람은 높은 직위에 있는 사람에게 불쾌감을 준다는 두려움 없이 서로를 표현해야 하는 것이다.

일곱 번째로 공정함이 필요하다. 부정은 전염병처럼 기관이 도덕심을 파괴한다. 건강한 조직 안에서는 정실과 편견이 있을 여지가 없다. 사람들은 그 행정이 정의로운지를 알고 있다. 즉 중간 관리자 역시 알고 있다. 서장은 감독자가 항상 옳은지 운영자가 항상 나쁜지 추측할 수 없다. 양쪽의 의견을 개방적으로 청취할 수 있어야 하고 의사결정은 직관보다는 사실에 기초를 두고 있어야 한다. 많은 사람들이 성격을 판단하는데 미숙하다. 즉 사람들은 다른 사람들이 자기가 봤으면 하고 바라는 것을 본다. 의견들이 사실과 서로 달라 갈등을 하는 상황이면 행정관은 항상 그 사실만을 믿어야 한다.

마지막 여덟 번째로 어떻게 해서든지 조금이라도 그 괴물 같은 관료제·계층제를 없애도록 해야만 한다. 어떠한 법 집행 기관이라도 순찰요원에서부터 서장직까지 다섯 단계 이상을 요하지 않는다. 500명 미만인 가상 큰 기관의 단계도 일반적으로 많아봤자 단지 서너 개다. 이것은 어렵고 시간이 많이 소비되는 업무라고 할 수 있다. 수십 년이 걸릴 수도 있지만 조만간에 누군가가 그 일을 할 것이고 그렇게 하면 수많은 행정가들이 시간 낭비 없이 그 정의를 따르게 될 것이다.

연습문제

1. 경찰의 운영 및 관리 조직 진화의 다섯 단계에 대해 설명하시오.
2. 왜 직업적 정신질환이 발생하는가? 무엇이 조직병리현상을 최소화할 수 있나?
3. 문제에 대해 지역 사회와 전통적인 법 집행 기관에 있어서 치안변화의 도입은 어떠한 영향을 미치는가?
4. 정치적 행동에 있어서 큰 조직의 문제는 무엇인가?
5. 관료제 병리현상의 원인과 이러한 병리현상을 방지하기 위한 방법은 무엇인가?

제 9 장

참모기능

학습목표

이 장은 다음과 같은 학습목표를 가진다.
첫째, 법집행기관에 대한 참모의 배경이 무엇인가?
둘째, 경찰공무원의 모집과 선발은 무엇인가?
셋째, 경찰공무원의 시보기간과 기타 제도는 무엇인가?
이상의 내용을 학습목표로 한다.

제 1 절 참모의 배경

실제 인사담당 공무원들은 인사에 관한 인사과의 의사결정에 거의 영향을 받지 않는다. 즉 인사과가 사실상 나약한 단계에 머문 것을 나타낸다. 인사상의 의사결정은 너무나 중요하여 정확한 판단을 할 수 없는 부서(a unit that will not be required ti face the consequences of poor judgement)에 위임할 수 없는 것이다.

인사과정상 어떤 단계는 중앙 집중화할 수 있거나 집중되어야만 하지만, 재량적 판단을 요구하는 단계는 신입직원과 업무를 함께 할 사람들에 의해 이루어져야 한다. 최종결정은 선발과정에 관련된 사람들과의 면담으로 최고 의사 결정자에 의해 이루어져야 한다.

이 장에서 우리는 선발과정을 알아본다. 우선 최근 법집행 공무원으로서의 수행능력을 결정하는데 사용되는 요소들을 살펴본다. 다음으로 현 시스템의 문제점을 논의한 후 장차 경찰 모집과정이 어떻게 변해야 하는지를 논할 것이다.

Ⅰ. 직무분석

경찰관리자들은 경찰공무원을 선발하기에 앞서 신입경찰공무원이 법집행업무를 적절하게 수행함에 있어 가져야 할 자질이 무엇인지 알아야만 한다.

이런 결정을 위한 가장 적합한 방법은 직무분석을 통해서이다. 직무분석은 직무를 성공적으로 완수하는 자질을 결정하고 이런 직무에 대한 자세한 분석으로 이루어진다. 직무분석에 필요한 자료는 여러 통로를 통해 획득될 수 있다(Robbins, 1980: 251).

① 조사
② 개발면담
③ 집단면접
④ 구조화된 질문
⑤ 전문적 회의
⑥ 직무현안들을 일기장이나 노트에 적게 하는 방식

Ⅱ. 신체조건

대부분의 법집행기관들이 신체요건을 규정해 놓았기 때문에 입직 자질을 논함에 있어 좋은 출발점이 된다. 법집행기관들에서 중점을 두는 분야는 시력, 청력, 체력, 신장 그리고 체중이다.

1. 시력

표준시각은 계속적으로 논쟁이 되는 분야 중의 하나다. 1984년 전국 323개 경찰서를 조사한 결과 대부분의 법집행기관들은 교정시력으로 높은 시력을 채택하고들 있었지만, 얼마만한 교정을 허용하는지에 대해서는 일치된 견해가 없었다. 조사된 기관의 83%는 교정시력으로 20/20을 요구하였다. 시력에 관한 조건은 교정시력을 허용하지 않는 경우로 비교적 시력을 요구하지 않는 경우까지 다양하다. 즉 명확한 것은 표준화된 시력기준은 없다는 것이다(adapted from holden, 1984: 127).

소방관이나 자동차 운전자에게 요구되는 시력요건이 법집행공무원에게도 요구될 수 있다고 여겨진다. 이러한 생각들은 전문적 검토 없이 받아들여지고 있다. 사실상, 이러한 논쟁들의 근거로써 활용될 연구들이 거의 없는 실정이다(Holden, 1993).

더구나, 많은 신체적 조건들은 입직 당시의 기준과 이미 공무원이 된 후의 기준 간에는 너무나 큰 차이(gab)가 있다는 것이다. 대부분의 부서에는 이미 기존의 공무원에게는 시력조건을 요구하지 않는다. 이것은 의문의 여지가 있는 관행으로 법원에서 주목하고 있다. 또한 대규모의 경찰서의 약간은 지원자의 시력이 20/20까지 교정될 것을 요구하는 것으로 조사되었다. chicago, detroit 그리고 New York 같은 경찰서들은 아무런 문제제기 없이 이런 기준을 수년 동안 적용해 왔다. 이 같은 사실은 다른 기관들이 더 엄격한 경찰서는 시력조건에 심각한 변화를 요구한 연방지방법원의 결정에 동의하였다. 필라델피아 소송의 결과, 경찰서는 교정시력 20/20 그리고 비 교정시력 20/20을 허용하게 되었다.

시력조건에 관한 논쟁은 법적인 문제로 비하되었다. 차츰, 엄격한 요건들은 보다 방어적 입장으로 바람직하게 줄었다. 이런 과정은 미래에도 계속될 것 같다.

2. 청력(Hearing)

청력은 시력보다 다소 적은 논쟁적인 주제로서 자격요건으로도 덜 고려된다. 하지만 대부분의 경찰기관에서 신규임용조건으로 보통의 청력을 요하는 것이 대부분이다. 이것은 신규 임용대상자가 어떤 청력 강화 장치를 사용하지 않고 수용 가능한 표준 음력에서 소리를 들을 수 있다는 것을 의미한다.

난청은 건전지 장착 확청시스템(보청기)으로 교정될 수 있다. 현대의 술은 안경대 혹은 귀속, 귓바퀴에 장착할 수 있는 작은 보청기를 가능케 하였다. 임용 당시에는 표준청력이 많은 경찰관들이 이런 장치를 활용할 필요가 생기게 되었다. 모든 정황으로 보아 이들 경찰관들도 업무를 잘 수행한다는 것이다. 그러므로 시력과 마찬가지로 청력도 어느 정도까지는 교정된다는 것이다. 법 집행 관리를 위한 가장 안전한 절차는 교정 후 정상적인 청력을 요구하는 것일 것이다.

3. 건강(General Health)

일반적인 건강 즉 체력은 수많은 요소들을 내포한다. 첫째, 법집행 공무원은 직무 분석에 의해 결정된 직무를 수행할 신체적 능력은 가져야만 한다. 즉 그 사람은 생애를 통해 생산할 능력을 줄일 수도 있는 질병이나 상해에 연루되어서는 안 되는 것이다. 상습적인 질병이나 상해를 가진 사람은 조그만 주의로도 발견된다. 의료상 퇴직은 낭비적이다. 이전의 상해나 질병 때문에 완벽하게 업무를 수행할 수 없는 사람을 임용하는 것은 매우 소모적인 실수다.

건강에서 고려해야 될 다른 분야는 신체적 기민성이다. 많은 기관들은 신체 기민성 판단 과정을 두고 신임직원이 적어도 최소 기준에 부합하게 하여 적절한 신체조건을 확보하도록 하고 있다. 신체조건을 유지시키는 것이라면, 신입직원은 유사한 임무를 맡은 선배공무원들에게 요구되는 것 이상의 신체조건을 요구하지 않을 것이다. 즉 경찰관은 좋은 신체조건을 가져야 한다고 생각하는 관리자는 단지 신임직원이 아니라 모든 경찰관이 그러하길 바랄 것이기 때문이다.

둘째, 최소 일치성 기준에 대한 검증이 요구될 수 있다. 이것은 지원자가 경험있는 선배 등으로부터 기민성 과정에 관한 기법을 전수받거나 요구되는 기술을 습득할 시간을 확보하게 하느냐 하는 것을 의미한다. 결국 이 테스트는 직무수행에 필요한 신체적 조화나 신체 상태에 대한 검증이지 운동선수 같은 기술에 관한 검증은 아니다.

4. 신장과 체중(Height and Weight)

신상과 체중에 관한 조건이 아주 엄한 때가 있었다. 법원 결정들은 이런 조건을 크게 변화시켜 왔다. 다른 어떤 신체조건들도 이것만큼 큰 수정을 겪은 것은 없다. 남성 경찰관의 신장과 체중의 표준은 미을에서 가장 거칠고 키 큰 황야의 서부 법집행관(보안관)상이 그 기원이다. 논리적인 수송들이 이런 관점을 변화시켰다. 오늘날 대부분의 기관들은 신장에 비례한 체중조건을 갖지 신장조건을 갖지 않는다. 신장 및 체중조건은 많은 법집행기관에서 우회적인 기준을 개발하는 경우를 제외하고는 이제 거의 논평의 필요성이 없어졌다.

구술시험은 면접관이 부적절한 답을 하거나 너무 짧게 답한 응시자를 선발과정에서 제외시키는 데 사용되어 왔다. 이것은 구술시험의 목적이 아니지만, 법집행기관이 응시자를 거절한 특별한 이유를 대지 않고 배제시킬 수 있기 때문에 많은 기관들이 교묘히 사용하는 방식이다. 이런 관행은 잘못이다. 뒤에서 자세히 논하겠지만, 분명 구술시험은 그 목적을 가지며 그 목적은 자질을 가진 응시자를 배제하기 위해 고안된 것이 아니라는 것이다. 선발과정의 어떤 단계에서의 잘못된 활용은 전 과정을 헛수고로 만들고 관리상 관료제의 병폐가 나타날 위험이 있다.

American with Disabilities Act(미장애인법)

1990년의 미장애인법(ADA)에 대한 정확한 분석은 Lydia Long이 자신의 논문 "1990년 미장애인법과 법집행기관의 고용"에 잘 나타나 있다. 다음 논의는 이 논문에서 발췌한 것이다.

미장애인법은 1992년 7월 26일부터 대부분의 고용주들에게 발효되었다. ADA는 시설 혹은 비시설에서 자신의 업무를 수행하는 장애인에 대한 차별을 금한다. 이 법은 20주 이상 매일 15인 이상 근무하는 기관에 적용한다. 대부분의 법집행들은 ADA조항이 적용되었기 때문에, 법상의 요구조건을 충족하도록 충분한 조처를 취해야 할 책임이 기관들에 부과된 것이다.

동법은 보호해야 할 사람에 대한 상세한 정의를 하고 있다. 이 법에 따르면 장애의 의미는 (1) 개인의 주된 생활활동 중 육체적 혹은 정신적 손상으로 실질적으로 제한을 받거나, (2) 이와 같은 손상의 기록이 있거나 (3) 이러한 손상으로 간주될 수 있는 경우 공법 101-336조에 의해 보호되기 위해서는 이상에서 언급한 장애요건을 충족해야 한다. 예컨대, 20/100시력은 보호받지 못하지만, 장님은 보호된다. 다리를 절름거리는 것(BED LEG) 정도는 이 규정에 포함하지 않지만 양측 하지 마비자는 포함된다. 장애인 법이 경찰당국 으로 이 규정에 포함되지 않지만 양측 하지 마비자는 포함된다. 장애인 법이 경찰당국으로 하여금 경찰직무 수행에 부적합하거나 무능한 사람들은 고용하도록 하는 데는 문제점이 많다. 따라서 이 법에 의해 보호받는 사람의 수는 경찰 분야에서는 아마도 소수 일 것이다. 그러나 책임의 문제는 여전히 남는다.

장애인 법을 공안분야에 적용하는 데는 다음과 같은 세 가지 점을 우선 고려해야 한다. 첫 번째는 공안분야의 직위나 직업상 필요한 신체적, 정신적 기준에 해당하는지 여부를 법집행기관들이 입증책임을 갖느냐 하는 것이다.

공안분야에 예외를 인정하지 않으며, 법집행기관들은 모든 직위의 기능이 정확하게 정의될 수 있다는 가정 하에 법규에 입각한 고용결정기준을 요구받게 될 것이다.

장애인법 규정사의 위와 같은 문제에 대한 대안으로 비자격응시자의 고용에 대한 적절한 방어수단을 제공하는 것이다. ADA는 고용기관들이 응시자가 직무관련 업무를 수행할 능력이 있는지 사전 조사하도록 하고 있다. 또한 ADA는 직무시작 이전에 의료조사를 거친 후 직무를 부여하거나 의료조사를 통과하는 조건부 채용도 가능하게 하고 있다.

또한 동법은 직무상 조처로 발생하는 차별에 대한 책임을 방어하도록 하고 있다. 이러한 방어권은 고용자의 조처가 직무와 관련되고 직무상 필요성을 충족하였다는 것은 보여줌으로써 이루어진다. ADA가 부여한 안전장치는 어떤 피공용인이 다른 사람의 건강과 안전을 직접적으로 위협하지는 말아야 한다는 조건을 세운 것이다. 법집행기관의 관심은 과연 이들 규정이 자질을 갖추지 못한 응시자의 강제적 고용으로부터 경찰관들을 적절히 보호할 수 있느냐 하는 것이다(Blackburn, 1991).

공안 공무원들의 고용에 있어 법집행기관들의 두 번째 주요관심사는 과거의 불법 마약사용 경력에 관한 것이다. 경찰 당국자들은 대부분의 경찰서에서 불법마약사용경력을 가진 응시자들을 배제시키기 때문에 이 규정에 특히 관심을 가진다. 더구나, ADA는 불법마약 사용에 관한 조사결과가 잘못되었다면 공안부서가 조처를 취했을 불법 마약사용에 대한 명확한 검시를 응시자가 할 수 있게 하고 있다.

이것이 암시하는 것은, ADA는 공안 부서들로 하여금 응시자의 범죄경력이나 불법마약사용에 대한 명확한 검사를 응시자가 할 수 있게 하고 있다.

이것이 암시하는 것은, ADA는 공안 부서들로 하여금 응시자의 범죄경력이나 불법마약사용으로 응시자를 거부하는 것을 금하는 의미가 있다. 법집행의 관점에서 법원들이 결국은 이전의 범죄 경력을 고려한 결정을 할 때, 응시자들이 법은 위반한 것이 아닌 불법마약사용 조차도 법집행기관들은 어느 정도까지는 적용하게 될 것이다. 그러나 법규정 하에서, 소송상의 초점은 실체적 진실인 것이다. 이런 규정들도 공안부서의 예외를 주장하는 입장이 제기되고 있다. 또한 불법마약 사용을 계속하는지도 판단해야 하며, 불법마약사용자를 포함한 모든 피고용자들에게 동일한 기준을 적용해야 한다는 것 등을 동법은 규정하고 있다. 동법 규정에는 이전에 불법마약을 사용한 자의 면책을 허용할 수 있는 경우와 임용 후 계속해서 사용했는지를 발견하도록 하고 있다.

ADA규정에 대한 공안부서의 세 번째 관심은 공안부서에서 임용 당시부터 장애를 가진 응시자를 최대한 손쉬운 임무를 부여할 수 있는 직종으로 임용함으로써 적응할 수 있게 하느냐 하는 것이다.

경찰당국자들은 경찰활동이란 공안질서유지라는 기본적 책무 이외에 다양한 일반 책임을 지는 사람들로 구성된다고 한다. 따라서 대부분의 경찰활동들은 어떤 사건이 발생했을 때 즉각적으로 대응할 수 있는 신체적 수요 혹은 특히 기민성이나 인지 능력이 갖추어져야만 한다. 공안 분야의 공무원들은 설사 긴급하고 우아한 사태에 대한 신체적 대응 능력은 갖지 못하더라도 순찰차의 운전, 전화에 대한 응답, 목격자와의 인터뷰, 검사에 대한 사건보고, 혹은 소방차량의 세척 등을 할 수 있는 사람을 임용 조건으로 할 수 있다는 것이 ADA의 공안 분야에 대한 내용이다. 더구나, 공안 분야는 육체적 긴장이나 격한 활동을 수행하기 때문에 이러한 능력이 없는 사람은 더 위험할 수 있는 직종이다.

경찰직에서 논쟁이 되는 장애인법상의 규정은 "과도한 노고"와 관련 있다. 이 규정은 고용기관의 크기, 고용자수, 재원, 시설운영과 활동에 대한 전반적 요건들 적응에 양적 측면 뿐만 아니라 질적인 면도 입증될 수 있어야 한다는 입장이다. 예컨대 경찰직이나 관련 업무에 따른 신체적 조건들이 충족되지 못하여 적응력이 낮다는 것에 대한 입증수단으로 전문가의 견해를 인용될 수 있다.

이 법 규정의 분석을 통해 경찰이 배제 가능한 장애직종의 요건을 선언하거나 입증할 수 있을 때, ADA과 부합할 것이다. 만약 직종이나 직위가 그렇게 입증될 수 없다면, 법집행 분야는 장애인에게 문호를 개방한 다른 직종으로부터 개방의 압력을 받을 수도 있다.

5. 지적 능력(Intellectual capacity)

법집행은 기본적으로 지적 활동이다. 직업상 분명히 육체적 측면이 있지만, 가장 가치 있는 기술은 법집행공무원이 구두나 서면으로 뛰어난 의사소통이나 올바른 판단을 할 수 있는 능력을 가지느냐 하는 것이다.

공무원들은 법규를 읽고 해석해야 하며, 조직정책을 현장에서 효과적으로 집행할 수 있어야 한다. 모든 경찰 활동은 경찰 행동 강령의 결과이다. 서면 지시를 현장에서 훌륭하게 실행하는 것은 훌륭한 판단력에 의한다. 그러므로 훌륭한 의사전달 능력, 판단력을 가진 공무원은 그렇지 못한 경우보다 훨씬 더 성공적일 것이다.

훌륭한 보고서 작성력은 특히 주목되는 주제다. 법정에서 성공적인 소송추행이 이루어지기 위해서는 완벽한 수사보고서가 요구된다. 많은 법정에서 검사측이 부적절한 보고서를 냄으로써 소송에서 지게 된다. 소송사건에서 심지어 확정적이며 타당한 보고서를 냄으로써 소송에서 지게 된다. 소송사건에서 심지어 확정적이며 타당한 증거를 가졌을지라도, 명백하고 간결하게 수집된 정보를 전달할 공무원의 능력이 없다면 소송에서 질 수 밖에 없는 것이다. 사법관할권이 넓을수록 이 문제는 더욱 커진다. 즉 검사는 종종 경찰보고서만 의존하여 순식간에 기소사항을 결정해야 할 경우도 생긴다. 경찰관의 읽고 쓰는 능력은 효과적인 조사보고서와 기소를 위해 필수적이다. 올바른 판단력도 경찰임무에 모든 측면에서 아주 중요하다.

6. 지능(intelligence)

지능과 관련해서는 다음과 같은 두 가지 관점이 논쟁의 대상이다. 첫째, 경찰관으로서의 지능요건은 단지 일반적 상식을 요하는 것이 아니냐는 관점이다. 이런 입장의 견해는 경찰관은 경찰업무를 수행할 수 있는 일반상식을 가진 사람이면 되고 지적능력을 입증할 필요가 없다고 한다. 이 주장은 선발과정에서 관리자의 역할을 단순화하자는 것으로 응시자에 대한 지적능력을 측정하는 모든 수단을 없애고 육체적 재능에 초점을 두고 선발하자는 것이다.

이 주장의 약점은 일반상식을 정의하거나 측정하기가 불가능하다는 것이다. 다분히 의도적이지만, 일반상식이 판단력으로 정의될 수 없고 내가 사물을 보는 정신적 능력이라고 해야 할 것이다. 이것은 내가 못 배워서 일반인들이 내 의견에 동의하지 않을 때조차도 내가 진실이라고 아는 것을 의미한다.

다른 논점은 경찰업무상 판단력에 중점을 두는 입장으로 응시자들의 지능을 확인하고 측정을 시도하자는 주장이다. 이 입장 또한 문제점은 지능을 적절하게 측정하기가 어렵다는 것이다. 또한 지능은 교육(학력)과 혼동되기도 한다. 지능은 사람의 지식 수단이라기보다 정신적 능력과 관련된 본래적 자질을 말한다. 지능과 관련된 문제는 이미 알고 있은 것이 아니라 배울 수 있는 능력이 있냐 하는 것이다. 그러므로 지능의 측정에서 배제해야 할 첫째 항목은 과거에 배울 수 있었던 재능을 나타내는 교육 양이다.

IQ테스트 같은 지능검사 또한 많은 문화적 편견을 내포하기 때문에 믿을 수 없는 것이 사실이다. 또한 경찰에서 IQ검사 결과로 응시자를 배제시킨 경우도 없었다. 그렇다면 어떻게 지능을 측정할 것인가? 가장 일반적인 해결책은 경찰 임용시험이다. 원칙적으로 이 시험은 기억력, 기본적인 읽고 쓰고와 상황판단력, 기타 등등을 지능검사보다 우선적으로 테스트한다. 이 시험은 방법상의 건전성 등 약간의 문제점이 있지만 이런 것들이 수정된다면 최선의 대안책이 될 것이다. 불행하게도 시험방법의 지능보다는 지식을 측정하는 경향이라는 것이다. 그러나 이 점에 대한 해결책은 아직도 발견되지 못하고 있다.

Ⅲ. 교육(Education)

경찰조직에서 경찰관의 학력은 1917년 August Vollmer가 Berkeley 경찰서에 캘리포니아 대학 졸업생들을 모집하면서부터 중시되었다. 경찰에 대한 재검토가 강제되는 사회적 압력이 가중된 1960년대까지 기타기관에서 이런 운동을 채용한 기관은 없었다. 그 결과 학력이 높은 법집행 공무원에 대한 지원이 강해졌다. Herman Goldstin에 따르면 “경찰관이 대학교육을 받아야 한다는 생각이 경찰조직에서 이렇게 열정적이고 광범위하게 지지를 받은 적은 없었다”고 한다. 경찰관들에게 대학교육에 대한 압력이 가중된 이유는 다음과 같은 (1) 미국인의 높은 비율이 어느 정도 대학 교육을 받았다. 따라서 경찰관도 국민들의 평균 교육수준은 갖춰야 한다. (2) 국가의 가장 유능한 젊은이들은 대부분 대학에 가기 때문에 대졸자를 모집하지 못한다면, 법 집행기관에서 잠재성이 강한 응시자를 제한하게 되고 국민 중 가장 재능 있는 인재를 모집하지 못하는 결과를 가져온다. (3) 대학교육은 학생들로 하여금 다른 문화나 생활 방식을 접하게 하여 더 이해심이 많고 관대한 인간을 창조한다. (4) 과거에는 교육받은 인사를 경찰조직으로 유인하지 못했기 때문에 경찰 업무는 제복을 입고 인간미란 전혀 없이 무의식적으로 질서유지를 위해 야광봉이나 권총에 호소하는 얼간이상이 두드러졌다. 따라서 대학교육을 받은 인사의 유인으로 낡은 경찰상을 개선하려는 바람이 크다.

하지만 경찰임용조건으로 대학학력을 반대하는 사람들도 있다. 이들의 주장은 첫째, 대학학력을 임용조건으로 하면 많은 소수 인종이 법집행기관으로 들어갈 수 없게 될 것이다. 둘째, 이들은 과거의 경찰직무를 수행했다고 믿는 입장이다. 또한 이들은 많은 충분한 정보를 가진 유능한 경찰관들은 대학에서 수여하는 종이 한 장인 졸업장으로 대체할 수 없다는 것이다. 그러나 당분간은 대학교육을 받은 경찰공무원을 더 선호한다고 말할 수 있다.

제 2 절 경찰공무원의 모집(Recruiting)과 선발

전면적이고 전문적인 모집은 법집행기관에서 최근의 일이다. 과거에는 시청의 게시판이나 지역신문에 공고함으로써 모집행위가 이루어졌다. 사람은 우연히 그 공고를 본 사람 중에서 응시할 것이며, 이들 응시자들로부터 시험성적이 가장 우수한 자를 선발할 것이다. William Bopp은 이런 제도는 수동적인 모집방식으로써 최악의 변수 중 최선을 택하는 ("The best of the worst")방식이라고 말하고 있다(Bopp, 1974: 143).

이런 모집방식은 대부분의 기관에서 변화를 겪어 왔지만 진부는 아니다. 성공적인 모집은 제도적으로 어디에서든지 그리고 어느 때든지 높은 잠재성을 가진 인재를 선별하려는 의지에 달려 있다. 보편적인 모집과정을 볼 때, 어떤 분야는 다른 분야보다 더 생산적일 수가 있다. 당국은 이들 분야를 확인하고 장래의 인사 선발을 위해 강화시켜야만 할 것이다. 대학캠퍼스, 군대, 심지어 쇼핑센터 등도 모집공고를 위해 이용된다.

모집기능과 선발기능을 결코 혼돈해서는 안된다. 모집은 가능한 많은 응시자를 모으는 것이다. 선발기능은 선별과정을 통해 잠재적 임용자를 배제시키는 데 초점이 있다.

Ⅰ. 긍정적인 행동(Affirmative Action)

Affirmative Action 프로그램은 공·사 조직 공히 과거 고용 및 승진제도를 바로 잡기 위해 계획되었다. 이 프로그램의 본질은 과거의 선발상의 차별문제를 종식시키고 소수 인종과 여성에서 우선권을 허용하는 것이다.

이 주제는 찬반양론이 갈리어 있다. 하지만 긍정적 조치 프로그램은 현실이 되었고 그렇게 되어야만 할 것이다.

심한 차별적인 고용제도는 어느 정도까지는 수많은 노력들로 시정될 수 있다. Joseph Wambaugh는 남부 캘리포니아에 멕시칸들이 지난 10년간 집중 거주해 오면서도 샌디에고 경찰서에 고용된 경찰관은 없었다는 것을 지적한다.

인종 및 성적 차별도 긍정적 방향으로 나아가야 한다. 고용과정에서 형평성이 달성될 때까지 Affirmative Action은 필요할 것 같다.

Ⅱ. 여성과 소수인종의 모집(Recruiting Women and Minorities)

경찰조직에서 여성과 소수인종을 유인할 수 있느냐는 인사 상 승진과 직무 선택에서 평등한 기회를 줄 수 있느냐 하는 것과 직접적으로 관계된다. 단지 여성과 소수 인종에게 자리를 주는 것만으로 충분치가 않다. 법집행분야에 들어온 모든 사람은 충분한 경력을 갖고 주어진 기회로부터 잠재성을 키우길 바란다.

여성과 소수인종을 모집하기에는 많은 장애물이 있다. 첫째, 여성계, 아프리카 아메리칸, 히스패닉 그리고 오리엔탈 등 각 집단은 각각의 욕구, 욕망, 공포 수준이 다르다. 여성을 유인하려는 계획은 아프리카 아메리칸의 고용을 실패하게 할 수 있다. 둘째, 경찰업무는 많은 부분에서 불미스러운 존경을 받는 분야이다. 많은 도시거주 아프리칸들은 경찰관이 된다는 생각에 아주 공격적이다. 여성과 관련해서는 여전히 성적 학대의 문제가 있고, 또 다른 문제는 경찰업무는 남성의 직업이라는 생각이 시민들의 대다수의 견해라는 조사 결과이다. 하지만, 많은 여성을 포함하여 여자 경찰관이 남자 경찰관보다 덜 경쟁적이라는 것이다. 많은 자질있는 여성들을 실망시키는 이런 관념들은 극복되어야만 할 것이다.

소수인종과 여성 모집을 위해서는 법집행기관들은 모집할 수 있는 곳은 어디든지 가야만 한다. 수동적 모집, 여성과 소수인종이 찾아오길 기다리는 모집은 아주 효과적이지 못하다. 따라서 첫째, 법집행기관들은 모든 고용인을 평등하게 취급함으로써 평판을 얻어야 한다. 둘째, 법집행기관들은 적극적으로 자질을 갖춘 여성과 소수인종의 응시자들을 찾아야만 한다.

Ⅲ. 선발(Selection)

선발 혹은 선별과정은 직업상 특정 최소 기준은 충족하지 못하는 잠재적 지원자를 배제하는 절차이다. 선발과정의 절차는 기관, 기관의 크기, 기관의 예산 그리고 관리상의 세련 등에 따라 다양하다. 공조직일수록 재원확보가 어렵기 때문에, 선별 과정의 첫 단계에서 최대한 많은 응시자들 탈락시키는 구조를 가질 것이다.

1. 신청서(Application Forms)

가장 쉽게 간과할 수 있는 선별방식 중 하나가 응시원서다. 응시원서의 양식을 가장 비용효과적인 선별기능을 갖도록 설계함으로써 선별과정상 최초로 응시자의 배경 정보를 얻을 수 있다. 입직 조건을 상세하게 특정함으로써 이들 요건을 직접 물어보고 자질을 갖추지 못한 응시자 스스로 포기하게 하는 경우이다. 어떤 경우에는 자격을 갖추지 못한 응시자를 배제하지 못하지만 응시원서에 대한 피상적인 조사만으로 모집기관의 기준에 맞지 않는 사람을 확인할 수 있는 것이다.

그러나 어떤 정보들은 이 방식으로 얻을 수가 있다. 평등고용기회법은 인종이나 성 등에 기초하여 차별적으로 이용될 수 있는 사실을 요구할 수 없도록 하고 있다.

2. 필기시험(Written Examinations)

또다른 비용효과적인 선별방법이 필기시험이다. 이 방법은 필기시험 절차상의 동일성 때문에 상대적으로 안정된 선별 방법이다. 모든 응시자들에게 동등한 수준의 지적 능력을 요구한다. 또한 모든 응시자를 공평하게 대한다는 장점이 있다.

하지만 필기시험에 제기되는 문제점으로는 첫째, 백인 중간 계층의 사람을 대상으로 한 시험으로 의도하지 않은 문화적 편견을 내포할 수 있다.

또 다른 문제는 테스트 자체의 타당성 문제다. 입직시 검증이 요구되는 내용은 직무와 관련이 있어야 타당할 것이다. 그런데 응시자는 아직 경찰분야에서 종사하지 않았기 때문에 법규나 경찰 절차 등에 대한 지식을 검증받을 수 없게 된다. 사실상 응시자들은 법 규정들로부터 어려운 추론을 하거나 훈련을 통한 잠재성에 근거해서 평가받게 될 것이다. 그런데 현재의 지식보다는 잠재력을 검증하면서도 문화적 편견을 배제하는 시험문제를 구성해야 하는데 어려움이 있다. 현재 수많은 공무원시험이 치러지고 있다. 이들 시험들은 기억력, 이해력, 그리고 추상적 문제의 해결 능력 등에 중점을 두어 잠재성을 테스트하는 것이라고 하며 지금까지 법원도 이 시험 방법을 지지해 오고 있다. 그러나 여전히 이들 시험이 진실로 직무에 관련되어 있는지는 의문으로 남는다.

3. 면접(Interview)

가장 오용의 가능성이 높은 선발절차는 인터뷰다. 인터뷰는 어떤 정해진 접근방식이 없어 면접관의 신중을 확보하도록 할 수 없기 때문에 그 오용이 많다. 인터뷰 자체는 선발과정에서 다양한 형태로 그리고 다양한 곳에서 나타날 수 있다.

인터뷰의 첫째 유형은 개별면담이다. 이 방식은 선발팀을 위임받은 개인이 행하는 면담이다. 개별면담의 목적은 응시원서 상에 없는 응시자에 대한 보다 많은 정보를 얻는 것이다. 종종 요구되는 자질을 갖추었는지 알 수 없기 때문에 자질을 갖추지 못한 응시자에게 적용되는 경향이다. 즉 개별면담은 집중적인 선별과정 이전에 비자격자를 선별하는 신속하고 효율적인 방법이다. 다른 유형의 면접으로는 집단면접이 있다. 면접집단은 동시에 응시자를 면접할 수 있도록 여러 사람으로 구성된 패널 면접을 말한다. 집단면접은 긴장 속에서 응시자를 관찰하거나 일련의 다른 사람들과 사고나 의사소통할 개인의 능력을 파악하는 좋은 기회를 제공한다. 일반적으로 집단 면접은 비긴장적인 방법과 긴장면접방식으로 나눈다. 비긴장적인 면접은 간단한 면접이다. 비긴장적 면접이 지원자에게 어느 정도 긴장을 줄지라도 긴장을 주는 직접적인 시도를 하지 않는 방식이 비긴장적 면접방식이다. 그런데 긴장적 면접방식은 응시자에게 적대적 입장에서 면접하는 방식이다.

면접관들은 응시자들의 비자질적 실수를 유도하는 적대적 역할을 시도한다. 이 과정의 초점은 감정적인 것인데, 면접관은 말로써 응시자를 하여금 일종의 감정적 폭발을 일으키도록 유도한다. 혼돈, 분노, 좌절, 공포 그리고 질시 등은 긴장적 면접의 목표이며 응시자가 이러한 언어적 공격에 직면해서 평상심을 유지한다면 성공적이다.

여러 형태의 면접들에 문제점이 있겠지만, 긴장적 면접에는 정당성의 흔적 같은 것도 발견되기 힘들다는 것이다. 충분히 적대적이며 비합리적 공격으로 어떤 감정적 반응을 촉발시킬 수 있어도 이것이 아무런 것도 증명하지 못한다. 면접의 다른 문제는 면접들이 구조화된 특성을 갖지 못한다는 것이다. 기타 임용시험과 함께 면접시험도 모든 응시자에게 동등하게 대해야만 한다. 그러나 구조화되지 못한 면접은 이것을 달성할 수 없다. 따라서 보다 나은 면접 방법은 모든 응시자에게 공평성을 확보할 수 있도록 면접내용을 구조화하는 것이다.

구조화된 면접에서는 면접관이 각 응시자마다 똑같은 질문을 해야 할 것이다. 이것은 면접관이 면접과정에서 발견한 어떤 분야에 추가 질문을 금한다는 것이 아니라 각 면담마다 기본적으로 똑같은 정보를 추구하는 것이어야 한다는 것이다. 선행자의 면접이라는 면접을 구조화하는 데는 본래적 문제점이 발생한다. 면접의 목적은 응시자가 조직의 철학에 적합할 것인지를 판단하는 것이다. 누구의 철학이 면접상황에서 기준으로 작용하느냐의 문제가 발생한다. 이상적이라면 면접관은 조직의 철학을 기준으로 해야 한다. 그렇지만 불행하게도 이런 경우는 드물다. 그 대신 그 철학은 면접관에 의해 결정된다. 결국 최고결정권자가 조직의 철학을 결정하고 모든 응시자는 이 기준에 따라 측정될 수 있도록 구조화가 확립되어야 한다.

4. 민첩성 테스트(Physical Agility Test)

민첩성 테스트는 대부분의 법집행기관에서 비교적 새롭게 시도되는 것이다. 대부분의 소방서나 일부 경찰기관에서 민첩성 테스트를 해 왔지만, 단지 최근 20년 이내에 대부분의 기관에서 이 방식을 채택하게 되었다. 이상한 것은 이 절차가 법원에서 여성도 경찰관으로 고용할 것을 요구하는 결정이 있은 후 아주 유행하게 되었다는 것이다. 어떤 사람들은 민첩성 테스트가 여성경찰관을 배제하기 위해 실시한다는 성급한 결론을 내리기도 하였다. 이러한 성급한 결론이 사실이든 아니든, 경찰관으로서 신체적 적합성과 조화를 위한 최소한의 요건은 합법적인 것이다. 그리고 민첩성 테스트는 경찰업무 수행에 대한 공정한 평가 척도일 수 있다.

5. 배경조사(Background Investigation)

선발과정에서 배경조사는 아주 중요한 단계 중의 하나이다. 미법집행기관 중 아마도 연방정부가 응시자의 배경을 조사하는 데는 최고일 것이다. 대부분의 경우에 배경조사는 응시자가 제공하는 서류를 분석하고 체포 및 범죄의 경력을 컴퓨터 조회함으로써 이루어진다. 다른 사법관할권 출신의 응시자는 경우에 따라서는 이러한 조사를 받지 않을 수도 있다. 배경조사의 목적은 사람의 특성을 과거의 경력에 입출할 것으로 예상할 수 있다. 이들의 첨부 서류상에는 없는 친지의 이름을 제공한다면 더 유용할 것이다.

6. 의학적 조사

의학적 조사는 응시자가 직무수행에 의학적으로 적합한지를 확인하기 위해 필요하다. 이것은 또한 고질적인 의료상의 문제를 가진 사람을 고용하는 것을 예방하는 기능을 한다.

신체 조사에서와 마찬가지로 의료조사도 약간의 논점이 제기된다. 많은 기관들에서 이미 50년 이전에 생긴 신체조건을 아직도 가지고 있다. 이들 중에는 이미 시대에 뒤진 것이 있다. 예컨대 많은 경찰서는 이미 의학적으로 이 조건을 완화시켜 놓은 변족을 규세하고 있다. 의학적 조건상의 문제는 많은 경찰조직에서 경찰관리자의 주관적 평가에 의하여 그 기준이 결정된다는 것이다. 적절한 생리학적 기준의 최적의 방법은 의료진료단에 관련 직무분석 자료를 주어서 자격조건을 설정하도록 하는 것이다.

7. 거짓말 탐지 조사

폴리그래프 혹은 거짓말 탐지기인지 제목은 정확하지 않지만, 이것은 응시자의 정보를 확인하는 수단으로 유용하게 사용된다. 즉 배경조사를 대신할 정도로 의존도가 높은 방법이다. 하지만 이것이 목적이 아니라 다른 수단에 의해 얻은 정보를 확인하는데 더 유용하다. 거짓말 탐지기의 문제점은 기계적 테스트 결과에 대한 인간의 판단에 의존한다는 것이다. 즉 객관적 기준보다는 주관적 기준에 의존하는 결과가 된다는 것이다. 기계 자체는 절대 될 수 없겠지만, 작동자의 능력은 다양할 수 있다.

이러한 한계에도 불구하고 거짓말 탐지기는 매우 많이 이용된다. 우려스러운 점은 이것이 선별과정상 최종단계라고 믿는 것이다. 거짓말 탐지기에 대한 가장 적합한 사고는 이것이 거짓말 탐지기로서가 아니라 진실을 확인하는 역할로 사용된다는 것이다.

거짓말 탐지기의 사용에 따른 다른 제한은 법규이다. 어떤 주는 고용단계에서 거짓말 탐지기를 사용하지 못하도록 하고 있다. 이를 허용하는 다른 주들도 엄격한 제한하에 사용하고 있다.

8. 심리학적 검사

심리학적 검사도 사용된다. 거짓말 탐지처럼 이 방법도 한계점을 지닌다. 최초로 심리학적 검사방법이 만들어졌을 때, 어떤 사람들은 이 방법이라면 정신적으로 부적합한 응시자를 선별하는 문제를 해결하리라고 믿었다. 이것은 심리학적 검사방법의 능력을 과대평가한 것이었다. 심리학적 방법은 일반인을 나눌 수 있다는 가정에 입각하고 있다. 즉, 수천명의 정상인을 검증한 결과를 입력한 후 평균을 계산하고 정신병원의 환자나 비정상의 진단을 받은 사람을 조사하여 그 평균을 얻어서 양 평균을 비교하는 방식인 것이다. 그러므로 이 방식은 정상 범주와 비정상 범주를 명확하게 구분할 수 있지만, 그 밖의 문제는 더 많은 검증이 요구된다고 할 것이다.

더 실질적인 문제는 현재는 심리적으로 건강하지만 직무상의 압박감으로 심리학적 어려움을 겪게 될 것이라는 것을 검증하기란 불가능하다는데 있다. 어떠한 심리학적 검사도 이 문제를 해결하지 못하고 있다.

제 3 절 시보기간과 기타인사제도

Ⅰ. 시보기간

시보기간은 일반적으로 선별과정으로 보지 않지만, 신별기능을 수행한다. 시보기간은 조직에서 신임공무원을 평가하여 장차 훌륭한 직원이 될 수 있는지를 결정할 수 있다. 시보기간은 교육훈련이 끝난 후 적어도 1년을 두도록 한다. 이상적이라면 18개월 이상이어야 할 것이다. 충분한 시간을 둠으로써 실제로 직무상 스트레스를 받는 상황에서 신임공무원이 어떠한 반응을 보일지 주의깊게 평가할 수 있는 것이다.

1. 지식을 기반으로 둔 조직참모(Sataffing the Knowlege based department)

경찰선발체계는 기본적으로 전통적 경찰활동에 입각하고 있다. 과거의 중점은 지적 혹은 의사소통 기법이 아니라 신체적 조건에 선발 기준을 두었다. 하지만 타당한 이유 등의 등장으로 이런 경향은 변화를 겪고 있다.

2 선발과정상의 오류들(Fallacies of the selsction process)

공공서비스조직과 군대의 모집은 상당한 차이가 있다. 경찰이 군대식모델을 채용함으로써 자연히 고용기준도 군대식으로 되었다. 군대는 최고의 신체조건을 요구한다. 따라서 일반적으로 병사들은 젊다. 젊음에는 여러 이점이 있다. 첫째, 젊은이는 자신의 생애 중 체력적으로 최고조에 달해 있다. 둘째, 젊은이는 쉽게 배운다.

법집행기관의 고용준칙으로 군대식 철학을 사용한 결과 신규모집상 가장 중요시한 것은 젊고 신체적인 능력에 초점을 두는 결과를 가져왔다.

군대의 또 다른 문제는 전투는 남성의 직업이라는 기본적 생각이다. 이것이 사실이든 아니든 경찰에서 군대식 모델을 채용한 것은 여성이 법집행공무원으로 입직하기 어렵게 한 것을 의미한다.

이들에 대한 역기능들이 연구됨에도 불구하고 고용기준으로 여전히 연령이나 체력조건이 강조되고 있다.

위에서 언급했듯이 군대식 모델의 부산물은 젊음을 강조하는 것이다. 경찰기관도 젊은 공무원을 요하며, 대부분의 경찰서들은 35세 내외를 제한 요건으로 한다. 이것은 수많은 문제점을 가진다. 첫째, 사실상 경찰기관에서 신체적 적합성을 강조한 것은 최근이다. 학자들은 신체적 적합성이 경찰응시자에게 중요하다면 왜 일반 공무원에게는 중요하지 않다는 것이냐고 문제를 제기한다. 사실상 신체적 적합성은 개인의 건강을 유지하려는 누구에게나 중요하다. 하지만, 경찰업무는 간혹 육체적인 업무를 요구하지만, 일반적으로 사무행정업무의 비중이 크다. 경찰기관에서는 경찰관이 훌륭한 육체적 외모를 가지면 더 전문가로 좋을 것이라고 생각한다. 그러나 경찰관의 업무는 더 높은 신체적 능력과 적합성을 요구하는 경우는 드물다. 두 번째 문제는 연령과 관련된다. 대부분의 경찰기관은 미처 상황에 대처할 수 없는 젊은이를 현장에 배치한다. 조사들은 경찰관리자의 잔인성은 가학성이나 권위주의보다는 아직 익숙지도 않은 업무를 맡게 되는 경우에 나타난다고 한다(Osborn, 1992: 24-25).

대학 교육을 받은 경우를 포함하여 대부분의 젊은 경찰관들은 경찰관이 되기 전에는 어떤 책임이나 권한을 가져본 경험이 거의 없다. 직무상 경험이 부족하기 때문에 많은 젊은 공무원들은 쉽게 좌절한다. 따라서 젊은 사람이 선발되면 교육 훈련반으로 보내져 가치관, 생활방식, 의사전달 방식 등이 아주 다른 시민들과 상호작용하도록 해야 한다. 연령의 문제는 조직변화의 요구로 더 악화되고 있다. 군대식모델은 조직 속으로 퍼져 경찰하위문화로 되어갔다. 이것들은 모조리 경찰 신화가 되었다. 그 결과 법집행기관에 고용된 이런 사람들은 하위문화의 유혹을 가장 많이 받게 되었다. 경찰관리자들은 조직에 효과적인 제도의 변화를 방해하는 바로 그 사람을 고용한 것이다.

Ⅱ. 인사풀제도의 실현

수많은 인구통계적 추세는 경찰관리자들이 계속해서 유능한 경찰관을 확보할 수 있겠느냐 하는 것에 관심이 집중되어 있다. 첫째, 미국은 고령화 사회다. 젊은이 모집에 대한 경쟁은 모든 경제부분에서 증가할 것이다. 둘째, 대학 학력소지자에 대한 요구 또한 일반 경제분야에서도 증가한다. 셋째, 교육받은 인사를 찾는 이유 중 하나는 과학기술의 급속한 변화에 적응할 인재에 대한 요구 때문이다.

문제 지향 및 지역사회 지향 경찰활동은 지식에 기반을 둔 경찰 활동 모델이다. 더구나 범죄학, 범죄분석 그리고 순찰 관리 같은 업무는 현대 과학을 수용할 수 없는 교육받지 않는 공무원으로서는 상당한 어려움에 처할 것이다.

미래의 인사풀은 더 노령화되고 이질적이 될 것이다. 다음 10년 동안(2002년) 노동시장에서 백인 남성은 단지 25%에 불과할 것이고 2/3가 여성일 것이다(Osborn, 1992: 22). 2010년까지는 미국아이들의 1/3이상이 아프리칸 히스패닉 혹은 아시아인이 될 것이다. 이렇다면 얼마나 많은 경찰조직들이 이러한 인력시장에서 조직의 효과성을 유지하도록 인사를 선택할 수 있을 것이다. 인력시장이 변화하면 경찰 모집제도도 변해야 한다. 이미 연령 상한제는 공격받고 있다(Trojanowicz and Carter,

1990: 6).

보다 성숙하고 교육받은 사람일수록 조직의 변화요구에 더 잘 부응할 것이다. 그렇다면 경찰관리자는 어디서 이렇게 성숙하고 교육받은 지원자를 찾을 것인가? 모든 곳이다. 미군도 현재 조직을 축소하고 있다. 20대 후반에서 30대 중반의 사회적 경험이 많고 대학 학력을 가진 사람은 경찰조직에서도 유용할 것이다. 각 기관의 감원 조치로 이런 유능한 사람들이 30-40대에 강제적으로 퇴직당한 경우가 많다(Creton, Rocha and Luckins, 1988: 64).

법집행기관의 변화의 요구 때문에 많이 유입된 군대식 철학으로 무장된 사람들 중 약간은 퇴출당하기도 한다. 그러므로 경찰에서 다른 철학을 수용할 수 있는 사람을 선발하는 것은 중요하다. 교육받고 성숙할수록 조직에 긍정적인 영향을 끼칠 것이다.

또한 경찰지원자를 모집할 최대의 분야는 민간부문이다. 매년 일반회사에 근무한 수천의 남·여가 무정하고, 자기성취력 없고, 따분하여, 법집행분야에서 근무하고 싶어한다. 많은 경찰관리자들은 수많은 회계사, 경영인, 변호인들이 법집행기관에서 근무하려고 사경영분야를 버리려 한다는 것에 놀라게 된다. 그렇지만, 경찰관리자들은 이들을 고용대상으로 간주하지 않고 결코 이 집단으로부터 채용하는 경우는 없다.

경찰기관이 채용하려는 대상은 다른 산업분야에서 경력있는 사람은 아닌 것이다. 이런 상황은 변할 것이다. 만약 경찰기관에서 최고의 성적을 낼 수 있다면 과감히 채용하는 적극적인 모집전략이 필요하다고 본다.

Ⅲ. 실질적 자질의 확인

경찰은 정확히 무엇을 할까? 이 질문에 대한 답은 간단하기도 하고 복잡하기도 하다. 간단하게는, 경찰관은 의사소통, 즉 사람들과 대화하고 서면보고를 행한다. 좀더 복잡하게 말하면, 경찰관은 국민들의 요구사항 모두에 답하는 것이다.

그러므로 효과적인 법집행관이 되는 첫째 기준은 효과적인 의사소통 능력을 갖는 것이다.

효과적인 법집행관이 되는 둘째 기준은 교육과 훈련이다. 효과적인 경찰관은 다양한 집단이나 개인과 의사소통을 할 수 있고, 다양한 가치와 목표를 인정할 수 있어야 한다. 이런 사람은 위기상황에서 기능을 발휘할 수 있고, 내적 감정을 통제할 것이다. 간단히 말해서 이러한 사람은 자신과 타인을 잘 이해할 것이라는 사실이다.

셋째 기준은 성숙성이다. 연령, 경험 혹은 가족 배경 등 어디에서 만들어지든 성숙성은 분쟁이나 범죄 상황 등을 처리하는 과정에서 발생하는 폭발적 감정을 잘 소화하는 데 절대적으로 필요하다.

이상의 신체적 관점들로부터 경찰관이 업무수행에 필요한 조건을 정리하면 다음과 같다.

첫째, 걷고 뛸 수 있어야 한다.

둘째, 자동차를 운전할 수 있어야 한다.

셋째, 능숙한 20-25년의 경력

넷째, 경찰장비의 사용

이러한 한계내에서, 경찰기관 등은 신체적 선발기준을 세워야 한다. 더 인색할 필요는 없다. 현대경찰조직의 특성은 더 확장된 신체조건을 요구하지 않는다. 더 필요한 것은 지식과 의사소통기술들이다.

연습문제

1. 경찰인사의 분석은 왜 중요한가?
2. 경찰의 모집과 채용에 있어 어떠한 모델이 영향을 미치는가?
3. 경찰의 고용에 있어서 어떠한 작용이 경찰관을 분류하는가?
4. 왜, 경찰관 모집과 심사자는 다른가?
5. 지식 기반 모델과 전통적 경찰 모델 사이의 차이는 무엇인가? 왜, 고용표준이 다른가?

제 10 장

노사관계

학습목표

법집행은 인간사업이다. 노동자와 관리층간의 관계가 이보다 더 복잡한 곳은 없다. 미국 건국초기에 행해졌던 부적합한 관리는 노동자들에게 관리에 대한 근본적인 불신을 자아내게 했다. 대단히 많은 조직의 관리자들은 노동자들에게 의지하거나 신뢰할 수 없다고 평가하는 반면, 노동자들은 관리자들에게 의지하고 신뢰하려고 애쓴다. 많은 조직들은 공통목표를 향해 함께 일한다기보다는 노동자들과의 투쟁을 불가피한 것으로 보고 있다. 경찰기관에서 이러한 일이 발생했을 때, 그 결과는 상당한 비효율성과 고통을 가져온다.

이 장에서 첫째, 우리는 경찰기관 내에서의 관리층과 노동층간의 관계를 살펴볼 것이다. 둘째, 우리는 노동층과 관리층간의 문제가 왜, 어떻게 발생하며, 셋째, 그것이 해결될 수 있는 방법이 무엇인지에 대하여 좀더 상세하게 알아볼 것이다.

제 1 절 경찰노조의 전개(The Evolution of Unions)

공공부문에서의 노동조합의 형성은 민간부문 노동 운동이 전개되는 동안에도 한동안 잠잠했다. 이렇게 천천히 노동운동이 전개된 데에는 몇 가지 이유가 있다. 첫째, 정부는 공공부문에서 갓 생성된 노동 운동을 진압하는 데 아주 효율적인 입법구조를 갖추고 있었다. 둘째, 경찰, 소방과 같은 공공기관들은 개인의 안전과 복지에 힘을 쓰는 국민의 심복이라는 대중의 여론 때문이었다. 이러한 기관들이 파업과 같은 노동 행위를 하는 것은 국민에 대한 공격이며, 따라서 불법행위라고 보았던 것이다.

민영산업처럼, 공공기관도 노돌조직을 결성할 수 있는 근무 조건이 조성되지 않았다. 오늘날 경찰 노조는 전 세계에서 모두 받아들여지고 있지 못하다. 강력한 경찰노동 조직을 발족시키는 데 최초로 기여한 곳은 보스톤이었다. 그 결과가 1919년 보스톤 경찰 파업이었다.

Ⅰ. 보스톤 경찰 파업(The Boston Police Strike)

보스톤 경찰파업은 메사추세츠주 주지사였던 Calvin coolidge라는 인물에 의해 추진되었다. 그러나 사실상 대규모 경찰조직에서 노동파업을 제도화하는 것은 불가능했고, 그러한 상황은 오늘날도 마찬가지이다 (Russell, 1975: 1).

보스톤 경찰 파업의 원인은 그리 간단치 않다. 불만이 행동으로 표출되기까지 왜 그렇게 오랜 시간이 걸렸는지에 대해서는 미스터리이다. 이 문제는 효과적인 관리를 하는데 있어 중요한 4가지 요소들에서 기인된 듯하다. 그 첫 번째 요소는 임금이 지독히 낮았다는 것이다. 경찰관 평균 임금이 비숙련 노동자보다 적었다. 이러한 문제, S산업의 고도성장에 의해 더욱 악화되었다. 경찰관 등은 비숙련된 공자 노동자들보다 적은 임금을 받을 뿐 아니라, 근무시간도 그들보다 초과하였다.

두 번째, 요소는 노동조건, 그중에서도 근무시간이었다. 경찰관들은 비숙련 노동자들과 비슷한 임금을 받고도, 그들과 같은 정도의 일을 했다. 경찰관들은 주 7일 근무, 15일당 1일 휴무를 했다. 주간에는 주 73시간 근무고, 야간에는 주 83시간 근무였으며, 운반 경찰관의 주 98시간 근무하였다. 게다가 주간 근무자는 경찰서에서 주 1일 당직도 서야 했다. 경찰관은 비번 날조차 허가 없이 그 도시를 이탈할 수 없었다.

세 번째 요소는 임무범위의 변동이었다. 경찰관들은 세금고지서 배달이나 호구조사, 인구통계조사, 선거투표감시 등과 같은 임무도 맡았다. 게다가, 당시 보스톤에는 수많은 퍼레이드가 있었는데 거기에서 경찰은 악대에서부터 퍼레이드까지 모든 기능을 도맡아야 했다. 더 심한 것은 순찰경관이 감독관이나 행정관들에 의해 좌지우지되었다는 사실이다. 승진은 경쟁이나 경험과는 무관하게 상사의 손에 달려 있었다. 순찰관은 상사의 심부름이나 가기 일쑤였다. 그들은 경찰고위층의 점심식사나 일요일 저녁식사에도 부려갔다. 그들은 상사의 "꽁짜" 일간지를 배달하기도 했는데, 한 경찰 관리자는 그 신문이 늦게 배달되었다고 불만을 터뜨리기도 했다.

마지막으로 19개 경찰서의 물리적 조건이 비참할 정도였다는 것이다. 이들 경찰서 대부분은 낡고, 좁았으며, 해충이 갉아먹어 부식되고 벌레가 우글우글하였다. 24시간 근무를 하는 곳에 침대는 2개정도, 많으면 4개가 고작이었다. 비번에서 돌아온 사람은 침대에서 자고 있는 사람을 밀어내고 그 자리를 차지해야 했다. 침대에는 벼룩과 바퀴벌레가 우글거렸는데, 한 경찰서에서는 벌레가 경찰모와 벨트 가죽을 갉아먹었을 정도였다.

이러한 요소들이 복합되면서 경찰서비스에 대한 요구를 점차 증대시켰다. 1906년 경찰인력은 1,358명, 1917년에는 108,556명으로 급증했다.

그러나 똑같은 시간의 주기 동안 체포율은 49,906명에서 108,556명으로 급증하였다. 보조업무 또한 늘어났다. 예를 들어, 보스톤 경찰은 2만 여 명의 배심원들에 대한 신상배경을 파악하는 임무를 맡았다(Russell, 1975: 52). 보스톤 경찰대는 그것의 수용능력을 벗어나 있었다. 무언가 변화가 있어야 했던 것이다.

1919년 6월 미국 연방노동청(AFL)은 경찰을 가입시키지 않는 정책을 철회했다. 소방국은 이미 AFL에 가입되어 있었다. 따라서 보스톤 경찰은 이번이 AFL에 가입할 수 있는 기회라고 보았다. 보스톤 시는 경찰관이 사회단체 또는 조합에 가입을 직접적으로 금지하는 규율을 발효하였다. 상부 조직과 공무원들의 규율에 반대하여 경찰노조가 형성되었다. 이것은 파면이나 해고를 당할 수 있는 징계감이었다.

1919년 9월 보스톤 경찰은 파업에 돌입했다. 이 파업이 끝날 무렵에는 24명의 경찰관만이 제자리를 유지하고 있었다. 그 결과, 치안이 문란해진 보스톤 시는 폭동과 약탈, 폭력이 난무하게 되었다.

폭력단들은 질서를 파괴하고 사회를 활보하고 다녔다. 그러나 일반 시민들에게 거리는 매우 위험해졌다. 특히 여성들의 위험이 더 컸다. 거리를 혼자 지나던 여성은 구타를 당하거나 강도를 당했으며, 심지어 수백 명의 인파가 보는 앞에서 집단 강간을 당하기도 했다.

파업은 화요일에 시작되어, 수요일에는 질서 회복을 위한 매사추세츠 주 경비대의 출동이 불가피하게 되었다. 하버드 미식축구팀을 포함한 자원 경찰대가 형성되어 마침내 질서가 회복되었다.

파업에 참여한 경찰관들은 해고되었고, 그들 중 누구도 재임용되지 못했으며, 보스톤 시에서 전직 경찰을 고용하려는 곳이 아무데도 없었기 때문에 그들 중 많은 이들은 직장을 구하지 못했다. 그 영향으로, 반노조 감정이 높아지면서 보스톤 소방관들조차 미연방 노동청에 그들의 헌장을 조용히 반납하였다. 경찰노조는 그로부터 20년 전으로 후퇴하였다.

Ⅱ. 현재의 경찰노조

경찰의 노조 움직임은 수년 동안 잠잠하였다. 그러나 공공기관 특히, 경찰내부에 노조의 움직임이 일기 시작한 1960년 초부터는 달라졌다. 이 시기는 특히 법집행에 중대한 영향을 미쳤다.

경찰 노동조직 수의 증가는 여러 가지 요소들의 결과였다. 시민들의 불복종과 폭동은 세상의 주목을 받았다. 이것이 좋은 것만은 아니었으나, 이로 인해 경찰에 규범을 강화해야 할 필요성이 제기되었다. 경찰 전문성에 대한 움직임은 경찰관들이 민간기업 노동자들과 차별화된 임금과 혜택을 받아야 한다는 인식에서 시작되었다.

고루한 임금계산방식과 임금상승 수용에 있어서의 부적절한 절차에 의존하는 것은 문제를 가중시켰다. 대부분 경찰기관들의 정치적 구조가 경찰 고용에 작용한다는 사실도 임금 및 혜택문제를 악화시켰다. 이 시기에 시민들의 불만의 목소리, 특히 경찰의 직무집행에 관한 항의가 높아서, 경찰은 자신들의 목소리를 거의 낼 수 없었다. 경찰은 집단으로써 자신들의 소리를 내기를 원했다. 그로 인해 경찰노조의 수가 다시 급증하게 되었다.

공공기관의 노조가 성장하는데 기여를 한데는 몇 가지 다른 요소들이 있다. 3가지 추가 개발이 이러한 현상에 기여했다.

그러나 1980년대 경찰노조가 감소되었다. 이것은 부분적으로 1981-1983년 동안의 경제침체의 하락에 기인한 것이었다. 노조는 경제적 현실이 임금 및 보조금을 높이는데 있어 장애가 된다는 사실을 인식하기 시작하였다(Sapp, 1985: 481). 이러한 사건을 계기로, 많은 경찰관들은 노조가 필수적인 것이 아니라고 인식하게 되었고, 이것은 여전히 사실로 받아들여지고 있다.

Ⅲ. 조합 형성 과정

사람들은 노조에 긍정적인 이유로 가입하지 않는다. 과거 경찰관들은 노조 가입만을 목적으로 하지 않았다. 그들은 경찰노조를 공공복지에 대한 반윤리적 조직으로 보았다. 파업이나 심각한 태업(job action)이 공공의 이익에 반하는 행위라고 믿는 경찰관들은 경찰노조의 사상을 거부하였다. 경찰관들이 노조의 가입을 선택하는 것은 노사 관계의 갈등을 암시하였다.

노조에 가입하는 이유는 기관마다 다양하다. 그러나 대부분의 경우에는, 다음과 같은 1가지 이상의 이유를 따르고 있다.

① 불만스러운 노동조건
② 발전의 기회
③ 고정절차의 미비
④ 낮은 임금
⑤ 필요의식
⑥ 의사소통의 결여

노조는 대개 관리층의 거만함과 노동층에 대한 착취로 나타나는 부산물이다. 꼭 이러한 경우가 아니더라도, 경찰관들은 그들의 이익을 대변할 조직의 필요성을 느끼게 된다. 그것은 대개 공공 조직이 부적절한 방법으로 서비스를 제공하고 있다는 인식을 하기 때문이다.

그러나 경찰노조의 형성이 경찰의 태업이나 끊임없는 대립을 의미하지는 않는다. 이와는 반대로 경찰노조의 대립적 단계는 대개 단기간에 끝난다. 공공 조직들은 여러 단계를 거쳐 노조를 허용한다.

노조가 허용되면, 노조와 관리층의 관계도 변화될 것이다. Allen Sappd은 경찰노조를 3가지 발전 단계, 즉 발인단계, 강화단계, 제도화단계로 설명하였다.

1. 초기단계(initial phase) : 노조가 고용주들에게 근로자 단체 교섭팀으로 인식되어 노조를 형성하는 시기
2. 강화단계(consolidation phase) : 노조가 경찰관과 관리층에 의해 수용되고 조직 내에서 그 입지와 권한을 강화하기 시작하는 시기
3. 제도화 단계(institutionalized phase) : 노조가 고용기관의 조직적 구조에 있어 필수적 부분으로써 발전하는 마지막 단계

경찰노조의 형성은 흥미로운 절차를 거친다. 초기 노조는 전체적으로 관리층에 적대적이다. 노조는 협상을 통해 권한과 특권을 얻으려 할 것이다. 노조의 목표는 관리층과 일선경찰관들 모두에게 수용되는 것일 것이다.

노조가 발전될수록, 목표와 활동은 변화한다. 노조는 점점 더 커지고 수용적이 되어간다. 이것은 여전히 논쟁의 여지가 있는 활동을 하지만 관리층과의 대면에 있어서는 좀더 유연성을 보일 것이다. 좀더 원숙한 노조는 초기단계에서 파업을 하기보다 적절한 태업으로 응수할 것이다.

마지막으로 원숙한 노조가 전개된다. 이것은 경찰관리층과 조화를 잘 이룬다. 이것은 관리팀에 흡수된다. 원숙한 노조는 관리층과의 갈등을 해결하기 위해 중재를 한다. 노조 구성원들은 그것을 잘 수용하고 통합하지만, 노조나 그것의 목적에 집착하지는 않는다. 노조는 그 자체로써 하나의 제도가 된다. 노조는 행정직원, 상당한 예산을 가질 것이고, 그것의 근본 목표는 가능한 비 논쟁적 분위기의 조직을 유지하는 것일 것이다.

Ⅳ. 경찰노조에 대한 찬반 양론(Pros and Cons of Police Unions)

경찰 노조 운동은 긍정적, 부정적 결과 모두를 낳는다. 대부분의 이익은 경찰관에게 유리한 것이었고, 부정적인 면은 관리층과 대중에게 영향을 미치는 것이었다. 경찰노조 운동의 첫 번째이자 가장 두드러진

결과는 보수 및 부가 급여에 대한 것이었다. 20여년이 지나면서, 경찰의보수 수준은 급격히 증가하였다. 이것은 경찰 노조의 성장 및 권한의 증대와 비례하는 것이다.

노조 운동의 두 번째 결과는 경찰 조직내의 고도의 구조화된 고용, 승진, 고정체계를 구축하였다는 것이다. 잘 조직화된 노조를 가진 경찰기관들은 임무의 선택과 승진에 대한 "결속망"(good ole boy network)을 신속하게 구축하였다. 승진 및 업무절차의 효율성을 협상하는데 있어서 개인적 친분이나 충성에 기반한 체계는 배제된다.

마지막으로 임금 및 근무조건에 대한 협상에서는 모든 사람들이 수긍할 수 있는 인사체계를 채택하도록 하였다. 전체적으로 경찰조직에 대한 효과는 내부적으로 긍정적인 것이었다.

그러나 안타깝게도 노동 운동이 모든 면에서 법집행에 좋은 효과를 가져온 것은 아니었다. 집단교섭을 통해 경찰관리층에서 나온 가장 큰 불만은 관리 특권, 즉 전통적으로 관리층이 갖는 조직상의 의사결정의 손실이었다. 전국적으로 손실되었다는 결과가 나왔다.

대중 또한 고충을 겪었으나, 비교적 간접적인 것이었다. 손실된 관리 특권의 일부는 징계로 다루었다. 노조를 둔 많은 경찰기관에서는 한 명의 행실이 나쁜 경찰관을 해임하기가 어렵다는 것이 경찰청장의 주장이다. 즉 노조는 노조원들에게 대한 소송절차상의 보호를 중요시한다. 그것이 경찰관들의 부당한 고소와 형벌에 대해 그들을 확실하게 보호하고 있다고 해도, 그것은 또한 징계를 적용하려고 하는 감독자의 어려움을 가중시키기도 한다. 예를 들어 한 동부해안도시의 경찰서장은 노조계약기간에 경찰관들에게 30일간의 마약테스트 고지를 한 후, 자신이 원하는 아무 때에 경찰관들의 마약테스트를 실시할 수 있다. 다시 말해, 노조가 요구하는 고지 절차는 마약테스트 프로그램의 목적을 저해시킨다.

단체교섭은 단지 교섭만을 의미한다. 많은 경찰행정가들의 승인에 의해 상실된 대다수 관리 특권은 교섭과정상 관리층의 협상 미숙으로 상실된다. 또한 경찰관리자들은 전문적 노조 협상가들과의 교섭에서 자신들의 미흡함을 자주 느끼게 된다.

관리층과 노조 양측의 교섭절차가 상당히 전문적인 수준일 때, 그 교섭의 결과는 좀더 합리적일 수 있다. 그 결과는 대개 양측 모두에게 유익하다.

제 2 절 단체 교섭(Collective Bargaining)

단체교섭은 노동자들의 고용 조건을 협상할 권리를 가리킨다. 실질적으로 어떠한 고용조건도 협상될 수 있다. 그러나 현실적으로는 관리층의 독자적 영역으로 간주되는 부분이 있다. 이러한 영역은 이따금씩 협상될 수 있으나, 그것은 노조가 아주 강력하거나 관리층이 약화되어 있을 때 뿐이다.

단체교섭이라는 용어는 절차와 결과를 모두 가리킨다. 이것은 조직화된 근로자단체, 협약, 고정절차의 존재를 함축하고 있다. 이러한 절차의 목적은 근로자와 관리자 양측에게 적합한 계약상의 합의를 보게 하는 것이다.

단체교섭과 관련된 규율은 법집행기관 인증위원회(The Commission on Accreditation for Law Enforcement Agencies)에서 채택한다. 이러한 규율은 단체교섭을 한 기관들간의 불균형 때문에 생기게 된 것이다. 그러한 규율들은 다음과 같은 내용을 포함하고 있다.

① 단체교섭 절차상 경찰기관의 역할을 설명하는 서면지침의 개발
② 협상전문가 1인을 포함한 단체교섭팀의 설치
③ 교섭팀의 구체화
④ 갈등해결(impass-resolving)절차의 개발
⑤ 교섭전, 근거 규칙(ground rules)설정
⑥ Taft-Hartlety법률에 근거한 선의의 교섭원칙의 채택

⑦ 양측의 공동협약 또는 합의의 형태로 된 서면기록
⑧ 모든 감독 및 관리층에게 합의의 배분

Ⅰ. 교섭권 획득

단체 교섭의 첫 번째 방법은 노동조직의 결성이다. 이것은 그렇게 쉬운 일이 아니다. 노동자 집단은 무엇이 노동자들에게 최상의 방법인가를 두고 의견이 엇갈려 내분이 일어날 수 있다. 경찰조직마다 매우 다양한 노조를 두고 있다. 일반적으로 대규모 경찰기관에서는 그 요구도 다양하다. 정부기관은 순경 노조, 경사 노조, 경위 노조와 함께 교섭하려고 할 수도 있지만, 이러한 3가지 노조 모두와 교섭하려는 관리층은 극히 소수다. 노조에는 단일의 목소리가 있어야 한다. 이것은 노조가 극복해야 할 가장 기본적인 문제이다. 또한 거기에는 노조를 처음 결성한 경찰관들 또는 경찰관 전체의 충분한 지지가 뒷받침되어야 한다.

연방법은 노조의 결성으로 관리기능이 방해받는 것을 금하고 있다. 고용자들은 자신들이 노조를 결성하거나 이미 결성된 노조 단체에 가입하기 위해 투표를 할 수 있다. 각각의 접근법에는 다 장단점이 있다. 지역적으로 활동하는 노조 단체는 노조원들에게 자치권을 좀더 많이 부여하고 회비도 싼 편이다. 그들은 또한 전국적으로 인지도가 높은 조합에 비해 정치적 영향력도 적다. 경찰관들에게 가장 유용한 것은 전폭적인 의견의 수렴이다. 표에 나타난 대로, 312개 주요 경찰기관에서 수집된 정보는 사고의 다양성을 보여주고 있다.

일부 주정부에서는 공무원 특히 공공의 안전을 책임지는 공무원에 의한 단체교섭을 금지하고 있다. 주정부 법안을 극복하는데 가장 효과적인 방법은 강력한 로비활동을 하는 것이다. 일부 주에서 경찰 노조는 로비를 목적으로 소방관 노조와 동맹을 맺었다.

단체 교섭의 두 번째 방법은 유권자 투표를 하는 것이다. 투표를 통해 경찰은 교섭권의 효력을 얻을 수 있다. 이러한 접근법에는 몇 가지

불이익도 있다. 첫째, 이것은 대개 지역단위로 실시된다. 즉 같은 주정부내에서 타 노조집단들은 결과에 영향을 받지 못한다. 따라서 각 경찰노조들은 자신의 관할지역내에서 집단교섭권을 갖기 위해 다시 싸우게 된다. 둘째, 이 문제는 변덕스러운 유권자의 손에 달려 있다. 유권자의 지지를 얻는 것은 때로 투표의 문제 이상으로 확대되기도 한다, 확실한 것은 항상 경찰의 집단교섭을 반대하는 사람들이 있다는 것이다.

〈표 10-1〉 경찰노조집단(Police Union Membership)

노조단체	가입 수	퍼센트
지역단위(경찰협회)	74	23.6
경찰친목회(Fraternal Order of Police : FOP)	70	22.4
주정부 경찰 노조	58	18.6
경찰자선협회(Police Benevolet Association : PBA)	37	11.9
지방 및 카운터 협회	14	4.5
국제 경찰 노조 협회 (International Union of Police Association :IUPA)	14	4.5
전국경찰조직협회 (National Association of police Officers :NAPO)	10	3.2
국제경찰조합(International Brotherhood of Police Officers :IBPO)	8	2.6
미국 주, 카운티, 자치단체 노동자 연맹 (American Federation of state, County, and Municipal Employees : AFSCME)	8	2.6
국제 운영기술자 노조(International Union of Operating Engineers : IUOE)	6	1.9
미노동연맹- 산업조직회의 (American Federation of Labor-Congress of industrial Organizations : AFL-CIO)	6	1.9
국제 서비스 노동사 노조 (Service Employees International Umion : SEIU)	4	1.3
트럭운전사 조합	3	1.0
총계	312	100%

한 지역에서 투표를 제한하는 것이 반드시 필요한 것은 아니고, 주정부 차원에서 투표를 제한하는 방법이 사용될 수도 있다. 그러나 일반적으로 하나 이상의 관할지역을 갖는 노조집단은 변화를 모색하고 있다. 주정부 투표는 타 경찰관들에 대한 상호배타 가능성이 크다. 이러한 이

유와 더불어 전국캠페인의 비용으로 인해 투표는 거의 대개 지역 선택적으로 이루어지고 있다.

Ⅱ. 협약(Contract Negotiation)

교섭절차에 있어 관리층과 노조가 최초로 맞게 되는 문제는 양측의 누가 협상테이블에 나오나 하는 것이다. 일부조직에서는 운영, 감독, 고위 관리층으로 구성된 협상팀을 두기도 한다. 따라서 교섭절차는 2개 이상의 협상팀과 함께 진행될 수 있다. 민간인 직원이 나름의 노조를 형성할 경우에는 문제가 더욱 복잡해진다. 관념상 협상팀은 모든 비 간부직 노동자들을 대변한다. 관리 및 감독 협상팀은 교섭절차를 더욱 복잡하게 만들 수 있을 뿐 아니라, 경찰총수의 관리상의 어려움을 더욱 가중시킬 수도 있다.

교섭절차에 있어서 또 다른 문제는 경찰총수의 역할과 관련된 것이다. 일부 경찰총수들은 관리층에 활발한 참여를 하고 있으나, 다른 경찰총수들은 고문으로써의 역할을 더 선호한다. 경찰총수가 참여하지 않은 교섭에는 위험이 따른다. 관리 특권을 상실한 많은 경찰기관들은 경찰 총수가 참여하지 않은 교섭에는 위험이 따른다. 관리 특권을 상실한 많은 경찰기관들을 경찰총수가 협상이 어떻게 돌아가고 있는지를 몰라서 그렇게 된 것이다. 관리층 협상팀은 경찰기관이 어떻게 운영되는지에 대해 충분히 알지 못한다. 결과적으로 그들은 전통적으로 관리층의 통제영역이었던 부분을 노조에 내주게 된다.

교섭 절차는 대개 노조협상팀과 관리층간의 대면교섭이다. 이러한 절차의 목적은 일정기간동안 집행될 협의안에 대해 합의나 이해를 구하는 것이다.

만인 협약이 성사되었으나, 그 협약 조항으로는 해결할 수 없는 문제가 발생하였다면, 개별협상이 다시 이루어진다. 이것을 보충적 합의(sidebar agreement)라고 한다. 이것은 또한 합의의 해석이나 용어의 개념을 협상하는데 필요할 수 있다.

많은 사람들은 단체교섭 절차가 경찰기관의 경찰관과 관리자 양측에게 모두 이로울 것이라고 믿는다. 단체 교섭의 대중성은 미국 경찰관의 약 50%가 일정 형태의 교섭절차에 동의하였다는 1982년 인구통계청의 자료에서 비롯되었다. 대규모 경찰서에서의 최근 조사에 따르면, 경찰관의 약 55%가 단체교섭에 합의를 했다는 결과를 나타냈다(Sapp and Carter, 1991). 이것은 단체 교섭을 지지하는 경찰기관의 수가 꾸준히 증가하고 있음을 나타내는 것이다.

Ⅲ. 갈등 해결(Impasse Resolution)

계약 용어에 대한 노사간의 불일치나 계약협상의 위반 시, 갈등이 발생한다. 갈등은 더 이상 협상이 무익하며, 타협의 여지가 없음을 의미한다.

갈등이 해결되지 않으면, 노조 측에서는 그 문제를 인정하거나, 해결할 수 있는 행위를 취해야 한다. 이러한 시점에서 노조 측이 관리자 측에게 그 문제를 인정하거나 갈등을 해결하도록 압력을 가하기 위해 취하는 행동이 태업이다. 경찰노조마다 취하는 태업은 다양하다. 태업에는 업무태만, 업무촉진, 피케팅, 매체홍보, 병가의 연장 등이 포함될 수 있으나, 이러한 태업은 극히 제한되어 있다. 갈등 해결 기술은 태업이 발생하기 전에 시도된다.

갈등을 해결하는 데는 다음과 같은 3가지 일반적 기술이 있다.

① 중재(mediation) : 양측의 논쟁에 관한 문제를 제3자가 조사하는 비강압적 절차

② 진상 조사(fact-finding) : 제3자가 양측의 증거를 수집하고 해결책을 제시하는 또 다른 비강압적 절차

③ 재결(arbitration) : 중재와 진상조사와는 반대로, 공식기관이나

중재위원회가 논쟁점을 조사하고 나서 판결을 내리는 제3자적 절차. 이러한 판결은 법륜에 근거하여 양측에 의무를 지울 수 있다.

이러한 갈등을 해결하는 가장 일반적이 방법은 의무 재결을 사용하는 것이다. 이러한 절차에서 재결자는 양측의 주장을 심리하고 판결을 내린다. 재결자의 판결에 항소를 할 수 없으며, 그것이 최종 판결이다.

Ⅳ. 협약 관리

교섭의 최종단계는 합의서(memorandum of agreement) 또는 협정서(memorandum of understanding)와 관련된 문서를 작성하는 것이다. 이 문서는 "서면 합의는 임금, 근무시간, 근무조건과 관련된 절차를 관리측과 노조측이 함께 논의하여 마련한다. 이 합의서는 비준과 실행을 위해 적절한 관계기관이나 정부의 공식기관에 제출할 수 있다"라고 규정될 수 있다(More and Wegener, 1992: 509). 일반적으로 서면으로 작성된 이러한 협정서는 1-3년간 효력을 발휘한다. 이 문서는 노사관계의 근거가 된다.

제 3 절 교섭분야

경찰노조와 관리층이 빈번히 교섭하는 분야는 여러 가지가 있다. 단체교섭에서는 보수와 급부금, 승진과 임무, 그리고 징계절차에 관심을 둘 것이다. 우리는 좀더 자세히 이러한 부분에 대해 살펴볼 것이다.

Ⅰ. 보수 및 급부금(salary and benefit)

보수 및 급부금에 대한 문제는 가장 빈번히, 그리고 가장 장기간 교섭되는 부분이다. 보수와 급부금은 경찰이 노조를 형성하게 된 계기를 만든 가장 근본적인 문제 중 하나라고 할 수 있다. 보수 및 급부금에 대한 단체 교섭의 영향은 실질적인 것이었다. 단체 교섭을 한 경찰기관들조차도 그러한 방식으로 교섭을 한 경찰기관들과 경쟁하기 위해 그들의 임금과 급부금을 조정하였다.

노조가 교섭할 수 있는 추가 임금에는 한계가 있다. 모든 정부 기관들은 그들의 예산범위내에서 노조가 기능할 것을 요구하였다. 예산은 합법적 규정에 의한 세금과 요금으로 거둬들인 수입에 근거한다. 모든 경찰조직의 전체 예산의 85-90%가 인건비에 소요된다. 이것은 경찰의 보수가 1% 증가하면 그 기관의 운영예산도 급승한다는 것을 의미한다.

경찰노조의 대중성이 떨어지기 시작한 이유 중 하나는 경찰의 처지가 완전히 바닥상태라는 경찰관들의 자각이었다. 노조조차도 경찰기관에 현금을 지불할 수 있는 자금이 없다면 더 이상 임금을 높일 수 없다.

보수 교섭에 대한 제한이 확실해지자, 급부금이 교섭의 주요 영역이 되었다. 건강보호에 대한 비용이 급증하자, 건강보험은 노조교섭의 주요 문제로 떠올랐다. 기본 건강관리에 대한 협상은 정당치 못하다. 모자 보건, 치과·안과 보건을 급부금에 포함시킬 것인가에 대한 결정은 경찰관들의 주요 관심사가 되었다. 경찰기관들은 경찰관들의 보험만 혹은 경찰관들의 가족도 포함시켜 비용을 댈 것인가? 의료비를 공제할 수 있는 비율은 어느 정도이며, 보험을 적용할 수 있는 전체 비용은 얼마인가? 이러한 모든 문제들은 수많은 다른 교섭절차와 결합되어 경찰관의 사기와 경찰기관의 예산에 커다란 영향을 미친다.

건강보호와 함께 퇴직, 휴가, 병가는 교섭 절차에서 중요해졌다. 이러한 것은 교섭하는데 큰 돈이나 시간이 소비되는 것은 아니지만, 그 절차는 경찰관 개인에게 매우 유용한 것이다. 예를 들어 휴가 기간은 호봉에 의해 결정된다. 그러나 선임 경찰관들이 신임 경찰관들의 휴가일정을 모두 허락하거나, 주일에 한 번 또는 며칠의 휴가를 허락할 것인가? 이것은 모두 교섭과 관련된 문제이다.

Ⅱ. 승진 및 업무

승진 및 업무는 다소 문제의 여지가 있다. 승진은 교섭과 관련된 것은 아니지만, 그 절차는 승진할 사람을 결정하는 데 관여될 수 있다. 이것은 경찰관들의 주요 관심의 대상이다. 과거의 승진체계는 엽관제도였다. 이것은 개인적 충성도와 특혜 처우에 기반한 제도였다. 소수민족과 여성은 이 제도로 고통을 겪었다.

승진절차는 교섭을 통해 공정하고 공평한 결과를 가져온다. 경찰 조직과 관리층 모두는 이러한 절차로부터 혜택을 얻는다.

그러나 교섭이 업무에서도 똑같은 결과를 가져오지는 않는다. 어떤 업무 절차 교섭은 부적합한 업무라는 결과를 가져왔다. Robert C. Wadman과 Robert K. Olson은 다음과 같이 말했다. 모든 인사 행정의 기본 전제는 조직의 목표를 실현하는데 가장 좋은 위치에 최상의 기술과 훈련, 경험을 가진 자를 배치하는 것이 생산적이라는 것이다. 그러나 이 전제는 미국의 경찰조직에서는 유지되지 못했다. 일부 예외적인 경우도 있지만, 신임경찰관들은 범죄행위가 가장 활발한 야간시간대에 범죄율이 높은 빈민지역을 일정하게 순찰해야 한다. 범죄는 주말에 빈민지역에서 가장 자주 그리고 끊임없이 발생한다. 그러나 가장 경험이 많은 경찰관, 특히 단체 교섭에 합의한 사람은 낮시간에 범죄가 가장 적은 지역에서 근무를 하거나 평일에 근무를 한다.

어떤 경찰관이 운이 좋아 승진이 되었다면, 그는 언제나 주말의 비번날, 야간시간대에 범죄율이 높은 지역에서 순찰반의 감독직을 맡을 것이다. 따라서 가장 적은 경험을 가진 경찰관은 범죄발생률이 높은 시간대와 지역에서 가장 적은 경험을 가진 감독자의 감독을 받으며 근무할 것이다.

단체교섭의 영향을 받는 것은 비다 순찰 업무와 비번만은 아니다. 특수영역의 업무는 교육훈련 프로그램에서의 업무와 마찬가지로 교섭 테이블에서 제시된 절차에 따라 결정될 수 있다. 일부 경찰기관에서는 지령실 직원과 같은 일부 업무를 민영화하는 것이 힘들다. 왜냐하면 어떠한 경찰관이 지령업무 및 그와 유사한 업무를 맡을 것인지에 대한 구체적 계약 조악이 있기 때문이다. 따라서 지역사회의 필요성에 따라 경찰조직을 능률화시키거나 그것을 재조직화하는 능력이 단체교섭 합의에 의해 떨어질 수 있다.

Ⅲ. 징계절차

경찰관은 항상 징계절차를 고려해야 한다. 이것은 경찰관 직업 인생에서 대단히 중요한 부분이다. 이것은 관리층에게도 마찬가지로 중요하다. McLin v. City of Chicago(1990) 사건은 비효율적인 징계절차에 미친 악영향을 강조하고 있다. 이 사건의 판결이 아직 나지는 않았으나, 이것은 최근 경찰을 고소한 사건 중 전형적인 소송으로 남을 것이다.

징계와 관련된 경찰 노조의 기본적 입장은 공정하고 공평한 절차이다. 그들은 명백하게 서면화된 규율과 정책, 그리고 근본적 공정성을 반영한 소송 절차를 원한다. 노조는 근거가 충분한 징계가 아닌 모호한 징계를 목적으로 한다.

징계절차의 첫 단계는 징계의 근거를 제시하는 것이다. 이것은 특정 형태의 행위를 금지하거나 요구하는 조직의 규칙 및 규율을 서면화한 것이다. 규칙은 다양한 책무 및 임무가 담겨진 경찰기관의 철학이 기술된 조직의 정책에 의해 뒷받침될 수 있다.

경찰기관이 모호한 행위를 통제하려고 하거나, "경찰관의 부적당한 행동"(conduct unbecoming an officer)처럼 확실하게 규정되지 않은 개념을 가지고 징계를 내리려고 하면 문제가 발생한다. 범죄가 명백하게 규정되어 있거나 확실하다면 좀더 적은 문제가 발생할 것이다. 이러한 규정개념은 경찰내부에서도 배포되어야 한다. 모든 경찰기관에서는 어떠한 징계절차가 요구되고, 금지되면, 부적합한 것인지에 대해 알고 있어야 한다.

징계교섭의 다음 단계는 판결 절차(adjudication process)이다. 이것은 그 소송이 계속 진행될 수 있는지의 여부를 결정하는데 필요하다. 판결 심리는 지휘관급 경찰관이나 감독관, 경찰관 심사단, 민간인 평가단이 진행하거나, 또는 이들이 모두 한데 모여 진행할 수 있다. 경찰징계 사건에 대해서도 단체교섭의 대상이 된다.

마지막으로 항소 절차(appellate process)가 있어야 한다. 징계 절차는 견책, 무보수 정직, 강등, 해임과 같은 결과를 가져온다. 경찰관들은 그 판결에 대해 항소할 수 있는 몇 가지 기제를 가져야 한다. 이러한 절차는 또한 관리층과 노조간의 직접적 교섭의 결과이기도 하다.

Ⅳ. 관리 특권(Management Prerogatives)

교섭을 하지 않는 영역이 있다. 대다수의 노조 계약은 관리 특권을 구체화시킨 조항을 가지고 있다. 이러한 권리가 경찰관 또는 노조 전체 고정의 근거가 되지는 못한다. 국제경찰장협회(IACP)에 따르면, 그러한 권리는 다음과 같은 것을 포함한다.

① 경찰기관의 규칙 및 절차확립

② 경찰관에게 가장 이로운 방식으로 시간외 근무요구

③ 정당한 징계 및 해임

④ 필요시 경찰관의 해고

⑤ 경찰관의 전보 및 정부 운용의 전환

⑥ 2개 이상의 경찰기관의 운용을 통합하고 한 기관내의 운용을 인식

관리 특권을 유지하기 위한 필요성은 너무나도 명백하다. 기관의 장은 기관을 감독하고 통제하기 위해 지시를 하달한다. 만일 경찰장의 감독권이 넘어가게 되면 노조는 기관을 관리하는 조직이 되지만, 경찰장은 여전히 공적 임무와 책임을 떠안게 될 것이다. 이러한 상황은 불가능하며, 만일 그렇게 된다 하더라도, 경찰권의 남용으로 경찰은 대중으

로부터 고립될 것이다.

제 4 절 고정 절차(Grievance Procedures)

고정 절차는 고충이 어떻게 제기되고, 판결되는지에 대한 방법을 설명한 것이다. 고정은 무수한 사건들 사이에서 발생될 수 있다. 고정은 임금, 급부금을 다루는 계약에 관한 행정이나 근무 조건과 관련된 수많은 문제에 대해 논쟁을 벌일 수 있다. 고정 제기권을 광범위하게 수용하는 곳에서는 근무 조건과 관련된 어떠한 문제라도 고정할 수 있다. 한 대규모 경찰서에서는 6개월에 걸쳐 제기된 고정 사례들을 유형별로 나타내었다.

① 순찰차량의 허술한 인테리어나 실내등의 교체

② 에이즈 간염자에 대한 최초 지원행적

③ 경찰관 1인이 철창 없는 차량으로 죄수 수송

④ 화재진압 요원이 도착하기 전에 경보가 발생한 지역에 가서 화재에 대응하는 경찰관 배치

⑤ 규정된 가죽화와 가죽과 비슷한 재질로 만든 운동화 착용의 금지

⑥ 사물함에서의 쥐의 출몰

1. 고정 제기(Initiating the Grievance)

고정을 제기하는 절차는 대개 고충을 발생시킨 대상과 발생 시간에 대해 구체적으로 제시되어야 한다. 일부 경찰조직에서는 고정을 제기할 수 있는 다양한 경로를 제공하고 있다. 예를 들어 한 경찰관이 공정을 제기하고 싶다면, 그는 그것을 노조 대표자나 고정 심사단원, 경찰청장에게 직접 제출할 수 있다. 일단 고정이 접수되면, 계약에 의한 조직적

절차를 따르게 된다.

고정제기 기간은 경찰기관마다 다양하다. 기간에 제한을 두는 목적은 고충과 관련된 기억이 생생할 때 그것을 처리하며 고정의 확실성을 기하기 위해서이다. 실질적으로 고정을 제기할 수 있는 기간은 5일에서 30일까지 다양하다.

Ⅱ. 고정 조정(Grievance Arbitration)

대규모 경찰조직에서 고정의 중재는 다층적 절차를 거쳐야 한다. 여기에서는 각 단계별로 수사 및 서면 응답을 요구할 수 있다. 또는 고정위원회로 직접 전달될 수 있다. 일부 위원회는 인사위원회의 임원들로 구성된다. 다른 경찰조직에서는 고정이 제기되었을 때에만 고정심사단을 구성한다.

일반적으로 판결은 고정이 제기된 지 15일 이내에 서면으로 작성되어야 한다. 이러한 판결문은 그 결과뿐 아니라 원인에 대해서도 진술되어 있어야 한다.

마지막으로, 이러한 판결은 재심을 위해 경찰청장이나 민간 공무원에게 제출되어야 한다. 이 사람은 판결문에 동의, 기각, 변경할 수 있다. 또한 이판결문이 제출된 지 15-20일 이내에 재심을 해야 하는 제한이 따른다.

Ⅲ. 고정 결과(Grievance Outcomes)

만일 고정이 징계행위와 관련된다면, 그 징계에 동의하거나 수정하거나 기각하는 절차가 뒤따른다. 징계는 대개 경찰관 1인이나 경찰관 소수를 포함한다. 그러나 고정이 근무 조건과 관련된 것이라면, 그 영향력은 더욱 커질 수 있다.

고정은 노사간의 의견차를 좁히는 것 외에 다른 목적을 더 갖는다.

그것은 경찰관들의 만족감을 채워주는 것이다. 수많은 고정 제기는 관리층에 대한 적대감을 나타내고 있다. 경찰은 고정 절차에 있어서 문제해결 접근법을 채택하고 있다. 고정은 다음과 같은 하나 이상의 필요성이 그 지표가 될 수 있다(More and Wegener, 1992: 513).

① 정책, 절차, 규칙, 규율, 또는 계약 조항을 바꿀 필요성이 있는가?

② 관리자에게 보충 교육훈련을 실시할 필요성이 있는가?

③ 일선경찰관에게 보충 교육훈련을 실시할 필요성이 있는가?

④ 부분적인 혹은 전체적인 감독상의 문제가 있는가?

⑤ 경찰고위층이 운영상의 요구를 오해할 소지가 있는 문제가 있는가?

고정은 노동계약의 용어 조건을 시험하는 기제이나. 이것을 통해 그 책임과 개념이 명확하게 규정된다.

고정은 가장 낮은 조직적 단계에서 다루어지는 것이 가능하다. 이것은 시간, 자원, 인력을 절약할 수 있다. 그것이 가능하지 않다면, 고정 절차는 공정하고 효과적인 방법으로 진행되어야 할 것이다. 만일 가능하다면, 관리-노동관계는 강화될 수 있다. 고정이 제대로 처리되지 않는 다면, 이러한 관계는 민사소송으로 번질 수 있으며 결국 노조 측의 태업으로 악화될 수 있다. 이것은 관리가 그렇게 가볍게 취급될 수 없는 절차라는 것을 말하고 있는 것이다.

연습문제

1. 경찰노동조합의 발전에 대해 어떠하였는가?

2. 경찰노동조합은 왜 필요할까?

3. 경찰노동조합의 장점과 단점은 무엇인가?

4. 경찰노동조합의 분쟁해결시 해결 절차는 어떠한 과정이 있을까?

제 11 장

정책결정과 윤리

학습목표

조직에서의 직무 만족에 관한 최근의 연구에서는 조직의 정책과 의사결정과정에 관한 놀라운 현상을 밝혀내고 있다. 정책이라는 것이 조직의 도덕성과 직무 만족에 의해서 영향을 받는다는 것이다. 법집행을 담당하는 공무원들은 종종 그들이 속해 있는 조직이 자신들의 편에 있는지 혹은 범죄자들의 편에 있는지 궁금해 하고 있다. 일반적인 명령이나 정책매뉴얼은 마치 소설처럼 복잡하기 때문에 조직에서 가장 문제가 되는 것은 정책이나 정책절차의 위반 문제이다. 정책에서 가장 중요한 정책기능이 실질적으로 일선의 법집행요원들에게 가장 쓸모없는 도구처럼 보이기도 한다. 이러한 일이 일어나는 원인은 정책이 형성되는 방법상의 문제 때문인 것처럼 보인다.

이 장에서는 첫째, 정책형성과정에 논의의 초점을 맞추고 있으며, 이러한 정책이 어떻게 잘못 형성되는지 혹은 어떻게 수정이 되는지를 살펴보고자 한다. 둘째, 조직의 정책형성과정에 밀접하게 관련이 있는 정책수립가들의 윤리문제가 중요하기 때문에 법집행과 관리에 있어서의 윤리문제를 다룰 것이다.

제 1 절 정책결정

Ⅰ. 정책(Policies)

정책은 개별단위부서의 가이드라인과 같다. 절차와는 다르게 특정한 환경에서 가장 최적화될 수 있는 단계를 나타내 준다. 또한 정책은 조직의 구성원들에게 조직의 방향과 그들이 행사할 수 있는 재량의 범위에 대해서도 얘기를 해준다. 즉, 정책이라는 것은 이미 정해진 결정이라기보다는 의사결정을 도와주는 보조적인 역할을 한다.

정책은 매우 다양한 이유로 인해서 필요하다. 첫째, 의사결정과정에 있는 경찰관리자는 광범위한 범위에 걸쳐서 실무자와 대화를 할 수 있다. 많은 경찰의의사결정은 공개적으로 이루어진다. 즉, 수많은 다양한 의견이 개진되고 이러한 차이점을 취합해서 의사결정이 이루어지게 된다. 이러한 과정을 통해서 경찰관리자는 어떠한 주제에 대한 보다 정확한 정보를 얻을 수 있게 된다. 둘째 경찰관리자는 조직인력의 활동에 대한 책임을 가지고 있다. 정책이 없는 곳에서는 경찰관의 부적절한 행동에 대해서 아무런 책임감을 느끼지 못하게 된다. 그러므로 우리는 정책이 경찰관들의 일관성 있는 활동을 이끌어내고 그들의 책임감을 더욱 고취시키는 역할을 한다는 것을 알게 될 것이다.

Ⅱ. 정책결정(Policymaking)

경찰의 효율적인 법 집행관리를 위해서 정책이 필요함에도 불구하고 정책결정은 과학적인 것과는 거리가 멀다. 특정한 형태에 대한 조직의 정책에 관해서 민영기업에서는 논란이 있다. 이러한 논란을 Rebert

Townsend는 다음과 같은 예를 들어서 설명하고 있다.

정책이라는 것은 만약 평범하고 일반적인 것이라면 아무런 필요가 없다. 만약 정책이 특별한 것이라면 정책을 실현하고 준비하는데 많은 비용이 필요할 것이다. 정책 매뉴얼을 꼼꼼히 읽는 사람은 게으름뱅이이거나 혹은 아주 엄격한 훈련을 받은 사람일 것이다. 게으름뱅이들은 일반적으로 "그것은 우리 부서에 맞지 않아" 혹은 "그것은 우리의 정책과 맞지 않아"라고 주장을 한다. 아주 엄격한 훈련을 받은 사람은 정책을 창의적이고 모험적인 인재를 쫓아내는 방법으로 활용하거나 인재를 좌절시키고 처벌하는 수단으로 활용한다.

만약 여러분들이 정책 매뉴얼을 출간해야 한다면, 차라리 십계명을 출간하는 것이 더 좋을 것이다.

이러한 접근 방법은 법집행기관에게는 약간 과격하게 보인다. 정책의 부족은 민영기업에게는 만족스러운 것이다. 하지만 정부 기관은 법률과 규칙에 의해서 통제된다. 또한 Avis 렌트카회사와 같은 민영기업은 경찰조직처럼 조직원의 생명과 자유를 필요로 하지 않는다. 그러므로 우리는 정책과 정책매뉴얼이라는 것은 정부기관에 있어서 생명과도 같은 것이다라고 결론을 내릴 수 있다. 위에서 인용된 관점은 성공적인 정책 매뉴얼에 대해서도 많은 적대감을 가지고 있다. 이러한 태도는 조직정책에 대한 법집행의 태도와 밀접한 관련을 가지고 있다. Townsend는 정책매뉴얼에 의한 잘못된 정책을 평가하려는 것이 아니다.

정책의 필요성에 대해서 많은 평가가 이루어져 왔다. 하지만 법원은 일관되게 경찰부서의 정책부족을 비판해 왔으며, 이러한 과정에서 경찰의 정책수립가도 마찬가지로 비판을 받았다. 법원은 문서화된 정책을 원했는데, 그러한 정책수립다조 마찬가지로 비판을 받았다. 법원은 문서화된 정책을 원했는데, 그러한 정책들은 조직의 도덕성이나 효율성의 향상에는 전혀 도움이 되지 않는 것이었다.

사람들은 잘 짜여지고 체계적인 정책이 법집행을 보다 효율적으로 만들어 준다고 믿고 있다. 하지만 민영기업에서는 정책의 현실(the reality of policy)보다는 정책의 이상(the idea of policy)이 낫다고 생각한다. 이러한 문제는 다음과 같은 이유를 통해서 설명된다.

1) 정책은 정책을 실행하는 사람들과는 상관이 없는 최고관리자에 의해서 이루어진다. 이것은 준군사적인 조직인 법집행기관에서 흔히 일어나는데, 이러한 문제에 대해서는 이미 오래 전부터 논의가 있어 왔다. 실질적으로 조직의 목표달성을 위해서 많은 일들을 하는 비간부의 능력에 대한 불신이 경찰관리자들의 오만함으로 나타나곤 했다. 비간부들은 실질적으로 어떠한 정책이 올바른 것인지 아닌지를 훨씬 더 잘 알 수 있음에도 불구하고 간부들은 그들에게 자문을 구하지 않고 있다.

2) 정책진술(policy statement)은 매우 모호하고 분명하지 않다. 이것은 우리사회가 직면하고 있는 문제이기도 하다. 정책진술서는 논리적인 작문기술이 점차 사라지고 있기 때문에 훌륭한 정책을 표명하는데 있어서 필요한 기술이 점차 사람지고 있다. 오늘날은 분명하고 명확한 진술을 원하고 있는데 이에 필요한 기술은 확보되지 않고 있다. 동시다발적으로 일어나는 문제는 간결한 정책의 표현이 부족하기 때문에 일어난다. 너무나 길고 모호한 정책서류가 즐비하다. 과연 정책이 이처럼 길고 분량이 많을 필요가 있는가? 정책이 지나치게 난해하면 일선의 순찰경찰관들에게 무의미하다.

3) 정책을 고수해야 하는 간결하고 명확한 이유가 없다. 이것은 정책을 위한 정책일 뿐이다. 이것은 계산상에 위치하는 참모가 자신의 지위를 보존하기 위해서 만들어내는 것이다. 이러한 정책들은 업무를 복잡하게 만들고 법집행을 혼란스럽게 만들 뿐이다.

4) 정책은 기관의 목표달성에 이바지하지 못하고 있으며 조직의 효율성을 저해하고 있다. 이러한 예가 두 가지 있다. 첫째, 정책입안자들은 조직원들을 이끌어 주는 정책이 아니라 자신들의 자리를 보존하기 위해서 정책을 입안한다. 두 번째, 개인의 문제점을 부각시키는 정책이 이루어지고 있다. 개인의 문제는 개별 사건마다 다르게 처리되어야 한다. 개인의 문제를 해결하기 위해서 정책이 입안되어서는 안된다. 정책

은 전체 조직원들에게 지침을 주기 위해서 존재해야만 하는 것이다. 때때로 개인은 실수를 하게 된다. 그러한 실수를 교정하기 위해서 정책이 이루어져서는 안 되는 것이다.

5) 정책진술은 발전의 생산물이다. 정책입안자들은 아래로부터의 상의도 없이 정책매뉴얼을 증가시킨다. 오늘날의 대다수 법집행기관은 이러한 실수를 하고 있다. 일선 경찰관이 수용할 수 있는 정보가 거의 없는 것이다. 그리고 복잡하고, 많은 정책매뉴얼은 일선경찰관의 머리에서 이해가 되지 않는다. 따라서 일선 경찰관들이 상급기관의 정책에 대해서 저항을 하는 것은 놀라운 일이 아니다. 솔직히 말해서 일선의 경찰관들은 수많은 정책에 귀를 기울이고 있지 않으며, 일선에 적용하지도 않는다.

모든 법집행기관의 정책이 실현되기 위해서는 다음과 같은 점들이 고려되어야 한다.

1) 정책은 사고분석의 생산물이어야 한다. 훈련은 정책의 한 형태가 될 수 있다. 정책이 없는 자리를 훈련이 채울 수 있다. 결과적으로 정책과 훈련이 충돌한다면, 일선의 경찰관들은 둘 중의 어느 하나를 선택할 수 있을 것이다. 조직의 목표와 정책결과는 조직의 모든 요소를 평가해서 고려되어야 할 것이다. 책임 있는 정책은 여러 개의 정책대안들 중에서 가장 최적의 것을 선택하는 것이다. 비현실적인 정책들은 가치가 없으며 문제를 해결하기보다는 더 많은 문제를 야기하는 원인이 될 것이다

2) 정책진술의 목표는 조직원들에게 지침을 주어야 한다는 것이다. 모든 정책들은 조직의 모순을 해결하고 조직의 목표를 달성하는데 이바지해야 한다.

3) 정책은 교육훈련프로그램을 작성하는 것처럼 우선순위를 정하고 올바른 지침을 제공해야 한다. 조직원들이나 조직에게 잠재적인 문제가 크면 클수록 정책은 더욱 더 필요하게 된다.

4) 정책은 간결해야 한다. 정책의 원칙은 일선 경찰관들을 위해서 보

다 간결하고 명확하게 해야 한다는 것이다. 정책은 문제를 복잡하게 하거나 혼란스럽게 해서는 안된다.

5) 정책은 조직의 가치와 철학을 정확하게 진술해야 한다.

6) 정책매뉴얼을 구성할 때는 인간의 기억력이 한계를 가지고 있다는 점을 인식해야 한다. 정책은 이러한 현실을 반영해야 한다. 정책은 반복적인 사건을 해결할 수 있는 기능을 해야 하며, 특별한 사건은 특별한 방법으로 해결되어야 한다. 물론 예외적인 경우가 있다. 즉, 치명적인 무력의 사용은 대다수 경찰관들에게 일상적인 일이 아니다. 하지만 이러한 경우에도 치명적인 무력의 사용에 관한 정책을 잘 이행해야 할 것이다.

너무 많은 정책에서 발생하는 문제들은 컴퓨터의 도움에 의해서 감소되어질 수 있다. 순찰경찰관들에게 컴퓨터 단말기는 여러 상황의 정책들을 제시해 줄 수 있다. 이러한 컴퓨터는 일선 경찰관들에게 많은 정책들을 숙지해야 하는 부담을 덜어줄 수 있으며, 업무수행상의 실수를 감소시켜 줄 수 있다.

경찰기관이 컴퓨터의 도움을 받든지 혹은 그렇지 않든지간에, 정책매뉴얼이 도덕 분쇄기(morale crusher)가 되어서는 안 되며, 정책은 보다 명확하고 간결한 모습을 가져야 한다. 단위부서의 정책을 받아들이기 위해서는 그 부서의 정책을 이해해야 한다.

Ⅲ. 윤리(Ethics)

윤리의 개념은 오래전의 철학자들에게까지 거슬러 올라간다. 플라톤과 아리스토텔레스는 윤리적 사고와 윤리적 행동을 논의하는데 헌신했다. 그렇다면 윤리란 무엇일까? 윤리란 선과 악에 관한 철학적 문제다. 아마 가장 일반적이고 직선적인 대답은 "올바른 것을 행하는 것"이라고 할 수 있을 것이다. 보다 어려운 문제는 과연 어떤 것이 올바른 것인가 하는 문제이다.

올바른 선택을 하는 어려움은 전문직에서 그들 나름의 행동강령을 가지고 있는 것에서도 볼 수 있다. 하지만 보통사람들은 자신의 양심에 따라서 윤리적인 행동을 하게 된다. 법이 도움이 되겠지만 법이 모든 상황을 다 해결해 줄 수는 없다. 우리는 개인적이고 직업적인 윤리에 영향을 미치는 다양한 개념들을 살펴보았다. 경찰정책입안자가 어떠한 윤리적인 상황을 제시하는 것은 매우 중요하다. 비윤리적인 경찰관리자는 비윤리적인 경찰조직을 만들 것이다.

1. 가치관(Values)

사회의 가치체계는 십난마나 서로 다르다. 미국에는 경제적 수준에 따라서 다양한 계층이 존재하고 있다. 이러한 가치체계는 계층마다 서로 다르다. 각각의 계층에서는 종교나 다른 요소에도 불구하고 특별한 가치관을 공유하고 있다. 개인이나 집단의 윤리는 개인이나 집단의 가치에 의해서 형성된다.

법집행기관에 종사하는 사람들의 정치적인 가치관은 보수적인 경향을 띠고 있다. 이러한 이유는 대다수의 경찰관들이 노동자계층이나 노동자의 가치를 가지고 있는 집안출신이기 때문이다. 또한 자아존중이나 남자다움 그리고 허튼 소리를 잘하지 않고 남에게 속지 않는 하위문화를 가지고 있었다. 20년 전에 Gunnar Myrdal은 미국경찰관들은 경제적·사회적으로 분석했는데 그들은 성격이 급하고 과격한 것으로 조사되었다. 20년 전에 A. L. Cornelius은 다음과 같이 적었다.

계층적으로 분류할 때 경찰관은 잘 교육을 받지 못했으며, 잘 훈련되지 못했거나, 성실하지 않다. 그들은 보통사람들보다도 힘도 세고, 교육을 받으려는 인내력이 부족하다.

다행스럽게도 이러한 이미지는 변화하고 있다. 최근의 연구에서 경찰관은 전문직업인들의 가정이나 기술자 혹은 관리인 집안출신으로 나타나고 있다. 이러한 계층적 특성에도 불구하고 경찰관들은 여전히 보수적인 면이 강하다.

경찰의 가치체계와 그들의 공권력 사용은 불가피한 갈등을 가지고 있다. 경찰은 중산층을 다루는 기술을 가지고 있지 못하다. 경찰은 또한 하류층이나 상류층의 가치관을 이해하는 것이 부족하다. 경찰관이 이러한 상호 다른 가치관을 이해하면 문제는 크지 않다. 하지만 경찰관들이 자신의 가치관으로 판단을 하려 할 때 그들은 적대감이나 어려움을 느끼게 된다.

경찰관은 다른 사람들의 가치관을 변화시킬 수 없다. 그렇게 시도를 하는 것은 쓸데없는 역기능만을 낳게 된다. 법을 집행하는 것은 경찰관의 일이지만 사회의 다른 가치관을 조화시키는 것은 경찰관의 임무가 아니다. 법집행을 하는 경찰관은 법과 가치의 차이점을 인식해야 한다.

불행하게도 사람들이 자신만의 가치관에서 벗어나는 것은 어려운 일이다. 그들의 사고와 믿음은 오랜 기간에 걸쳐서 형성된 것이다. 가치는 가정환경과 사회적 접촉 그리고 교육의 산물이다. 가티는 사람들이 인간의 본성과 인간사회에 대해서 옳다고 생각하는 것을 믿는 것이다.

이미 언급한 것처럼 경찰관은 일반적으로 보수적이다. 보수적인 사람들을 자신과 다른 사람들을 잘 믿지 않는다. 이러한 특성으로 인해서 그들은 인종적인 편견이나 소수 민족에 대한 적대감을 가지게 된다. 1960년대에 조사에서 경찰은 급진우익정책을 지지하는 집단과 상당한 유사성을 가지고 있었는데, 특히 인종간의 불안이 고조될 때는 더욱 그러했다.

보수적인 이데올로기는 모든 사람이 자신의 일을 가져야 하고 자신의 힘으로 가족과 자신을 보호해야 한다고 가르치고 있다. 보수적 이데올로기는 세금으로 다른 사람을 돕는 것을 반대하고 다른 사람을 돕는 프로그램을 반대한다. 또한 법위반에 대한 강한 처벌을 지지한다.

경찰관들은 법원이 관대한 판결을 내리면 결코 유쾌해 하지 않는다. 이것은 결코 경찰관들에게 바람직한 가치 체계가 아니다. 최근에 LA경찰국장을 역임한 William H. Parker는 "경찰은 보수적이어야 한다. 매우 보수적이어야 한다. 그리고 그들은 바로 우익적 성향을 가지고 있어야 한다."라고 말했다.

개인의 가치 체계를 무시하고, 유연성이 부족한 경찰관리자는 조직의 가치관에 대해서 얘기를 해왔다. 이러한 가치관은 경찰관리 기능에 있어서 중요한 요소를 이루고 있다. 조직의 가치관을 확립하면서, 경찰관리자는 개인적 가치체계의 부정적 요소를 극복할 수 있었다. 새로운 조직가치체계는 사회의 요구를 보다 잘 반영할 수 있었다.

2. 성실(Integrity)

성실은 고결한 특성을 의미한다. 윤리적인 사람은 성실함을 갖고 있는 것으로 말해지곤 한다. 하지만 이러한 개념은 약간 복잡하다. 성실은 도덕성 정직, 신뢰 그리고 명예를 갖고 있다.

법집행공무원은 성실함을 갖고 있어야 한다. 경찰간부에서 비간부에 이르기까지 성실함이 부족한 사람이 있을 곳은 없다. 불행하게도 법집행공무원들의 성실을 감소시키는 많은 요인이 있다. 이러한 요인들은 경찰관의 자아상과 대중과의 관계를 감소시키는데 큰 역할을 한다.

3. 자아상(Self-Image)

법집행기관은 그들의 가치관을 사회에 투영하고 있다. 신임경찰관은 경찰조직의 가치체계에 영향을 받아서 우선적으로 사회화된다. 신임경찰관의 자아상에 대한 최초의 영향은 경찰 하위문화에 의한 영향이다. 즉, 조직내부의 신화와 전통에 의해서 영향을 받게 되는 것이다. 신임경찰관은 경찰가치체계를 받아들이게 되고 경찰조직에 맞는 자아상을 만들게 된다.

많은 부분에 걸쳐서 이러한 자아상은 개인의 성실성에 영향을 미치게 된다. 자아상이 강하면 강할수록 성실함은 더욱 커지게 된다. 냉소주의는 자아상과 성실함에 있어 밀접한 관련이 있다. 경찰관의 자아상은 경찰조직의 이미지와 연관을 맺고 있기 때문에 경찰관들의 자아상은 조직의 자아상과 차별화하려고 한다. 이때 개인의 자아상은 단순한 자아만족으로 격하되고, 조직의 이미지가 개인의 욕망을 달성하는 비굴한 수단이 됨을 인식하게 된다. 이러한 낮은 자아상의 부산물로는 거짓말, 잔인함, 뇌물수수, 부당이득 등과 같은 것이 있다.

경찰관리자의 주된 관심사는 행동과 태도 이 말이 의미하는 문제점은 그의 태도가 올바르지 않다는 것이다. 태도를 시정하기 위한 시도들은 태도의 문제가 아니라 행동(Behavior)의 문제이기 때문에 그 시도가 실패로 돌아간다. 보통 행동이 먼저 나타나고 태도가 그러한 행동을 정당화시키기 위한 수단으로서 표현된다, 예를 들면, 태도를 지적하는 것은 바람직하지 못하고 오히려 행동을 시정해야 한다. 태도를 변화시키고 난 후에 행동을 변화시키는 것이 바람직하다. 성공적인 경찰관리자는 행동보다는 태도에 더 많은 관심을 기울이고 있다.

법 집행관리자는 이러한 점에 유의해서 바람직한 조직이미지를 이끌어야 한다. 조직의 도덕성과 직무만족을 통해서 이러한 조직이미지를 이끌어 낼 수 있다. 이러한 방향으로 이끌기 위해서 첫 번째로 해야 할 일은 높은 수준의 성실함을 유지하는 것이다. 두 번째로는 모든 구성원들에게 적용되는 기준을 설정하고 모두가 준수해야 한다. 여기에는 아무런 예외가 없어야 한다.

4. 부패(Corruption)

경찰관들이 타락하는 전형은 부패문제와 관련이 있다. 절도를 하기 위해서 경찰관으로 입직하려는 사람은 드물며, 경찰관이 되려는 높은 동기와 직업만족을 위해서 입직을 하게 된다. 대부분의 경우에 있어서 부패문제는 지역사회에서 부패를 조장하거나 혹은 경찰부서에서 부패를 용인하거나 동료들의 부패행위에 가담함으로써 일어나게 된다.

부패를 조장하거나 감추는 것보다도 시민들의 신뢰를 잃게 만드는 것은 없다. 경찰조직의 관리자나 조직자체에서 가장 신경을 쓰는 부분은 부패문제이다. 부패를 줄이는 가장 좋은 방법은 부서의 운영을 투명하게 하는 것이다. 부패는 보호의 울타리가 있을 때 성장을 하게 된다.

언론매체는 부패를 예방하는 가장 좋은 기관이다. 경찰관리자의 가장 큰 실수는 언론매체를 친구로 만들지 못하고 적으로 만드는 것이다. 언론매체는 사실 경찰관리자에게 있어서 가장 좋은 친구다. 언론매체가 간혹 실수를 하지만 그들은 항상 진실을 추구한다.

5. 정의(Justice)

정의는 공정함이라고 정의할 수 있다. 이 개념은 비교적 이해하기가 쉽다. 하지만 현실적으로 적용하는 것은 쉽지 않다. 누군가에게 정의로운 사실이 다른 누군가에게는 그렇지 않을 수 있다. 비록 모든 사람에게 공정하게 하는 것이 어렵더라도, 모든 경찰관리자는 공정하기 위해서 노력해야 한다.

경찰의 중요한 목적 중의 하나는 정의를 달성하는 것이다. 그 방법은 법률시스템의 적용에 의해서 법적 정의를 실현해야 하고, 법률을 벗어나지 않는 범위 내에서 자유재량을 행사하는 것이다. 경찰이 정의를 실현하지 못한 경우에 있어서도, 경찰을 과도하게 비난해서는 안된다. 피해자는 복수를 원하고, 범죄자는 체포되지 않기를 원한다. 경찰은 피해자를 위해서 정의를 실현하고, 어느 정도는 피해자의 복수를 원하게 된다. 어느 경우에도 경찰은 정의 실현을 위해서 노력하게 된다. 정의 실현하기가 쉽지만은 않지만, 그러한 정의를 실현하기 위한 노력을 계속 경주해야 한다.

6. 권력과 정의로움(Might versus Right)

고대 그리스의 위대한 철학자인 플라톤은 예수님이 태어나기 300년 전에 정의와 그와 반대되는 것을 얘기했다. 그는 연속의 개념을 제시했다. 그는 권력은 정의로움을 만든다고 했다. 권력이라는 것은 약자를 지배하는 것이다. 자연법사상에서, 모든 사람은 법을 준수하고 법의 지배 하에서 살아야 한다고 주장하였다. 어떤 개인이나 국가도 법의 지배하에 있어야 하며, 어떤 개인이나 국가도 법위에 존재할 수 없으며, 국가의 기능은 법의 확실성과 법의 평등성을 보장하는 것이라고 하였다. 모든 철학적 개념은 이로부터 나왔다.

그의 견해에 의하면 첫째, 법의 불공정으로부터 고통받는 약자의 입장을 강조하였다. 정의로운 법에 의한 권력자의 통치는 비록 권력자에 의해서 법이 행해지지만 정의로울 수 있다고 하였다. 약자는 법의 불공정함에 의해서 고통받는 것이 아니라 권력자의 부당한 명령에 복종하지 않음으로 인해서 고통을 받는 것이다. 권력자가 불공정한 법을 집행한다면, 그의 통치를 위한 충분한 권력을 행사할 수 없게 된다.

두 번째 논쟁은 목적만큼이나 중요한 수단에 관한 것이다. 모든 개인은 법의 권위에 복종해야 한다. 이러한 정신은 미연방수정헌법에도 구현되어 있다. 즉, 모든 인간은 평등하면, 법 앞에 평등하다는 것이다.

관방철학은 이러한 연속체에 속해 있다. 낮은 계층의 사람들을 경멸하는 많은 관리자들이 있다. 그들은 권위주의적인 리더십을 가지고 있으며, 정의에 의해서 통치를 하고 있다고 믿고 있다. 그들은 정의를 행하고 실수를 하지 않는다고 믿고 있다. 그들은 배의 선장과 같으며 그들의 잘못된 통제는 문제를 해결할 수 없게 된다. 이들은 오늘날의 경찰관리자와 같다.

경찰관리자들에게 용기를 주는 말들을 하자면, 경찰관리자들은 개인의 존엄성을 믿고 있다. 이들의 철학은 미연방수정헌법에 구현된 원칙들과 조화를 이루려고 하는 것이다.

7. 인식과 현실(Perception versus Reality)

진정한 정의는 비록 도달하기는 힘든 것이지만 고귀한 것이다. 경찰관리자들은 이러한 정의의 이미지를 갖는 다는 것이 어떠한 장점을 갖고 있는지를 잘 알고 있다. 진정한 정의는 개인의 관점에 달려 있다. 그것은 카멜레온이 상황에 따라서 색을 달리하는 것처럼 모양과 형태를 변화시킨다. 명백한 정의는 마치 꼭 필요한 생필품과 같다.

조직의 모든 절차는 투명하게 이루어져야 한다. 만약 과정이 투명하다면, 그 결과를 모두가 수긍할 것이다. 만약 절차가 공정하지 못하다면, 그 결과는 받아들여질 수 없을 것이다.

8. 공정함(Fairness)

만약 조직의 안정을 바란다면, 경찰관리자는 공정해야 한다. 과거에 그들이 공정하게 업무를 처리했다면, 오늘날과 같은 문제들이 발생하지 않았을지도 모른다. 시민들과 경찰관들은 자신이 채용되고, 해고되고, 승진을 하게 되는 경우에 공정하게 처리될 것을 기대할 권리가 있다.

경찰의 공정함은 끊임없이 시민들에게 알려져야 한다. 시민들을 존경과 경외심을 가지고 마주해야 한다는 것은 아무리 강조해도 지나치지 않는다.

경찰조직은 경찰이 가지고 있는 기본적인 속성 때문에 시민들과는 갈등관계를 유지할 수밖에 없다. 이것은 충분히 예상할 수 있는 일이다. 경찰관리자가 이러한 갈등을 어떻게 해결할 수 있는가에 대한 문제는 시민들이 경찰을 어떻게 인식하고 있는가가 중요하다. 경찰관에 대한 시민들의 이야기는 경찰관리자들에게 가장 민감한 문제이다. 경찰의 책임자는 피고소인과 고소인 모두에게 공명정대해야 할 의무가 있다. 대부분의 경우에 있어서 경찰관리자가 유능한가 혹은 그렇지 않은가 하는 것은 사건을 공정하게 처리하는가 혹은 그렇지 않은가에 달려 있다. 경찰관리자가 어떠한 상황에서 불공평하게 사건을 처리한다면, 시민들에게 공정하다는 평가를 얻지 못할 것이다

9. 심리학적 계약(Psychological Contract)

심리학적 계약은 둘 혹은 다수의 사람들이 상호신뢰에 의해서 이루어지는 것으로 정의할 수 있다. 이것은 대부분의 인간관계에서 이루어지고 있다. 좋은 관계를 깨뜨리는 가장 좋은 방법은 한 당사자의 신뢰를 깨뜨리는 것이다.

예를 들어 남녀가 있다고 하자. 이들은 열렬한 사랑을 하고, 서로가

서로에게 충실할 것을 약속하였다. 오늘날 개방된 만남에서도 만약 신뢰나 진실성이 부족하다면 연인들의 만남은 지속되지 못할 것이며, 우정 또한 신뢰가 선행되지 않으면 지속될 수 없을 것이다.

이와 마찬가지로 조직에서도 신뢰가 중요하다. 조직은 원래 조직에서 제공하는 것보다도 더 많은 것을 조직원들에게 요구하게 되는데, 그러한 결과 노조도 결성된 것이다.

만약 여러분들이 근로계약을 잘 살펴본다면, 과거보다도 더 나은 근로조건을 발견할 수 있을 것이다. 문서화된 근로계약서의 목적은 조직에 대해서 보다 공정한 대우를 바라는 것이다. 문서화된 계약에는 보통 최소한의 것만 명시하게 된다. 어느 누구도 심리학적인 계약을 알려고 하지 않는다.

관리자들은 근로자들의 권리추구를 위한 제안에 적극적이어야 하며, 근로자들은 더 나은 작업환경과 합리적인 보상을 받을 권리가 있는 것이다.

근로자들은 문서화된 계약서의 내용에는 없는 내용이라 하더라도, 근로자 본연으로서 지녀야 할 의무가 있다는 것도 알아야 한다. 근로자들은 성실하게 업무를 수행해야 하고 조직의 정책을 지지해야 하고 조직의 물품을 보호해야 한다. 조직은 또한 근로자들이 위기의 순간에 협력을 할 것과 조직의 이미지를 높이기 위해서 자발적으로 참여해 줄 것을 요구할 권리가 있다.

문서화되지 않은 이러한 심리학적 계약은 문서화된 계약만큼이나 중요하다. 문서화된 계약의 위반은 법원의 결정이나 중재에 의해서 시정이 가능하다. 심리학적 계약의 위반은 신뢰와 충성심을 파괴하고 심지어는 회복이 되지 않는다.

Ⅳ. 법집행을 위한 윤리적 표준(Ethical Standards For Law Enforcement)

경찰의 정책을 실행하기 위해서 경찰관리자는 조직내부의 구성원들에게 필요한 윤리 강령을 가져야 함을 인식했다. 이러한 경찰 윤리헌장은 1957년 하와이의 호놀롤루에서 개최된 국제 경찰장회의(LACP)에서 처음으로 채택되었다. 이것은 1989년에 업데이트되었다. 또한 John C. Hermonrud의 노력에 의해서 새로운 법집행윤리강령과 경찰행동강령이 발표되었다.

1. 공권력의 사용(The Use of Force)

경찰의 정책을 새롭게 하려는 경찰관리자에게 가장 큰 문제점은 두 가지였다. 하나는 공권력의 사용문제였고, 다른 하나는 팁의 문제였다.

Carner v. Tenessee는 치명적인 공권력의 사용에 대한 정책을 단순화시켜 주었다. 만약 다음과 같은 상황하에서 치명적인 공권력을 사용한다면 그것은 법률에 근거한 공권력으로 정당화될 수 있다.

① 경찰관이 생명에 위협을 느꼈을 경우

② 제3자의 생명에 위협을 느꼈을 경우

③ 사람의 생명을 위협한 범죄자의 도주를 방지하기 위한 경우

④ 교정시설에서 도주하는 재소자의 도주를 방지하는 경우

이상의 경우를 제외하고는 경찰관의 치명적인 공권력의 사용은 정당화될 수 없다. 위에서 열거한 사항은 치명적인 공권력의 사용에 관한 경찰강령에 근거하여 제한되었다.

공권력의 사용에 관한 또 다른 문제는 비번시의 공권력 사용의 문제였다. 많은 법 집행기관의 공무원들은 긴급한 상황에 대처하기 위해서 항상 무기를 휴대하고 있으며, 휴대해야 하는데 여기에 대한 경찰의 정책은 다음과 같다.

① 경찰관은 24시간을 근무를 해야 하며, 필요한 경우에 대비해야 한다.

② 비번중인 경찰관은 긴급상황에 신속히 출동하여 현장에 투입되기 때문에 항상 무기를 휴대해야 한다.

③ 경찰관들은 복수하려는 범죄자들에게 노출되고 있고, 법정에서 증언을 할 수 있는 경찰관에게 위해를 가하려는 범죄자들에게 노출되어 있기 때문에, 경찰관 자신을 보호하기 위해서 무기를 휴대해야 한다.

④ 수배중인 범죄자는 경찰관을 죽일 수 있기 때문에 무기를 휴대해야 한다.

위의 이유와는 반대로 비번중인 경찰관이 무기를 휴대해서는 안되는 이유는 다음과 같다.

① 경찰관에게 복수하려고 하는 범죄자의 존재는 현실적인 위협이라기보다는 비현실적인 위협이다. 경찰관에게 복수한 사건은 실질적으로 매우 드문 경우라고 할 수 있다.

② 만약 경찰관이 무기나 신분증을 휴대하지 않는다면, 범죄자와 마주칠 경우가 많지 않다. 그리고 만약 일어난다고 하더라도, 그러한 일은 총기를 휴대한 경우와 비교를 해도 실제적으로 큰 차이가 없다.

③ 경찰관의 보험체계는 비번일 경우에는 고려되지 않고 있다. 만약 비번일 경우 부상을 당한다면, 보험대상에서 제외된다.

④ 대규모 경찰서에서 직원들끼리 서로 알지 못하고 있다. 따라서 근무중인 경찰관은 비번인 경찰관을 인식하지 못할 것이며, 오히려 무장한 용의자로 판단할 수도 있다.

⑤ 비법중인 경찰관에 의한 많은 사고가 일어나고 있다. 특히 음주 후에 일어나는 총기사고는 더욱 큰 문제가 되고 있다.

⑥ 경찰관들의 스트레스 주범은 업무후의 무력감이다. 경찰관들은 업무 후에 평범한 시민이 되는 것이 필요하다.

⑦ 무기를 휴대하는 것은 경찰관들에게 있어서 습관이다. 경찰관들은 무기를 휴대하는 것에 대해서 매우 익숙해 있기 때문에, 점차적으로 망상중의 증상이 나타나고 있다. 이들은 심지어 집으로 돌아가는 경우에도 무기를 휴대하지 않으면 불안해한다.

⑧ 근무자를 위한 총기훈련은 있지만 비번근무자를 위한 총기 훈련은 어떤 법집행기관에서도 실시하지 않는다. 지금도 좋지 않은 경찰관

의 총기사용능력이 점차 떨어질 것이다. 그리고 근무 중일 때 사용하는 총기와 비번일 때 사용하는 총기가 일치하지 않는 경우도 많다.

2. 팁

팁의 문제는 대부분의 기관에서 민감한 문제이다. 정책자체로서 관심을 가질만한 사안은 아니다. 대부분의 기관에서는 어떠한 형태의 팁도 금지하고 있다. 문제는 정책을 입안하는 인사관리자의 거부반응이다. 어느 누구도 경찰관이 공짜 커피 한 잔을 먹었다고 해서 해고하지 않는다. 경찰관리자는 이러한 문제에 대해서 적지 않은 고민을 하고 있다. 다음 공짜 커피를 먹는 이유이다.

① 사소한 커피 한 잔은 뇌물이라고 보지 않는다.

② 장사를 하고 있는 사람은 경찰관이 그 장소에서 순찰활동을 함으로써 범죄에 대한 두려움이 해소되기 때문에 커피를 제공한다. 즉, 그는 커피 한 잔으로 경찰관을 고용하는 것과 같다.

③ 커피 한 잔을 주는 성의를 거절하는 것은 너무나 당혹스럽다.

④ 경찰관은 봉급이 많지 않기 때문에, 레스토랑의 주인은 기꺼이 커피 한 잔을 제공한다.

⑤ 그 상점의 주인은 경찰관을 좋아한다. 그래서 그의 호의를 거절하는 것은 실례가 된다.

경찰관리자들은 이러한 논쟁이 벌어지고 있다는 사실에 대해서 주의를 기울여야 한다. 경찰관들은 날마다 공짜 커피를 먹고 있다. 이러한 사실은 물론 커피 한 잔의 가격이 얼마 되지 않지만 반대로 생각해 보면 지불하는 비용도 크지 않다는 말과 같다. 커피를 공짜로 주는 주인이 주차위반을 할 수도 있을 것이고, 그 가게의 손님이 주차위반을 할 수 있을 것이다. 이때 경찰관은 주차위반에 대해서 단속을 하지 않을 것이다. 즉, 모든 시민에게 공평하게 적용되어야 할 법이 집행되지 않는 것이다.

경찰관리자가 이 문제에 대해서 얼마만큼 생각하고 있을까? 이 문제에 대해서 두 가지 측면에서 살펴볼 수 있다. 첫 번째는 이 문제는 경찰관만의 문제가 아니라 시민이 관련되어 있다는 것이다. 경찰의 정책은 지역의 시민에게도 관련이 있기 때문에, 경찰관에게 커피를 제공해서는 안 된다는 정책을 알려야 한다. 대부분의 시민들은 만약 경찰의 정책이 경찰관들에게 커피를 제공하는 것을 금지하고 있다는 것과 만약 제공했을 경우에는 처벌을 받는다는 것을 안다면, 경찰관에게 공짜커피를 주지 않을 것이다. 경찰관리자는 먼저 일선 경찰관들에게 이러한 정책을 명확하게 알려야 한다. 공짜팁 사절(No Gratuities). 이러한 정책을 지역의 신문에 게재하고, 지역의 회의장소에 공고해야 한다. 만약 시민들이 경찰관리자의 의지가 확고하다는 것을 알게 된다면, 시민들은 더 이상 팁을 제공하지 않을 것이다. 만약 경찰관이 그러한 정책을 심각하게 받아들이지 않거나, 시민이 무시를 한다면 처벌을 해야 한다. 이러한 일관성 있는 정책으로 인해서 경찰의 이미지는 향상될 것이다.

다른 측면을 살펴볼 때, 경찰윤리강령에서는 이러한 사소한 부분에 대해 언급하지 않고 있다는 것을 알 수 있다. 경찰관리자는 이러한 부분을 손쉽게 기술할 수 있을 것이다.

연습문제

1. 직업적인 윤리의식에 영향을 미치는 요소는 무엇일까?
2. 법집행을 위한 윤리적 표준은?
3. 경찰관리자로서의 중요한 정신은 무엇이 있을까?
4. 경찰관리자의 효율적인 정책결정 방향은 어떠한 것이 있을까?

제 12 장

훈련과 교육

학습목표

조직의 효율성을 보장할 수 있는 가장 중요한 과정이 훈련이다. 이런 이유에도 불구하고 경찰기관들은 1%도 되지 않는 예산을 훈련프로그램을 위해 쓰고 있다. 이것은 형사정책적 태만함과 관련된다. 경찰관들이 직무에 대해 전념하는가에 관계없이 확실히 훈련되어지지 않은 경찰관으로부터 적절한 경찰활동을 기대하는 것은 불가능하다.

이 장에서는 첫째, 훈련이 왜 필요한가. 둘째, 훈련의 기법과 사례들을 소개할 것이다.

제 1 절 훈련과 교육

성공적인 관리의 비결은 훌륭한 직원에 달려 있다. 정확한 훈련은 조직원들로 하여금 자신이 해야 할 일을 어떻게 해야 하는지에 대해서 확실히 알도록 보장해 준다. 훈련은 해당 업무와 동떨어지지 말고 적절해야만 한다. "연습이 완벽하게 만든다."라는 격언은 잘못되었다. 올바른 표현은 "완벽한 연습이 완벽하게 만든다."이다. 훈련과정은 가상이나 꾸며낸 이야기가 아닌 현실적·실질적 경찰업무와 관련되어야 한다. 직원들을 올바르지 않는 직무를 위해 훈련시킨다거나 올바른 직무를 옳지 않은 방식으로 가르치는 것은 매우 쉽다. 그러므로 훈련은 우리가 직원배치에 대해서 설명했던 것과 마찬가지로 직무기술서에 나온 것을 토대로 해야 한다. 직원이 업무를 효율적으로 실행하기 위해서는 무엇보다도 그 업무가 무엇인지에 대해 정확한 정의를 내려야 한다.

올바르지 않게 교육이나 훈련을 받은 직원들을 보유하면 그만큼의 대가를 치뤄야 한다. 다음과 같은 사례는 그러한 경우 어떤 대가를 치루는지에 대한 좋은 사례를 보여준다.

비번인 Everettt시 경찰관 존 맥리오드(John McLeod)는 원고(고소인)인 Alfread "Da" Mattuchio와 지역에 있는 한 모텔의 술집에서 논쟁에 휘말리게 되었다. John McLeod는 구타당한 후 술집 밖으로 쫓겨났다. 그 경찰관은 담당경찰부서에 전화를 해서 도움을 요청했고 담당직원 다섯 명이 대응을 했다. 또한 Chelsea 경찰국도 이 신고전화에 대응을 했다.

도착 후 경찰관들은 협박적인 목소리로 아우성을 치며 원고들에게 문을 열어달라고 요구했다. 관리자가 문을 열기도 전에, 경찰은 야경봉으로 유리창을 부셨다. 관리자는 원고들의 안전에 위협을 느껴 문을 여는 동안 이들을 209호로 보냈다. 문이 열리자마자 경찰관들은 모텔안으로 재빨리 밀려들어와 원고들을 찾기 위해서 계단위로 뛰어 올라갔다.

모텔의 주인과 관리인은 문을 열 수 있는 열쇠를 건네주었다. 열쇠를 받는 대신에, John McLeod, Macauda, Aiello는 Guttardaro와 관리자에게 폭행과 구타를 가했고 경찰관들은 야경봉, 곤봉, 몽둥이, tire irons와 화재용 도끼 그리고 권총으로 무장되어 있었다. 그들은 반복적으로 문을 발로차고 원고들을 겁에 질리게 하면서 문을 열어달라고 요구하였다. 드릴로 문에 구멍을 뚫고 그 구멍을 통해 방안으로 최루가스를 집어넣은 후 경찰관 McClusky는 문을 향해 총 두 발을 쏘았다.

강제적으로 문을 연 후, 경찰은 비무장된 원고들의 머리와 다리를 의식을 완전히 잃거나 반쯤 잃을 정도까지 난폭하게 구타했다. John McLeod는 Vincent Bordanaro의 머리를 반복적으로 벽에다 계속 찍고 곤봉으로 다른 원고들을 때리면서 이렇게 말했다. "내 이름은 John McLeod이다. 잘 기억해라. 절대로 잊지 마라." Vincent Bordanaro는 머리를 많이 맞아서 죽고 말았다.

배심원은 Everettt시의 시장, 그리고 경찰책임자에 관한 평결을 발표하였다. 평결에 이어서, 지방판사는 42 U.S.C §1988에 의거해서 승소한 원고의 변호사비용을 지급하였다.

항소에서 피고인들은 1983절에 의거해서 시나 경찰 감독자가 법률상 책임 있음을 입증할만한 증거가 불충분하다고 주장하였다. 입증을 위해 제출된 증거를 검토한 법원은 배심원들이 다음 사항을 이성적으로 발견할 수 있다고 언급하였다.

1. 이 경사는 경찰관으로 재직한 24년 동안 약 "20-30" 또는 "50-60" 번쯤 되는 문을 부수는 상황에 처해 있었다.

2. Everettt시로부터 무게가 12파운드인(약 5.5kg) 큰 망치가 문을 부수기 위해서 제공되었다.

3. 많은 사건들의 경우에 있어서 영장 없이 중범죄자를 체포하려고 Everettt시의 경찰관들이 문을 부셔버린 비헌법적 관행들이 있었다.

4. 킹 아더 모텔에서 있었던 일은 지난 몇 년 동안 행해졌던 파괴행위들과 다를 것이 없다.

5. 킹 아더 모텔의 문을 파괴하는 것 같은 행위는 그동안 관할 경찰관들에게 정당하다고 인정되어 계속 행해지고 있었다.

법원에서는 경찰책임자가 영장 없이 문을 파손하는 관련 규정에 대해서 알고 있는지 여부를 완벽하게 입증할 수 있는 직접적인 증거는 없지만, 그러한 행위가 행해지고 있다는 것을 알고 있다는 사실을 뒷받침해 주는 증거는 있다고 언급하고 있다. 또한 그 증거는 경찰대표자가 그러한 행위가 헌법에 위반됨을 알고 있었다는 사실을 입증하기에 충분하다. 그러므로 판사는 Everettt시 사건에 대하여 Section 1983 책무를 적용하여 헌법위반행위임을 인정하였다.

법원은 또한 Everett시의 공무원들이 좀더 나은 인적자원의 모집과 훈련, 감독, 그리고 시의 경찰력의 기강 문제에 대하여 책임이 있는지 없는 여부에 대한 문제점을 언급하고 있다. 법원은 다음과 같이 언급하고 있다.

1. Everettt시는 1951년 공포된 법과 규칙에 따라 운영되고 있으며 1960년대 중반쯤 경찰에게 보급된 것이 가장 최근의 것이다.

2. Everettt시의 경찰들은 경찰학교 졸업 후 비상의료교육 이외에는 공식적인 교육을 받은 적이 아예 없거나 아주 조금 있다.

3. Everettt시는 보충적인 훈련(직무교육)과정을 찾는 경찰들은 낙담시켰다.

4. 메세추세츠 주정부 법은 college에 등록하여 법집행과정을 이수하면 고용주로부터 더 많은 재정적 혜택을 받아야 한다고 규정하고 있다. Everettt시의 경찰들은 이러한 혜택을 제공하도록 시(市)를 고소해야만 했다.

5. 승진하기 위해 필요한 감독훈련이나 지휘훈련이 없었다.

6. 아주 작은 규칙과 규율들만 실행되었기 때문에, 경찰조직들에게 모든 단계에 있어서 너무 많은 재량권이 부여되었다.

7. 미래 경찰관에 대한 배경(background) 검토는 기껏해야 피상적이므로, 최소한으로 수용할 만한 수준에 도달할 수도 없었다.

8. 경찰책임자는 시정부의 조례에 의해 요구되어지는 시장에게 보고하는 경찰국에 관한 월간보고서를 만드는 것도 실패하였다.

9. 과거에는 아무렇게나, 일관성없이, 그리고 아주 드물게 Everett시 경찰관들에게 징계가 내렸다.

10. 이 사건이 발생한지 1개월이 지나도록 관련된 어느 경찰관도 징계조치를 받지 않았다.

11. 킹 아더 사건이 있은 후 1년이 지날 때까지 Everett시 경찰국은

제대로 된 어떠한 내부(內部)조사도 시행하지 않았다.

12. Everett시 경찰관들의 직권남용에 대하여 접수된 시민들의 불만에 대한 Everett시 경찰책임자의 재조사가 수용할 수 있는 수준 이하로 상당히 떨어졌다.

13. Everett시 관계자들은 경찰의 직권남용 사건에 대해 거의 관심이 없었다.

14. 경찰책임자와 시장은 킹 아더 사건 이전에, 좀더 나은 훈련과 조직의 개선에 관한 구두요청이나 문서로 된 요청을 접수했다.

법원은 "앞의 사실에 근거해서, 배심원들은 Everett시 경찰관들의 채용, 훈련, 감독 또는 징계가 총체적으로 잘못되었다는 사실을 발견하기에 부족함이 없다"라고 언급하였다.

이 장에서 우리는 훈련, 학습 이론, 훈련 주제들, 훈련기법, 훈련계획 그리고 전문화된 훈련의 필요성에 대하여 초점을 맞출 것이다. 우리는 훈련(training) 對 교육(education)에 관한 토론 후 결론을 내릴 것이다.

Ⅰ. 훈련의 필요성

고용인의 잠재력을 발휘하기 위해서는 훈련이 필요하다. 훈련 없이는 최고의 경찰관이 될 수 있는 경찰관이 기껏 해봐야 부적절하고 최악일 경우에는 무능력하기까지 하다. 효과적인 법집행의 토대는 양질의 훈련과정에서 비롯된다.

경찰환경에는 많은 요소들이 있다: 그것이 이 section의 주제이다. 이러한 요소들로는 사회적 진화, legal mandates, 업무수행의 극대화, 경찰복무기간을 연장시키기(prolonging employee service) 등이 있다.

1. 사회적 진화

법집행은 끊임없이 변화하는 사회의 질서를 유지하는 기술이다. 20년 전에 효과적이었던 많은 경찰관행들이 현재의 경찰기관에게는 쓸모가 없다. 시대는 변하며 경찰기관의 절차들도 이에 맞게 변해야만 한다. 이것은 신임경찰관들을 위한 훈련프로그램이 현실에 적합해야 된다는 것뿐만 아니라 조직은 오래된 교육과정들의 퇴보성을 인정해야 하고 상위계급이나 고참 경찰관들이 지속적으로 재교육을 받도록 준비해야 한다는 것을 의미한다.

훈련만으로는 끊임없이 변화되는 환경에 적합하지 않다. 어떠한 것도 경험을 대신할 것은 없지만, 모든 경찰들이 실수로부터 배우는 것은 아니며, 많은 사람들이 오래된 관행들이 잘못된 것이라는 것을 받아들이려 하지 않는다. 새로운 개념들과 기법들이 정식 훈련프로그램에서 가르쳐진 연후에 거리에서 적용되어야 한다. 고참경찰관들에게 오래된 절차들의 문제점과 새로운 절차가 우월한 이유를 알려주어야 한다.

사회의 추세는 적절한 훈련이 필요하다는 것을 보여주고 있다. 1960년대 이전에는, 경찰훈련은 법집행과 무기사용에 대해 초점을 맞추었다. 1960년대의 사회적 격변은 경찰들을 올바로 훈련시키는 데 있어서 실패하였음을 폭로하고 경찰훈련의 편협성을 표출하였다. 그 이후 비록 경찰 훈련의 개선속도는 일정치 않았지만, 전국적으로 향상되어졌다. 현재 훈련의 초점은 법, 절차, 그리고 업무의 물리적 측면들과 관련이 없지는 않다. 사교적 기술(social skill)이 요구사항에 추가되며 사람들의 관심을 끌기 시작했다. 1970년대의 추세는 사회적 의식과 감수성 훈련을 중요시하였다. 1980년대에는 사회적 인식은 삭제되었으며 좀더 세련된 법집행 기법과 물리적인 기법으로 회귀하였는데 과거보다는 더 전문적이며 높은 강도를 요구하였다. 1990년대는 다시 사교적 기술과 다국적 문화에 대한 감수성에 초점을 맞추고 있다.

경찰관에게 배지와 총만 주고 법과 질서를 유지하라고 하는 것은 더 이상 용납되지 않는다. 경찰자격요건은 과거에 필요로 했던 것보다 더 많은 것을 요구하며 현재의 경찰들은 과거의 경찰이 알았던 것보다 더 많은 것을 알아야 하고 법집행 행정관들은 경찰책임자들이 직업을 처음 시작했을 때 보유했던 자질보다 더 향상된 자격요건을 갖춘 사람들을 채용하여야 한다. 경찰훈련프로그램은 경찰책임자보다 직업에 관한 더 많은 지식을 갖춘 경찰관들을 배출하도록 고안되어야 한다. 지식은 시간에 따라 빠르게 증가하며, 모든 신임직원들은 바로 직전에 훈련받았었던 직원들보다 직업에 관해 더 많은 지식을 갖추어야 한다. 기법들이 더욱 세련되어지고 있으며 새로운 절차들이 개발되고 있으므로, 이러한 것들이 모든 훈련프로그램에 통합되어야 한다. 집행부는 최신 순찰기법과 수사기법에 거의 관여하지 않기 때문에 신임직원들은 집행부보다 업무에 대해 더 많은 것을 알기 시작해야 한다.

훈련프로그램의 목적은 신임직원들이 전문분야에서 교관만큼 많은 것을 아는 것이고, 또 다양한 주제에 대한 지식의 축적을 통해서 어떤 한 사람의 교관보다 더 많은 지식을 습득하는 것이다. 간단히 말하자면, 신임직원은 한 사람의 교관보다 더 많은 것을 알아야 한다. 교관은 조직에 있는 그 누구보다도 좀더 더 많이 알고 있어야 하기 때문에, 신임직원들이 police academy를 졸업할 때에는 경찰 조직내의 가장 최신 지식을 보유해야 한다.

물론 이 지식이 실제상황에 적용될 때까지 이것은 사용되지 않는 도구이다. 교실에서 배운 내용을 현실상황에 충분히 활용하는 능력은 효과적인 경찰관의 상징이다. 하지만, 수업내용은 사회의 변화하는 필요성을 충족시킬 수 있고 직원들이 직무를 적절히 처리할 수 있게끔 가장 적절한 정보를 제공하도록 고안되어야 한다.

2. legal mandates

제목만으로도, 법집행이라는 것은 가장 최신 법률에 대한 지식에 관한 것임을 암시한다. 경찰관은 형사사법문제를 전공한 변호사만큼 법과 법적 절차에 대하여 알고 있어야 한다. 그 만큼 알기 위해서 경찰은 지속적으로 법과 법적 절차에 있어서의 변화를 인식하고 있어야 한다. 경찰관들은 특정법률과 이 법의 집행을 둘러싼 논쟁뿐만 아니라 상급법원의 판결에서 표출된 논제에 대해서도 인식하여야 한다. 이것은 법원이 명령하는 변화의 주기가 예측불허하기 때문에, 법과 절차에 관한 지속적인(때때로 매일 매일) 훈련을 요구한다.

형법만이 경찰관리자들에 의해 고려되어야 할 유일한 요소는 아니다. 공공기관(특히 경찰)에 대한 지속적인 민사소송의 증가는 경찰관들이 민사책임을 다루는 민법에 관한 교육을 받도록 했다. 경찰관은 단지 일을 어떻게 해야 하는지에 대해서 알아야 할 뿐만 아니라 부적절한 업무수행을 함으로써 치루어야 할 대가에 대해서도 알아야 한다.

마지막으로, 경찰관리자들은 열악한 훈련으로 인하여 경찰기관과 경찰관리자에 대해 제기된 민사소송들에 있어서의 불길한 추세를 인식해야만 한다. 직원들을 적절히 훈련시키는 데 있어서의 실패는 관리자로 하여금 열악하게 훈련받은 이들의 부적절한 조치들에 대하여 법률적으로 책임지게 만든다. 그러므로 여러 법률들이 적절한(충분한) 경찰훈련 프로그램을 요구한다.

3. 업무수행을 극대화하기

경찰을 교육시키는 가장 적절한 이유는 이들의 재량권과 판단력에 대해서 지도하기 위해서다. 훈련을 받지 않으면 경찰관들은 자기방식대로 업무를 처리하게 된다. 업무를 열악하게 처리하는 자가 훈련받지 않았다면, 경찰 관리자가 취약한 업무수행에 대해 불평을 한다는 것은 생각조차 할 수 없는 일이다. 훈련이란 조직의 가치와 자부심을 경찰개개인들에게 주입할 수 있는 가장 확실한 방법이다. 훈련은 일반적이며 때때로 애매모호한 경향이 있는 정책들보다 훨씬 우수하다. 훈련은 질문과 설명을 허용한다.

결국, 좋은 훈련과정은 경찰관들을 단지 직무에 대하여 준비시키는 것보다 훨씬 많은 일을 한다. 훈련은 조직원들이 조직의 이데올로기와 가치에 대하여 알게 한다. 경찰관들이 훈련을 잘 받을수록, 그들의 적절한 행동을 확보하기 위한 감독의 필요성은 감소한다. 적은 감독이 요구되면 될수록, 직무를 수행하는 자들을 감독하기 위해 쓰여지는 인적·물적 자원들은 경찰본연의 업무를 위해 쓰여질 수 있다.

훈련은 직원들을 고가이며 시간소모적인 감독 활동으로부터 해방시키고 개별경찰관의 업무수행의 질을 향상시킴으로써 효과성을 증대시킨다. 공장의 생산라인에서 행해진 과업의 질이 향상되면 될수록, 품질관리를 위해 소요되는 직원의 필요성은 줄어든다. 훈련을 위해 쓰여지는 자원들을 감독하기 위해 필요한 능력을 창출해야만 한다.

훈련은 조직을 성공으로 이끄는 핵심 요소 중 하나이다. 어떠한 직무에 대한 전념이나 문서로 된 업무지침들도 훈련의 대안이 될 수 없다. 프로스포츠는 훈련장에서 경기를 이기기도 하고 지기도 한다. 이것은 다른 조직에 있어서도(특히 경찰기관) 똑같이 적용된다. 불행하게도 이런 사실이 최근에야 인식되어졌다.

4. 경찰관의 복무 기간을 연장시키기

이직률(trunover)은 경찰에 대한 저주라고 할 수 있다. 한사람을 훈련시키기 위해서는 몇 천 달러의 돈이 들며 그 사람을 그 작업에 적합하도록 준비시키는 데는 몇 년의 경함이 필요하다. 한 우수한 직원이 은퇴할 경우, 유능하게 업무를 수행할 수 있는 경찰관을 제공하기 위해 훈련과 경험이 결합되기 전에는, 채워질 수 없는 공백이 생긴다.

높은 이직률의 한가지 이유는 경찰조직에 대한 경찰관의 좌절감(frustration)일 것이다. 이러한 좌절이 발생하는 데에는 많은 원인들이 있다. 가장 지배적인 원인 중 하나는 경찰조직의 관료주의적 속성 때문이다. 수많은 정책과 절차들을 통해서, 경찰들은 해독하지도 못하는 절차에 관한 지침서들의 포로가 된 자신을 발견하게 된다. 또한 과거에도 관찰되었듯이, 경찰기관의 최고관리층은 너무 가혹한 경향이 있다. - 또는, 최소한 중간관리층이 가혹하다. 이것은 대개 가장 좋지 않은 형태의 독재를 발생시킨다. 수십 명의 작은 히틀러들이 조직에 침투해서 계급이 낮은 직원들로부터 발의되는 창의적인 생각이나 제안들을 성공적으로 억압했다.

좌절감의 두 번째 원인은 경찰관이 해야 할 역할에 대한 혼란, 그리고 이것을 어떻게 법원의 역할과 융합시켜야 하는지에 대한 혼란이다. 법집행은 즉석 시간표에 의해 운영된다. 현재 직면한 상황을 해결하기 위하여 의사결정이 내려져야만 한다. 법원의 시간구조는 미래와 과거를 지향하며 현재상황은 거의 고려하지 않는다. 법원에서는 과거의 유사한 사례에 대한 법원의 판결을 고려함으로써 이것들의 미래의 영향에 토대를 두고 판결을 한다. 법원의 심사숙고하는 과정은 매우 빠른 경찰의 의사결정과정과 비교할 때 상대적으로 느리다. 이와 같이 서로 다른 시간 구조는 법원과 경찰관이 서로를 완전히 이해하기 어렵게 만든다. 이것은 양쪽 모두에게 좌절감을 맛보는 결과를 낳았다. 하지만, 법원직원이 경찰관보다 좀더 잘 교육받았으며 전체적인 형사사법체계에 대해 좀더 나은 통찰력을 가지고 있다. 또 법원의 판결이 경찰에게 미치는 영향력이 경찰의 의사결정이 법원에 미치는 영향력보다 더 크다. 다른 말로 표현하면, 경찰이 법원에게 좌절감을 주는 것보다 법원이 경찰에게 좀더 많은 좌절감을 줄 수 있는 위치에 있다는 것이다.

좌절감의 세 번째 원인은 경찰이라는 직업의 본질에서 나온다. 경찰업무는 전향적(proactive)이라기보다는 대응적(reactive)이다. 경찰은 범죄가 발생한 후에야 조치를 취한다. 경찰관들은 범죄가 발생하기 이전에 많은 도움의 요청을 접수한다. 대부분의 경우 비록 그들이 조치를 취하지 않으면 범죄가 발생할 것이라고 확신한다 하더라도 요청 받은 도움을 거절해야 한다.

유사한 문제가 대부분의 범죄가 해결되지 않음으로써 발생한다. 사람들은 범죄를 해결할 수 있다는 기대감으로 경찰에 들어온다. 거리에 나가 근무를 섰을 때에야 오로지 목격자가 있어야만 대부분의 범죄가 해결된다는 것을 깨닫는다. 주거침입절도(burglary)를 포함한 대부분의 절도는 전혀 해결되지 않는다. 순찰경찰관은 아무런 해결책도 없는 절도사건에 관한 보고서를 쓰느라고 근무시간의 상당부분을 허비할 때도 있다. 이러한 경우에 느끼는 좌절감은 범죄피해자의 분노와 좌절감과 복합되어 상승작용을 일으킨다. 이러한 경우 경찰관은 범죄피해자를 도울 수 없다. 경찰관은 자신이 아무런 도움이 되지 않을 뿐만 아니라 종종 자신이 무능력하다고 느끼게 된다.

좌절감을 충분히 경험한 경찰관은 다른 직업을 찾게 된다. 낮은 보수, 불충분한 혜택, 또는 배우자로부터의 압력과 같은 직원들이 직업을 바꾸는 일상적인 이유들과는 반대로, 경찰관들은 자신들이 더 이상 직무를 즐길 수 없을 때 다른 직업을 찾게 된다. 좌절감은 법 집행의 즐거움을 제거한다. 관리자들이 해야 할 일은 이런 좌절감을 감소시켜 경찰관들의 이직률을 줄여야 한다.

충분한 훈련은 윗부분에서 언급한 모든 영역에 있어서의 좌절감을 감소시킬 수 있다. 첫째, 충분한 훈련은 제한적인 규제와 억압적인 감독의 필요성을 줄인다. 비록 경찰책임자가 중간관리층의 견고한 배치가 없으면(교육으로 인해 자리를 비울 경우) 불안을 느낀다 하더라도 이들 중 일부는 충분한 관리훈련으로 좀더 계몽된(enlightened) 관리자로 거듭날 수 있다. 필요한 정책들과 절차를 제정하고 이것들을 알리기 위해 훈련을 사용할 수 있다. 무엇보다 먼저 훈련은 좌절감을 줄일 수 있는 자존심과 자신감을 만들 수 있는 토대로서 기여한다.

둘째, 훈련은 법원과 교정체계의 특징을 잘 이해하고, 이런 기관들의 역할과 기능에 대한 이해의 부족으로 야기되는 좌절감을 감소시켜 준다. 왜 사건이 발생했는지에 대한 무지는 이것에 대한 지식을 보유하는 것보다 더 좌절하게 만든다. 경찰의 조치에 따른 위험과 여타 형사사법기관들에게 파급되는 영향에 대한 이해를 경찰관들에게 제공하는 것은 이들이 여타 형사사법기관들을 다룰 때 야기되는 좌절감으로부터 이들을 격리시키는데 있어서 많은 역할을 할 수 있다. 이미 알고 있는 양(quantity)을 처리하는 것은 모르는 양을 처리하는 것보다 언제나 좌절감을 덜 느끼게 한다.

세 번째 문제는, 확실한 해결책을 제공하는 것은 경찰이라는 직업의 본질과 기능을 바꾸는 것을 의미하기 때문에 좀더 어려운 문제이다. 제공하는 훈련의 양에도 불구하고 경찰업무의 많은 측면들은 아직도 대응적(reaction)으로 계획되고 있다. 하지만, 훈련은 경찰관들이 좌절감에 직면하기 이전에 경찰업무의 한계에 대한 이해를 제공할 수 있다. 경찰관의 기대감을 바꿈으로써 직무로부터 야기되는 좌절감을 감소시킬 수 있다.

좌절감은 목표달성을 방해받음으로 인해서도 야기된다. 범죄에 대한 해결책을 찾는 것이 모든 경찰관의 목표이지만 의미있는 증거의 결핍은 이러한 목표를 좌절시킨다. 언제 목표를 달성할 수 있는지, 언제 포기해야 하는지를 이해하는 것이 좌절감을 감소시킬 수 있다. 경찰관들은 그들이 만나는 사람들이 갖고 있는 모든 문제를 해결할 수 없다는 것을 이해하는 것도 도움이 된다. 만약 경찰관들이 직무를 능숙하게 행할 수 있도록 훈련받았고, 그들이 변화시킬 수 없는 상황에서 걱정을 하지 않는다면, 훈련은 좌절감을 줄이는데 크게 기여한 것이다. 이런 모든 종합적인 결과가 피고용인들의 이직률을 감소시킬 수 있을 것이다.

Ⅱ. 현재의 훈련 모델들(Contemporary Training Models)

현재 police academy에는 군대형 모델과 대학(collegiate)형 모델이라는 두 가지 형태가 있다. 이 두 가지 모델 중 군대형의 역사가 더 깊다. 대학형은 다양한 경찰기관들로부터 경찰관들을 한 지역의 훈련방식으로 끌어오기 위한 필요성의 결과이다. 두 가지 방식 모두 장·단점을 가지고 있다. 군대형 방식은 규율형 단체정신을 가르치는 것에 중점을 두고 대학형 방식은 토론에 중점을 둔 비공식적 교실 접근법을 지향하고 있다. 두 개의 방식중 대학형방식이 새 경찰관들을 준비시키는데 있어서 더 바람직한 접근법이다.

하지만 경찰조직은 군조직을 모방해서 만들어졌기 때문에, 경찰훈련기관을 군조직과 유사한 구조로 만드는 경향이 있었다. 신임경찰을 훈련시키는 academy들은 아직도 전통적인 경찰기관의 특징을 두드러지게 보유하고 있다. 교과과정이 이러한 철학 때문에 고통을 겪는다. 기술적인 측면에 초점을 맞추는 것이 아니라 경찰관들이 그들의 직무를 완수할 수 있게끔 해주어야 하는데, 이들은 범죄와의 전쟁을 수행하는 군인이라는 근거 없는 사회적 통념(myth)에 따라 훈련받고 있다.

창의력과 상상력을 필요로 하는 곳에서 기율과 명령에 대한 복종이 강조되고 있다. 경찰관들은 무기와 호신술에 대하여 학습한다. 그들이 필요로 하는 것은 말하고 쓰는 능력이다. 군대식으로 설계된 police academy는 시대에 뒤떨어지고 역기능적이다. 이것들은 잘못된 동기로 잘못된 교육을 실시하고 있으며 이러한 교육이 계속되고 있다. 시대에 뒤떨어졌다는 것을 알고 있음에도 불구하고 이러한 것들이 아직도 존재하는 이유는 무엇일까? 준군대적(paramilitary) 철학, 만약 그 조직이 군대 조직처럼 보이면 그것은 군대조직이어야 한다고 믿는 사람들이 있다. 실질적으로 경찰조직은 오직 그렇게 보이게 만드는 독단적인 의사결정을 하기 때문에 군조직처럼 보인다.

경찰훈련을 위한 좀더 향상된 방법은 대학교육경험과 유사한 방식으로 교육 훈련하는 것이다. 훈련은 여러 가지 기법들을 통해 제공되지만, 가장 중요한 요소는 배움을 제공하기 위한 긍정적인 환경이다.

police academy의 경험은 신병교육대가 아니다. police academy의 목적은 신임직원들이 독립적으로 업무수행을 유능하게 잘할 수 있게 하기 위하여 필요한 지식과 기술을 제공하는 것이다. 고도의 기강을 강주하는 것이 신임직원들이 독창성과 창의력을 말살한다는 것은 아무리 강조해도 지나치지 않다. 경찰업무는 동기부여, 상상력, 독창성을 요구하는 직업이다. 이런 특성들은 군대처럼 규율에 억눌려 있는 조직에서는 발견되지 않는다. 신병교육대의 훈련은 명령체계, 경례, 개인의 외모를 단정히 하는 것 등을 가르치는 데는 매우 유익하다. 비록 명령이 잘못된 것을 안다 하더라도 그 명령에 대한 의문을 제기하지 말라고, 비록 상관이나 고참이 무능력할지라도 권위에 도전하지 말라고, 간부급 경찰관이 자격미달일지라도 권력에 대항하지 않도록, 배를 침몰시킬 필요가 있더라도 배를 진동시키지(혼란을 일으키지 말라고) 말라고 신입직원들을 가르친다.

신병교육대식의 경찰훈련은 문자 그대로 신입직원들을 경찰하위문화의 영역 안으로 밀어 넣는다. 의무보다는 단체에 대한 충성심을, 실질보다는 형식을, 헌법적 가치보다는 명령에 대한 복종을 강조함으로써 그렇게 된다. 법집행에 있어서 잘못된 것 중 많은 부분이 역기능적인 academy의 시스템으로부터 시작된다.

이러한 것을 마음에 두고 훈련 주제들과 훈련 테크닉을 포함한 경찰훈련의 요소들에 관하여 논할 것이다.

Ⅲ. 훈련의 주제들

훈련의 주제를 선택하는 것을 가볍게 여겨서는 안된다. 경찰업무의 방대한 부분이 법집행과 거의 관계가 없다는 사실에도 불구하고 경찰훈련은 여러 해 동안 업무의 법집행적 측면에 초점을 맞추어 왔다.

법집행은 호신술 기법이나 무기 사용처럼 중요하다. 하지만 다른 주제들도 이와 동등하게 중요하며 주의를 끌만한 가치가 있다. 여기에서 우리는 경찰훈련프로그램에 포함되어야 할 주제들의 적절한 선택에 하여 토론할 것이다. 각각의 경찰기관마다 서로 다른 문제를 안고 있으며, 훈련프로그램은 가능할 때는 언제나 특별한 상황에 맞추어져야 하기 때문에 실질적인 주제들은 다루어지지 않을 것이다. 그 대신 우리는 어떻게 주제를 선택하는지에 대해서 논의하고, 몇몇 사례들을 제공할 것이다.

경찰업무는 기본적으로 의사결정과 관계가 깊으므로, 주어진 영역 안에서 잘못된 의사결정으로 야기될 수 있는 해악의 양에 근거해서 주제들을 확인하는 것은 당연하다. 그러므로 훈련의 우선순위는 경찰관이나 사회구성원들에 대한 해악의 잠재력과 일치되게 정해져야만 한다. 다음과 같은 지침들이 가장 우선순위가 높은 순서로 제공되고 있다: 신체적 손상, 경미한 법적 조치들, 일상적인 의사결정, 역할의 이해, 사회적 이해, 그리고 기술 향상이다.

1. 신체적 손상(physical harm)

경찰은 특정 상황에서 生과 死에 대한 권한을 가지고 있다. 상상속의 인물인 James Bond처럼 경찰관들은 죽일 수 있는 허가를 받았다. 이처럼 무시무시한 권한과 책임 때문에, 경찰책임자들은 훈련에 있어서 生과 死에 관한 의사결정을 가장 최우선순위에 올려놓아야 한다. 이것은 물리력의 사용에 관한 법률지식, 물리력의 사용에 관한 경찰기관에 정책에 관한 지식, 극단적인 스트레스 상황에서의 적절한 의사결정, 물리력의 사용에 동원되는 경찰장구(무기, 수갑과 같은 검거장치 등)의 적절한 사용 등을 포함한다.

경찰관과 용의자가 무기를 들고 대치하는 상황하에서 대부분의 경찰관은 총기를 발사하지 않지만, 무고한 시민을 우연히 다치게 하거나 죽일 가능성은 무기의 사용이나 취급을 경찰훈련 프로그램의 중요한 주제로 만들만큼 매우 심각한 문제이다.

비록 무기사용이 물리력의 사용을 취급하는 훈련모델 안에서 유일한 모델은 아니지만 이것은 훈련프로그램에서 무엇이 잘못될 수 있는지를 지적하는 좋은 사례를 제공한다.

1) 야간에 경찰관과 용의자가 무장한 채 대치하는 경우가 많음에도 불구하고, 대부분의 경찰기관들은 야간사격을 훈련프로그램의 일부로 요구하지 않는나.

2) 단지 몇몇 경찰기관들만이 적절한 목표물인지 아닌지에 관한 신속한 의사결정을 하게 만드는 복수 표지판을 사용한다. 또 일부 경찰기관만이 이동표적지를 사용하거나 실제 전투 조건에서의 가상훈련을 시도하고 있다.

3) 국가내의 경찰기관들 중 오직 20%만이 훈련에서 정식 탄약을 사

용한다. 국가 경찰관의 80%는 "wad cutters"라는 힘이 낮은 것으로 연습을 한다. 이것이 경찰관들로 하여금 근무 중 실제 전투 상황에서 사격시 느끼는 소음, 반동, 탄도 등에 대하여 아주 준비되지 못하게 만든다. 경찰관은 'wad cutters'를 사용한다. 75점 정도면 '와드커터'를 사용한 이수과정 자격이 부여된다.

4) 국가 경찰기관 중 대부분이 사격에 대한 자격요건을 1년에 두 번만 통과하도록 요구한다.

5) 경찰에 관한 조사에 따르면 경찰은 실제상황에서 겨냥한 목표물을 75~90% 정도는 맞추지 못한다.

위에서 인용된 조사는 무기를 발사하는 신체행위에 초점을 맞추는 반면, 또 다른 연구는 총기를 발사하는 사건에 있어서의 순찰경찰관의 의사결정 과정에 대하여 고찰하고 있다. 이 연구는 총기를 발사하는 의사결정과정에서 다음과 같은 요소들이 고려되어야 한다는 사실을 발견하였다.

① 실제상황에 의해서 야기되는 자신과 다른 경찰관의 심각한 부상이나 사망과 같은 실질적인 위험.
② 상황에 내재하고 있는 위험에 대한 경찰관의 인식
③ 범죄용의자를 체포하기 위해 무기 사용을 통제하는 州법
④ 경찰관에 의한 무기의 사용을 규제하는 경찰국의 정책
⑤ 경찰관의 개인적 가치체계
⑥ 위법행위의 심각성

위에서 인용된 연구의 혼란스러운 측면은 무기를 사용하는 경향을 가진 경찰관들에 대한 추가적인 연구의 결과이다. Mike Brown은 John Wavne 증후군에 사로잡혀 있는 젊은 경찰관들이 의문의 여지가 있는 상황하에서 나이든 경찰관들보다 무기를 사용하는 결정을 좀더 빠르게 내리기 쉽다는 사실을 발견하였다. Brown이 관찰한 바에 따르면, 혼란스러운 요소는 경찰기관이 경찰관들을 배치할 때 고참순으로 지역을

배정한다는 것이다. 이것은 경찰기관이 젊은 경찰관들을 우범지역에 배치하며 이들이 무기를 사용하는 것을 정당화하게 만드는 결과를 초래한다.

무기사용훈련에 대해 우리가 한번 신속하게 검토하는 것이 일반적인 경찰훈련의 실태와 구체적인 무기 사용훈련의 실태에 대하여 많은 것을 알게 해준다. 첫째, 무기를 적절하게 다루는 것에 대하여 경찰관을 훈련시킬 필요성은 경찰훈련의 역사에 있어서 다른 어떤 주제들보다 먼저 인식되어졌다. 그럼에도 불구하고 무기사용훈련은 아직도 지속적이지 못하고 있으며 설령 이것이 행해진다 하더라도 일반적으로 비효과적이다.

위에서 언급된 것으로부터 우리는 보다 향상된 무기사용훈련의 필요성을 인식할 수 있다. 하지만 다른 훈련의 상태는 어떠한가. 나머지 훈련주제들이 무기사용훈련처럼 형편없이 이루어진다면, 이 나라의 경찰은 정말 큰 문제에 빠져 있는 것이다. 다행스럽게도 그렇지는 않다. 무기의 사용은 경찰관의 모든 육체적 능력과 정신적 능력이 거의 동시에 작용하게 만든다. 방대한 양의 정보가 신속히 처리되어야 하고 무기를 총집으로부터 빼서 목표물을 겨누고 발사하기 위하여 신체에 있는 거의 모든 근육이 일치되는 방식으로 거의 동시에 움직이는 동안 의사결정에 도달하여야 한다. 상황, 법, 부서의 정책, 경찰관의 가치, 그리고 사격훈련이 동시에 결합되어야 한다. 다른 어떤 의사결정이나 행위도 이러한 모든 요소들이 동시에 그리고 이렇게 빠른 속도로 진행되지 않는다. 또한, 경찰관에 의한 다른 어떠한 조치도 그에게 이렇게 이러한 정도의 감정적인 동요를 발생시키지 않는다. 경찰의 총기발사는 냉정한 계산을 거친 후 이루어지지 않는다. 이것은 대부분 강한 분노나 두려움을 수반하는 매우 빠른 조치들이다. 그러므로 총기사용훈련은 일상적인 관찰을 통해 나타난 것보다 훨씬 더 정교해야만 한다.

다른 훈련주제들은 이렇게 많은 요수들을 즉각적으로 고려해야만 하는 것은 아니다. 일부는 많은 훈련프로그램들이 운영되어야 하는 제한된 시간 안에 예외적으로 아주 잘 다루어지고 있다. 무기사용훈련이 해악의 잠재력을 취급하는 유일한 주체는 아니다. 호신술뿐만 아니라 체포술도 잘못 적용될 수 있다. 이러한 것들은 어떠한 훈련프로그램에서도 반드시 고려되어야 한다.

물리적 안전을 위한 경찰책임의 또 다른 측면은 응급조치에 관한 지식이다. 경찰은 대부분의 비상상황 현장에 맨 처음 대응을 하는 특이한 위치에 있다. 때때로 경찰관에게 사람을 죽일 수 있는 권한이 위임되는 반면에, 경찰은 가능할 때는 이와 같이 생명을 구하는 것에 대해서도 언제나 책임이 있다. 경찰관들에게 적절한 응급조치 훈련을 제공하는 것에 대한 실패는 심각하게 부상당했거나 아픈 사람들, 즉각적인 도움이나 생존을 위해 필요한 응급조치 등을 거부하는 것이다.

경찰의 기능, 그리고 이것을 경찰관과 시민의 신체적 안전과 연관시킬 것인가 하는 것은 어떠한 경찰훈련 종합프로그램에 있어서도 가장 우선순위를 부여해야 할 항목이다. 민사책임의 요구로부터 경찰관을 보호하는 것 뿐만 아니라 시민과 경찰과 양자 모두의 안전은 이와 같은 훈련의 우선순위를 요구한다. 예를 들면, 경찰관 총기사용 사건에 관한 법원의 판결에 있어서 변화가 있어 왔다. 이제 정책과 훈련이 경찰관 총기사용사건의 소송을 위한 적절한 주제이다. 다음 사건이 설명하는 것처럼, 또한 이것은 특정 유형의 경찰력을 포함하는 어떠한 상황에도 적용된다.

경찰에 의해 추적되는 두 대의 오토바이 앞쪽으로 순찰차가 운행할 때 발생한 충돌 때문에 발생한 부상에 대하여 판결이 내려졌다. Potter County의 108th 지방법원 판사인 Edward B. Nobles, J.는 다친 오토바이 운전자들에게 승소판결을 내렸으며 피고인인 市는 항소하였다.

소송은 두 대의 오토바이와 한 대의 경찰순찰차간의 날카로운 대립에 토대를 두고 있다. Thomas E. Langley와 John Langley는 1975년 6월 19일 오전 3시경에 Tom Langley의 뒤에는 Jada Malone을 태우고 Amarillo 시가를 각자의 오토바이를 타고 운전을 하고 있었다. Langley

가 6번가에서 정지신호를 무시하고 달리고 있을 때, Amarillo 경찰관 Jerry Ashford는 순찰차로 추격했으며 자신이 오토바이를 추격중이라는 사실을 무전으로 알렸다. 두 번째 순찰차에 있었던 경찰관 Ronald Hudson과 Richard Webbsms 6번가로 방향을 틀었고 다가오는 오토바이를 향해서 장애물을 설치하기 위해 순찰차를 도로를 가로질러 세워 놓았다. Tom Langley와 Jada Malone은 장애물 차량과 충돌하였으며 심각하게 부상당하였다. Tom Langley와 Jada Malone은 장애물로 설치한 순찰차량과 충돌했으며 심하게 부상당하였다. John Langley는 그의 오토바이를 급히 왼쪽으로 틀어서 순찰차는 피했지만 주차된 다른 차와 충돌하여 역시 심하게 부상당하였다.

법원의 의견: 경찰책임사와 몇몇 경찰관들은 경찰국이 범죄나 위법행위의 본질에 관계없이, 체포를 면하기 위하여 도주하는 자를 정지시키기 위한 방법으로 장애물을 사용한다고 증언하였다. 또는 그들은 이번 사건의 경우에 사용된 장애물이 적절하였다고 증언하였다. 정책이나 관행으로 市가 장애물의 사용을 인가하였다는 증거가 있다.

판사는 경찰관들이 도망치는 오토바이를 정지시킬 목적으로 차를 도로를 가로질러 주차시켰으며 도망자들이 도망치는 속도면 수초이내에 장애물 설치위치에 도착한다는 사실을 알고 있었고 경광등도 켜지 않았다는 사실을 발견하였다. 판사는 경찰관이 합리적으로 필요한 정도를 벗어난 과도한 물리력의 사용이라고 인정하였다.

2. 법적 조치들(Legal Actions)

체포, 교통소환장의 발부는 경찰관의 일상적인 업무다. 하지만 이것들은 시민들에게 있어서 인생의 큰 사건들이며 대단히 불쾌감을 준다. 자신이 원하지도 않는 경찰의 시선을 받은 사람들에게 체포와 교통소환장발부는 상당한 불편함을 주게 된다. 때때로 법원과 법에 관련된 비용에 의해서 단지 불편함이 아닌 실질적인 경제적 부담도 준다. 종종 이러한 사건에 뒤따르는 당황스러움 및 공개적인 수치심과 더불어, 경찰의 실수 때문에 어떠한 피해의 결과가 발생할 것인가를 상상하는 것은 어려운 일이 아니다.

실수와 권한남용의 가능성은 희생당한 민간인에게 심각한 결과를 낳는다. 경찰책임자는 업무상 잘못은 최소화하도록 경계해야만 한다. 경찰은 사람이며 실수를 할 것이다. 하지만 범죄에 관한 수사나 체포에 대한 철저한 훈련으로 이러한 문제를 최소화할 수 있다. 이러한 훈련은 상황의 민감성 대해서도 고려해야 한다. 법집행(경찰) 기능은 고민과 복수심 없이는 달성될 수 없다.

두 번째로 중요한 주제는 사람들의 인생에 깊은 영향을 미치는 경찰관의 의사결정에 관한 것이다. 경찰이 정신적인 피해를 가할 상황에 처했을 때 경찰은 똑바로 일을 처리할 수 있도록, 그리고 무고한 시민의 피해는 가능한 최소화될 수 있도록 철저히 훈련되어야 한다. 죄인에게 피해를 가하는 것도 경찰의 역할이 아니다. 경찰은 가능하면 인간적인 방법으로 공격적인 법적 조치를 취해야 한다.

3. 일상적인 의사결정

대부분의 경찰업무는 정형화된(일상적인) 것이다. 훈련프로그램은 경찰기관 내에서 일상적으로 행해지는 기능들을 구별하도록 노력해야 하며 경찰관들에게 가장 적절히 대처하는 방법들을 가르쳐야 한다. 가끔은 정책들이 이러한 목적을 위해 사용되고 있다. 이것은 실수이다; 이러한 경우 정책 지침서들이 대단한 분량으로 늘어날 것이다. 훈련이 이러한 일상적인 기능을 처리하기 위한 접근법으로 훨씬 확실하며 좋은 방법이다. 더 유용한 이유는 문제들에 대하여 토의를 할 수 있으며 새로운 전문분야의 처리 방식을 발견할 수 있고, 상황이 바뀌고 새로운 대응방식이 요구될 때 훈련은 이러한 요구에 신속하게 적응할 수 있기 때문이다.

경찰이 매일 직면하게 되는 방대한 인간관계의 문제들(가족, 사업, 그리고 이웃의 분쟁)이 일상적인 의사결정에 포함되어 있다. 전체적인 질서유지의 범위는 다음과 같은 제목하에 있는 것으로 확인되었다. 이러한 것들에는 술집이나 도박시설과 같이 법률적 감독을 필요로 하는 사업감독뿐만 아니라 교통 통제와 사고조사, 그리고 모든 질서유지 같은 임무를 포함한다. 결과적으로 경찰기관에 따라 다르겠지만 좀더 많은 훈련시간이 다른 지역들보다는 이러한 지역에서 소비될 것이다.

4. 역할의 이해

경찰좌절감의 상당 부분은 경찰관이 스스로가 아닌 다른 무엇인가가 되기 위해 노력한 결과이다. 경찰관의 자신의 역할에 대한 이해 부족은 불필요한 스트레스를 창출한다. 훈련프로그램은 기관 안에서의 경찰관 자신의 적절한 역할을 확인하기 위하여 노력하여야 한다. 경찰관은 경찰기관이 무엇을 성취하려고 하는지 그리고 경찰조직의 임무와 경찰관의 책임이 무엇인지에 대하여 배워야 한다.

경찰관의 정신적 건강을 위해서, 훈련의 초점은 경찰이 무엇을 달성할 수 있고 무엇을 할 수 없는지에 대하여 맞추어야 한다. 훈련프로그램은 가능한 것을 달성하게끔 총체적으로 조정되어야 한다.

5. 사회적 이해

경찰의 역할을 이해하는 것은 전체적으로 볼 때 경찰관이 사회의 어느 부분에 적합한지를 이해할 때 중요성을 갖는다. 개개의 관할구역의 사회적 환경은 서로 다르다. 훈련 프로그램은 개별경찰관들에게 관할구역의 사회적 구성과 인구를 구성하는 다양한 집단들에게 내재하는 서로 경쟁적인 가치들을 이해할 수 있도록 설계되어야 한다.

경찰의 가치 체계는 경찰작용이 미치는 관할구역의 가치 체계와 융합되어야 한다. 가치체계의 조화나 일치가 없는 곳에서 사람들은 대개 경찰과 일반대중간의 적대감과 분노를 발견하게 된다. 이러한 결과는 경찰관이 관할구역을 이해하려는 시도를 하지 않는 곳에서 가장 자주 발생하고, 이러한 것이 경찰하위문화가 경찰의 가치를 독단적이고 완고한 방식이 되도록 만든다.

훈련프로그램은 경찰관들이 지역사회에 대한 이해력을 키우도록 시도해야만 한다. 훈련을 담당하는 경찰관이 일반대중에게 경찰을 이해하도록 가르칠 수는 없다. 경찰과 일반대중간에 조화 있어야 한다면, 경찰기관은 자신이 속한 사회에 대한 경찰관들의 이해를 증진시키기 위하여 노력하여야 한다.

6. 기술의 향상

개별 경찰관들이 보유해야 하는 기술을 다양하다. 읽기, 쓰기, 비판적으로 사고하기, 그리고 협상 수단들과 같은 것들을 향상시키고 또 이러한 기술의 퇴보를 막기 위하여 지속적으로 연습하여야 한다. 그러므로 훈련프로그램은 단순히 기본적인 기술만을 가르치는 것이 아니라 무한한 능력으로 발전시키기 위하여 지속적인 실습 제공해야만 한다.

경찰관들은 대부분의 시간을 의사소통을 하는데 소비한다. 그들은 사람들과 이야기를 나누거나 보고서를 작성한다. 말을 잘 하고 글도 잘 써야만 한다. 몇 년 전에 어느 큰 도시의 지역副검사는 자신이 접수한 중범죄 사건의 10%가 누락되고 있다고 언급하였다. 왜냐하면 경찰이 작성한 보고서를 읽을 수 없거나 또는 보고서가 너무 조잡하게 작성되어 더 이상 진행시킬 수 없기 때문이다. 그런 정도로 보고서를 잘 쓰지 못하면 전문적인 경찰기관에 의해 수용되지 않는다.

의사소통을 잘 할 수 있는 능력은 경찰과 시민들에 대한 위험을 감소시킨다. 사람들과 대화를 할 수 있는 능력을 가진 경찰관은 물리력을 사용할 필요성을 적게 갖는다. 전달내용을 분명하고 간결하게 말할 수 있는 경찰관은 신속하게 상황을 통제할 수 있다. 말을 분명하게 하지 못하는 경찰관은 가끔 통제력을 잃게 되므로 긴장 상황을 불안정한 상황으로 더욱 악화시킨다. 의사소통을 할 수 있는 능력은 여러 가지 면에 있어서 총기를 발사하는 것보다 더욱 필수적인 기술이다.

Ⅳ. 훈련 기법들(Training Techniques)

채택된 훈련기법들은 이용가능한 시간과 자원들뿐만 아니라 주세에 따라 다르다. 교관이 이용할 수 있는 방법으로는 현장실습(on-the-job training), 프로그램학습(programmed learning), 순환보직(순환근무-job rotation), 강의, 가상 훈련, 역할연기, 독학(self-instruction), 그리고 세미나가 있다.

1. 현장실습(현장훈련, On-the-job training)

On-the-job training은 self-explanatory이다. 경찰관은 업무에 배치되어 대개 경험 많은 사람의 감독을 받으며 실습을 하면서 배우도록 허락된다. 이것이 경찰관들이 가장 일반적으로 사용하는 훈련방식의 하나이다. 부상을 당할 일이 거의 없는 일상적인 업무나 산업현장에서 이 방법은 매우 유용하다. 경찰관에게 영향을 미치는 이 방식의 단점은 실수를 하면서 배운다는 측면이다. 경찰관들은 이따금씩 실수를 한다; 신임직원들은 평균치보다 좀더 많은 실수를 한다. 경찰의 실수는 때때로 무고한 시민들에게 정신적, 육체적 상처를 준다. "의사의 실수는 사람들을 무덤으로, 변호사의 실수는 감옥으로 가게 만든다"라는 격언이 있다. 경찰은 두 가지 실수를 모두다 조금씩 한다.

경찰업무에 있어서의 On the job training은 좀더 큰 문제점을 갖고 있다; 이것은 임의의(무작위-random) 상황에 의존한다. 어떤 경찰관은 작은 경찰기관의 일선에서 몇 년 동안 근무하면서도 경쟁력있는 훈련을 요구하는 상황에 직면하지 못한다. 따라서 On-the-job training은 경찰기관에 적용될 때 산발적(sporadic)이다; 일부 경찰관들은 특별한 훈련을 받고 나머지 경찰관들은 전혀 훈련을 받지 않는다.

이런 한계에도 불구하고, 모든 신임경찰관들은 police academy 졸업 후 스스로 자신의 직무를 행하기 전에 On-the-job training을 받아야 한다. 이 시점이 현장훈련 교관이 가장 잘 활용되는 때이다. 신임직원들은 몇 달 동안 한사람의 현장훈련교관에게 배속된다. 이제도가 잘 활용되게 되면, 이것이 police academy에 추가로 보충적인 훌륭한 훈련을 제공하며 경찰기관에게는 실제 상황에서 신임직원들을 관찰할 수 있는 기회를 제공한다.

2. 프로그램학습(programmed learning)

프로그램학습은 조직화된 독학의 한 형태이다. 훈련정보는 문제/답안 형식에 내재되어 있다. 학생은 정보를 읽은 연후에 방금 읽은 정보에 대하여 답하도록 요구받는다. 즉각적인 feedback을 제공하면서 질문에 대한 정답을 제공한다. 이것은 법률논쟁이나 신원확인 기법과 같은 기술적인 정보를 위해서 매우 유용하다. 이것은 물리적인 기술을 개발하는 데는 덜 유익한데 왜냐하면 물리적인 기술은 실습 없이는 발달시킬 수 없기 때문이다. 프로그램학습은 지능 개발을 위한 경쟁력 있는 방법이다.

3. 순환보직(순환근무-job rotation)

전체적인 조직에 대한 이해를 증진시키기 위한, 보다 향상된 방법 중 하나가 순환보직을 통해 이루어진다. 개별 경찰관에게 경찰기관의 각부서안에서 짧은 업무 경험을 할 기회를 제공한다. 이것은 경찰조직이 어떠한 기능을 하는지를 확인하지 못한 신임직원들에게 특히 효과가 있다.

순환보직의 또 다른 장점은 신임직원을 기관전체에 있는 직원들과 친숙할 수 있게 하는 좀더 나은 이점이 있어서 이들을 조직에 대한 적응을 촉진시킨다.

4. 강의

강의는 일단의 사람들에게 정보를 전달하는데 있어서 가장 비용효과적인 방법이다. 이것은 한명의 교관이 강의실에 가득찬 모든 사람들에게 다가갈 수 있다. 프로그램학습처럼, 이것은 기술적인 정보를 제공할 때 유용하다. 또한 이것은 무기의 사용처럼 물리적 기술에 대한 훈련을 위한 장으로서도 유용하다. 먼저 강의를 한 후 실습에 들어간다.

강의 방식의 한계는 훈련에 참여한 모든 사람의 관심사이어야 한다. 강의는 가장 비효율적인 교육방식의 하나이다. 강의속도는 학생들이 듣고 이해할 수 있는 능력 이하의 발표속도로 설계된다. 학생들은 종종 딴 생각을 하며 많은 정보들을 잊어버린다. 또한 학생이 정신을 집중할 수 있는 범위에는 한계가 있다. 약 20-30분 후, 학생들은 흥미를 잃기 시작한다. 학생수가 개별 학생들의 참가하려는 의지에 영향을 미치며 이것이 feedback의 효용성을 감소시킨다.

5. 가상훈련(simulation)

가상훈련은 매우 유용한 훈련기법이다. 훈련자로 하여금 위험과 피해가 없이 실제상황에서 어떻게 대처해 나갈 것인가를 알게 하는 장점이 있다. 추가적인 이점은 가능한 대응방법을 시험해 보기 위하여 상황요소들을 변경할 수 있는 능력에 있다. 가상훈련은 데모진압, 전략적 대응, 컴퓨터화된 문제 해결 게임등과 같은 현장훈련들을 포함한다. 가상훈련의 한계는 훈련을 설계하는 사람의 창의력과 상황의 현실감을 증가시키기 위해 이용가능한 자원이라는 요소에 달려 있다.

6. 역할연기(role playing)

가상훈련과 유사한 훈련기법은 역할연기이다. 피고용자에게 문제상황에서 다양한 역할을 수행토록 요구함으로써 참여하는 모든 사람들의 이해를 좀더 향상시킨다. 이것은 개인간의 분쟁을 해결하기 위한 기법을 경찰관들에게 가르치는데 있어서 유용한 방법이다. 역할연기는 가끔씩 가상훈련과 결합되어 현실감을 강화한다. 예를 들면, 일부 기관에서는 개인간의 갈등을 포함한 다양한 상황들을 연기하기 위하여 전문 배우들을 고용해 오고 있다. 그런 연후에 신임경찰관들이 문제를 해결하기 위하여 무대 위로 소개된다. 긴장된 상황 속에서 자기 자신의 대인관계 역량을 확인하는 동시에 신임경찰관들에게 감정적인 스트레스를 겪는 상황을 실제로 경험할 수 있는 특이한 기회를 제공해 준다. 그 후 각본이 진행되면서 자신의 느낌을 보고하는 시간에 모든 참가자들은 역할에 대하여 느꼈던 감정을 발표한다. 이 방법은 갈등을 해결하는데 있어서 가장 좋은 훈련기법이다.

7. 독학(self-instruction)

독학은 특정 주제를 가르치는 가장 비용효과적인 방법이다. 주제가 부여되고 피훈련자는 필요한 정보를 찾고 교관과 접촉하지 않고 자기 스스로 배운다. 불행하게도, 독학은 전적으로 학생의 동기부여에 의존한다. 동기 부여나 강사의 강압적인 일부 수단들이 부족하다면, 대부분의 학생들은 학습하지 않는다.

독학은 일반적인 명령과 정책의 보급에 가장 자주 사용된다. 새로운 정책과 절차들이 발표되었을 때, 각각의 경찰관들은 새로운 자료들을 이해해야만 한다. 예상하는 바와 같이, 이러한 정보를 인식하는 정도는 사람들마다 다르다.

8. 세미나

세미나는 사용되는 형식에 있어서 강의와 다르다. 세미나에서 각각의 학생들은 수업에 기여할 것으로 기대되어진다. 교관이 정보를 제공하는 강의와는 달리, 세미나는 학생들에 의한 정보의 발표를 강조하며 교관은 심판이나 사회자로서의 역할을 한다. 세미나는 교관이 논점을 잘 유지하고 수업을 잘 이끌어가고 구조가 잘 고안되었을 때 좋은 교육방식이다. 세미나의 단점은 주제에서 벗어나는 경향이 있다는 것이다. 법률적 논제에 관한 토론과 같은 기술적인 정보는 합리적인 좋은 접근방법이다.

V. 훈련계획(training design)

훈련프로그램은 계획을 함에 있어서 항상 최상을 목표로 조심스럽게 설계되어야 한다. 좋은 훈련프로그램에는 3가지 요소가 있다; 목표확인, 기술개발, 그리고 결함의 교정. 이러한 용어들은 설명이 필요 없지만 토론해보는 것이 좋다. 목표확인이란 강사가 훈련을 위한 특별한 목적이나 목표들을 마음 속에 가지고 있다는 것을 의미한다. 마음 속에 일반적인 목표만을 갖고 있는 것으로는 충분하지 않다; 목표는 구체적이어야만 한다. 그렇지 않으면 무엇을 가르칠 것인가에 대하여 갈팡질팡하게 될 것이다.

기술개발은 목표달성과 관련된 특정 기술을 향상시키는 것을 암시하는 것이다. 예를 들면, 무기사용훈련 프로그램의 목표는 직원들이 총을 잘 사용할 수 있게 만드는 것이다. 기술 개발은 무기 사용의 실제 연습에 중점을 둔 것이다.

마지막으로, 결함의 교정은 문제점을 확인하고 그에 관해 연구해서 보다 나은 업무수행을 하기 위한 평가체계와 feedback에 초점을 맞춘다. 각각의 훈련프로그램은 약점을 찾아내고 이것을 개선시켜야 한다.

모든 훈련은 위에서 약술된 패턴을 따라야 한다. 시간과 연구가 이러한 방법의 타당성을 증명하였다. 훈련이 설계될 때 이러한 점들을 명심하면 훈련의 구소에는 결함이 거의 없을 것이다.

1. 전문화된 훈련

훈련은 많은 유용한 목적들을 위해 기여하지만, 반드시 훈련을 받는 학생중심으로 만들어져야 한다. 경찰기관에 의하여 제공되어야만 하는 훈련의 유형들이 변화되었다. 모든 직원들은 위에서 논의된 주제들에 초점을 맞춘 신임기본교육을 받아야 한다. 하지만, 이 최초의 훈련을 마친 후 모든 경찰관들은 그들의 직장생활 중 다양한 시험에서 훨씬 발달된 훈련을 받아야 한다. 모든 경찰관들은 전에 배운 기술을 유지하고 또 이용가능한 새로운 정보들을 습득하기 위하여 계속 훈련받아야 한다. 이러한 목적을 위하여 전문화된 영역에 대한 재직자 훈련이 모든 직원들에게 제공되어야 한다. 또한 전국에 있는 많은 전문화된 학교를 이용할 수도 있다. 경찰관리자들은 이용가능한 양질의 과정을 직원들에게 제공하기 위하여 이러한 과정들을 최대한 이용하여야 한다.

마지막으로, 중간관리층과 최고관리층은 관리훈련프로그램에 참여해야만 한다. 잘못된 관리가 다른 어떤 원인들보다 좀더 많은 조직문제들을 파생시켰다. 이것은 거의 언제나 사실이지만, 많은 문제들을 철저한 관리훈련프로그램을 통해 감소시킬 수 있다.

교육훈련은 한 번에 이루어지는 것이 아니다. 신임직원들에게 신임기본교육훈련만 제공하고 더 이상의 교육은 필요 없다라고 기대하는 것은 불충분하다. 기본교육은 단지 효과적인 업무수행을 위한 토대를 제공하는 것뿐이며, 지속적인 훈련이 조직의 업무수행의 극대화를 위한 비결이다.

제 2 절 교육(education)

교육 對 훈련의 가치에 대한 논쟁은 최초의 폴리스아카데미가 설립된 이래로 심화되어 왔으며 여기에서도 해결될 것 같지 않다. 교육과 훈련 두 가지 모두 경찰기관에서 나름대로의 지위(중요성)가 있다. 훈련은 업무에 직접 적용되어야 할 개념들을 가르치는 것이다. 교육은 토론을 하면서 개념에 대한 심오한 이해에 초점을 맞추며 주제에 대한 이론, 철학, 그리고 역사를 통합한다.

이들 두 가지 개념을 좀더 차별화하기 위하여 개인에게 음주측정기와 같은 기계가 왜 작동하는지에 대한 어떠한 지식도 가르치지 않고 단순히 기계를 어떻게 작동하는지 만을 그에게 훈련시킬 수 있다. 또 하나의 방법으로 개인에게 기구에 대한 작동방법을 보여주지 않고 이것에 대한 역사와 이론을 가르칠 수 있다. 다른 말로 표현하자면, 첫 번째 경우에, 개인은 음주측정기의 사용법에 대하여 훈련받았으며, 두 번째 경우에는 과학기술에 대하여 교육받은 것이다. 많은 프로그램이, 개인이 기구에 대한 작동법을 교육받기 전에 이 주제에 대한 견고한 이론적 토대를 제공함으로써 훈련과 교육을 통합하였기 때문에 이 문제는 지리멸렬하게 되었다. 이러한 경우에 개인은 훈련받음은 물론 교육도 받는 것이다.

하지만, 넓은 의미에 있어서 교육이란 직업적 관념에 있어서의 배경(background) 이상을 의미한다. 교육받은 사람이란 직업이라는 좁은 한계를 뛰어넘는 다양한 주제에 대한 지식을 보유하고 있는 사람을 말한다. 경찰관리자들이 갖고 있는 한가지 의문점은 경찰관이 교육이나 훈련을 받아야만 하는가, 받지 않아도 되는가 또는 둘 모두를 받아야만 하는가에 관한 것이다. 경찰관이 조직의 근본원리에 관해 훈련받는 것은 절대적으로 필요하지만, 이들이 얼마만큼의 교육을 받아야만 하는가? 이 주제에 관하여 학자들과 경찰관리자들 사이에 발전되어온 합의가 있다. 1930년대로 거슬러 올라가 보면, Wickersham 위원회는 전문적인 경찰력의 필요성을 언급하였다; 교육받은 경찰관(법 준수 및 집행에 관한 국가위원회 - National Commission on Law Observance and Enforcement, 1931). 1973년에, 형사사법의 목표와 표준에 관한 국가자문위원회(National Advisory Commission on Criminal Justice Goals and Standards)는 동일한 권고안을 만들었다.

지난 50년 동안, 대통령 특별팀은 college 교육을 받은 경찰관(의 선발을)을 요구해 왔다. 하지만 얼마나 많은 기관들이 이러한 요구를 심각하게 받아들였는가? 1989년에는, college 교육을 받은, 국가에서 가장 규모가 큰 경찰기관들의 최고책임자로 구성된 국가연합인 Police Executive Research Forum(PERF)이 경찰교육의 실태에 대한 가장 종합적인 연구를 연구기관에 위임하였다. PERF 연구팀은 경찰관의 교육

수준과 교육받은 경찰관이 경찰에 줄 수 있는 이점에 대한 명확한 설명을 제공하고 있다.

PERF연구는 대규모 경찰기관들의 교육에 대한 의존도 점점 증가하고 있다는 사실을 보여준다. Table 12-1(297)은 경찰관들의 college 교육에 있어서의 인종간 차이를 보여주고 있다.

아울러, 이 연구에 있어서 조사대상 중 12.1%만을 구성했던 여성경찰관들이 남성경찰관들보다 교육수준이 높으며 평균적으로 대학교육을 1년 더 이수하였다.

경찰관들에게 있어서 대학교육은 다음과 같은 장점을 갖는 것으로 밝혀졌다.

1. 경찰관의 현재 및 미래의 임무와 관계된 절차, 기능, 원리들에 관한 좀더 많은 지식
2. 사회에서 뿐만 아니라 형사사법시스템에 있어서의 경찰관의 전문적인 역할과 이것이 갖는 중요성에 대한 보다 나은 이해
3. 조심성, 감정이입, 융통성, 독창성, 지혜 등과 같은 자질을 포함하는 좀더 바람직한 심리학적 기질
4. 자애로운 리더십의 발휘와 타인에 대하여 민첩하게 대응하며 의사소통 할 수 있는 능력에 초점을 맞추는 더욱 두드러진 대인관계기법
5. 독립적으로 재량을 행사하고 현명한 결정을 내릴 수 있는 좀더 뛰어난 상황분석능력
6. 양심과 정직성, 책임성, 그리고 인내력을 반영하는 강한 도덕적 인격
7. 민주사회의 경찰기능과 일치하는 좀더 바람직한 개인의 가치체계

이러한 요소들은 college교육이 좀더 전문적인 경찰관을 양산하는데 있어서 도움이 된다는 사실을 암시하고 있다.

college교육을 받은 경찰관에 대한 반대의견도 있다. 부정적인 주장들은 다음과 같이 요약될 수 있다.

1. 많은 훌륭한 경찰관들이 학위를 갖고 있지 않다.
2. 좋지 않은 많은 경찰관들이 학위를 갖고 있다.
3. 학위를 요구하는 것은 소수민족의 채용에 부정적인 영향을 미칠 것이다.
4. 학위를 받은 경찰관은 경찰업무에 싫증을 느낄 것이다.
5. 학위를 받은 경찰관은 특별한 대우를 요구할 것이다.
6. college교육을 받은 경찰관은 일반경찰관들 사이에서 증오심을 야기할 수 있다.
7. college교육을 받지 않은 경찰관들은 업무나 직장훈련을 통해서 필요한 인간관계기법을 계발할 수 있다.
8. 경찰기관들은 college졸업자들을 경쟁적으로 모집할 수 없다.

비록 앞서 말한 걱정들이 사실이라 할지라도, 이들 중 대부분이 꾸며낸 이야기이거나 아니면 college교육을 받은 경찰관이 거의 없었던 과거의 경험에 토대를 두고 있다. 학위를 받은 경찰관들이 증가할수록, 위에 명시된 걱정의 대부분이 감소하게 되었다.

〈표 12-1〉 경찰공무원의 인종간 교육정도(%)

	흑인	히스패닉	백인	기타
college교육 전무	28.2%	27.3%	34.1%	19.4%
college1년	36.3%	49.6%	20.5%	36.1%
2년	9.8%	6.5%	15.6%	13.6%
3년	8.2%	6.7%	9.2%	9.6%
4년	8.9%	6.7%	9.2%	9.6%
석사학위	8.6%	5.2%	3.7%	8.0%

아마도 가장 빈번하게 주장되는 것이 첫 번째 두 가지일 것이다. 학위가 없는 훌륭한 경찰관들과 학위가 있는 좋지 않은 경찰관들이 있다는 것은 사실이지만, 이것이 경찰관 전체에 대하여 항상 사실인가?

college교육을 받은 경찰관과 그렇지 않은 경철관간의 실질적인 차이점을 알아내기 위한 시도로, PERF연구는 경찰관리자들에게 전반적인 경찰활동에 있어서의 college교육을 받은 경찰관의 업무수행에 관한 그들의 의견을 물어 보았다. 그 결과가 Table 12-2에 적시되어 있다.

이 연구를 토대로 해서, 경찰관리자들 사이에 교육받은 경찰관이 그렇지 않은 경찰관들보다 경찰조직에 좀더 가치가 있다는 점에 대하여 점증하는 의견의 일치가 있었던 것으로 보인다. 위에서 적시된 연구의 결과로, Police Executive Research Forum은 경찰관을 채용할 때, 최소학력기준으로 인가받은 대학의 4년제 학위를 요구하겠다는 궁극적인 목적을 가지고, 경찰관에 대한 college교육을 위한 단계적 계획의 즉각적인 실행을 요구하는 결의문을 거의 만장일치로 통과시켰다. 순찰경찰관을 제외한 경찰관 채용시 college교육을 요구하는 것을 즉각적으로 실행할 것을 요구하는 이와 동일한 결의문들이 채택되어졌다. 하지만 아직도 답변이 없는 몇 가지 질문이 있다. 채용조건으로 college교육을 요구하는 것이 합법적인가? 소수민족을 채용함에 있어서 college교육을 요구하는 것의 영향은 무엇인가?

대답은 "yes"이다; 채용시 college교육을 요구하는 것은 합법적이다. college교육을 요구하는 것에 대한 이정표적인 사건은 Davis v. Dallas판결이다.

Dallas 경찰국은 경찰을 희망하는 지원자가 (1) 인가된 college나 university에서 45학점을 마쳐야 하고 학점이 평균 C이상은 되어야 하며, (2) 경찰기관의 기록에 의하여 확정된 "최근에 또는 과도한 마리화나사용" 경력이 없어야 하고, (3) 지난 12개월 내에 3건 이상의 위험한 교통위반의 판결을 받았었어도 안 되며 지원시를 기준으로 해서 지난 24개월 동안 이와 같은 위반으로 6건 이상 유죄판결을 받은 경력이 있어서는 안된다. 일단 지원자가 채용되면, 그는 police academy의 훈련을 마치도록 요구받으며, 정식직원이 되기 전에 시보기간을 성공적으로 마치도록 요구받는다.

〈표 12-2〉 college교육을 받은 경찰관의 강점과 약점

college교육을 받은 경찰관의 특성들	강하게 찬성 (+2)	찬성 (+1)	불찬성 (-1)	강하게 불찬성 (-2)	평균 점수
지역사회와 의사소통을 더 잘함	140	30	29	0	+1.17
직장을 그만둘 가능성이 더 높음	29	121	297	23	-0.35
보고서를 더 잘 작성함	130	302	37	2	+1.11
지시에 대해 의문을 제기할 가능성이 더 적음	1	69	344	53	-0.81
좀더 효과적인 업무수행	43	257	169	1	+1.00
승진체계에 혼란을 야기함	4	34	299	131	-1.11
좀더 많은 시민불만을 야기함	2	6	343	113	-1.20
재위임의 요청	3	62	67	27	-0.77
경찰업무에 있어서 좀더 나은 창의력	36	292	138	3	+0.47
체포를 덜할 것 같음	1	40	332	95	-1.03
좀더 전문적	62	303	101	2	+0.69
교통 티켓을 좀더 많이 발부함	2	53	395	14	-0.79
재량권을 현명하지 못하게 사용함	3	53	337	75	-0.91
덜 승진될 것 같음	4	9	311	144	-1.24
좀더 나은 의사 결정자	37	304	124	2	+0.54
지역사회로부터 좀더 많은 존경을 받음	34	225	200	7	+0.16
인종/민족 집단에 덜 신경씀	8	48	325	87	-0.93
좀더 높은 도덕성	10	176	270	12	-0.21
좀더 낮은 결석률	11	154	291	7	-0.28
좀더 많은 기강문제	2	15	376	70	-1.07

Brenda Davis와 Cynthia Jane Durbin은 Dallas시에 대해 소송을 제기하였다. Davis는 그녀의 인종(그녀는 흑인이었다) 때문에 취업이 거부되었다고 주장하였다. Durbin은 그녀의 성(性) 때문에 경찰국으로부터 해고되었다고 주장하였다. 경찰국은 Davis가 그녀의 지원서를 위조하였기 때문에 해고하였다고 주장하였다; Durbin은 현장실습기간 동안 업무를 부적절하게 수행하였다. 1978년 7월에 이 두 가지 사건이 집단소송으로 통합되었다. 또한 Davis는 미래에 경찰관을 채용하는데 있어서 시(市)가 차별적인 선발기준을 적용하는 것을 방지하기 위하여 금지명령(injunctive relief)을 신청하였다. 금지명령신청은 거부되었다.

순회재판소는 다음과 같이 규정하였다.

1. 흑인에 대한 통계적으로 중요한 그리고 다른 것과 전혀 비교할 수 없는 영향에도 불구하고, 경찰직에 지원하는 지원자는 인가된 college나 university에서 최소한 평균 "C" 이상으로 45학점을 이수해야만 된다는 시의 요구는, 경찰관이라는 직업이 전문직업주의, 중요한 공공의 위험과 책임이라는 측면들을 경합하는 업무의 필요성에 의해서 정당화된다.

2. 경찰관이라는 지위에서 기인하는 위험 및 공적인 책임감과 결합된 대도시 경찰의 업무의 전문성이라는 본질 때문에, 경찰에 지원하는 지원자가 인가된 college나 university에서 최소한 평균 "C" 이상으로 45학점을 이수해야 된다는 요구에 대한 직업과의 상관성을 증명하기 위한 경험적 증거가 요구되지 않는다.

3. 경찰에 지원하는 지원자가 인가된 college나 university에서 최소한 평균 "C"이상으로 45학점을 이수해야 된다는 요구에 대해서 市가 이 요구는 직업과 충분한 상관성이나 업무상 필요성이 있음을 보여주었다는 지방법원의 평결은 명백히 틀린 것이 아니다.

4. 대도시 경찰직에 지원하는 지원자가 최근에 또는 과도한 마리화나의 사용경력이 없어야 한다는 요구는 흑인 지원자에 대해 전혀 다른 영향이 있다는 즉 직업과 관계가 있다는 주장에도 불구하고, 지방법원의 평결은 명백히 잘못된 것이 아니다.

5. 경찰직에 지원하는 지원자가 지난 12개월 동안 위험한 교통위반을 3건 이상 행하여 판결을 받았거나 또는 지난 24개월 동안 6건 이상의 이와 같은 판결이 있어서는 안 된다는 요구는, 비록 이것이 흑인에 대해서 전혀 다른 영향이 있다는 주장에도 불구하고, 직무와 관련이 있다고 지방법원은 평결하였다.

고소인들은 미국 대법원에 항소하였다. 경찰관리자들 및 학계의 전문가들의 증언에 의존해서, 대법원은 국가위원회가 경찰관에 대한 최소요구사항으로 college학점을 일관되게 권고해 왔다는 사실에 주목하였다.

대법원은 하급법원의 판결을 지지하였으며 Davis와 Durbin의 주장을 거부하였다.

소수인종의 채용과 관련된 문제를 다루는 것은 더욱 어렵다. 소수인종은 다수인종들보다 college에 들어가는 비율이 낮으며, 공공분야와 민간분야간에 college를 졸업한 소수인종을 채용하려는 경쟁이 매우 격렬하다. 그럼에도 불구하고 PERF 연구는 전국적으로 볼 때, 흑인과 히스패닉계 경찰관의 비율이 총인구에 있어서의 흑인과 히스패닉계 인구의 비율과 상응한다는 사실을 발견하였다(총인구 중 12.1%인 흑인 인구와 비교할 때 경찰의 12.3%를 차지하는 흑인경찰관; 총인구 중 8%인 히스패닉과 비교할 때 경찰의 6.4%를 차지하는 히스패닉 경찰관).

위에서 언급된 통계가 모든 경찰기관들이 인구와 비례하는 소수인종 출신의 경찰관들을 보유하고 있다는 것을 의미하는 것은 아니다; 이것은 사실과 전혀 다르다. 이것은 좀더 많은 소수인종이 경찰기관에서 직업을 구한다는 것을 의미하는 것도 아니다. 이러한 사람들 중 많은 사람들이 college 교육을 받은 사람들이다. 소수인종을 채용해야 하는 필요성은 긴급한 것이다. 여기서 절실히 요구되는 것은 채용과정에 있어서의 창조성이다. 경찰직을 홍보하고 누가 경찰직에 지원했는가를 알아보는 것만으로는 이제 충분 하지 않다. 소수 인종을 채용하는 것은, 특히 college 교육을 받은 소수인종을 채용하는 것이 목표라면, 공격적인 기법을 요구한다.

게다가, 경찰기관들은 college 교육이 선의의 직업적 자격요건(bona fide occupational qualification - BFOQ)이라는 것을 성공적으로 확립하였다. 다른 말로 표현하자면, 경찰기관들은 기준의 직무와 관련이 있기만 하다면, 교육적 기준을 채택하는 데 있어서 자유롭다. 이것은 다른 문제들이 college 교육보다는 덜 중요하다는 것을 의미한다. 이것이 소수인종을 채용해야 할 필요성과 책임성을 감경시키지는 않는다; 이것은 단지 교육받은 경찰관을 고용해야 하는 것에 대해 강조하는 것뿐이다.

명백히, 경찰기관들이 채용의 최소기준으로 college 교육을 요구해야 될 시기가 도래하였다. 일부 경찰기관에서는 관리계층으로 승진하는데 있어서 석사학위를 요구하기도 한다. 항상 변화하고 있으며 점점 기술적인 사회에서, 고등학교 졸업장은 이제 더 이상 현대의 전문적인 경찰기관의 필요성을 충족시키기에 충분치 못하다.

연습문제

1. 훈련이 현대 경찰기관의 창설에 왜 그렇게 중요한가?
2. 경찰훈련프로그램의 다양한 목표들을 논하라. 어느 것이 가장 중요한가? 왜 그러한가?
3. 훈련의 다양한 기법들을 논하라. 무엇이 가정의 분쟁을 처리하는 절차를 가르치는데 있어서 가장 적절한가? 왜 그러한가? 형법전을 가르치는 데 있어서 무엇이 좀더 효과적인가? 왜 그러한가?
4. 훈련과 교육을 비교하고 대조시키라. 어느 것이 경찰관에게 좀더 중요한가? 모든 경찰관에게 college학위를 요구할 수 있는가? 왜 그러한가?

제 13 장

조직 통제

학습목표

모든 조직들은 자신들의 활동들을 통제해야 하며, 관리에 있어 효율적인 통제체제(Control systems)를 설계하는 것은 필수적인 요소로 이해되고 있다. 통제체제는 모든 조직구성원들의 활동들을 조정(coordinate)하게 된다. 그를 통해 통합(integration)과 측정(measurement)을 가능하게 한다. 통제는 기준, 규칙, 규범, 예산, 보고 체제 등을 통하여 모든 조직구성원들이 조정될 수 있도록 하는 것이다. 통제는 조직의 다양한 활동들에 질서를 부여하는 메커니즘을 제공하기도 한다.

통제를 객관적인 과정의 일환으로 여기는 경향이 있으나, 피통제자들의 반응은 때때로 감정적이고 적대적일 수 있다. 이는 통제활동들이 조직구성원들로 하여금 자신들의 행동과 의사결정에 대하여 책임을 부담하도록 되어 있기 때문이다. 객관성이 중속되고 있는지를 판단하는 것은 자신늘의 업적이 평가되어지는 사람들에 의해서이나(DuBrin, Ireland, and Williams, 1989: 447). 평가란 개인을 비판적인 조명 아래 놓는 것이다. 그것은 별로 유쾌한 일은 아닐지라도 효율적인 관리를 위해서 필요하게 된다.

이 장에서는 첫째, 경찰통제와 필요성,

둘째, 조직성과 평가 방법,

셋째, 경찰교육과 스트레스 증후 그리고 스트레스 감소방안에 대하여 고찰하고자 한다.

제 1 절 조직통제

Ⅰ. 통제

1. 통제망 : Control Network

다양한 요소들이 통제망을 구성한다. 우선, 통제체제를 구성하는 요소들의 목록이 있다. 이들을 통제의 요소라고 한다. 다음으로, 통제의 기능이 존재한다. 그러한 요소들이 어떻게 사용되느냐의 문제이다. 마지막으로 통제주기가 있다. 이는 각각의 요소들이 통제 과정에서 적용되어지는 시간체계(time frame)를 의미한다. 이러한 것들을 기억한 채, 통제 과정에 대하여 좀더 자세한 논의를 시작하기로 한다.

2. 통제의 요소 : Elements of Control

모든 조직들은 통제 요소들을 공유하고 있다. 이는 개별 부서들이 부서에 맞는 독특한 통제 체제를 형성하고 있다는 사실에도 불구하고 적용된다. 그러한 요소들이 다양한 방식으로 정의될 수 있으며 그러한 정의에 따라 개별 통제체제의 성격이 규명되어진다. 모든 통제체제는 다음과 같은 요소들로 구성되어 있다(Aldag and Stearns, 1991: 571-572).

감시체제(Monitoring systems): 실제 성과를 측정하기 위해 진행중인 활동들을 측정하고 평가하는 것

평가체제(Evaluation systems): 실제 성과(actual performance)와 바람직한 성과(desired performance)를 비교하는 것

환류(Feedback): 평가체제로부터의 유용한 정보를 관리자에게 제공하는 것으로, 시정조치를 행할 것인지를 결정한다.

기준, 규칙, 규제(Standards, rules, regulations): 활동들과 결정들의 안내 역할 담당

목적(Goal): 어떠한 성과가 요구되는지에 대한 의사소통

시정조치(Corrective actions) : 실제 행동을 바람직스러운 행동에 맞추기 위한 노력

영향 기법들(Influence techniques) : 행동을 통제하기 위하여 사용

보상(Rewards): 바람직한 행동에 대하여 보상함으로써 통제체제의 효과성을 증진하게 된다.

위의 모든 요소들은 종합적인 통제체제내에 포함되어 있게 된다. 다만 개별적인 요소들이 활용되는 방법과 설계특징들(design features)에 있어 차이가 날 뿐이다.

3. 통제의 기능 : Functions of Control

조직내의 통제체제와 관련하여 다음의 4가지 기능들이 밀접하게 연관되어 있다. 각각의 개별기능들은 통제 체제가 효과적이기 위해서 요구된다. 그들은 감독, 비교, 일탈의 시정, 장래 결정에 대한 영향으로 구성되어 있다(Aldag and Stearns, 1991: 572).

4. 감독(overseeing)

감독이란 통제체제의 수단으로 조직지침과의 일치성을 확보하려는 의도로 진행되는 활동들을 감시하는 것을 의미한다. 일반적으로 감독은 감독활동(supervisory activity)의 일환이며, 피감독 업무에 대하여 노동자와 감독자가 잘 알고 있는 경우에 있어 더욱 유용하게 된다. 감독 활동은 감독자와 피감독자가 매우 밀접하게 위치하고 있는 경우에도 나타난다.

5. 비교(comparing)

바람직한 성과와 실제성과를 비교하는 것은 감독자와 피감독자가 밀

접하게 위치하고 있는 경우에 있어 반드시 필요한 것은 아니다. 이는 상당한 거리를 두고서도 행하여질 수 있다. 그러나 비교 담당자는 근무자들의 성과 뿐만이 아니라 기대치들에 대하여 상세한 정보를 지녀야 한다. 비교활동에는 측정(measuring), 자료수집(collecting date), 평가(evaluating), 정보유포(disseminating information), 그리고 의사결정권자들에 대한 보고(reporting) 등이 포함되어진다.

"비교의 중요한 측면으로 계획으로부터의 일탈에 대한 중요성의 평가가 있다"고 Aldag와 Stearns는 언급하였다. 현실과 이상 사이에 차이가 존재하는 것은 일상적인 일이다. 어떠한 계획도 완벽한 것은 없다. 시정작업에 들어가지 전에 얼마만큼의 일탈이 허용될 수 있는지에 대한 의사결정이 필요하며 이는 매우 어려운 작업이다. 허용 일탈의 정도는 때때로 활동 그 자체에 의존하게 된다. 치명적인 무력을 사용하는 경찰의 경우, 일탈에 대하여 매우 엄격할 것이며 그에 반해 길 잃은 가축들을 보살펴주는 업무와 같은 경우에는 상대적으로 일탈에 대하여 너그러울 것이다.

6. 일탈의 시정(Correcting Deviations)

시정조치에는 두 가지 형태가 있다. 즉각적인 시정조치(immediate corrective action)와 기본적 시정조치(basic corrective action)가 그것이다. 즉각적인 시정조치란 즉각적인 문제해결을 위하여 행하여진다. 술에 취한 요원을 임무에서 배제하는 것이 그 예가 될 수 있다. 기본적 시정조치는 장래에 있어서의 성과에 영향을 미치고자 하는 것이다. 그것은 일탈의 원인에 대한 분석을 통하여 시정조치가 그 문제에 대한 항구적인 해결책이 될 수 있도록 하는 것이다.

7. 장래 결정에 대한 영향(Influencing Future Decisions)

훌륭한 통제체제는 미래에 대비하기 위한 많은 환류를 관리에 제공하게 된다. 과거와 현재의 실패로부터, 미래 활동들을 통제할 수 있는 조치들을 고려할 수 있게 되는 것이다. 예를 들어, 많은 경관들이 글을 제대로 쓸 수 없다고 한다면, 임용에 있어 글쓰기에 많은 비중을 부여하면 되는 것이다.

8. 통제의 순환 : Control cycle

통제의 순환은 통제체제 구성요소들의 결합물과 관련된다. 그 각각은 특정한 시간적 구조를 지니게 된다. 처음 3번째 단계들은 조직을 동력화(energize)하기 위해 설계되어진다. 그것들은 부서와 그 구성원들을 올바른 방향으로 인도하게 된다. 순환의 첫째 국면은 목표와 목적의 설정이다. 이를 통해 조직은 달성되어야 할 것이 무엇인지에 대하여 결정하게 되는 것이다. 다음으로 표준과 규칙들이 공표되어진다. 이를 통해 조직의 지침을 설정하고 목표 달성 방법들을 결정하게 된다. 세 번째 단계는 부서 요원들이 실제 업무를 수행하는 것이다.

다음 단계들은 평가와 강화 과정으로 구성되어진다. 4단계에는 처음 3단계 활동들이 측정가능한 결과들로 표현된다. 5단계에서는 그러한 활동들에 대한 측정과 함께 목표와 목적들과의 비교가 이루어진다. 5단계는 다음의 활동 중에 하나가 될 수 있다. 목표와 목적과의 상당한 일탈이 발견되면 시정조치가 행하여진다. 그 후, 다시 성과가 측정되며 더 많은 시정조치가 요구되면 그러한 시정조치를 행하게 된다. 만일 그러한 시정조치가 더 이상 필요하지 않게 된다면, 마지막 단계로 전반적인 과정에 대한 평가와 함께 생산적인 행동에 대한 보상이 주어지게 된다. 다시 처음부터 순환과정이 시작된다.

Ⅱ. 효과성 평가

1. 조직 효과성의 평기 : Assessing Organizational Effectiveness

Robert Albanese에 의하면, "조직효과성이란 조직성과의 기준에의 일치정도"를 의미하게 된다. 그럴 경우, 경찰조직의 효과성을 평가하는 주체가 누구냐?에 대하여 의문이 제기될 수 있다. 대중들의 평가는 경찰 총수의 평가와 다소 다를 수 있다. 경찰 개개인들 또한 그들 나름대로의 평가를 수행할 수 있으며, 경찰과 연관된 노동조합 또한 그럴 수 있다. 게다가, 대중매체는 스스로의 평가를 빈번히 수행하며 그로 인해 대중들의 평가에 지대한 영향을 미치게 된다.

조직 효과성에 대한 판단기준들은 매우 다양하다. 조직 효과성을 측정하기 위한 유일의 기준은 존재하지 않는다(Cambell, 1977: 36-39). 평가체계는 반드시 복수 기준들(multiple criteria)을 고려해야 하는 것이다. 그러나, 몇몇 경우에 있어서는 기준들 사이에 중복이 있을 수 있음을 알아야 한다. 예를 들어, 조직 내에서 사기와 이직률 사이에 상관관계는 매우 높다. 이들은 역의 관계를 지니며, 즉 사기가 낮을수록 이직률이 높아지기 쉽다는 것이다. 게다가, 효과성에 대한 평가를 함에 있어 평가자의 가치관, 선호, 그리고 동기들에 의해 영향을 받을 수 있다는 점이다. 이러한 이유로 인해 조직 효과성은 목표에 대한 성과의 주관적 비교(a subjective comparison of performance versus goals)인 것이다. 효과성은 사람마다 다를 수 있다고 할 수 있게 된다(Albanese, 1988: 640).

2. 조직 효과성을 평가하기 위한 지침들 : Guidelines for Assessing Organizational Effectiveness

조직 효과성을 평가하는데 있어 다양한 기준들이 존재한다는 사실은 평가과정을 복잡하게 한다. 그러므로 평가모형을 개발하기 위하여 몇몇 지침들이 필요하게 되는 것이다. 무엇을 달성하려는지에 대하여 안다면 효과성에 대한 평가는 한층 쉬워지게 된다.

Kim Cameron과 David Whetten은 다음과 같은 7가지의 조직 효과성 지침들을 제시하였다.

준거의 틀(Frame of reference) : 반드시 평가주체와 그 주체의 시각에 대하여 알고 있어야 한다. 즉, 어떠한 기준들이 사용되고 있는지에 대하여 파악하고 있어야 하는 것이다.

대상영역(Domain of activity) : 대부분의 경찰부서들이 다른 영역 업무를 수행하고 있다. 즉, 뛰어난 전술부대를 지니고 있는 반면 수사에 있어서는 약점을 함께 보일 수 있는 것이다. 평가를 함에 있어, 조직에 의해 봉사되어지는 영역들의 차이들에 대하여 명백히 인식하고 있어야 한다.

분석 수준(Level of analysis) : 조직의 효과성에 대한 판단은 다양한 수준에서 행하여질 수 있다 : 개별 순찰요원, 교통반, 또는 조직 전체 차원.

목적(Purpose) : 효과성의 판단 이유가 무엇인가? 예를 들어, 평가를 통하여 선서경관들의 수를 줄이는 것이 그 목적인지, 아니면 부서의 성장 과정에 있어 지향해야 할 방향 설정이 그 목적인지? 평가의 목적은 평가의 적절한 수행가능성에 매우 큰 영향을 미치게 된다. 평가의 목적이 유용한 자료의 종류, 활용 가능한 자료의 원천 등에 영향을 미칠 수 있으며 협력과 저항의 수준을 결정하게 되는 것이다.

시간계획(Time frame) : 경찰은 현재에서 활동한다. 그들의 경우 장기 효과성을 위한 노력을 경주하는 경우는 드물게 된다. 단기 목적들이 조직을 지배하고 있는 것이다. 다른 조직들은 반대일 수 있다 : 단기 이윤을 희생하고서라도 장기 생존을 극대화하려 할 수 있기 때문이다. 장기 효과성을 평가하는 것은 단기 효과성을 측정하는 것과 다르다. 평가모형은 반드시 이 점을 고려해야 한다.

활용되는 자료의 형태(Type of data used) : 부서의 기록으로부터 수집되는 객관적 자료들은 계량화될 수 있고 부서의 공식적인 업무들을 반영하게 된다. 설문지를 통해 수집되는 주관적 자료들은 편의(bias)를 방지하기 위한 적절한 조치가 취해졌다면 귀중하고 풍성한 정보를 제공할 수 있게 된다.

비교 대상(Referent used) : 효과성 판단의 비교대상이 무엇인가? 유사조직, 당해 조직의 천명된 목표, 이상적인 기준들, 혹은 과거 업적 등이 그 대상으로 작용할 수 있다. 비교대상에 따라 평가 결과에 큰 차이가 있게 된다. 과거 업적에 비하여 볼 때 매우 효과적인 성과를 거두었다고 평가될 수 있는 조직이 천명된 목표에 견주어 볼 때에는 비효과적일 수 있는 것이다.

앞에서 살펴본 기준들은 행정가로 하여금 평가 모형을 이해하고 개발하는 데 있어 많은 도움을 줄 수 있다. 모든 관리자들은 이러한 기준들에 대하여 인식하고 있어야 하며 특히 외부 평가자들에 의해 평가가 이루어지는 경우에는 반드시 기억해야 할 것이다.

하지만, 일상적인 평가를 위해서는 보다 간단한 접근방법이 요구되어진다. 경찰 행정인에게 요구되는 것은 "주먹구구식 지침"이다. R. M Seers는 일련의 질문을 통한 다음과 같은 것들을 제시한다.

첫째, 우리들은 다양한 목적들을 달성하기 위하여 한정된 자원들 중에서 얼마만큼을 사용하고 있는가? 때때로, 특히 경찰기관에 있어서 자원들은 목적과는 무관하게 자원 배분이 일어나고 있다. 그 결과, 몇몇 목적들은 자금 지원을 받지 못하는 경우도 있으며 특정 목적과는 무관한 활동들에 자원이 지급되기도 하는 것이다.

둘째, 다양한 목적들에 사용되는 자원의 양과 개별 목적들의 중요도 사이에 명백한 관계가 존재하는가? 만일 지역봉사와 교통통제 업무를 수행한다면, 그 두 가지 목표들이 동일하게 고려되어지는가? 각각의 업무에 대한 전념이 자원의 분배에 영향을 가져다 줍니까?

셋째, 자원을 투자하여 얻는 수익에는 어떤 것들이 있는가? 몇몇 조직 목표들은 비록 그 중요성은 더욱 높이 인식되나 수익에 있어서는 매우 낮은 결과를 초래하는 것들이 있다. 예를 들어, 재산범죄의 경우 그 빈도로 인해 대인범죄에 비하여 그 해결에 더욱 높은 우선성이 부여될 수 있으나 실제 수익률(해결률)은 매우 낮다. 각각의 목표들은 투입된 자원의 관점에서 평가되어야 하는 것이다.

넷째, 조직 전체가 목표달성을 위하여 협력하는가? 하나의 조직에 속하는 여러 부서들이 흔히 조직 전체보다는 개별 부서들에게 유리한 활동을 한다. 예를 들면, 물품구매부서는 조직전체를 위하여 보다 효율적이고 시의적절한 물품 공급보다는 자신들의 업무를 편안하게 처리할 수 있는 구매체계를 선호하는 것이 이에 해당한다.

다섯째, 조직과 환경과의 "적합성"이 변화하는가? 조직을 둘러싸고 있는 환경은 시간이 흐름에 따라 불안정하게 된다. 이웃들이 변하며, 인종적·문화적 구성 또한 변할 수 있다. 환경이 변함에 따라 조직의 목표 또한 변해야 하는 것이다.

3. 평가에 있어 오류들 : Errors in Assessment

효과성에 대한 측정이 그 성격상 주관적인 것이다라는 사실을 상기할 필요가 있다. 그러므로, 무엇이 어떻게 측성되어지는가에 대한 명백한 정의는 매우 중요하게 된다. 경찰 효과성을 평가함에 있어 다음과 같은 두 가지 보편적인 오류가 있다.

1) **효과성과 능률성** : 효과성은 올바른 일을 하는 것을 의미하며 능률성은 일을 바로 하는 것을 의미한다. 효과성을 측정하는 것은 매우 복잡한 과정이다. 부서 혹은 개별 경관들의 효과성을 측정하는 것은 종종 매우 어려운 일이 된다.

능률성은 측정하기가 수월하다. 그것은 단순히 투입과 산출의 비율이다. 예를 들면, 근무시간동안 100개의 서비스 요청이 있었으며 경관이 그 100가지의 요청에 적시에 응하였다면, 그 순찰활동이 능률적이었음을 판단할 수 있다. 그것이 효과적이라고 말할 수 있는 것일까?

경찰기관은 자주 능률성 때문에 효과성을 희생시키고 있다. 신속하게 응대하는 것이 중요하게 되어지자 효과성이 희생되게 되었으며 그 결과 저급한 공공관계를 도출시키게 되는 것이다.

경찰조직의 중요한 요소로서는 효과성이 되어야 한다. 만약 무엇인가가 희생되어야 한다면 그것은 능률성이 되어야 하는 것이다.

2) **활동의 함정** : 조직과 개인의 성과를 평가함에 있어 경찰조직의 가

장 흔한 오류가 바로 활동 함정이다. 이것은 개인이나 부서의 가치를 활동의 수준에 의해 측정하려는 경향을 나타내는 개념이다. 경찰부서는 어떠한 것들을 샘하려고(count) 한다. 오랫동안 효과성 측정에 필요한 자료들을 모으기보다는 수집이 용이한 자료들을 모아왔다. 교통경찰들은 스티커 발행 수에 의해 측정되었다. 순찰요원들은 응급호출에 대한 응대, 체포건수 등에 의해, 수사관들은 종결된 사건 수에 의해 각각 측정된 것이다.

경찰업무에 경험이 있는 누구든지 그러한 측정수단들이 사실상 아무런 가치도 없는 것들임을 안다.

수치로서 표현하는 것은 용이하다 ; 그러므로, 그를 통해 조직이나 경관 개개인을 평가하여 왔던 것이다. 이것이 얼마나 어리석은 짓인가는 다음의 사례를 통하여 살펴볼 수 있다. 약 20여년 전, Washington 주(州) 순찰경관들은 승진이 경관의 활동 수준에 의해 결정된다고 믿었다. Washington은 단지 2개의 주간 고속도로(interstate highways)를 가지고 있었으며 그 둘 중 하나인 5번 도로 임무를 수행하여야만 하였다. 동부 Washington의 촌 구석에 배치되는 것은 승진으로부터의 영원한 격리를 의미한 것이다. 즉, 활동의 함정이 승진과정을 매우 심각하게 왜곡한 것이다.

이러한 활동 함정은 매우 빈번하며 아마 그 이유는 경찰조직이 유의미한 효과성 측정수단들을 개발할 수 없었거나 혹은 그런 마음이 부족하였다는 사실을 반영하는 것이다. 그들은 계산하기 쉬운 것들을 선택하였으며 스스로 높은 질의 경찰활동과 연관되어 있다고 확신하였던 것이다. 경찰관에 대한 평가는 발행된 스티커나 체포율 또는 서비스 요청에 대한 응대로 판단될 수 없다. 경찰관에 대한 진정한 평가는 경찰관의 대충과의 관계, 재량의 건전한 이용, 부서 정책·공공 법률·교육훈련 등에 대한 적응 능력 등에 의해 이루어지게 된다. 이러한 능력들은 측정하기 곤란한 반면, 경찰활동이 의미하는 바로 그것들인 것이다. 숫자에서 이러한 질적 평가로의 이행이 요구되어지는 것이다.

4. 조직구성원의 성과 평가 : Assessing Personnel Performance

궁극적으로 조직 효과성에 대한 평가는 구성원들의 효과성에 의존하게 된다. 이 점은 특히 경찰 기관에 있어 타당하게 된다. 많은 활동들이 시민들과 개별 경찰관들의 면전 접촉(face-to face interaction)을 포함하고 있기 때문이다.

성과평가(performance appraisal)는 행정에 있어 논쟁거리가 많은 분야이다. 성과평가, 즉 인사평가(personnel evaluation)란 상관이나 동료 등에 의한 고용인의 체계적인 평가를 의미한다. 그것은 부서에 의해 채택된 표준적인 형태에 따라 이루어진다. 일반적으로 그러한 평가는 정기적인 시차를 두고 행하여진다. 또한 그 기록은 관리에 있어 승진, 전보 혹은 퇴직 결정에 활용되기도 한다.

성과평가가 필요한 것일까요? 대부분은 그럴 것이라고 할 겁니다. 그들의 필요성에 대하여 언급하지 않거나 몇 가지 정보들을 제시하지 않는 관리 교과서는 매우 드문 것이 현실입니다. 물론 여기에서도 몇 가지 정보들이 제시되어질 것입니다. 그러나 그러한 논의를 시작하기 전, 다음과 같은 경고의 말을 새겨둘 필요가 있다고 봅니다. 세계적으로 유명한 관리 상담자 이자 일본 관리 체제의 아버지로 알려진 W. Edwards Deming은 성과평가에 대하여 매우 강하게 반대하였습니다. 그는 성과평가는 장기적인 기획을 희생한 대가로 단기 성과를 진작하는 것이다. 그것은 위험감수에 대하여 소극적으로 만들며 두려움을 조장하며 협력을 파괴하고 또한 동일한 보상으로 인해 상호간에 대립하도록 한다.

그러한 평가는 "평가결과를 수령한 후 몇 주 동안에 걸쳐 사람들을 고통스럽게 하며, 낙담하게 하고, 의기소침하게 하며, 어떤 경우에 있어서는 우울하게도 한다. 그들은 그들이 왜 열등한지에 대하여 이해할 수 없는 것이다. 순전히 업무 체계의 차이에 의해 야기된 차이들을 개인에게 돌리는 것은 불공정한 일인 것이다."

더욱 나쁜 부작용으로는 그것은 숫자에 대한 의존성을 증대시키게 된다는 점이다. 성과평가는 단기 결과를 측정하는 것이므로 양화될 수 있는 내용만을 고려하려는 경향이 있게 되는 것이다.

Deming의 관리 기법은 집단 활동에 평가의 초점을 맞추는 것이다. 경찰관서에 있어서는 개별 행위자보다는 작업반(수사 1반, 2반 등)에 초점을 두게 되는 것이다. 이것이 경찰에게 유용한 것일까요? 다른 조직들에게서는 대개 성공적인 성과를 가져왔다. 여기서 고려되어야 할 것은 경찰의 규율체계가 성과평가를 지향하는 방향이 아니라는 점이다. 그것은 고소에 대한 조사체계(complaint investigation system)에 맞추어져 있다. 사실, 경찰조직에 있어 성과평가는 큰 효용을 가져다주지 못한다. 그러한 사실을 염두에 둔 채, 성광평가의 형태와 한계에 대하여 살펴보도록 하겠다.

개인의 성과를 측정하는 데 있어 하나만의 올바른 기법이 존재하는 것이 아니다. 사용되는 평가 체제의 종류들은 복잡성과 형태 측면에서 매우 다용하다. 어떤 조직에서는 유용한 것이 다른 조직에서는 사용되지 못할 수도 있다. 모든 평가체제가 지니고 있는 유일한 공통점은 그것이 체제라는데 있다. 즉, 그것은 몇 개의 부분으로 구성되어 있으며 그러한 부분들이 협력해야 한다는 사실이다. 여기에서는 하나의 평가모형을 산출해내는 것에 목적을 두지 않겠다. 대신, 평가체제의 창설과 운영에 영향을 미치는 여러 요소들에 대하여 살펴보도록 한다.

5. 평가의 목적

평가과정이 잠재적인 감정의 손상과 환멸 등으로 가득함에도 불구하고 조직 구성원들을 평가하려는 이유는 무엇인가? 그 이유로는 다음과 같은 것들이 있다. 우선 다양한 인사관계 결정들이 성과평가에 의존한다는 점이다. 직무할당, 승진, 그리고 징계에 이르기까지 적절한 평가체제가 확립되어 있어야 할 필요성을 제공한다. 둘째, 조직 구성원들이 자신들의 장래 성과를 향상시키려 한다면, 그들은 과거에 어떻게 행동하였는지에 대하여 살필 필요성이 있게 되는 것이다. 마지막으로, 개인의 성과평가를 통하여 조직원의 행태에 영향을 미치는 정책이나 절차들에 대한 평가를 수행할 수 있다는 점이 지적되고 있다. 효과적인 평가체제를 갖추지 못한 경찰조직은 매우 비극적인 결과를 맞이할 수 있음을 간과해서는 아니될 것이다.

6. 성과평가의 형태

성과평가라고 흔히들 말함에 있어, 우리들은 대개 감독자들에 의한 평가를 상정하게 된다. 하지만, 다른 종류의 행태평가 또한 존재하고 있다는 사실을 염두에 두어야 한다. 사기업들에서는 부하평정과 동료평정 등이 많이 활용되어지고 있다.

부하들이 감독자들을 평가함에 있어 행정인늘보다 더 유리한 위치에 있다는 사실은 널리 알려져 있다. 게다가, 동료들은 그들 동료들의 성과에 대하여 감독관들보다 훨씬 많은 것을 알고 있다. 이러한 접근방법이 지니고 있는 문제는 상관이나 동료들이 자신들의 부하나 동료들로부터 받게 되는 비난의 처리문제이다(Reibstein, 1988: 15).

성과는 다음과 같은 세 가지 방식에 의해 분석되어진다. 자질에 초점을 두든지, 행태 또는 실적에 중점을 두는 방법들이 그것이다.

7. 자질과 개인적 특징들

성과측정이 지나치게 주관적이라는 수많은 비난에도 불구하고 자질접근은 오늘날에도 널리 사용되고 있다(Bernadarin and Klatt, 1985: 79-86). 여기에서는 감독관이 부하들의 호감, 능률성, 신뢰성 등의 자질을 평정하게끔 된다. 그 형태는 대부분 다음과 같은 5단계 척도로 구성된 문항표로 이루어져 있다. 매우 뛰어남, 평균 이상, 보통, 평균 이하, 매우 저조함이다.

이러한 형태는 신속하고 쉽게 행하여질 수 있다는 장점으로 인해 인기가 높다. 그러한 몇 가지의 문제점을 지니고 있다. 예를 들어, "뛰어나다" "보통이다" 등이 의미하는 바는 사람마다 다를 수 있다는 것이다. 게다가 감독관들은 개인적 특징과 관련된 부분에 있어 낮은 등급을 주는 것을 꺼리게 되며 특히 그 평정 결과가 피평자에게 보여지는 경우는 더욱 그러하다.

8. 행태적 접근

이는 직원들의 특정한 행태를 기록하는 것을 내포하고 있다. 그러한 접근들 가운데 하나로 중요사건접근법(critical incidents approach)이 있는바 이는 예외적으로 좋거나 나쁜 사건들을 기록하는 것을 의미한다. 오랜 시간에 걸쳐 그러한 사건들의 축적은 평가 리스트로 구성되어지며, 감독관은 그러한 리스트를 통하여 보다 적절한 평가를 할 수 있게 되는 것이다.

중요사건접근법과 유사하지만 더욱 새로운 형태인 행태지향평정척도(behaviorally anchored rating scale)라는 것이 있으며, 이는 매우 바람직스러운 것에서부터 그렇지 않은 것에 이르기까지의 예견 가능한 직원들의 행태들에 대하여 목록으로 구성되어 있는 것이다(Aldag and Stearns, 1991: 319). 경찰에 있어 좋은 척도로는 "이 경관은 밤늦게 수항한 장소에 주차된 자동차들을 정기적으로 검사한다"라는 것들이 있을 수 있겠으며, 그 반대로는 "이 경관은 서비스요청에 대한 전화 주문의 양과는 상관없이 항상 동일한 시간대에 휴식시간을 가진다" 등이 있을 수 있다.

9. 결과 접근

이는 직원들이 업무상 수행하도록 되어 있는 것들에 초점을 맞추고 있다. 이의 부정적 측면으로는 자질척도들에 비하여 시간이 많이 소비된다는 점과 더욱 복합하다는 점이 지적된다. 긍정적 측면으로는 이 평가는 조직의 목표와 직접 연관되어 있다는 점이다. 즉, 조직의 효과성이 이 과정을 통하여 평가될 수 있으며 동시에 조직의 목표와 목적들이 강화될 수 있게 된다.

10. 오류의 원천들

성과평가는 인간의 다른 인간에 대한 평가를 요구한다. 그러므로 평정자는 판단오류를 범하기 쉬워지는 것이다. 그러한 문제는 평정 도구에 있기 보다는 오히려 평정자 측면에서 더욱 강하게 발견되어 진다. 예를 들면, 몇몇 평정자들은 고의로 자신들의 평가결과를 곡해시키며 그로 인해 평가체제의 목적을 무너지게 한다(Rice, 1985: 30-36).

평정자와 관련하여 다음과 같은 5가지 오류들이 지적되고 있다. : 후광, 관대화, 엄격화, 중앙집중, 최근성 오류들. 후광오류(halo error)는 하나의 항목에 대한 평정자의 평가가 다른 항목들에 영향을 미치는 것을 의미한다. 하지만 후광오류는 잘못된 표현일 수 있나. 특정한 하나의 특성에 기인하여 너무 높게 평가받는 것이 바로 후광오류이다. 그러나, 평정자에 의해 그 반대 방향 즉, 너무 나쁘게 보이는 하나의 특성은 후광이라기보다는 오점으로 작용할 수 있게 된다(Albanese, 1988: 385).

관대화는 한 부서의 모든 직원들이 높게 평가되는 현상을 의미한다. 이러한 문제는 특히 직원들이 다른 부서의 직원들과 비교당하는 경우에 있어 문제를 야기하게 된다. 승진이라든지 업무 할당 등이 바로 부풀려진 평가에 의해 왜곡될 수 있게 되는 것이다.

엄격화는 관대화의 반대 현상이다. 이는 평정자가 지나치게 엄격한 경우에 나타난다. 특정 부서의 직원들이 상대적으로 낮게 평가되며 그로 인해 승진이나 기타 인사조치에 있어 불이익을 당하게 되는 현상을 초래할 수 있게 된다.

더욱 더 흔한 현상으로는 중앙집중화 경향이 있다. 이는 평정자가 모든 부하직원을 평균적으로 평가하는 것을 의미한다. 평정자가 모든 직원들을 정확하게 평가하기 위하여 필요한 시간을 할애할 수 없거나 그러한 마음이 별로 없는 경우에 나타난다. 또한 이는 관대화 현상 다음으로 갈등을 적게 유발하며, 관대화와는 달리 고위층으로부터의 비난 또한 적게 받게 된다.

최근성 오류는 성과를 평가하는 데 있어 가장 최근의 사건들을 활용하려는 경향을 의미한다. 이는 매년 단 한 번만의 평가가 이루어지는 경우에 있어 특히 문제시되고 있다.

11. 평가의 순환과정

성과평가를 좀더 완전하게 이해하기 위해서는, 평가 과정에 대한 이해가 선행되어야 한다. 조직원의 성과를 평가하는 데 있어 다음과 같은 7단계가 존재한다.

1) 조직원의 임무 수행 : 이는 개인적 능력, 작업환경, 시간 등의 요소들에 의해 영향을 받게 된다.

2) 평정자에 의한 조직원 관찰 : 이는 관찰자의 지위, 관찰의 빈도, 관찰자의 성향 등에 의해 영향을 받는다. 조직원들을 관찰함에 있어서도 편차가 존재한다. 평정자들은 자신들의 선입견에 비추어 행동을 바라보게 되는 것이다.

3) 평가양식이 평정자에게 주어짐

4) 과거의 관찰을 통하여 평가양식을 기록

5) 평가 내용에 대하여 직원들과 의사 교환

6) 평가의 중아부처로의 이송과 해석

7) 다양한 종류의 행정적 조치들을 수행

12. 법적, 과학적으로 옹호가능한 평가체제

평가체제는 독단적이거나 변덕스러운 것이어서는 아니된다. 그것은 공정해야 한다. 그것은 평가의 법적 지침들과 과학적 원리들에 충실해야 하는 것이다. 법적이고 과학적인 요구조건들은 그들이 모두 객관성과 정확성을 추구한다는 점에서 상보적이게 된다. 평가체제를 위한 설계와 집행을 위한 고려 조건들로서 다음과 같은 지침들이 있다.

1) 직무성과에 대한 평가는 직무의 요구사항(job requirements)에 대한 분석에 기초하여야 한다. 그리고 그러한 요구사항이 성과의 기준(perfomance standards)에 반영되어야 하는 것이다.

2) 직무성과에 대한 평가는 성과기준들이 직원들을 통하여 알려지고 이해되어져야 한다.

3) 개인적 소질보다는 근무 행태에 초점을 맞추는 평가체제가 법원에 의해 옹호될 가능성이 크다. "믿음직스럽다" 등의 주관적인 개인적 소질과 관련된 직무성과 측정은 옹호되기 어려운 것이다. 그러나, "주어진 임무를 신속히 수행한다"와 같은 객관적인 행태지향적 측정은 더욱 바람직스럽게 되는 것이다.

4) 직무성과를 보다 분명하게 정의된 개념을 활용하여 측정해야 한다.

5) 의사교환과 환류를 포함하는 평가체제가 더욱 바람직스럽게 된다.

6) 평가체제는 타당성이 있어야 한다. 즉 직무성과와 상관관계가 있어야 하는 것이다.

7) 직원들이 평가에 대하여 불복할 경우, 구제수단이 제공되어 있어야 한다.

8) 평가체제는 최신화되어야 한다. 즉, 지속적으로 직무 기술내용이 당시의 기대를 반영하도록 업데이트되어야 한다는 것이다.

9) 평가체제는 문서화되고 보존되어야 한다. 그리고 인사결정이 평가와 일치하는 방향으로 이루어져야 한다.

10) 평등고용기회의 관전에서 보호대상에 대한 불합리한 평가체제를 수립해서는 아니된다.

다른 학자들이 여러 가지 다른 요소들을 지적하기도 한다. Albanese는 위의 지침들 외에 다음과 같은 요소들이 고려되어야 한다고 하였다. 우선, 평정자의 타당성(rater validity)에 대하여 평가하여야 한다. 이것이 항상 쉬운 일은 아니며, 평가체제의 개발과 함께 교육훈련과 평성자의 개발이 요구된다. 다음으로, 1인 이상의 평정자(more than one rater)가 있어야 한다. 이로 인해 평정자의 타당성이 고양될 뿐만 아니라 평정자의 편견을 최소화할 수 있게 된다. 마지막으로, 극단적인 평가에 대하여 평정자는 반드시 이유를 기술해야 한다. 직원을 뛰어나다고 평가하는 것과 그러한 평가에 대한 이유를 적시하는 것은 별개의 문제인 것이다. 높거나 낮거나간에, 극단적인 평가에는 반드시 그러한 평가에 대한 기록상의 이유가 제시되어야 하는 것이다.

이러한 지침들이 이용된다면, 인사평가체제는 상당히 효과적이 될 것이다. 그것은 완벽할 수는 없다 ; 완벽은 가능하지도 않다. 하지만, 그러한 체계가 객관적이고 직무와의 관련성이 높다면 그것은 충분의 소귀의 목적을 달성할 수 있게 된다.

13. 비효과적인 직원 : The Ineffective Employee

성과평가의 주요한 목적 중의 하나가 열등한 성과를 식별하여 그것을 시정하는 것이 된다. 기준 이하의 성과를 단순히 식별하기만 하고는 아무런 교정 수단이 마련되어 있지 않은 경우라면 그것은 무의미한 활동이 된다. 여기에서는 열등한 성과의 원인들과 그 대응방법들에 대하여 살펴보기로 한다.

1) 열등한 성과를 초해하는 요인들

대부분의 관리자들은 부족한 성과를 하나의 요인에 돌리려 한다. 즉, 직원이 문제를 지니고 있으며 그러한 문제가 해결되면 모든 것이 잘 될 것이라고 가정하는 것이다. 나아가 관리자들은 열등한 성과에 대하여 거의 항상 직원들을 비난하고 있다. 사실, 대부분의 경우 열등한 성과는 상황적 요소들의 결합에 의해 나타난다. 그러한 요소들은 개인적인 것들과 조직적인 것들로 양분될 수 있다.

2) 개인적 요인들

(1) 불충분한 지적 능력 : 복잡한 직무를 수행할 정신 능력의 부족

(2) 불충분한 직무 지식 : 직무 수행에 필요한 교육훈련이나 경험의 부족

(3) 낮은 직무 동기와 직업윤리 : 직원들이 낮은 개인적 직무 기준들을 지니고 있고 직무에 흥미를 느끼지 못함

(4) 직무상 스트레스 : 과도한 직무요구, 갈등, 직무상 불안정, 대립적 요구 등의 작업환경상의 여러 요인들로 인해 직원의 내적 평형이 깨어진 상태

(5) 직무상 피로 : 오랜 기간의 직무상 스트레스와 직무를 통한 보상이 별로 흥미가 없다는 생각에 의해 무관심해지고, 따분해하며, 냉소적이 되는 경우

(6) 노쇠 : 과거에 유능했던 관리자나 전문가가 자신의 분야에서의 기술적 능력이나 대인관계의 부적절성으로 인해 비효과적으로 된 경우(Bracker and Pearson, 1986: 109-116)

(7) 신체적 한계 : 직무를 적절하게 수행할 체력이나 기술이 부족한 경우

(8) 알코올 혹은 약물 중독

(9) 과다 흡연 : 담배를 찾으려는 시도로 지치고 시간을 낭비하게 되며, 자칫 화재로 연결될 수도 있음. 또한 도덕적 문제를 야기할 수도 있음(Solomon, 1983: 101)

(10) 정서장애와 인격장애 : 내적 갈등을 경험하는 직원들이 우울, 과대망상, 거짓말, 절도, 도박 등 반생산적인 행동을 할 수 있음

(11) 가족과 개인적인 문제들 : 가족내의 위기나 싸움, 애인과의 결별 등에 의해 직무를 원활히 수행할 수 없게 됨

(12) 농땡이 : 여러 요인들로 인해 직무에 충실하지 않는 경우

(13) 동료와의 관계 : 지나치게 가까운 경우에 있어서도 스스로의 시간과 에너지를 직무보다는 그들 사이의 관계에 할애하게 되는 것이다(Warfield, 1987: 22-35)

14. 조직적 요인들

1) 인간공학 설계 문제 : 직원들과 기계와의 불일치

2) 불충분한 의사소통 : 관리자들이 직무상 요구되는 것들에 대하여 충분히 의사소통을 하지 않으며, 성과의 부족분들에 대하여 명백한 환류를 제공하지 않음

3) 비생산적인 직무집단의 영향 : 집단의 압력 혹은 왕따행위들이 직원으로 하여금 협력적 노력을 할 수 없게 함

4) 조직 문화 : 전통적으로 성과가 낮은 직원들에 대한 제재조치에 익숙하지 않다는 점

5) 비생산적인 직무 환경과 조직적 지원 : 업무 수행에 적절한 도구, 지원, 예산, 혹은 권한 등을 지니고 있지 못한 경우

6) 관리인의 리더십 형태 : 관리자의 리더십 형태가 직원이 필요로 하는 내용들과 맞지 않는 경우

Ⅲ. 스트레스

1. 스트레스 감소

위의 요소들 중 더욱 자세하게 논의될 필요가 있는 것이 있다. 지난 10여년 동안 스트레스는 많은 논의 대상이 되어 왔다. 열등한 성과를 초래하는 많은 신체적 · 정서적 문제들이 스트레스 때문에 기인된다. 많은 사람들이 법집행업무가 여러 직업들 중 스트레스가 많은 직업이라고 생각한다. 하지만 그렇지 않다고 생각하는 경우도 존재한다.

관리차원에서는 경찰 업무가 스트레스를 많이 받느냐는 별로 중요한 것이 아니다. 진정 중요한 것은 스트레스가 모든 사람들의 삶 속에 존재하고 있다라는 사실이다. 비록 조직에 의해 부가된 스트레스는 없을지라도 경찰관들은 여전히 많은 사람들에게 영향을 미치는 유사한 요인들에 의해 스트레스를 받게 되는 것이다. 가족 문제, 돈 문제, 개인적 좌절 등 직무와는 무관하게 생길 수 있다. 그러나, 엄격한 계층제적 특성을 지니고 있는 경찰 조직의 경우 직원들에게 좌절을 부여하고 있다는 많은 증거들이 있으므로, 직무 환경 또한 경찰관들의 스트레스를 배

가하고 있다는 사실을 인식해야 할 것이다.

다음으로, 과거에는 스트레스 감소 프로그램이 선서경관들을 중심으로 하여 이루어졌다는 사실을 알아야 한다. 즉, 경찰활동이 매우 스트레스를 많이 주는 직업이며 그로 인해 선서 경찰관들이 스트레스를 많이 경험할 것이라는 생각이 깔려 있었던 것이다. 그러나 보다 더 적절한 시각은, 경찰활동은 그 자체가 스트레스를 주는 것은 아니라는 것이다 ; 삶 자체가 스트레스를 주는 것이라고 보는 것이 더욱 타당하다. 그러므로 경찰 조직 내의 모든 구성원들, 즉 그들이 선서경관들이든 아니면 민간인이든지 간에 종합적인 스트레스 감소 프로그램의 대상이 되어야 하는 것이다. 조직 내의 어떤 사람들도 스트레스의 영향으로부터 자유로울 수 없다.

스트레스 감소 프로그램은 조직과 직원 모두에게 이익이 된다. 또한 스트레스로 인한 신체적·정서적 부산물들에 대하여 파악하고 있는 것이 필요하다.

2. 스트레스의 징후들

스트레스의 수준과 관련되는 행태적 징후들이 존재한다. 이러한 것들로는 흡연, 알코올 남용, 약물 남용, 식용 장애, 그리고 빈번한 사고 등이 있다 More와 Unsinger에 의해 수행된 연구에 의하면 관리자들이 개별 경관들을 관찰함으로써 스트레스에 의하여 유발된 행동들을 파악할 수 있다고 하며, 다음과 같은 경우라고 하였다.

1) 잦은 농땡이
2) 보고 없는 결근
3) 늦은 출근과 이른 퇴근
4) 직무의 낮은 성과
5) 잦은 실수
6) 작업 표준에의 미흡
7) 동료들과의 갈등

8) 사고율의 증대

위와 같은 직무관련 징후들 이외에도 개인적인 문제들과 관련된 여러 현상들도 나타난다고 한다. 부부생활의 불화, 가족 갈등, 수면 장애, 성기능 장애, 우울 등.

3. 스트레스 감소 프로그램

스트레스와 관련된 모든 문제들이 관리를 통해 해결 가능한 것은 아니다. 조직내 모든 직원들은 그들 스스로의 삶에 대하여 자신들이 책임을 부담하여야 한다. 그러나 관리를 통해 행태적 문제점들을 관찰하고 진단할 수 있게 된다. 그러한 정보는 직원들이 문제들을 보다 명확하게 이해하고 그 해결책을 모색할 수 있게 도와줄 수 있다.

직원보조프로그램(EAPs)은 스트레스와 관련된 많은 문제점들을 처리하는데 매우 유용하게 사용될 수 있다. 다음과 같은 영역들이 성공적인 보조프로그램 활동의 대상이 되어 왔다.

1) 알코올 중독
2) 약물 남용
3) 직무상의 스트레스
4) 직무상 피로
5) 불안, 근심
6) 의기소침, 우울
7) 부모-자식간의 갈등
8) 독신 양육활동
9) 슬픔, 고뇌
10) 흡연
11) 영양
12) 운동
13) 체중 조절

14) 이혼
15) 별거

4. 총기 문제

보조프로그램은전문적인 상담자 혹은 동료들을 활용하기도 한다. 동료들을 활용하는 경우, 그들은 전문적인 심리학자들로부터 훈련을 받게 된다.

스트레스 감소에 있어 가장 직접적이고 많은 경우에 있어 효과적인 접근방법으로는 건강체조(physical fitness)를 통해서이다. 많은 부서들이 이러한 프로그램을 시행하고 있으며, 이를 통해 스트레스가 축적되는 것을 막을 수 있게 된다. 또한, 경찰의 많은 의학적 문제들이 스트레스로 인한 것이라기보다 삶의 형태와 관련된 부산물이라는 사실 또한 인식하게 되었다.

현대 경찰활동은 대부분 앉은 자세에서 이루어지고 있다. 특히 순찰에 있어 그러한데, 오랜 시간 자동차에 앉아 있으면서 불규칙한 시간에 높은 칼로리 음식을 섭취함으로 인해 과다체중 등의 문제를 야기하게 되는 것이다. 이러한 요인들은 스트레스로 인한 경우보다 더욱 많은 심장 질환과 관련된다고 한다. 건강체조는 경찰관의 좌식업무형태로 인해 야기되는 문제들에 유용하게 되는 것이다.

의학적 치료와 직원들의 상실 근무 시간으로 인한 비용으로 고려할 때 직원들의 건강문제를 최소화하기 위하여 필요한 조치를 취하는 것이 경찰행정인에게는 매우 중요하게 된다. 체조와 같은 예방조치들은 매우 비용효과적인 수단이 된다. 일단 문제가 진단되고 나서는 직원보조프로그램들이 유용하게 사용될 수 있다. 스트레스가 직원들의 비행에 미치는 영향들에 대하여 간과해서는 아니된다. 종종, 스트레스를 경험하는 직원들이 좋은 스트레스 감소 프로그램을 통하여 구제되어지곤 한다.

스트레스가 문제의 원인이 아니며 그로 인해 스트레스 감소 프로그램이 아무런 효과를 가지지 못하는 경우, 징계과정이 시도되어야 한다. 직원에 대한 구제가 조직차원에서는 분명 이득이 됨에도 불구하고 그러한 과정에서 일반 시민들이 희생되어서는 아니된다. 경찰 스트레스의 결과로 나타나는 경찰의 가혹행위는 여전히 가혹행위인 것이다. 스트레스는 생리적 현상으로 처우를 통해 치료될 수 있고 치료되어야만 한다. 그러나 경찰행정인은 스트레스를 부적절한 행동에 대한 방어용 변명으로 활용해서는 아니될 것이다.

Ⅳ. 시민인식조사

1. 시민의 불평불만과 시민 조사

모든 조직들이 내부적으로 열등한 성과를 식별하는 수단들을 지니고 있다. 경찰은 다른 직업에 비해 시민들과의 갈등이 더욱 많은 편이다. 경찰과 지역사회의 관계는 자신들의 봉사하는 시민들과 얼마나 잘 연관되어 있느냐는 개별 경관들의 능력에 의존하고 있다.

대부분의 경우에 있어 생산성에 대한 내적 측정수단이 유일한 중요수단이 사적 기업과는 달리, 경찰관들은 외적으로 행동을 잘 하지 못하면서 내부적으로는 바람직하게 보일 수 있다. 그러므로 경찰의 통제체제에 있어 시민들의 투입기능이 매우 중요한 요소로 작용하는 것이다. 불행하게도 시민 감시활동이 지금까지는 의도한 바의 성과를 거두고 있지 못하는 것 같다. 아래에서는 시민에 기반한 통제체제의 형태와 한계들에 대하여 살피기로 한다.

2. 시민조사

시민조사단(civilian review board)의 개념은 1950년대에 처음으로 제안되었다. 그것은 당시에 존재하던 경찰비행에 대한 구제 수단들이 별 효과가 없다는 신념에서 제안된 것이다. 다양한 형태의 조사단들이 제시되고 창안되었다. 그에는 부서 외부에서 시민들에 의해 지배되는 형태에서부터 시민이 참여하는 경찰 내부의 위원회에 이르기까지의 형태를 포함하였다.

1967년 대통령위원회는 4개의 시민조사단들을 비교하였다. 그 결과는 별로 고무적인 것이 아니었는바, 조사단들이 실제 자문적인 성격을 지닌 채 별로 권한이 부여되지 못하고 있다는 사실을 발견하였다.

당시의 유명한 두 조사단으로 필라델피아경찰자문단(Philadelphia Police Advisory Board), 뉴욕시시민불평조사단(New York City Civilian Complaint Review Board)이 있었다. 두 곳 모두 여러 가지 이유들로 인해 유명하였는바, 그곳을 둘러싼 경찰들의 저항도 그 한 역할을 담당하였다. 필라델피아경찰자문단은 경우회(Fraternal Order of Police)를 비롯한 여러 경찰조직들에 의해 야기된 소송으로 번잡하였다. 그리하여 어떠한 형태의 시민조사단도 거부한 시장의 당선으로 인해 결국 해체되고 만다.

뉴욕에서는 1966년 단지 4개월 동안만 지속되었다. 마찬가지로 경찰이 뉴욕시시민불평조사단과 대립한 것이다. 경찰은 그것을 시민투표에 붙이게 되었으며 3:1로 조사단이 해체되게 되었다.

시민조사단의 양극적인 효과 때문에, 많은 경찰행정인들은 1960년대 후반에 들어 보다 완화된 형태를 찾게 되었다. 그들은 별다른 갈등 없는 시민 감독을 원한 것이다. 그 결과 경찰 옴부즈맨(police ombudsman)이 논의되게 된다. 다양한 형태의 제안들이 도출되었다. 그 개념은 스칸디나비아 모형에 기초한 것이다. 기본적으로 특정 개인 - 옴부즈맨 - 이 경찰에 대한 불평불만을 조사할 권한을 지니고 또한 개혁안을 제정하도록 한 것이다. 즉각 개념과 관련된 몇몇 문제점들이 나타났다. 우선, 옴부즈맨의 선임 형태에 대하여 문제가 제기되었다. 정치적인 비행을 저지를 가능성 또한 분명하였다. 그로 인해 다양한 형태의 견해들이 논의되게 되었다

조사단과 관련한 문제점으로 어떤 형태의 감시체제를 가져갈 것인가가 아니라 경찰들로 하여금 어떻게 시민감시체제를 받아들일 수 있도

록 설득하는지가 더욱 중요한 문제임을 기억해야 한다.

시민 조사의 부정적 측면에 대한 주요한 논의들은 경찰관들이 동일한 기술, 훈련, 경험들을 지니고 있어 시민들이 경찰의 행태에 대하여 적절한 판단을 하기에 어려움이 있다라는 사고에 기초하고 있다. 또한 시민조사단은 경찰의 사기에 있어 위협요인으로 간주되었다. 많은 사람들이 시민조사가 경찰들로 하여금 소극적인 자세를 취하게 만들 것이라고 염려하였다.

모두 부정적인 견해만을 보이는 것은 아니다. 시민조사단에 대한 가장 심한 비판가들조차 경찰이 스스로를 조사하는 것에 대하여는 대중적 신뢰가 떨어진다는 사실에 대하여 인정한다. 그러므로 시민조사절차의 가장 큰 장점은 조사화정에 있어서의 정당성 고양과 그로 인해 지역사회 속에서의 경찰에 대한 정당성 고양으로 들 수 있다. 시민들의 경찰에 대한 인식을 높일 수 있는 방식으로 그들에 대한 경찰의 정당성을 확보하는 것이 매우 중요한 것이었다. 그러므로 1960년대 후반과 1970년대 초반에 걸친 혼란한 시대에 있어 법집행관들이 직면했던 문제는 시민들의 경찰관들에 대한 지지를 유지한 채로 어떻게 그들의 경찰에 대한 인식을 고양시킬 수 있는가 하는 점이었다.

미국 전역을 거쳐, 1970년대는 아직까지 시민조사에 대하여 불신의 감정이 남아있던 시기였다. 그러한 부정적 견해에 대한 예외로는 칸사스시의 미주리경찰국이 있었다. 1970년에 시민고충국(Office of Citizen Complaints)이 설립되었다. 그것이 1970년대에 설치된 유일한 것은 아니었으며, 캘리포니아의 산호세에서는 옴부즈맨이 설립되었고 버클리에서는 경찰조사위원회가 설치되었다.

다음 20여년 동안, 시민조사국들은 번성하게 된다. 지난 5년만 하더라도 그러한 기관들의 수와 형태에 있어 매우 큰 발전이 있었다. 시민들에 의한 경찰활동의 조사라는 견해가 마침내 경찰과 시민 모두에 의해 받아들여졌음이 분명한 것이다.

3. 현대의 불평불만 조사 형태

Walker와 Bumphus에 의해 수행된 1991년 연구에서 최근 미국 법집행기관들이 활용하고 있는 시민조사부서의 형태로 다음과 같은 세 가지를 지적하였다.

제 1형태 : (a) 민간인들에 의한 초동수사와 사실발견 (b) 민간인들이 다수로 구성된 위원회 등에 의한 조사보고서의 검토 및 적절한 조치활동의 추천
제 2형태 : (a) 선서결관들에 의한 초동수사와 사실발견 (b) 민간인들이 다수로 구성된 위원회 등에 의한 조사보고서의 검토 및 적절한 조치활동의 추천
제 3형태 : (a) 선서경관들에 의한 초동수사와 사실발견 (b) 선서경관들에 의한 조사보고서의 검토 및 적절한 조치활동의 추천 (c) 최종조치에 대하여 불만이 있는 시민이 민간인들을 포함하는 위원회에 재심 요구를 할 수 있는 기회 부여

최근 많은 문헌들이 시민조사과정들에 대하여 언급하고 있지만, 그러한 과정의 효과성을 측정하는 연구는 거의 없었다. 가장 최근에 있었던 시민조사체제에 대한 광범위한 평가는 다음과 같은 점들에 대한 연구가 부족하다고 하였다. (1) 시민 조사의 효과성 (2) 시민조사절차의 집행 (3) 시민조사의 정치성 또한 시민들의 의견조사에 대한 연구도 매우 빈약한 편이다. Perez에 의해 수행되어 1978년에 출판된 내용에 의하면 칸사스시, 산호세, 버클리, 오클랜드, 그리고 콘트라 코스타 지역을 중심으로 연구하였다. 그는 고충조사과정에 대한 만족도를 측정하고자 하였다. 그 결과 조사결과의 만족 사이에 상당한 상관관계가 존재하였으며 자신의 고충이 입증된 시민들은 만족한 반면, 그러지 못한 시민들은 만족하고 있지 않다는 사실에 대하여 파악할 수 있었다.

처리된 고충이 낮은 비율을 점하고 있는 이유들에 대한 연구 또한

빈약하다. 다음과 같은 몇 가지 인간의 형태에 그러한 설명들이 포함될 수 있다. 우선, 경찰이 일반대중들과 적절한 의사소통을 하고 있지 않다는 점이다. 많은 경우에 있어 시민들은 경찰이 제대로 업무를 수행하고 있는지에 대하여 모르고 있다.

다음으로, 대부분의 사람들이 자신의 삶에서 발생한 나쁜 사건들에 대하여 책임을 맡기 싫어한다는 점이다.

마지막으로, 불평불만이 항상 정의를 추구하는 것이 아니라 대신 복수를 찾기도 한다는 점이다. 개인들의 정의에 대한 지각은 상대적이라는 사실을 명심해야 한다. 시민들의 고충에 대응하는 것이 그것들을 취급하는 체제와는 무관하게 항상 승자 없는 상황이 될 수 있다는 사실을 잊어서는 아니될 것이다.

4. 비효과적 직원들의 관리

비효과적인 직원들을 관리하는 것은 어려운 일이다. 일반적으로 문제 직원들은 관리자들로 하여금 많은 시간을 할애하도록 한다. 아래에 제시된 관리 모형들은 행정인들과 연구자들에 의해 축적된 지식에 기초하고 있다. 그것은 열등한 업무 수행자들을 구제하여 완전히 생산적인 직워들로 되돌리기 위한 것들이다(DuBrin, Ireland, and Williams, 1989: 420).

5. 효과적 성과란

모든 직원들의 관리에 있어 우선적으로 행하여야 할 일은 적절한 성과가 어떠한 것인가에 대한 규정이다. 목표 설정이 잘 이루어진 곳에서는 이러한 과정이 수월하게 이루어진다. 그러나, 목표와 목적이 애매하고 잘 정의되지 못한 곳에서는 이것이 매우 어려운 작업이 될 것이다. 성과기준이 확립되지 못한 곳에서 직원이 낮은 성과를 낸다고 하여 비난해서는 아니된다. 열등한 성과를 시정하기 위해서는 좋은 성과가 무엇인지에 대하여 정의하는 것이 필요하다. 이것이 바로 기준이며 그에 의해 직원의 미래성과가 측정되어지게 된다.

6. 바람직한 성과로부터의 일탈에 대한 식별

감독자들은 정상적인 성과로부터의 일탈행위에 대하여 항상 주의를 집중하고 있어야 한다. 예민한 관리자라면 비교적 쉽게 식별할 수 있는 증후들이 있다. 시민들의 불평불만, 동료들로부터의 부정적 평가, 업무 수행에 있어서의 잦은 실수, 권태, 집중력 결여 등. 성과나 인격에 있어서의 이러한 변화들은 문제점으로 발달할 수 있다. 문제점들이 빨리 발견되면 될수록, 그러한 문제들이 시정되어질 가능성이 높아지는 것이다.

7. 평가에 대한 의사전달

문제점이 식별되면, 그것은 직원들과 논의되어야 한다. 이는 매우 고통스러운 과정이며 그로 인해 그러한 문제들이 곪아터질 때까지 감독자들이 덮어두려고 한다. 하지만, 의사전달이 늦어지면 질수록 직원들은 문제상황으로 더욱 깊이 빠져들 수 있게 된다.

어느 누구도 자신의 실수들과 직면하는 것을 좋아하지 않는다. 그러므로, 직원들의 감정을 최대한 고려해야 하는 것이다. 직원과의 면담이 전투적이어서는 안되고 직원이 문제점을 바로 볼 수 있도록 도와줄 수 있어야 한다. 관리자들은 사람이 아니라 행태에 초점을 맞추어야 한다.

그러한 의사전달의 목표는 관리자와 직원들 모두에 의해 동의되는 문제점에 대한 정의를 개발하는 것이다.

8. 교정수단의 선택

관리자들과 직원들은 부적절한 행동을 시정할 조치에 대하여 합의해야 한다. 때때로 이 단계에서 외부 전문가들이 필요한 경우도 있다.

9. 교정수단의 실행

실행과정은 일반적으로 다음의 두 가지 형태 중 하나에 해당한다. : (1) 관리자들이 스스로의 결정에 의해 수행할 수 있는 것들 (2) 공식적인 조직 프로그램의 맥락에서 수행되어지는 것들.

관리자들이 스스로의 결정에 의해 수행할 수 있는 것들로는 다음과 같은 것들이 있다(DuBrin, Ireland and Williams, 1989: 422-424).

1) 징계 : 가장 중요하고 많은 부분에 있어 강력한 관리 수단이다. 궁극적으로, "태도를 바르게 하든지 아니면 그만두어라"는 의미이다.

2) 유급휴직 : 봉급을 부여하는 휴직이다. 이를 통하여 문제 직원은 스스로의 문제점들에 대하여 숙고하게 된다. 그 직원은 휴직 상태에서 그 직무를 계속 수행할지의 여부에 대하여 결정하도록 요구된다. 만약 긍정적인 답변을 한다면, 성과를 향상시키기 위한 조치가 취해지는 것이다.

3) 관리자와의 상담 : 이것은 심리상담이 아니다. 직무상담으로 직원들이 스스로에 대한 타인들의 생각 등 자신들에 대하여 파악할 수 있게끔 설계되어 있다.

4) 의사소통의 향상 : 관리자와 직원간의 상방향 의사소통의 양을 증가시켜 직무상의 의무와 기대되는 성과에 대하여 파악하게 한다.

5) 동기의 고양 : 성과를 향상시키기 위한 동기부여 기법들이 사용될 수 있다. 향상된 성과에 대하여 보상을 부여하고, 지속되는 기준 이하의 성과에 대하여 처벌을 사용할 수 있다.

6) 교대 근무 : 문제가 만일 부족한 활력이나 업무에 대한 흥분감의 상실 등으로 야기된 경우, 다른 직무로 직원을 교대시키는 것이 긍정적인 효과를 가질 수 있다.

7) 강등 : 직원이 자신의 능력 이상의 업무로 문제를 야기하는 경우, 이전의 업무로 강등하는 것이 효과적일 수 있다. 이러한 접근과 관련해서는 직원의 자아에 대한 충격이 문제될 수 있으나 그로 하여금 문제로부터 벗어날 수 있는 수단을 제공한다는 점에서 필요하게 된다. 효과성에 대한 잠재력에도 불구하고 이러한 접근은 공무원 규정이라든지 노동 계약 등으로 인해 제한되어진다.

8) 낮은 성과 기준 : 종종 비현실적으로 높은 성과 기준들이 문제가 될 수 있다. 이러한 경우에 있어 가장 쉬운 접근방법은 그러한 기준들

을 낮추는 것이 된다.

공식적인 조직적 프로그램 또한 때때로 유용하며 그러한 것들로는 다음과 같은 것들이 있다.

① 직원보조프로그램 : 민간기업에 있어 성과문제에 대한 공식적인 접근 방법으로 가장 많이 활용되어 왔다. 기본적인 가정은 전문적인 상담자가 직원의 문제 해결에 있어 관리자보다 뛰어나다는 것이다. 더불어 관리자로 하여금 직원의 개인적인 문제점들로부터 일정한 거리를 유지하도록 하는 이점도 있다.

② 제3자 상담 : 일반적으로 조직 상층부의 관리자들에게만 적용되는 것으로, 제3자인 상담자는 부하와 상사 모두가 문제를 해결할 수 있도록 도움을 주게 된다. 상담자는 문제를 진단하고 낮은 성과자와 상담하며 관리자에게 적절한 조언을 한다.

③ 스트레스 관리 프로그램 : 직무관련 스트레스의 영향을 완화하기 위하여 설계되었다. 운동, 긴장완화, 스트레스 수준의 점검 등의 활동이 포함된다.

④ 건강·복지 프로그램 : 스트레스 관리 프로그램과 관련된 프로그램으로 직원이 신체적, 정신적으로 건강할 수 있도록 한다. 이를 통해 직원들의 건강 문제를 예방할 수 있게끔 하며, 그 결과 40% 정도의 병원비용의 감소와 18%의 결근 감소 효과를 가져왔다는 연구도 있다.

⑤ 본보기 모형 : 타인들로 하여금 업무를 정확하게 수행하는 직원의 행동을 모방하도록 하는 것이다.

⑥ 직무 재설계 : 이는 문제가 잘못된 직무 설계에서 기인한 경우에 사용될 수 있다. 예를 들어, 한 명의 부하가 여러 상관들에게 보고하고 그들로 하여금 상충하는 요구들을 듣도록 하는 경우 등이 이에 해당한다. 이러한 경우의 해결책은 직무를 재설계하여 한 사람에게 보고하도록 하는 것이 될 것이다.

⑦ 교육훈련과 개발 : 저급한 성과에 대한 일반적인 처방책으로 그

직원으로 하여금 교육훈련이나 개발 프로그램 처우를 받도록 하는 것이다. 이는 특히 그러한 문제점이 해당 직원의 직무에 대한 이해 부족에서 기인하는 경우에 있어 유용하다.

10. 평가에 대한 재평가

위에서 제시된 기법들이 자동적으로 향상된 성과를 가져오지는 않는다. 교정활동 이후 적어도 한 번 이상 낮은 성과자를 재평가할 필요성이 있는 것이다. 그러한 평가는 향상된 업적에 대한 칭찬의 기회 부여와 그러한 활동과정의 문제점 등에 대하여 파악할 수 있게 한다. 만약 그러한 기법들이 별로 효과가 없다면 다른 기법들을 활용한 것인지 아니면 파면시킬 것인가의 대하여 결정하여야 한다.

11. 교정적 규율

교정적 규율이란 열등한 성과를 향상시키는 긍정적 방편이다. 이는 처벌이 적용되기 전, 문제 행동들이 시정될 수 있도록 한다. 직원들은 그들의 행동이 부적절함을 전해 들으며 조직에 계속 남아 있기를 원하면 시정조치가 있어야 한다는 사실을 듣게 된다. 교정적 규율의 핵심은 직원과 관리인이 성과 문제를 해결함에 있어 책임을 공유한다는 사실이다.

다음과 같은 6가지 단계들이 존재한다.

1) 조기 중재 : 관리인은 늦어도 문제가 두세 번 정도 나타나면 열등 성과자들에 대하여 주의를 기울여야 한다.

2) 문제 식별 : 열등한 성과자들은 특정한 형태의 용어로 식별되어야 한다. 관리인들은 그들에 대한 일반적인 용어사용을 피해야 하며, "게으른", "완고한" 등의 용어는 자제하여야 한다.

3) 기대의 명확화 : 직원들은 무엇이 임무 향상에서 요구되어지는지에 대하여 명확하게 인식할 수 있어야 한다. 기대가 명확할수록, 애매함과 혼란스러움이 약해진다.

4) 환류 : 규율이후, 직원들에게 얼마나 기대 상황들을 충족시키고 있는지에 대하여 전달할 필요가 있다. 발전 상황에 대한 문서화는 매우 중요한 바, 특히 그 직원이 향상되지 않고 결국 파면되어야 할 경우에 있어 더욱 그러하다.

5) 긍정적 강화 : 관리인은 긍정적인 성과를 유지할 수 있도록 당해 직원의 모든 향상된 점에 대한 보상을 하여야 한다. 칭찬, 악수 등이 적절하게 사용되어질 수 있는 것이다.

6) 지속적 조사 : 당해 직원의 진도가 계속 관찰되어야 하고 얼마만큼의 발전이 있었는지에 대하여 꾸준히 논의가 이루어져야 한다. 그 직원이 만족스러운 성과를 산출하기 시작하는 경우, 그 활동은 종료될 수 있는 것이다. 자신의 행동이 더 이상 감시의 대상이 아니라고 느끼는 것이 중요하다.

12. 교정적 vs 약식, 누진적 규율

교정적 규율은 규율의 긍정적 차원이었다. 그에 반해 부정적 형태로는 약식규율(summary discipline)과 누진적 규율(progressive discipline)이 있다. 약식규율이란 즉각적인 고용관계의 종결을 의미한다. 이는 쉽게 이루어지는 것이 아니며 노동계약이나 노동법 등의 규율을 받게 된다. 이는 부서정책에 대한 중대한 위반 사항에 대하여 이루어지게 된다. 여기에는 자주 연방 혹은 주 법률의 위반이 포함되어 진다. 절도, 사보타지, 불법 약물의 소지 또는 판매, 강간, 살인 기타 중범 등이 자주 인용되는 사례들이다. 경찰조직에 있어서는 부당한 치명적 물리력의 행사나 근무 중 주취행위 등이 포함되어질 수 있다.

누진적 규율은 점증적 처벌 체계로서 반복되는 위반에 대하여 점점 가혹하게 다루는 것을 의미한다. 일반적으로 다음의 순서로 처벌이 이루어진다. (1) 구두 경고 (2) 서면 경고 (3)징계적인 일시 해고 (4) 파면. 이는 교정적 규율보다 상담적인 성격은 비록 약하게 지니고 있지만, 직원에게 또 다른 기회를 부여하는 행위의 중요성에 대하여 인식하고는 있다.

13. 업무 종결

직원을 해고하는 의사결정은 행정인이 직면하는 가장 어려운 일 중의 하나이다. 그러나 종종, 직원에 대한 해고가 직원과 직장 모두에 이득이 되는 경우가 있다. 다른 의사결정들과 마찬가지로 기준 미달의 성과자들을 해고하는 것에 대하여 다음과 같은 찬반 논쟁이 있다(DuBrin, Ireland, and Williams, 1989: 432-434).

14. 찬성론적 입장

1) 그러한 충격은 치료적인 성격을 지닐 수 있다. 해고된 후, 직원은 스스로 더욱 열심히 노력해야 한다는 사실을 깨달을 수 있다.

2) 부서의 사기가 진작될 수 있다. 효과적인 동료들은 비교적 공정한 업무 부담이 이루어질 수 있다는 사실에서 기뻐할 수 있다.

3) 해고된 직원은 때때로 자신에게 더욱 잘 맞는 직업을 찾아 자아를 고양할 수 있게 된다. 모든 사람들이 경찰에 부합되는 것이 아니다. 많은 사람들은 민간 회사에서 보다 적절한 직업을 찾을 수 있다.

4) 열등한 직원을 해고함으로써 보다 유능한 직원을 충원할 수 있게 된다.

5) 열등한 직원에 대한 해고는 조직 성원들의 생산성을 제고시킬 수 있다. 해고라는 행위는 조직이 일정한 기준을 설정하고 있으며 그러한 기준들이 시행될 것이라는 점을 분명히 할 수 있게 된다.

15. 반대론적 입장

1) 해고는 선발, 교육훈련, 인적자원관리 등의 분야에 있어서의 실수를 인정하는 것으로는 간주될 수 있다. 만약 열등한 직원이 적절하게 선발되고 훈련받았다면 해고는 불필요하게 되었을 거라는 것이다.

2) 만약 직원이 부당하게 해고되었다면, 소송을 결과할 수 있다. 최

근 조직의 부당해고를 대상으로 한 모든 소송의 절반 가량이 비관리직원들(nonmanagement personnel)에 의해 제기되고 있다. 게다가 이전 직원들이 자신들의 명성을 훼손한 직원들에 대해 명예훼손 소송에서 승리하고 있다(Corbett, 1986: 19-23; Gillot, 1986).

3) 해고당한 직원들의 동료들이 스트레스를 받을 수 있다. 동료들이 다음은 자기 차례가 될 수도 있다는 사실에 두려워하거나 근심스러워 할 수 있다.

4) 많은 직원들을 해고하는 조직은 나쁜 평판을 가질 수 있고 그로 인해 유능한 직원들의 충원에 애로를 겪을 수 있다. 직장 안정성에 초점을 두고 있는 사람들에게는 쉽게 직원을 해고하는 직장에 지원하기를 꺼려한다.

가장 어려운 관리상의 의사결정이 바로 열등한 성과와 관련된 경우이다. 범법행위에 가담한 직원 혹은 주요 부서 정책에 대하여 부주의하게 위반한 직원 등은 망설임 없이 해고되어야 한다. 열등한 성과자들은 관리의 "회색 지대"에 있는 셈이다. 그들은 매우 성격이 좋은 사람들이며 단지 일을 잘하지 못할 뿐인 것이다. 교정적 조취를 취할 것인지 아니면 해고시킬 것인지의 의사결정은 오랜 효과를 지닌다. 어떠한 결정을 하든지 간에 분명한 조직적 그리고 법적 타당성을 지녀야 할 것이다.

연습문제

1. 효과적인 경찰통제와 경찰통제는 왜 필요할까?
2. 조직의 성과 평가방법은 무엇이 있을까?
3. 경찰교육방법은 어떠한 것이 있을까?
4. 경찰교육의 필요성은 무엇인가?
5. 경찰스트레스의 증후와 스트레스 감소방안은 무엇이 있을까?

제 14 장

경찰조직의 미래

학습목표

이 장에서 우리는 많은 논쟁들이 있었던 우리의 토론에 결말을 맺고자 한다. 우선 우리는 미래를 바라본다. 자주 바뀌는 사회적 기술적 경향을 이해하려 한다. 마지막으로 우리는 오늘과 내일의 경찰 조직을 다루기 위한 몇 가지 실질적이고 우선적인 중요한 규칙들을 알아보고자 한다. 따라서 여기에서는

첫째, 바람직한 경찰상

둘째, 경찰에 영향을 주는 사회적 요소

셋째, 미래의 범죄동향과 범죄통제전략에 대하여 고찰하고자 한다.

제 1 절 우리는 어디로 향하고 있는가?

세계는 급속도로 변하고 있고 미국도 그 과정의 예외는 아니었다. 동부유럽은 민주주의 방식을 향하여 빠르게 나아가고 있으며, 중화인민공화국은 서구 나라들과의 관계를 정상화시키려 애쓰고 있다. 한 국가로써 이것이 우리에게 어떤 영향을 미칠지 아직은 알려져 있지 않다. 우

리는 내일이 오늘과 같지 않을 것이라는 걸 잘 안다. 이 장에서 우리는 경찰관리자의 입장에서 내일이 어떻게 변할 것인가에 초점을 맞추려 한다. 인구통계는 미래의 모습을 결정하는 데 있어 중요한 역할을 할 것이다. 이번 장에서 모든 인구통계 추세를 평가하지는 않지만 거의 틀림없이 작용할 더욱 강력한 힘들 중의 하나로서 관찰하는 것이 가칭T을 것 같다. 이 나라는 급속도로 고령화되고 있다. 노령인구에 대한 정책은 젊은층에 대한 것과는 다르다.

고령화가 그 나라에서 겪는 유일한 변화는 아니다. 다가오는 세기에는 인종적/민족적 혼합이 무한한 변화를 가져올 것이다. 이러한 변화들은 정치적이고 경제적인 힘의 변화를 야기시킬 수도 있다. 게다가 제품을 수입하는 대신 작업을 수출하는 미국회사들의 성향 때문에 그 같은 동일기간에 걸쳐 다양한 경제적 위기가 더욱 발생할 것 같다. 그러나 크게 예상되는 변화는 인구가 고령화되고 있다는 것이다. 그러므로 미래는 감각을 얻기 위해 우리는 고령화사회의 사회적 경제적 영향을 조사한다.

Ⅰ. 미국의 내일(America Tomorrow)

제 2차 세계대전 후의 베이비 붐 세대들은 지금 중년의 나이에 접어들고 있다. 이러한 거대한 인구 집단들이 퇴직시에 접어들면 미국사회에 미치는 영향은 막대할 것이다. 겨우 20년 후면 50세에서 64세의 인구는 25%증가하고 75세 이상의 인구는 26% 증가할 것이다. 2030년이 되면 인구의 25%가 노년층이 될 것이며, 2050년까지는 인구의 5%나 85세 이상이 될 것이다.

노년의 위치에 접어들면서부터 노년층의 사망시기 사이에 중대한 정치적 결정은 이 집단에 의해 주도될 것이다. 이것은 몇 가지 요소 때문에 발생한다.

첫째는, 상당한 노년층 인구가 더 젊은 세대들보다 투표를 많이 한다.

두 번째로, 노년층은 젊은 세대들에게 부모님, 그리고 증조부모가 된다. 그들은 그들의 아이들과 손자손녀들의 투표행동에 많은 영향을 미친다. 일부 20세에서 30세 사이의 연령층에 있어서 노년층의 투표는 그 나라에서 가장 강력한 정치적 걸림돌이 될 것이다. 왜냐하면 사람들은 그들 자신의 이익을 위해서 투표하는 경향이 있기 때문에 노년층에게 혜택이 가는 의도된 입법화를 예상할 수 있다.

위에서 언급한 입법은 젊은 세대들이 견뎌야하는 부수적 비용을 발생시킬 것이다.

첫째, 퇴직제도는 엄청난 부담을 낳게 될 것이다. 현재 어떤 사람이 퇴직제도에 돈을 지불하면 그 제도하에 지불한 것보다 훨씬 많은 것을 얻는다. 결과적으로 어떤 사람이 퇴직제도에 돈을 지불하면 그 사람은 현재 퇴직한 자에게 퇴직 혜택을 주게 되는 돈을 지불하는 것이다.

지금부터 30년 후에는 사정이 그와 같지는 않을 것이다. 퇴직하는 사람이 아주 많아져서 시설과 정부퇴직제도 모두 다 그들의 의무를 수행하는데 몹시 힘든 상황이 전개될 것이다. 사회보장제도도 이와 마찬가지일 것이다. 퇴직제도는 그 늘어나는 수요를 충족시킬 수 있도록 총액을 원천징수하는 직원을 늘릴 수밖에 없을 것이다.

두 번째로, 노년층의 건강욕구가 증가하였다. 의료비와 보험료는 이미 놀라운 속도로 상승하고 있다. 현재 우리는 노년층에게 아이들보다 3배나 많은 돈을 지출한다. 30년 후에는 기복적인 의료비가 아마 부유층을 제외하고는 모두의 능력 한계를 초과할 것이다. 어느 시기에 노년층은 투표소에서 이런 문제를 제기할 것이다. 그 결과는 더 젊은 고용 세대들의 세금에 의해 지불되는 국가적 건강보험의 형태가 될 것이다.

적어도 이런 노년층의 욕구는 정부가 우선적으로 정책에 반영할 것이다. 노년층이 요구하는 모든 것을 제공하려고 정부의 다른 측면에 충분히 투자할 세입예산이 충분치 않을 것이다. 의료비는 정부예산을 완전히 바닥낼 것이다. 치안과 같은 다른 서비스도 앞으로는 어려운 시기를 맞을 것이다.

노년층은 범죄를 두려워한다. 그들은 다른 어떤 인구집단보다 범죄를 무서워한다. 인구의 평균 연령층이 그 나라의 중간 연령층보다 많은 그런 상태에서 범죄와 범죄자를 더욱 가혹하게 다루는 것은 놀랄만한 일이 아니다. 나라가 고령화되어 감에 따라 범죄에 대한 태도가 더욱 가혹해진다. 사형을 요구하는 목소리가 더욱 커질 것이다. 장기복역에 대한 요구가 더 커지며 가석방과 집행유예의 요구는 줄어든다. 이러한 일들이 일어나면 교도소는 그들의 수용능력의 한계를 넘어서게 된다.

경찰보호와 다른 서비스에 대한 요구가 또한 증가하며 범죄와 범죄자에 대한 두려움이 노년층에 있어 건강 다음으로 문제가 될 것이다. 이 시기는 아마 이 나라의 역사상 가장 세금이 높은 시대로 기억될 것이다. 그것은 또한 "보스턴 차 소요 사건" 이후로 가장 격렬한 세금 반대 시위가 일어날 수 있다는 것을 의미한다. 그러나 이것은 상상일 뿐이다. 사실 우리는 노년층이 범죄를 두려워하고 범죄를 가혹하게 다루기를 원한다는 걸 알고 있다. 그것은 계속될 것이고 인구가 고령화되어 감에 따라 그 이론은 더욱 더 그 나라의 중요 관심사가 될 것이다.

Ⅱ. 범죄경향(Crime Trends)

날이 감에 따라 내일이 어제와 같지 않을 것이라는 사실은 더욱 분명하다. 미래는 현재보다 복잡한 문제를 가진 사회일 것이다. 빈곤이 근절되지 않으며 효과적으로 다루어지지 않을 것이라는 건 아픈 현실이다. 동시에 진보적 기술은 과학세계를 이해하고 통제하는 사람들의 부와 영향력을 증가시킬 것이다. 옛날 문구를 인용하면 "빈익빈 부익부" 현상이다.

과학기술로 인해 이 과정은 명백해질 뿐 아니라 배운 사람과 배우지 못한 사람 사이의 갭을 더욱 벌려놓을 것이다. 이란이 서구적 현대화에 반대하듯이 가난한 사람들 역시 전문 기술자에 의해 지배되는 세상을 거부할 수도 있다. 어떤 나라도 통제하기에는 능력의 한계를 넘어선 세

계경제의 일부분이 된 마약과 테러행위는 이러한 미래의전 영역에 걸쳐있다. William Tafova는 약물남용, 배우자/아동학대, 도시불안, 그리고 테러행위에 대해 이렇게 말한다.

"이러한 것들은 암처럼 지역적, 정치적 경계의 개념 없이 완전히 사회 전체에 퍼진 범죄유형이다." 그것들은 다른 사회적 악과 상호작용하고 이미 쇠약해진 상황을 더욱 악화시키는 범죄형태이다. 법집행에 대한 도전은 무한해질 것이다. 즉, 이러한 도전에 대처할 사람들에 대한 사회의 감시도 그러할 것이다.

특별한 범죄의 강도가 시간이 흘러감에 따라 변화할 것이다. 범죄를 한 단어로 말하는 것은 불가능하다. 사실 많은 서로 다른 형태의 범죄행위가 있다. 인구통계, 경제, 가치 등의 변화로 인해 다른 범죄의 발생빈도가 늘어나기도 하며 어떤 형태의 범죄발생빈도는 줄어들기도 한다.

Georgette Bennett는 다음과 같은 미래의 예상되는 범죄행위를 나열해 놓았다.

① 미래에는 컴퓨터가 유일하고 가장 큰 범죄 유발원이 될 것이다.

② 미국에서의 범죄 집중이 Sun Belt(미국 남서부)에서 계속될 것이다.

③ 낮은 출생률과 높은 고용률로 인해 지키지 않은 많은 집이 낮에 강도를 당할 것이다.

④ 늘어나는 서비스경제로 인해 많은 시간제 직업이 생겨나고 그로 인해 학생 노동자가 적어져 범죄가 줄어들게 된다.

⑤ 혼자이고 가난하며 어리고 교육받지 않은 엄마의 수가 늘어남에 따라 더 많은 학대 가정이 출현할 것이다.

⑥ 노년층 노동자가 있는 산업에 도둑질이 줄어들 것이다.

⑦ 노령인구의 증가로 인해 의료와 보험사기가 증가할 것이다.

⑧ 에이즈의 공포로 인해 매춘부의 필요성이 줄어들 것이다.

Ⅲ. 기술과 범죄(Technology and Crime)

사회적 변화를 예언하는 것은 위험한 예측이다. 그것은 예언하는 사람이 어리석게 여겨질 수 있는 영역이다. 그러나 기술적 변화를 예언하는 것은 보다 쉽다. 우리는 어떤 변화가 있을지 정확히 알 수는 없지만 변화가 있을 것이라는 것은 안다.

이러한 변화들 대부분은 현 기술의 개발에 반영될 것이다. 이 장에서는 경찰에게 막대한 영향을 미친 기술적 분야에 초점이 맞춰질 것이다.

진보하는 무기기술은 경찰에 가장 심각한 도전을 유발시킨다. 야구 방망이 하나만을 가지고 테러리스트가 되기는 어렵다. 화력이 세지면 세질수록 파괴하는 개인이나 소규모 집단의 능력 또한 더 강해진다. 더 안전하고 분별력 있는 무기는 세상에 없을 것이다. 그 반대로 미래에는 더욱 무섭고 더욱 효과적인 무기가 존재할 것이다. 경찰기관이 대처해야 하는 파괴적인 도구 가운데는 손으로 쥘만한 크기의 로켓, 컴퓨터 바이러스, 전자펄스발전기, 그리고 액체금속무력화약품(liquid metal embrittlement agents) 등이 있다.

손으로 쥘만한 크기의 스팅거로켓은 작고 가벼우며 아주 신뢰할 만한 무기이다. 그것은 계속 테러집단에게 유용하게 될 것이며 모든 형태의 비행기를 격추시킬 수 있는 효과적인 수단이다.

컴퓨터 바이러스는 이미 도입되어 많은 컴퓨터 프로그램에 돌이킬 수 없는 해를 끼쳤다. 이러한 많은 것들이 장난삼아 혹은 도전으로써 행해졌다. 테러리스트들과 범죄자들은 미래에 더욱 사악한 목적을 위하여 그러한 기술을 이용할 것이다.

전자펄스발전기는 컴퓨터를 공격하는 수단을 제공한다. 그러한 장치는 공격당하는 컴퓨터의 전력을 공급하는 전선에 연결될 수 있다. 그 기계는 전기회로를 통하여 강력한 전자펄스를 보낸다. 이러한 펄스는 컴퓨터의 기억공간을 파괴시킬 수 있다.

아마도 새롭게 개발된 무기들 중의 가장 가공할 만한 것은 액체금속 무력화 약품이다. 이 약품은 금속에 적용됐을 때 그것을 무력화시킨다. 그 금속은 탄력을 잃으며 일정한 압력하에 금이 가고 부서진다. 그러한 약품이 비행중인 상업용 비행기의 날개 또는 어떤 금속구조에 영향을 미칠지는 충분히 상상할 수 있다.

이러한 무기들 외에도 생물학적이고 화학적인 무기들이 더욱 유용해지고 더욱 치명적이 되어 가고 있다. 예를 들어 염소가스는 바닷물에서 생산될 수 있으며 그런 제품을 필요로 하는 거의 모든 집단에 유용하다.

요약하면, 더욱 전문화되고 더욱 효과적인 다양한 무기들을 다룰 수 있는 법집행이 요구된다. 경찰기관들은 지금보다 훨씬 더 전문적인 무기취급 훈련을 받아야 한다.

1. 폭탄(Bombs)

PIRA(임시정부 아일랜드공화국 군대)는 약간의 등유와 비료가 알맞게 섞였을 때 무슨 일이 일어날 수 있는가를 적절하게 보여주었다. 더욱 정교한 폭탄을 얻기 위한 수단을 확립할 때까지 그들은 단지 두 가지 품목만을 가지고 북아일랜드에서 살상을 저질렀다. 폭발물은 훨씬 더 치명적이고 효과가 컸다. 오늘날에는 아주 작은 양의 군사용 플라스틱 폭발물로도 엄청난 손해를 입힐 수 있다. 플라스틱 폭발물은 쉽게 감춰지고 아주 견고하여 비교적 휴대하기 쉽다.

무기제조자들이 폭발물을 개발하기 위하여 노력하고 있다고 말하는 것은 과장적인 일이 아니다. 이러한 개발들에는 더욱 파괴적인 힘, 증가된 안전성, 그리고 보다 훌륭한 발사 기술에 있다. 폭탄은 미래에 더욱 파괴적이고 쉽게 취득할 수 있으며, 경찰에게는 더 큰 문제로 다가설 것이다.

2. 화기들(Firearms)

많은 사람들 가운데는 모두가 자동무기를 소유해야 한다는 믿음이 있는 것 같다. 공격용 소총과 기관총이 총기 애호가들 사이에서 현재 유행하고 있다. 미래에 이것이 경찰에 가할 어려움을 생각하는 데는 의심할 여지가 없다. 군사용 공격소총으로 무장한 적에 맞서는 것은 사실상 경찰과 무고한 시민 모두의 위험을 증가시킨다.

늘어나는 경찰무기가 정말로 그 문제의 완전한 해결책을 아니다. 총격전에서 경찰은 대개 무장한 적에게 자동총기를 발사할 위치에 있지 않다. 대부분의 총격전은 도시를 배경으로 일어난다. 범죄자를 의식하고 발사한 총알이 무고한 보행자를 죽이는 결과를 낳을 수 있다. 그러므로 경찰은 정교한 무기에 대처하는 능력에 있어서 제한을 받는다.

Ⅳ. 사회적 혼란(Social Turmoil)

기술은 중립적이다. 그것은 죽이거나 다치게 하는 선택권이 없다. 오직 사람이 위험을 가하려는 치명적 목적을 위하여 그것을 사용하려고 할 때만 가능하다. 사회적 분열은 다음 50년에 걸쳐 법집행에 걸림돌이 되는 실질적문제가 될 것이다. 해당 사회 속에서, 폭력은 그 사회안의 사회 정치적 불안정의 수준에 비례한다.

미국은 사회적으로 분열하고 있다. 부의 분배가 인구의 소수그룹으로 지나치게 편중되었다. 가난한 사람의 수가 증가하고 있다. 중간층이 사라지고 소수그룹들이 서로 경쟁하며 백인 대다수가 직업과 정치적인 힘을 얻기 위해 경쟁한다. 민족간의 불안과 편협함이 확대되어 각각의 민족 집단사이의 교전적인 파벌싸움으로 발전한다. 그 나라의 미래에 큰 정신적 충격이 예상된다. 이러한 분열의 두 가지 결과로 테러행위와 도시불안이 더욱 증가될 것이다.

1. 테러행위(Terrorism)

세계에서 소외된 사람들의 수가 증가하고 있기 때문에 우리 곁엔 항상 테러가 발생한다. 또한 우리는 테러의 세계를 소수의 정권이 통제하고 조정하는 국제적인 음모행위로 간주하기 쉽다. 이것이 단순한 사실은 아니다. 테러를 당한 모든 곳에서는 억압과 선거권 박탈이라는 역사가 있었다. 테러를 야기시키는 상황이 알려질 때까지 국가에서 국가로 그 문제는 계속될 것이다. Frank Hagan이 말한 것처럼 테러행위는 값싼 외교적 수단의 도구로써 그리고 그들의 권력을 유지시키는 이데올로기적 정의에 의존한 권위주의적이고 민주적인 정권의 수단으로써 증가하는 것 같다.

테러행위는 또한 매스컴과 기술에 의존한다. 무기기술이 향상됨에 따라 더 작은 테러집단이 더 큰 손해와 상해와 살상을 가할 수 있게 되었다. 앞으로 무기와 폭발물기술이 더 효율적으로 설계될 것이라고 기대되기 때문에 결론적으로 테러행위의 효과도 더욱 증가할 것이다.

매스컴이 이와 유사하다. 우리는 더 이상 보고 듣는 것을 통제하는 소수의 주요 뉴스 방송망에 직면하고 있지는 않다. 위성통신은 사진을 통하여 몇 시간내에 심지어 수분내에 실제적 사건으로 방영될 수 있게 한다. 경쟁적 성질의 방송 저널리즘과 결합된 뉴스 보도의 수가 늘어감에 따라 테러 집단은 거의 어떤 형태로든 그들이 원하는 어떤 메시지든지 공표할 수 있게 될 것이다.

매스컴이 테러와 관련된 문제들을 얼마나 복잡하게 만들었는지는 테러상황을 악화시킨 과거의 방송매체의 행동을 신속히 관찰함으로써 알 수 있다. 테러와의 전쟁에 대한 부통령의 업무보고에 의하면 테러가 발생했을 때 문제를 일으킬 수 있는 매스컴 행동에는 이러한 것들이 있다(Public Report of the Vice president's task Force, 1986: 19).

① TV보도의 포화상태, 그것은 정부의 선택권을 제한하거나 혹은 선행할 수 있다.

② 테러분자와의 정치적 대화

③ 분명히 근거가 있는 사건의 은폐

④ 사건에 관여하여 협상에 간섭하는 것. 중재자의 역할을 맡은 매스컴이 정부의 법정 책임을 침해하는 것

⑤ 테러집단에게 돈을 지불하거나 인터뷰 혹은 접근을 돕는 것
⑥ 테러사고에 대처한 군사적 계획 혹은 배치상황의 보도

검열은 우리의 정부형태에서 개방된 사항이 아니다. 정부와 매스컴 사이의 관계는 상호 이해의 관계이어야 한다. 분명히 테러는 미래에 그 관계를 강도 있게 시험할 것이다. 이 나라에서 가난한 사람이 더욱 소외됨에 따라 도시 슬럼가는 미래에 가장 심각한 테러와의 전면전에서 혼란의 기반이 될 것이다. 그러나 이 점이 잠재하는 어려움 중 유일한 근원은 아니다. 적어도 세 개의 서로 다른 집단의 아마도 갈수록 테러 경향을 띄우리라 예측할 수 있다.

즉, 임신중절 반대자, 마약거래상 그리고 우익주의자들이다. 이러한 서로 다른 성격의 조직체가 서로 공통점은 거의 없지만, 한가지 공통점을 갖는데 그것은 바로 폭력을 사용하려 한다는 것이다.

일부 낙태 반대세력은 그들의 목적을 이루기 위해 폭력을 사용해 왔다. 낙태와 같은 감정적 문제는 사회의 큰 부분을 동원하는데 힘을 부여할 수 있다. 낙태 논쟁은 테러행위를 불러일으킬 수 있다. 임신중절 지지집단의 반격테러 가능성도 염려된다. 어느 한쪽에서의 시위는 반대편의 전의를 자극할 수도 있다. 경찰은 중립에 서기 마련이다.

증가일로에 있는 마약문제를 다뤄 왔지만 마약거래상을 테러행위를 일으키는 원천으로 보지 않았다. 콜롬비아에서는 마약거래업자가 사법경찰에게 강력히 대처함으로써 마약사건의 조사와 기소는 그들 업무의 최고의 관심거리가 될 수 없다는 것을 설득하려 하였다.

그러한 시나리오는 미국에서 역시 재연될 수 있다. 마약조직은 가장 정교한 군 장비로 무장하고 있으며, 군사를 배치할 자원이 있고, 대립상황에서 사법제도에 도전하려 하고 있다.

지금은 갱조직이 서로의 패권다툼에 바빠서 경찰이나 판사에 위협을 가할 여유가 없다. 그러나 이런 상황이 미래에는 변할 수 있으며, 만약 그렇게 된다면 그들은 틀림없이 테러 위협을 가할 것이다.

역사적으로 미국은 우익 극단주의자들이 제기한 문제를 다루어야 했

다. 이러한 집단들 중의 일부는 백인남자가 권력과 돈의 대부분을 소유하고 있었던 시대로 되돌아가려고 한다. 그러한 집단이 소수집단의 정치적 경제적 힘의 성장을 조용히 받아들일 것 같지는 않다. 정말로 이러한 집단들 속에 소속감이 싹틀 여지가 많다. 이런 소속감이 증가함에 따라 심각한 대치상황을 예측할 수도 있다. 지금까지 주목표는 아프리카계 미국인과 유대인이었다. 미래의 극단주의자들은 아시아인과 스페인 사람을 목표로 삼으려 할 것이다.

2. 도시불안(Urban Unrest)

도시 슬럼가 거주자들은 세 가지의 중대한 불이익을 가지고 있다.

첫째, 몇몇 지역은 교육을 지지하는 강력한 전통이 부족하다. 역할모델로서 불행하게도 마약 강매자와 포주가 있다.

두 번째로, 대다수의 가족이 파괴되어 아이들은 편부모 혹은 조부모에 의해 양육된다.

세 번째로는, 유용한 직업과 부를 이용하는 능력에서의 결핍은 직업윤리에 대한 의지의 일부를 앗아갔다. 더욱더 도시내의 거주자들은 더 적은 기회와 더 많은 적대감에 직면하게 되었다. 이것은 그 나라의 내부 도시내에서 발생하는 심각한 문제를 제시한다. 이러한 상황들로 인해 몇몇 연구가들은 1999년도까지 대량의 도시불안과 시민 사회혼란을 예상하였다.

그 문제의 범위는 몇 번에 걸쳐서 알 수 있다. 1986년에는 미국에서 3천2백만명 이상의 사람이 빈곤 속에서 살고 있는 것으로 추정됐다. 이 사람들 중의 1천만명은 직업을 가지고 있으나 그들은 최저생계비에도 못 미치고 있었다. 이러한 사람들이 증가하고 있는 추세이고 대다수는 홈리스(노숙자)들이다. 한 연구에 의하면 20개의 도시에서만 2십2만9천 명의 홈리스들이 있다고 한다. 이들은 일시적으로 투표권을 박탈당한 사람들을 나타낸다(Anon, 1989: 3-4). 즉, 자원도 없고, 가망도 없고, 희망도 없는 사람들이다. 법집행에 대한 저항이 심해질 것이다. 경찰활동의 주요초점은 노상범죄(Street crime)이며 항상 그러하였다. 노상범죄는 도시빈곤과 일정한 관련을 맺고 있다.

제 2 절 미래의 경찰

미래의 경찰조직은 전통적인 경찰의 일부형태를 유지하지만 다른 영역에서는 완전히 다른 조직이 될 것이다. 지역문제를 인식하고 다양한 지역조직과 협력하여 그러한 문제를 해결하는데 중점을 둘 것이다. 경찰은 하나의 독립된 대항세력이라기보다는 어떤 팀의 일원으로써 정부구조 속에 융화되어야 한다.

신임경찰관은 많은 교육과 훈련을 잘 받아서 다양한 사회구조 속에서의 경찰역할을 철저한 이해해야 한다.

앞으로의 경찰목표는 사회악과 범죄의 원인에 초점이 맞춰질 것이다. 범죄통계는 여전히 그들의 관심사이고 범죄예방은 그들이 존재하는 이유가 될 것이다. 새로운 경찰은 헌법을 효과적인 법률시행의 방해물이 아닌 미국 생활방식의 주된 토대로서 보아야 한다. 경찰은 헌법을 또 다른 일련의 법으로 보아서는 안 되며 결코 고의로 무시되거나 침해될 수 없는 기본법으로 보아야 한다.

장래의 경찰 조직구조는 이러한 점을 고려해야 한다. 그러나 그러기 위해서는 과거의 잘못에 대한 이해가 요구된다. 미국에서 증가하는 훈련과 법집행관의 전문성에도 불구하고 범죄를 줄이는데 있어 경찰의 효율성은 점차로 줄어들고 있다. 동시에 그들이 봉사하는 지역사회로부터 경찰 조직은 갈수록 고립되어 가고 있다.

우리는 무엇을 잘못하고 있는가? 경찰 조직관리와 관련된 문제를 조정하기 위해 무엇을 하여야 하는가?

그 해답은 바로 전통적인 경찰조직 구조 내에 있다. 경찰이 조직된 바로 그 전제가 문제를 해결하는 요소일 것이다. 법집행기관들은 변해야 한다. 그러나 그들이 쉽게 변할 것인가?

Ⅰ. 경찰행정의 다양성

법집행에 대해 토론할 때, 마치 하나의 경찰기관과 하나의 조직 스타일만 있는 것처럼 말하는 경향이 있다. 그것은 그렇지 않다. 미국 경찰기관은 연방, 주, 기관자치단체 등에 1만여개의 다른 기관들로 이루어져 있다. 그들은 서로 다른 수준의 자원과 인사와 책임을 가진다.

미국의 법집행의 변화측면을 토론하는 것은 어떤 특성이 없기 때문에 어렵다.

미국 경찰의 미래 모습 속에는 다양한 조직형태가 있을 것이다. 법집행은 동일해지기보다는 더욱 분해되어 각 기관은 그 재판의 압력에 대응하여 계획과 구조를 변경시킬 것이다. 미래의 부서를 구성할 세력은 이미 작업중이다. 이 과에서는 가능한 변화를 알아보고자 한다.

1. 왜 경찰 조직관리는 바뀌어야 하는가?

현재의 경찰활동은 실패하였다. 해마다 범죄발생은 증가하고 해결건수는 줄어들고 있다. 범죄율은 증가하고 있는 게 아니라 그 반대이다. 범죄율은 비율로 표현된다. 범죄는 인구가 증가함에 따라 늘어나고 있다. 경찰관의 수가 인구의 수에 비례하여 증가하고 있지는 않다. 경찰 남낭선수가 꾸준한 속도로 증가하고 있다.

전문화를 향한 추진에도 불구하고 경찰은 그들이 봉사하는 일반대중에게서 날로 고립되었다. 어느 정도는 기술이 여기에 대한 책임이 있다. 경찰관이 경찰차속으로 이동했을 때 그들은 대중과 멀어지기 시작했다. 집행부가 에어컨을 제공했을 때 그들은 차문을 올리고 그들과 사람들 사이의 또 하나의 벽을 쌓았다. 차에 있는 것이 차 밖으로 나오는 것보다 더 편해졌을 때, 경찰관들은 그 지역사회의 주민들과의 관계를 중단하였다.

한 집단으로써 많은 경찰관들은 그들의 사법권 밖의 변화를 인식하지도 못하고 지속적인 연구를 통하여 학문을 증진시키는 전문조직에 소속되어 있지도 않다. 실제로 경찰관과 경찰관리자들 중에 전문적으로 학술적인 성격의 많은 잡지를 읽어본 사람은 드물다.

이러한 때에 그 나라 경찰관의 20% 이상이 문제지향 혹은 지역사회지향의 경찰활동을 이해하고 있는지 의심스럽다. 그 나라 관료의 5% 이상만이라도 그러한 용어가 사용되는 걸 들어본 적이 있다고 한다면 더욱 놀라운 일이 될 것이다. 왜 그들은 그래야만 하는가? 그 용어가 언론에서 사용되지는 않는다. 놀랄 만한 대다수의 경찰관들은 승진과 관계없는 참고서나 전문잡지는 읽지도 않는다. 어느 정도 경찰관리자들은 경찰관에게 있어 더 높은 교육욕구를 북돋우는 데는 성공하였다. 그러나 전문적인 사고방식을 깨우치는 데는 실패하였다. 경찰지도자들은 많은 관리자들을 포함한 그 나라의 경찰관들에게 지속적인 배움의 필요성 특히 지속적인 자기 교육의 필요성을 확신시켜 주지 못하였다.

많은 법집행관들과 관리자들은 지역사회로부터 고립되었을 뿐 아니라 그들 서로간에도 고립되었다. 게다가 그들은 직업상 고립되어 자신의 실수를 통해서만 배운다.

변화하는 사회적 상황에 적응하지 못하고, 진보적 기술을 완전히 이해하지 못하며 그리고 과거의 잘못을 깨닫지도 못하는 경찰들은 미래에 큰 대가를 치르게 될 것이다. 일반대중에게 경찰뿐만 아니라 전반적인 사법제도가 신뢰를 잃어가고 있다. 민간경비가 급속도로 퍼져 나가고 있으며, 전에는 법집행의 주영역권으로 생각되었던 지역에서도 점차적으로 책임을 맡고 있다. 50년 후에는 법집행과 민간경비는 그 위상이 바뀔 수도 있다. 아마도 민간경비는 전문적으로 보이고, 경찰은 최소봉급의 문지기나 야간 경비원으로 보일 것이다.

경비회사들은 고객의 요구에 대처할 수 있는 자원과 능력을 가지고 있다. 시민들은 문제가 생기면 누구를 부를 것인가? 그들이 시민을 위하여 일하고 기쁘게 하려 애쓰는 사람을 부를 것인가, 아니면 잘 대처하지 못하는 사람을 부를 것인가? 한 집단으로서의 경찰이 변화하지 않는다면 한 제도로서의 법집행이 다음 세기 안에 고립될 가능성이 있을 것 같다.

2. 왜 경찰 조직관리는 변할 수 없는가?

경찰행정은 카리스마적이다. 왜냐하면 경찰기관의 경찰서장이 정치인이기 때문이다. 이 사람은 시 정부와 경찰관들로부터 지지를 받는 기간 동안만 재직한다. 어느 한 쪽이라도 잃게 된다면 그의 임기는 단축될 것이다. 변동시에는 두 집단의 승인을 받아야 한다.

9장에서 토론한 것처럼 경찰조직은 흔히 변화에 가장 저항적인 유형의 사람을 고용한다. 이러한 사실은 효율성이 없는 예산제도에 더하여 정체를 추구하는 성향을 나타낸다. 이러한 성향을 극복하는 데는 진실하고 유능한 관리자가 필요하다.

불행히도, 후임자에게는 경찰서장에 의한 영향력이 없다. 전통적인 경찰간부학교 출신인 새로운 서장의 임명과 함께 성공적인 관리자가 성취한 모든 것이 연기 속에 사라져 버리는 것을 볼 수 있다. 미국 경찰서장의 평균 임기는 3년 정도로 추정된다. 그 기간에 항구적인 변화를 만들기는 충분치 않다.

그러나, 정치권은 경찰변화를 싫어한다. 문제지향과 지역사회지향의 경찰활동은 자주 그리고 부적절하게 평화시의 경찰모형으로 제시된다. 범죄율이 낮고 거리가 조용할 때 일반대중은 학교 아이들에게 말을 걸고 아이들의 운동을 지도해 주는 친근한 경찰을 원한다. 특히 폭력범과 같은 범죄율이 높을 때에는 일반대중은 "인과응보적(kick-butt)" 경찰활동을 원한다. 그들은 거리에서 범죄자를 체포하는 경찰관을 원하는 것이다.

강경한 시민의 기반위에서 선출된 정치인들은 전통적인 경찰활동 방식을 요구한다. 이것을 받아들이려 하지 않는 경찰관리자는 거의 전통적인 방식으로 부서를 이끌려는 경찰서장으로 교체될 것이다. 그러므로 문제지향 또는 지역사회지향 경찰활동이 가장 필요한 때는, 그것이 낡은 방식에 의해 제거되고 교체될 것 같은 때인 것이다.

법원도 경찰변화를 반대하는 세력이다. 매번 경찰서장이 포함된 소송이 제기되기 때문에 법집 행기관은 방대한 정책의 배경과 절차와 계속 늘어나는 감독으로부터 그들 자신을 보호하려고 한다. 이것은 현대의 경찰활동모델과 효과적인 경찰활동모델 모두에 이롭지 못하다. 이것은 더욱더 행정변화에 장애물이 될 것이다.

마지막으로 이전에 토론한 것처럼 우리는 전문적인 경찰력 혹은 조직관리제도와는 거리가 멀다. 교육을 충분히 받지 못한 경찰관이 관리자가 너무나 많으며 좁은 세계관을 가진 사람이 너무 많다. 서글프게도 50년 후의 경찰부서도 오늘날의 경찰조직과 똑같아 보일 것이라는 사실이다.

3. 기술혜택의 허와 실(The Gift and Curse of Technology)

법집행은 현재 기술적 전환기를 겪고 있다. 과거의 기안은 종이 위에 쓰여진 형식과 보고서를 의미했다. 미래의 서류보고서는 더욱 더 적어지고 전자 보고서의 수가 많아질 것이다. 현재의 전환단계에는 컴퓨터가 놓여는 있지만 직원이 그 장비의 역량을 아직은 알지 못하는 단계이다. 대부분의 경찰기관에서 값비싼 컴퓨터 장비의 역량을 아직 인식하지 못하는 단계이다. 경찰기관에서 컴퓨터는 값비싼 타자기와 서류함에 지나지 않는다.

진정한 전산화는 경찰관리자가 컴퓨터의 진가를 알 때 이루어진다. 정보를 분석하고 대조하는 컴퓨터가 아직은 경찰행정에 변혁을 일으키진 못했지만 미래에는 달라질 것이다. 그리고 그 미래는 멀리 있는 게 아니다. 컴퓨터혁명으로 인해 좋지 않은 점도 있다. 컴퓨터 처리된 서류 속에는 가까운 미래에 수정될 수 없을 것 같은 심각한 결점들이 있다. 2000년도까지는 그러한 체계가 법적 행동의 목표가 될 것 같다. 부정확성과 불충분성이 팽배할 것으로 보기 때문에 대다수의 법률소송에서 경찰은 준비 잘된 원고측에 패할 것이 예상된다. 다음의 사건은 이러한 문제의 예를 보여준다.

원고-항소인 powe는 무장강도의 희생자였는데, 그 강도는 무엇보다도 신분증이 든 powe의 지갑을 빼앗은 bnneat Brooke라는 사람에게 신분증이 맡겨졌다. Brooke는 후에 또 다른 범죄로 체포되었고 powe의 도난당한 신분증을 사용하다가 유죄를 인정하고 "Andrew powe"라는 이름하에 2년의 집행유예를 선고 받았다. Brooke는 그때 집행유예를 조치를 위반하였고 1974년 12월 20일 Brneat Brooke라고도 알려진 Andrew powe의 체포를 위한 집행유예 위반 구속영장이 Book Baunty 성인집행유예부서에 의해 발급되었다. 그 영장은 book baunty 보안관의 탈주자 영장부에 회부되었고 지명된 피체포자를 식별할 만한 특별한 단서가 없어 시카고 경찰국에 "중지명령"으로 접수되었다. 1975년 11월 25일 진짜 Andrew powe는 교통위반으로 시카고 경찰에 의해 차량 검문을 당하였다. 경찰서에는 일상적인 컴퓨터 조사를 하였고 powe는 위의 지명수배 영장에 의해 체포되었다. powe는 보석금을 다음 날까지 낼 수 없어서 그 날 밤을 유치장에서 보냈다. 1975년 12월 1일 powe는 판사 앞에 나가 상황을 설명했다. 그 사건은 검사가 조사하도록 송치되었다. 1975년 12월 30일 검사는 powe의 상황을 증명하였고 그는 무죄석방되었다.

3개월 후인 1976년 3월 8일 powe는 다시 한번 교통위반으로 시카고 경찰에 의해 적발되었고 또다시 미해결 영장으로 체포되었다 이번에도 powe는 그날 밤을 감옥에서 보냈다. 그러한 착오는 성인집행유예사무실 직원이 그가 틀린 사람이라는 것을 말했을 때 발견되었다. 이러함에도 powe는 즉시 풀려날 수 없었다. 풀려나기 전 많은 시간동안 구금되어졌었다.

두 번째 체포를 당하고 powe는 소송을 제기하였다. 그 이후로 그는 같은 영장으로 두 번 더 체포당했다. 한번은 1977년 1월 그리고 다시 한번은 1977년 11월 5일이다. 이 소송에서 그는 1983항과 주의 나태함에 의거 총 네 번의 체포와 구금된 것에 대해 피해보상을 요구하였으며, 그 후에야 그가 지명수배자가 아니라는 것을 알았다.

◆ 법원의 견해(Opinion of the Baurt)

네 번째 수정안은 어떤 사람이 특별한 범죄를 저질렀다고 믿을 만한 충분한 이유가 없다면 그 누구도 체포당하지 않을 것을 보장한다. 네 번째 수정안의 조항에 의하면, 가능한 원인에 근거를 두며 특히 체포될 사람을 기술하는 구속영장은 체포하기에 충분한 사유가 된다.

그러나 기술한 것에 의해서 모든 관계당국이 알기 때문에 수배자가 사용하거나 사용하지 않을지도 모르는 단순히 몇몇 이름들 중의 한 둘만을 제시하는 구속영장은 체포를 할 수 있는 충분한 정보를 제공하지 못한다.

시카고 경찰에 의해 구금이 연장됐다는 두 번째 고소는 시카고 경찰이 규칙상 피체포자를 감금할 더 이상의 명분이 없다는 것이 분명해진 후에도 비합리적인 시간동안 피체포자를 구금했다는 사실이 증거에 의해 입증되지 않았다. 또한 우리는 불법감금을 구금했다는 사실이 증거에 의해 입증되지 않았다. 또한 우리는 불법감금을 유발한 부당한 구금사건의 주장으로부터 그러한 추론을 끌어낼 수 없다. 우리는 pawe가 두 번째로 체포를 당했을 때 그의 계속된 구금에 대해 시카고 시를 상대로 손해배상을 청구할 수 없다고 결론을 내린다. 그 고소의 부분에 대한 지방법원의 결정이 확인되었다.

게다가 한 연구원에 의하면 2000년까지는 지방의 법집행이 정교한 범죄에 의해서 압도당할 수도 있으며, 예비정보의 입수를 차단시키게 될 것이라고 예측했다. 발달한 통신수단은 법집행에 혜택과 해악을 둘 다 제공한다. 극소전자공학으로 인하여 헤드셋으로 착용할 수 있는 경찰무전기가 개발됐다. 이것으로 인해 경찰관들은 전술적 상황하에서 사람들, 무기 그리고 다른 기구들을 자유로이 처리하는 동안 끊임없이 교신을 할 수 있다. 의사소통이 분명해지듯이 활동범위도 확장되고 있다.

경찰차에 비디오 카메라를 설치함으로써 전국적으로 경찰과 시민의 많은 만남이 유익한 것으로 이미 증명되었다. 결국 카메라가 비디오테이프 기구보다 생동감 있을 것이다. 카메라가 경찰관이 쓴 헬멧에 부착할 만큼 작아지는 것은 시간문제이다. 그렇게 되면 상황근무자(dispatchers)와 지휘자는 상황을 더욱 생생하게 감시할 수 있게 된다. 그것은 경찰조직관리 전반에 걸쳐 신차원을 가져다 줄 것이다.

단점은 통신수단이 단지 경찰만을 위하여 발전하는 것이 아니라는 점이다. 그것은 또한 범죄자는 매스컴에도 기여한다. 경찰감시는 많은 시민들에게 즐거움을 주는 한 형태가 되었다. 유사하게 경찰 스캐너는 범죄자들이 더욱 악랄한 목적으로 사용한다. 대부분의 관할구역 안에서 순찰 경찰관과 경찰차를 추적하기가 더욱 쉽다. 발달된 통신기술은 일반대중이 경찰소식에 접근하는데 새로운 차원을 가져다 줄 것이다.

컴퓨터간 통신은 경찰관이 순찰차에서 부서의 모든 자료를 모두 이용할 수 있게 해준다. 차에 있는 동안 경찰관들은 많은 양의 정보를 이용할 수 있게 되었다. 그리고 그들은 그것을 쉽게 이용할 수 있다. 몇몇 관할 구역에서는 이것이 이미 가능하다. 20년 만에 대다수의 경찰부서가 이용가능하게 될 것이다.

더 나은 통신은 매스컴에 의하여 더 좋은 보도를 할 수 있다는 것을 의미한다고 결론지을 수 있다. 그것은 사실일 수도 아닐 수도 있다. 앞으로는 더 많은 기자가 생기고 현장은 더욱 빨라지고 장비는 더욱 좋아지게 된다. 경찰관은 예정된 것보다 어떠한 상황에서는 빨리 매스컴에 대처할 수밖에 없다. 언론이 완벽한 방송장비를 갖추고 경찰 앞에 대단한 모습으로 나타날 것 같다. 이러한 일이 일어나면 경찰관리자들은 경찰과 매스컴과의 관계를 심도있게 바라볼 필요가 있는데, 그 이유는 그 관계가 지금보다 더욱 중요해지기 때문이다 다음의 경우는 경찰이 언론의 권리를 무시했을 때 발생하는 문제를 보여준다.

이 민사소송에서 David Bannel("Nick")은 뉴햄프셔 허드슨시의 공무원들이 그가 사진찍기를 고집한다면 체포하겠다고 협박하면서 사고현장으로부터 떠날 것을 명령한 사항에 대하여 헌법상의 권리를 침해했다고 주장했다.

페리가에 거주하며 허드슨 뉴스보도의 프리랜서 기자인 David Bannel은 꽝하는 소리를 듣고 그의 카메라를 움켜쥐고 사고의 현장으로 급히 달려갔다. 약 25피트 떨어진 거리에서 그는 몇 장의 예비사진을 찍었다. 한 경찰관은 그에게 멀찌감치 이동하라고 요구했다. Bannel은 망원렌즈를 가져오려고 그 자리를 떴다. 그런 후에 그 경찰관이 지시했던 데로 사고장소와는 떨어진 또 다른 장소로 돌아왔다. 그 장소로부터 몇 개의 사진을 찍은 후 Cannel은 차에서 30야드 떨어진 근처 잔디위에 삼각대를 세웠다. 또 다른 경찰관이 다가왔으며 다음의 논쟁이 일어났다.

내가 기억하는바 그 경찰관은 나에게 다가와서 이런 말을 했다. "우리는 참을 만큼 참았고 당신은 카메라를 가지고 내려가야 할 것이오."

그리고 그는 장애물이 있는 곳을 가리키며 "저쪽으로 내려가시오. 만약 원한다면 그곳에서 사진을 찍을 수 있소."

나는 그가 서 있는 곳을 가리키면서 말했다. "나는 여기서 사진을 찍을 권리가 있어요."

그리고 그는 다시 말했다. "당신은 그럴 권리가 없소. 만약 움직이지 않는다면 수갑을 채워서 구속하겠소."라고 말했다.

Bannel은 항의하면서 이동하였다. 그는 그 때 사람들이 이층창문에서 내려다보고 있는 근처의 집으로 들어갈 허락을 받았다. 그가 그 창문에서 사진을 찍을 준비를 하고 있는 동안 어떤 경찰관이 다가와서 사진작업을 중단하고 그 건물을 떠나기를 원했다. Bannel이 떠나기를 거절 했을 때 경찰관은 경찰서장 allent brackett에게 갔다.

"나는 창문 뒤쪽으로 가서 카메라를 설치하려고 다시 시도했죠" 그런 다음 경찰서장 Brackett이 내가 사건에 아주 비협조적이라는 걸 보고받고 창문으로 와서 작업을 중단해야 하는 선행조건을 반복해서 말했다. 나는 빌딩 밖으로 나왔고 그들은 영장이 필요 없었다.

"그리고 나는 그에게 왜 무슨 구실로 그가 나를 체포하는지? 내가 무엇을 잘못했는지?를 물었다. 그러자 그는 치안유지방해 혐의가 있었다고 말했다."

나는 "그럴 리 없다. 나는 어느 누구의 안녕도 방해하고 있지 않았다. 나는 단지 망원렌즈를 통해 사진을 찍고 있었을 뿐이요"라고 말했다.

그러나 그는 그가 옳았으며 그가 하는 것은 법적인 행위이며 마땅히 따라야 한다고 말했다.

그래서 나는 말했다. "그래요 난 당신이 누구이며 지위가 무엇인지 알고 있어요. 그 사실을 존중하여 내려와서 사진찍기를 중지할 것입니다. 그러나 그것은 마지못해 하는 일이고 이걸로 끝이 아니라는 것을 당신이 이해하길 바래요."

원고는 위에 묘사된 사건이 미국헌법 수정안 제1항과 4항에 의해 그에게 보장된 권리를 위반했다고 주장한다. 원고의 네 번째 수정조항 논의는 설득력 있지 못하다. 기록상의 어떤 점도 Bannel이 항상 현장을 떠나는데 방해받았다고 보여주지 못한다. 그러므로 법원은 그의 네 번째 수정조항 요구를 기각한다. 그러나 법원은 원고의 첫 번째 수정조항 요구에는 이유가 있음을 인정한다. 직접소송에서 제기된 문제를 해결하기 위해서 법원은 Nick Bannel에게 주어진 제한이 이성적으로 정당한 지의 여부를 결정해야 한다. 법원은 그렇지 않다고 판단한다.

반박할 수 없는 사실들은 Bannel이 경찰과 그리고 비상사태와의 충돌을 방지하기 위해 모든 지시를 이성적으로 따랐음을 증명하여 준다. 그가 경찰경계선을 넘었다고는 하지만 그 경계선이 분명하게 그려진 것도 아니었고 이동하라고 했을 때 이동했다. 그는 먼 거리에서도 그가 필요로 하는 사진을 찍게 해주는 망원렌즈를 수선하기 위해 그 현장을 떠났다. 그리고 그는 그 후로 부적절하게 사고 장소에 접근하지는 않았다. 다른 사람들이 사건을 목격하고 있는 집의 이층에서 사진을 찍음으로써 Bannel이 경찰과 비상사태를 얼마나 방해할 수 있었을지는 상상하기 어렵다.

피고의 가장 설득력 있는 논의는 비상요원이 Bannel이 사진 찍기를 멈출 때까지 Mrs.gate의 신체를 옮기기를 거부했다는 것이다. 그러나 그러한 사실은 사법적 정밀검사를 거역하기에 필요한 정당성을 제공하지 못한다.

피고측은 Bannel의 행동이 Danna gate의 사생활 권리를 침해했기 때문에 Nick Bannel의 사진 찍는 것을 제한하는 것이 타당하다는 그들의 주장을 중요하게 생각한다. 법원은 또한 서장 Brackett이 조건부 면제에 의해 보호받아야 한다는 피고측의 주장을 받아들이지 않는다. (예외조항)

합리적인 경찰관들은 그들의 직권이 잘 규정된 제한들을 가지고 있다고 이해한다. 이러한 사고시에 허드슨 경찰부서의 활동적인 서장인 Allert Brackett은 사진사가 비이성적으로 경찰활동을 방해하지 않고 dT다면, 사고 현장에서 사진사를 쫓아버릴 수 없다는 것을 보여준다.

피고측의 이러한 소송이 허드슨시의 의사에 반하여 유지되진 않을 것이라고 주장한다. 왜냐하면 원고가 불평하는 행동들이 시의 정책이나 관습의 결과라는 것을 증명하지 않았기 때문이다.

이러한 목적을 위한 정책입안관료의 인식은 주법의 문제이다. New Kampehine 법에서는 경찰서장은 규정상 의무와 더불어 그의 부서의 모든 직원들을 다루고 통제하는 권한을 가지고 있다. 1987년 7월 9일 서장 Brackett의 행동은 허드슨시 정책을 대표하는 것이었다고 결론 내리는데 법원은 어려움이 없었다.

게다가 시 행정관 Alice Manchamp로부터의 편지는 시가 서장 Brackett의 행동을 지지하고 있음을 명시하고 있다. 그리고 원고가 지적하듯이 피고는 모든 적절한 시기에 원고의 반론 속에 묘사된 피고 Brackett과 사고현장에 참석한 다른 경찰관들이 피고 허드슨시의 법정책, 행동, 관습을 수행하고 있는 중이었음을 인정했다. 따라서 위에 진술된 이유들로 인하여 법원은 미국헌법 첫 번째 수정안에 의해 정부의 방해로부터 보호되는 David Bannel의 권리가 경찰행동을 방해하고 있지 않을 위치에서 사진찍고 있는 그에게 사진 찍기를 그만 두게 한 허드슨시의 경찰에 의해 침해되었음을 판결한다.

Ⅱ. 이윤추구적 경찰활동(Profit-Motivated Policing)

경찰작용과 관리에 이미 극적인 영향을 미치고 있는 한 가지 경향이 있다. 시민압류법에 의해 법집행기관들은 그들이 승인된 예산외에도 수입의 원천이 있다는 것을 발견했다. 그들은 범죄 행동의 결과인 재산 혹은 범죄청부사례비로 사용된 재산을 압류할 수 있다. 이러한 법의 중심에는 마약단속이 있다. 그것이 집행영장이기 때문에 증거와 재판진행의 부담이 주의 실질적인 이익으로 전가된다. 법집행기관은 압류된 재산의 모두 또는 상당부분을 소유한다. 이것은 법적인 문제이지만 종종 의심의 여지가 있는 과정이다.

이러한 법의 배후에 있는 이론은 그것이 법집행에 의약품법을 더욱 잘 시행할 수 있는 근거를 제공한다는 것이다. 그 이론은 그러한 자원을 가진 것에 비하여 부가적인 자원이 없으면 효과가 적다는 법집행관의 주장에 의해 지지된다. 통계적인 정보가 이것을 뒷받침하는 것 같다. 경찰기관은 그들이 압류물품의 수익자가 될 때는 체포와 압류를 더욱 더 행한다.

그러면 이것이 실제로 일어나고 있는가?(부분적이지만 경찰이 물품을 압류할 때 마약단속이 증가하는 주된 이유는 우선순위의 이동 때문이다.)

마약단속은 교통단속과 절도수사가 하지 못하는 수익을 만드는 사업이 된다. 그 나라의 남동부 구역의 한 경찰당국은 마약과 관련된 포획물의 결과로 1년에 그들 재원에 2천만 달러는 보태는 것으로 알려져 있다. 사실 마약단속은 갱들의 공격으로 인해 경찰들 사이에서 우선순위가 가장 낮았다. 그러나 이러한 우선순위는 시민압류법 때문에 과거 15년에 걸쳐 극적으로 반전되었다.

몇몇 기관에서 경찰우선순위는 현재 이윤추구 활동을 반영하고 있다. 예산수익에 기초를 둔 경영은 법집행이 공공서비스 지향의 경영이라는 취지가 잘못 적용되어 있다. 예상하지 못한 그리고 설명할 수 없는 많은 양의 돈과 자산이 어떤 기관으로 유입되었을 때 잘못 사용되고 잘못 경영될 가능성이 높다.

이러한 법들이 의심받을 만한 이유는 이러한 법으로 인해 발생할 어떤 남용 때문이다. 범죄의 수입을 부정하는 범죄자에게 어떤 철학적인 문제는 없다. 즉, 그것은 정부가 취해야 할 논리적 행동이다. 문제는 누가 사법제도 운용의 혜택을 받아야 한다는 점이다.

2000년 전 로마법원은 다른 사람의 범죄혐의를 제기한 사람에게 피고소인의 재산을 줌으로써 포상하였다. 로마사람들이 그들의 잘못을 발견하기까지 그 결과는 심하게 남용된 사법제도였다. 20세기 중반까지 미국의 경찰관들은 그들이 거두어들인 벌금의 일부를 상으로 받았으며 여러 가지의 법집행활동을 통해서 예산이 모아졌다. 결과적으로 악명높은 고속 함정단속과 개인적인 이득을 위한 법집행이 되었다.

주와 연방의 입법자들은 이제 분담금을 올렸다. 농장, 집, 비행기, 배, 보트, 그리고 자동차는 압류할 수 있는 경찰자산이 되었다. 몇몇 경찰부서는 지방 은행보다 더 많은 현금을 거두어들인다. 그리고 일반대중은 그러한 행동이 괜찮은 것으로 인식하고 있다. 그것이 경찰이 마약밀거래와 싸울 수 있는 유일한 방법이라는 것이다.

사실은 어떤 사람의 재산을 압류하기로 한 결정으로부터 개인적으로 이득을 얻으려 하는 사람은 그 재산을 압류하기로 결정을 내린 사람이 될 수 없다. 그러한 일을 허용한다면 대규모 부패와 잘못을 불러일으키게 된다.

시민압류는 당분간 존재한다. 그것이 존재하는 한 많은 경찰관이 과거에 있었던 것보다 다른 종류의 우선순위 관리상 문제를 가지게 될 것이다. 경찰서장은 전에는 결코 제기된 적이 없었던 질문에 답변해야 하며 결정을 내려야 할 것이다. 몇몇 부서는 시와 주정부가 몰수한 재산을 이용하기 위해 필히 예산을 재편성할 때 상당부분의 그들 예산을 잃게 될 것이다(정부는 만약 경찰서에서 2,000만달러어치의 압류를 거두어 들였다면 경찰예산의 1,000만달러는 소방서예산으로 돌리는 것을 합리와 할 것이다. 둘 다 그런 식으로 예산을 얻는다.).

결국 시민압류는 결찰이 직접적인 혜택을 받지 못하도록 조정되거나 아니면 재계획될 것이다. 이러한 법의 남용에 대한 일반대중의 반대하는 목소리가 알라스카에서 워싱턴 D.C에 이르는 입법부에 울려 퍼질 것이기 때문에 그러한 일이 일어날 것이다. 시민압류로 인하여 경찰서는 쿠키 단지 안에 손이 들어가 있었다. 조만간 경찰은 그 손을 떼게 될 것이다. 만약 그러한 일이 일어난다면 경찰서장은 새로운 직장을 알아보아야 할 것이다. 그것은 수치스러운 일이지만 탐욕 때문에 경찰기관의 진가는 떨어지게 된다.

연습문제

1. 미래의 경찰의 바람직한 경찰상은 무엇인가?

2. 미래의 경찰의 영향을 주는 사회적인 요소는 무엇인가?

3. 미래의 범죄동향과 범죄통제전략은 무엇이 있을까?

참고문헌

박우순(1996). 『조직관리론』. 서울: 박영사.

오석홍(1997). 『조직이론』. 서울: 박영사.

이상안(2004). 『아름다운 법집행론』. 서울: 대명출판사.

______(1999). 『신경찰행정학』. 서울 대명출판사.

이창원 · 최창원(2003). 『새조직론』. 서울: 대영문화사.

허경미(2008). 『경찰학개론』. 서울: 박영사.

Adizes, Ichak(1979). "Organizational passages: diagnosing and treating lifecycle problems of organizational Dynamics," Summer, pp. 2-25.

Aldag, Ramon J., and Timothy M. Sterans(1991). *Management*, 2nd ed. Cininnati, Ohio: South-Western.

Albanese, Robert(1988). *Management*. Cincinnati, Ohio: Southwestern.

Anon. (1986). "Power Breakfasts: where the elite eat," *Business Week*, February 3.

Argyris, chris(1957). *Personality and Organization: The Conflict between the System and the Individual*, New York: Harper & Row.

Asch, Solomon(1964). "Opinions and social pressures," in Harold J Leavitt and Lewis R. Pondy, eds., *Readings in Managerial Psychology*. chicago: University of chicago Press.

Barnard, Chester (1938). *The Functions of the Executive*. Cambridge, Mass : Harvard university Press.

Blackburn, D.(1991). "Provisions of ADA brings new challenges to police hiring practices," *Subject to Debate*, Vol.3, No.5.

Bopp, William J.(1974). *Police Personnel Management*. Boston: Holbrook Press.

Briggs, Brucc(1982). "The dangerous folly called theory z," *Fortune Magazine*, May pp. 41-53

Broderick, John J.(1977). *Police in a Time of Change*. Morristown, N.J: General Learning Press.

Carter, David L. (1991). "Police disciplinary procedures: a review of selected police departments," in Thomas Barker and David L. Carter, eds. *Police Deviance*, 2nd ed. Cincinnati, Ohio: Anderson.

Clark, Warren E.(1982). *Rraffic Management and Collision Investigation*.

Englewood Cliffs N J : Prentice Hall.

Commission on Accreditation for Law Enforcement Agencies (1984). *Standards for Law Enforcement Agencies*. Fairfax, Va.: The Commission.

Couper, David C. and Sabine L. Lobitz.(1991) Quality Policing: The Madison Experience. *A PERF Discussion Paper*. Washington, D.C: Police Executive Research Forum.

Cornelius, Edwin T Ⅲ and Frank B. Lane, (1984). "The power motive and Managerial success in a professionally oriented service industry organization," *Journal of Applied Psychology*, Vol. 69, No. 1(February), pp. 32-39.

Cosor, Lewis A. (1954). *The Functions of Social Conflict*. New York: The Free Press.

Crane, Donald P.(1979). Personnel: The Management of Human Resources, 2nd ed. Belmont, Calif.: Wadsworth.

Creton, Marvin J., Wanda, and Rebecca Luckins (1988). "Into the 21st century, longterm trends affecting the United States." *The Futurist*, July/August. pp.62-67.

Davis, R. C.(1951). *The Fundamentals of Top Management*. New York: Harper and Brothers.

Daniels, A. C.(1985). "Performance management: the behavioral approach to productivity improvement," *National Productivity Review*, Vol. 4, Summer, pp. 225-236.

Drucker, Peter F.(1974). *Management: Tasks, Responsibilities, Practices*, New York: Harper & Row

DuBrin, Andrew H. R. Duane Ireland, and J, Clifton Williams(1989). *Management and Organization*. Cincinnati, Ohio: South Western.

Duncan, R.(1979). "What is the right organizational structure? Decision tree analysis provieds the answer." *Organizational Dynamics*, Winter, pp. 59-80.

Eck, John(1979). *Managing Case Assignments: The Burglary Investigation Decision Model Replication*. Washington, D.C : Police Executive Research Forum.

Epps, Cheryl Anthony (1992). "Penn State study recommends elimination of ADEA public safety exemption," *The Police Chief*, May, p.14.

Falkenberg, S. L. K. Gaines, and T. C. Cox (1990). "The oral interview board: what does it measure?" *Journal of Police Science and*

Administration, Vol.17, No.1, pp. 32-39.

Fleishman, Edwin A.(1953). "Leadership climate, human relations training and supervisory behavior," *Personnel Psychology*, 6, pp. 205-222

Fiedler, Fred(1967). *A Theory of Leadership Effectiveness.* New York: Mcgraw Hill.

Fayol, Henri(1987). *General and Industrial Management* (revised by Irwin Gray).

Federal Bureau of Investigation (1984). Crime in the United States. Washington, D.C.: U.S. Government Printing Office.

Fox, Richard H.(1977). "Criminalistics," in Bernard L. Garmire, ed., *Local Government Police Management*. Washington, D.C : International City Management Association.

Forkiotis, C. J.(1981). "Vision requirements and the police officer selection process," *The Police Chief*, November, p.56.

Gaines, Larry K. and Victor E. Kappeler (1992). "Selection and testing," in Gary W. cordner and Donnas Hale, eds., What Works in Policing? Operations and Administration Examined. Cincinnati, Ohio: Anderson Publishing Company and Academy of Criminal Justice Sciences, pp. 107-123.

Gaines, Larry K. and B. R. Lewis (1982). "Reliability and validity of the oral interview board in police promotions: a research note," *Journal of Criminal Justice*, Vol. 10, pp. 63-79.

Gelles-Cole, Sandi, ed. (1985). *Letitia Baldridge's Complete Guide to Executive Manners*. New York: Holt, Rinehart, and Winston.

Graham, Gerald(1984). "Sharks and teddy bears and their management skills," *The Kansas city star*. April 15, p.6.

Guffman, Erving(1959) *The Presentation of Self in Everyday Life.* Garden City, N.Y: Doubleday Anchor Press.

Goldstein, Herman(1977) Policing a Free Society. Cambridge, Mass; Ballinger.(1979). "Improving Policing: a problem-oriented approach," *Crime and Delinquency*, Vol. 25, pp. 236-258.

Greenberg, Bernard, Oliver S. Yu, and karen I. Lang(1972). *Enhancement of the Investigative Function*. Vol. 4, Menlo Park, Calif: Stanford Research Institute.

Hale, Charles D. (1981). *Police Patrol: Operations and Management*. New York: Wiley.

Herold, David M.(1972). "Long range planning and Organizational

Performance: a cross validation study," *Academy of Management Journal*, March, pp.91-102.

Hershey, P. and K. H. Blanchard, (1988). "One more time: how do you motivate employees? Part Ⅱ" *Harvard Business Review*. (Jan-Feb), pp. 53-62.

Holden, Richard N. (1980). A Study of Motivation and job satisfaction in the Houston Police Department. Dissertation. Huntville, Tex: Sam Houston State University.

_______________(June, 1993) "Eyesight standards: Correcting the myths" F.B.I Enforcement Bulletin, Vol. 62, No. 6., pp.1-6.

Janis, Irving L. (1972). *Victims of Groupthink*. Boston: Houghton Mifflin.

Jay, Anthony(1967). *Management and Machavelli*. New York: Holt, Rinehart and Winston.

Kasoff, Norman C(1977). "Jail Management" in Bernard Garmire, ed., Local Government Police management, Washington, D.C : International city Management Association.

Katz, Daniel, and Robert L Kahn(1979). *The Social Psychology of Organizations*, 2nd ed. New York: Wiley.

Kelly, Joe(1974). Organizational Behavior: An Existential Approach, Rev Ed. Homewood, Ⅲ: Richard P. Irwin.

Kinckerbocker, Brad.(1977). "Police decoys: crime stoppers or traps," *The Christian Science Monitor*, October 5, section 3, pp. 3-4.

Kraus, Robert A. (1986). How Will the Changing Work Force Impact Law Enforcement Human Resources Practices in the Year 1995?: Sacramento, California Commission on Peace Officer Standards and Training.

Latham, Gary A, and Edwin A, Locke,(1979). "Goal setting: a motivational technique that works", *Organizational Dynamics*, Vol.8, No.3(Autumn), pp. 68-80.

Lawless, David J.(1972). *Effective Management*. Englewood cliffs, N. J: Prentice Hall.

Leonard, V. A and Harry W. More(1971). *Police Organization and Management*. 3rd ed. Mineola, N.Y: The Foundation Press.

Lewis, Phillip V.(1983). *Managing Human Relations*. Boston: Kent.

Lombardo, Michael M., and Morgan W. McCall, Jr.(1984). "The boss is boss-but some are horrible," *The Kansas City Times*, Summer, pp. 147-163.

Locke, Edwin A.(1968). "Toward a theory of task motivation and incentives," *Organizational Behavior and Human Performance*, May, pp. 157-189.

Long, Lydia (March 1992). "The Americans with Disabilities Act of 1990 and enforcement employment: notes and comments," paper presented at the academy Criminal Justice Sciences Annual Conference, Pittsburgh, Pa.

Mannheim, Karl(1936). *Ideology and Utopia*. New York: Harcourt, Brace.

Maslow, Abraham H.(1954). *Motivation and Personality*. New York: Harper & Row.

Mayo, Elton.(1961). *The Human Problems of an Industrialized Civilization*. New york: Manmillan.

McClelland, David C. (1962). "Business drive and national achievement," *Harvard Business Review*, Vol.40, No. 4, pp. 99-112.

__________and Richard E. Boyatizis,(1982). "Leadership motive pattern and long-term success in management," *Journal of Applied Psychology*, Vol.67, No.12, p.737.

__________, David C.(1970). "The Two Faces of power," *Journal of International Affairs*, Vol. 24, No. 1, p.26.

McCall, Morgan, Jr.(1978). *Power, Influence, and Authorith: The Hazards of Carrying a Sword*. Technical Report No. 10, Greensboro, N, C: Center For Creative Leadership.

McGregor, Douglas(1960). *The Human Side of Enterprise*. New York: McGraw-hill.

McGurdy, Howard E.(1977). *Public Adminstration: A Synthesis*, Menlo Park, Calif. Cummings Press.

Miller, L. M. (1978) *Behavior Management: The New Science of Managing People*. New York: Wiley, pp. 197-202.

Miner, John B. (1973). *The Management Process*. New York: Macmillan.

Morse, N., and E. Reimer(1956). "The experimental change of a major organizational variable," *Journal of Abnormal and Social Psychology*, Vol.2, pp.127-135.

______, Mark H. and Darrel W. Stephens(1991). *Beyond Command and Control: The Strategic Management of Police Departments*. Washington, D.C: Police Executive Research Forum.

Mulder, Mark, and Associates(1986). "Power, situation and leaders" effectiveness: an organizational fileld study." *Journal of Applied*

Psychology, Vol.71, No4, pp. 556-567.

Nigro, F. and L. Nigro(1980). *Modern Public Adminisrtration*, 5th ed. New york: Harper & Row.

Ouchi, James g. (1981). *Theory Z: How American Business Can Meet The Japanese Challenge*. New York: Avon Books.

Osborn, Ralph S. (1992). "Police recruitment: today's standard-tomorrow's challenge." *FBI Law Enforcement Bulletin*, June, pp.21-25.

Peters, Thomas J., and Robert H. Waterman, jr.(1982). *In Search of Exellence*. New York: Warner Books.

Pfeffer, Jeffrey(1981). *Power in Organizations*. Marshfield, Mass. Pitman.

President's Commission on Law Enforcement and Administration Of Justice (1968). *The Challenge of Crime in a Free Society*. New York : Avon Books.

Radelet, Louis A. (1980) *The Police and the Community*. 3rd ed. Encino, Calif : Glencoe.

Robbins, Stephen P. (1976). *The Administrative Process*. Englewood Cliffs, N.J: Prentice Hall.

Schick, Allen(1978). "The road to PPB: the stages of Budget reform." in Fremont J. Lyden and Ernest G. Miller, eds., Public Budgeting: Program Planning and Evaluation. 3rd ed. Skokie, Ⅲ: Rand McNally, pp.17-43.

Simon, Herbert A.(1976). *Administrative Behavior: a Study of Decision-Making Processes in Administrative organizations*, 3rd ed. New York: Free Press.

Souryal, Sam S. (1992). *Ethics in Criminal Justice: In search of the Truth*. Cincinnati Ohio: Anderson.

Skinner, B. F(1969). *Contingencies of Reinforcement: A Theoretical Analysis*. New York: Appleton-Century-Crofts.

Stahl, Michael J.(1983). "Achievement, power and managerial motivation: selecting mangerial talent with the job choice exercise," *Personnel Psychology*, Winter, p. 775-789.

Sterling, B and J. Owen, (June 1982). "Perceptions of demanding versus reasoning male and female officers," *Personality and Social Psychology Bulletin*, Vol. 8, No.2, pp. 336-340.

Swan. John K. (1977). "Internal controls," in Bernard L. Garmire, ed., Local Government Police Management." Washington, D.C : International City Management Association.

Swancon, Charles R., Leonard Territo, and Robert W. Taylor, (1988). *Police Administration: Structures, Processes, and Behavior*, 2nd en. New York: Macmillan.

Tausky, Curt(1978). *Work Organizations: Major Theoretical Perspectives*, 2nd ed,. Itasca, Ⅲ. F.E. Peacock.

Taylor, Frederick W. (1967). *The Principles of Scientific Management*. New York W.W. Norton. (orig. 1947).

Thorndike, E. L.(1911) *Animal Intelligence*. New York: Wiley.

Tien, James M,. et al. (1977). *An Evaluation of an Alternative Approach in Police Patrol: The Wilmington Split-Force Experiment*. Cambridge, Mass : Public Systems Evaluation, Inc.

Townsend, Robert(1984). *Further Up the Organization*. New York: Alfred A. Knopf.

Trohanowicz, Robert, and David Carter(1988). The Philosophy and Role of Community Policing. Community Policing Series No. 13, East Lansing, Mich: National Neighborhood Foot Patrol Center, School of Criminal Justice, Michigan State University.

Walker, Samul(1992). *The Police in America : An Introduction*, 2nd ed. New york: McGraw-hill.

Walton, Mary(1986). *The Deming Management Method*. New York: Perigee.

Wambaugh, Joseph(1984). *Lines and Shadows*. New York: William Morrow.

Wasserman, Robert, and Mark H. Moore. (1988). "Values in policing," *Perspectives on Policing*, Vol. 8, November.

Wesley, William A.(1970). *Violence and the Police*. Cambridge, Mass: MIT Press.

Wilsom, James Q.(1989). *Bureaucracy: What Government Agencies Do and Why they Do It*. New York: Basic Books.

______, James Q. and George Kelling(1982). "Broken Windows," The Atlantic Monthly, March, pp. 29-38.

Wyden, Peter(1979). *Bay of Pigs: The Untold Story*. New York: Simon & Schuster.

찾아보기

[ㄱ]

가상훈련 359
가십 190
갈등관리 131, 134
갈등해결기법 141
감독형 82
감시체제 372
감정의 배출구 133
강제적 권력 118
강화이론 102
개인적 가치 157
개인적 권력 120
개인적인 합리성 154
거북이형 141
거짓말 탐지 조사 288
게슈타포 35
결과적인 권력투쟁 260
경찰관리모델 44
경찰교육훈련 24
경찰노조의 전개 296
경찰의 기능 45
경찰임무 34
경찰조직 12
경찰조직행정의 3원소 18
경찰행정가의 기능 19
계선권위 112
계선조직 15
계선조직 감독 225
계획예산 170
고립화 259
고립화의 용인 260
고정 결과 314
고정 절차 313
고정 제기 313
고정 조정 314
골든스타인 41
공식 조직 173
공식적 의사소통 네트워크 185
공식조직 16
관료 병리의 원인 258
관료의 병리 현상 242
관료제 16
관료제의 병리 16
관리 특권 312
교섭분야 308
교정적 규율 402
교통소환장 187
구조적 변화 140
국가경찰의 임무 15
국가이웃도보순찰센터 42
군대형 모델 346
권력 115
권력 사용의 비용 129
권력의 근원 116
권력의 획득 124
권위 106
권위관계 112
권위와 책임 115
권위형 리더 80
권한 106
규범모델 82
급부금 308
기능적 권위 114
기대이론 101
기마 순찰 209
기본적 시정조치 374
기획 19
기획과정 163

[ㄴ]

내부적 권위 109
누진적 규율 403
뉴욕시시민불평조사단 395

[ㄷ]

단순구조-소규모 참모 193
단체교섭 303
대리형 82
대립 135
대면적 접촉 13
대상영역 377
대안의 발전 152
대안의 분석 155
대응적 344
대학형 모델 346
도보 순찰 208
도시불안 417
독재적 명령 139
동기-위생이론 95
동기부여 91
동기부여와 직업만족 103
동기요인 96
동맹 256

[ㄹ]

랜드(Rand) 분석 210
리더십 30, 76
리더십의 유형 78

리더십의 질적 향상의 원칙 91
리드의 기법 85

[ㅁ]

막료조직 15
메모 전쟁 185
면전 접촉 381
명령통일의 원리 180
모방 147
목적적 합리성 154
목표 대치 247
목표결정 163
목표규정 72
목표설정이론 100
몸짓 언어 186
문제인식 149
문제지향 경찰활동 41, 90
미장애인법 276
민주형 리더 80
민첩성 테스트 286

[ㅂ]

반사적 이익의 보호법익화 48
발견적인 과정 157
방어적인 행동 251
범죄경향 410
범죄수사과학연구소 233
법적권력 123
법집행임무 68
법집행행정 22
병든 조직 치유하기 266
보상권력 119
보스톤 경찰 파업 296
보충적 합의 306
분권화 196
분업 13
분할과 규제 126
비공식 의사소통 네트워크 189
비공식 의사소통의 강조 193
비공식조직 186

[ㅅ]

사교적 기술 340
사실확정 152
사전적 경찰활동 43
사회적 단위 13
사회적 진화 339
사회적 혼란 414
상어형 141
상위 목표 135
상황적 리더십 81
상황적응 이론 81
생존 본능 252
선택적 선발 262
성과주의 예산 170
성과평가 381
성숙-미성숙이론 95
수상 순찰 209
수용의 범위 108
순찰 유형 208
순환보직 357
스칼라의 원리 179
스트레스 390
시간적 강제 161
시민인식조사 394
시민조사 394
시민조사단 394
시보기간 289
신체적 손상 349
심리학적 검사 288
심리학적 계약 329

[ㅇ]

약식규율 403
여우형 141
역할연기 359
연합형성 125
영기준 171
영기준예산 171
영기준예산제도 171
X이론-Y이론 98
예산구조 170
예외의 원리 182
올빼미형 142
옴부즈맨 395
완화 137
외부적 권위 109
요보호자보호 66
욕구 학습이론 97
욕구계층이론 94
위생요인 96
위임 109
유급휴직 400
유입권력 123
의도적인 합리성 154
의무적 참모 조언의 원리 113
의무적인 합리성 156
의사결정 145
의사결정 절차 148
의사결정유형 84
의식적인 합리성 154
의학적 조사 287
이상안 31
이윤추구적 경찰활동 429
이중잣대 261
인간관계론적 접근방법 92
인간관계훈련 140
인력 중심의 생산 197
인사 20
인사평가 381
인사풀제도 291
인식훈련 140
인지적인 간과 146

일탈의 시정 374

[ㅈ]

자원확충 136
자위권 13
자유방임형 리더 80
자질이론 77
적응적 흡수 125
전략선택 165
전략적 상황 이론 128
전통적 반사적이익론 48
전통적인 접근방법 92
전향석 344
정보유포 374
정치적인 환경 261
제로섬 게임 132
조직 12, 20
조직 갈등의 현실 141
조직권력 117
조직의 사회 12
조직의 생활주기 242
조직의 이데올로기 133
조직의 정체성 132
조직의 정치적 운동 249
조직적인 합리성 154
조직통제 372
조직편성의 원리 178
종속 권력 123
주관적 합리성 154
준거의 틀 376
준거적 권력 122
중립적 행동 252
중요사건접근법 384
즉각적인 시정조치 374
지도형 82
지역사회경찰활동 42
지원형 82
지적 능력 278
지휘 20
직무규정 34, 72
직업적인 정신병 245
직위 권력 117
집단의 원리 182
집단적 권력 123

[ㅊ], [ㅋ]

차량 순찰 208
참모권위 112
참모조직 감독 225
최고관리자 88
카리스마적 권력 122

[ㅌ]

타협 137
태업자 93
테디베어형 141
테러행위 414
통솔의 범위 181
통제 20
통세밍 372
통제의 기능 373
통제의 순환 375
통제의 요소 372
팀 행동 256

[ㅍ]

파킨슨 법칙 253
팔로워십 30
편바꾸기 127
평가체제 372
품목예산 169
PERF 연구 212
피터의 원리 255
필라델피아경찰자문단 395

[ㅎ]

하부권력 128
한국경찰의 기본적 임무 46
합법적 권력 117
항소 절차 312
행동과정의 선택 156
행정책임 21
행태변경 140
행태적 변화 139
행태적 접근 384
행태지향평정척도 384
협약 306
협약 관리 308
환류 372
활동의 한정 379
회피 136
효과적인 조직 192
훈련된 무능 242

[저자 소개]

• 송병호(宋炳昊)

한양대학교 법학과 졸업
동국대학교 대학원 경찰행정학과 석사과정졸업(법학석사)
동국대학교 대학원 경찰행정학과 박사과정졸업(경찰학박사)
현 한국범죄심리학회 상임이사, 한국부패학회 상임이사, 한국공안행정학회, 한국경찰학회,
　한국경찰발전연구회, 한국민간경비학회 이사, 천안동남경찰서 집회시위자문위원,
　공주교도소 교정행정자문위원
　백석대학교 경찰학과 교수

〈주요 저서와 논문〉
『탐정학개론』(공저, 2010, NO1210), 『특수범죄론』(2009, 다해),
『민간조사업법』(2008, 고시미디어), 『형사사법학개론』(2008, 다해),
『경찰수사』(공저, 2007, 글소리), 『조직범죄론』(공저, 2004, 형설출판사)
성범죄자와 일반인의 강간통념 비교 연구(2009)
경찰의 문화적 특성에 따른 부패실태 및 개선방안에 관한 연구(2008)
영국경찰과 비교경찰 제도적 고찰을 통한 한국자치경찰제도 발전방안(2007)
신임순경의 선발과정에 있어 문제점과 개선방안(2007) 외 수편

• 박상진(朴相辰)

대불대학교 경찰행정학과(1기) 졸업
동국대학교 경찰행정학과 석사
동국대학교 경찰행정학과 박사
전 전국경찰행정학과연합회 초대연합회장, 전국경찰행정학과연합회 명예회장
현 한국범죄연구소 연구원, 한국범죄심리학회 간사, 서울지방경찰청 사이버수사 자문위원회 위원,
　목포시 유도회 이사
　대불대학교 경찰학부 교수

〈주요 저서와 논문〉
『경찰학개론』(2008, 문성출판사), 『탐정학개론』(2009)
우리나라 검·경수사권의 조정방안 연구(2004, 동국대학교),
한국민간경비산업의 실태분석 및 발전방안(2007, 동국대학교),
집단따돌림 예방에 관한 연구(2008, 한국범죄심리학회),
디지털포렌식 전문 인력의 필요성과 양성방안(2009, 한국경찰학회),

• 한상철(韓相哲)

동국대학교 일반대학원 경찰행정학과 졸업(경찰학석사: 형사학전공)
광운대학교 일반대학원 범죄학과 박사수료
전 서남대, 국제대, 신흥대 외래교수
현 광운대학교 범죄연구소 범죄예방연구실 연구실장
　백석대학교 법정경찰학부 외래교수
　세명대학교 경찰행정학과 외래교수

〈주요 저서 및 논문〉
『로드맵 범죄수사론』(도시출판 삼신)
효율적 범죄예방활동을 위한 시민참여에 관한 연구
보험범죄수사제도의 문제점과 개선방안
인구통계학적 특성에 따른 시큐리티업 종사자의 차이 분석
방범환경설계에 대한 생활안전의식 비교 연구
복잡계이론을 활용한 범죄연구 가능성 고찰 등

경찰조직관리론

2011년 2월 10일 초판인쇄
2011년 2월 15일 초판발행

저 자 송병호 · 박상진 · 한상철
발행인 유 성 열
발행처 청목출판사
서울특별시 영등포구 신길동 233-96
전화 (02) 849-6157(代) · 2820
FAX (02) 849-0817
등록 제318-1994-000090호

파본은 바꾸어 드립니다. 값 22,000원

http : //www.chongmok.co.kr

ISBN 978-89-5565-390-8

※인지는 생략합니다.